인류 대화합을 위한 걸음 II

우주와 인류문명의 대비밀을 밝히는

11번째 천부경

저자 : 雲山 이대진

감수 : 성운율사

님께 드립니다.

년 월 일

머 리 말

모든 이들에게 참으로 불편한 진실을 전하면서, 동시에 놀랍고도 새로운 희망에 대한 소식도 전하려 한다. 높은 하늘의 뜻을 새기고 또 새기며 세상에 전해야 하는 시간이기 때문이다.

우주 대 정화(淨化) 시간대에 들어선 우리 지구에 조만간 전 세계가 뒤집어지는 엄청난 대환난이 일어난다. 대자연이 지구를 정화시키는 가운데 나타나는 비겁이다. 우주 차원에서 벌어지는 엄청난 환난은 대지진과 화산 등의 자연 재해가 연쇄적으로 일어나면서 시작되고, 급기야 지축이 반듯하게 서게 되면서 인류 문명은 완전히 문을 닫게 된다.

어둠이 지구를 이미 덮고 있으며, 대지진은 달싹달싹 시작하고 있다. 인류 문명을 뒤집어 버리는 대환난이 바로 앞에 다가왔음을 전하는 것은 참으로 불편하지만, 불원간 우리 인류가 마주하게 될 진실이다.

인류문명이 무너져 내려 문을 닫게 되는 절체절명의 상황에, 하늘님께서 우리들에게 놀랍고도 새로운 희망의 끈을 이어주셨다. 온 인류가 그토록 찾아왔던 참 하늘님께서 다시 인류 역사를 직접 주재하시며 환한 광명의 성신으로 나타나시어 참 생명의 길을 열어주신 것이다.

하늘님께서는, 간절하게 기도하던 한 사람을 둘러보시고, 천지의 대신명들로 하여금 차례로 나아가 16년 동안 그 사람을 가르치게 하신 후 인류 역사 처음으로 도통을 이루게 하셨다. 하늘님께서는 그 사람을 하늘님의 아들이자 대행자로 정하시어, 인류 구원과 신인류 문명 개창의 천명을 내리시며 천부경을 알려 주셨다.

천부경을 알려주신 하늘님께서 온 인류에게 이렇게 말씀하신다.

"환난으로부터 맑은 세상을 찾게 하기위하여, 모든 사람을 다 갖추어 봄날에 눈 녹듯이 환난을 벗겨서 꽃다운 환한 세상을 온 누리에 빛나게 하니라."

하늘님께서 대환난을 벗겨내시어 맑은 세상을 찾아주시며, 사람들은 조화 속에 화합을 이루게 하고, 꽃다운 환한 세상을 온 누리에 빛나게 하여 모든 이들에게 기쁨과 희망을 주신다고 하신다. 어둠이 없고 밝은 세상을 열어주시는 새로운 희망의 하늘님 역사가 다시 시작된 것이다.

이 책에서 전하는 천부경은, 삼라만상의 하늘이시며 신과 인간의 으뜸 되시는 참 하늘님께서 한 사람을 역사 전면에 불러 세워, 지구가 생긴 이래 11번째로 내려주신 천부경을 말한다. 하늘님께서 11번째로 천부경을 알려주심으로써, 아무도 알지 못했던 천부경의 참된 뜻을 비로소 알게 되었다.

하늘님께서 인류를 구원하시기 위해 내려주신 11번째 천부경은, 우주와 인류 문명의 대비밀을 밝혀 주시는 말씀이며, 인류 구원의 길이자, 참 생명의 문이고, 신인류 문명 창조의 기틀이다.

저자는 『온 인류에게 천부경의 비밀을 처음으로 공개한다!』라는 책에서, 천부경에 담겨 있는 비밀을 세상에 공개하였다. 이 책은 하늘님의 말씀이 담긴 천부경의 비밀과 시대적 소명을 널리 알리는데 중점을 두었다. 여든 한(81)자의 뼈대만 있는 천부경이 아니라, 한 자 한 자 마다 하늘님의 말씀으로 채워진 천부경, 그리고 인류에게 최초가 아니라 11번째로 전해진 하늘님의 천부경을 세상에 소개하며, 하늘님의 말씀을 전하는 것이었다.

먼저 저술한 책에서, 천부경의 하늘님 말씀을 세세하게 전하지 못하였다. 저자의 부족함과 지식 한계로 인해, 하늘님 말씀에 대한 설명이 미진하여 제대로 전하지 못하였던 것이다. 그래서 이번 책에서는, 천부경에 담겨있는 하늘님 말씀을 일반인들에게 보다 쉽게 이해할 수 있도록 정리하여 설명하고자 하였다.

광대무변한 하늘님의 말씀을 제대로 전하는 것이 쉽지 않지만, 저자는 천부경의 하늘님 말씀 중 일반인이 이해하기 어려운 내용들을 중심으로, 하늘님으로부터 직접 말씀을 받으신 성운율사의 감수를 받아서, 쉽게 이해할 수 있도록 설명하였다. 11번째로 내려주신 천부경 말씀 역시, 성운율사의 감수를 받아, 앞의 책에서 천부경 내용 중 빠진 부분, 오·탈자 등을 수정, 재편집하고 별책으로 첨부하였다.

이 책은 앞선 책의 보완 성격을 지니고 있지만, 저자는 천부경에 대해 제시되어 왔던 잘못된 기존 주장들을 경계하며, 하늘님께서 알려주신 11번째 천부경의 참된 뜻을 세세히 밝혀 세상에 전하였다.

첫째, 천부경은 하늘님께서 직접 내려주신 말씀임을 밝히며, 일부에서 말하는 위작이라는 주장을 경계한다.

둘째, 천부경이 한민족뿐만 아니라 온 인류에게 내려주신 만유의 하늘님 말씀임을 밝힌다.

셋째, 천부경이 지금의 인류 문명뿐만 아니라 그 이전에 아홉 번이나 더 있었던 인류 문명에도 전수되었던 하늘님 말씀이라는 사실과, 넷째, 여든 한(81)자 문자로만 전해진 천부경이 아니라, 여든 한(81) 글자 한 자, 한 자 마다 하늘님의 천명이 세세하게 담겨 있는 11번째의 천부경을 세상에 전한다.

다섯째, 천부경이 한민족의 우주관을 넘어서서, 인류 문명과 우주의 대비밀을 밝히는 말씀이자, 인류 구원서임을 밝힌다.

마지막으로, 11번째 천부경은 더 이상 역사 유물이나 화석이 아니라, 하늘님께서 생명을 불어넣어 주시어, 살아 숨 쉬는 우리 인류의 미래 설계도임을 세상에 전한다.

인류에게 처음으로 공개하는 11번째 천부경을 바르게 체득하기 위해서 지금까지의 잘못된 고정관념들을 바꿔야 한다.

기존의 뭇사람들이 해 왔던 것처럼 천부경 여든 한(81)자를 자신들의 생각에 따라 띄어쓰기하여 설명, 해석하려는 틀에서 벗어나야 한다. 그것은 인간들의 생각일 뿐이다. 그렇게 해서는 참 하늘님의 진정한 뜻을 밝히지 못한다.

또한 천부경을 바르게 보기 위해, 천부경 여든 한(81)자 전체에 걸쳐 핵심이 되는, 일(一)에 대한 모든 왜곡과 편견에서 벗어나야 한다. 천부경에는 11개의 일(一)이 있다. 이 일(一)들이 모두 같은 일(一)이 아니지만, 첫 번째 일(一)이 나머지 일(一)의 머리이고, 주체임을 알아야 한다. 그리고 일(一)은 태극, 무(無)는 무극이라 해석한 최치원의 그늘에서 이제는 벗어나야 한다. 지금까지 나타난 태극, 무극에 대한 잘못된 이해와 설명에서도 벗어나야 한다. 이 책에서는 하늘님께서 내려주신 무극, 태극, 황극의 참된 뜻을 전하여 바로 잡으려 한다.

천부경의 첫 글자인 일(一)은, 하늘님으로부터 인류를 구원하고, 신인류 문명을 열도록 천명을 받은 하늘님 대행자에 대한 말씀이다. 천부경은, 하늘님께서 대행자로 내세운 일(一)의 주인공에게 내려 주신 인류 구원서이자, 신인류 문명 창조경이다.

하늘님께서는 천부경 말씀을 내려주신 일(一)의 주인공으로, 기존 종교인 중에서 정하지 않으셨다. 이는 하늘님께서 특정 민족이나 특정 종교를 넘어선 만유의 하늘님이시기 때문이다. 그렇기에 천부경 역시 한민족만의 말씀이 아니라, 모든 인류에게 주시는 말씀임을 알아야 한다.

하늘님께서는, 천부경의 일석(一析)에서 가장 으뜸에 대한 내용을 말씀해 주시는데, 인간계의 으뜸인 황제와 황후의 모습에 대해 말씀해 주시고, 이어서 천하의 으뜸 기도문을 말씀해 주셨다.

"반야바라밀의 으뜸을 하나와 같이 하듯이, 형형색색이 오묘함을 뜻하듯, 획을 그으며 천하 으뜸을 표함이다."고 하셨다.

어둠이 없고, 밝은 세상이 반야바라밀이며, 어둠이 없고 밝은 세상을 열어 나가는 이들을 반야바라밀타라 알려주신다. 그리고 그런 어둠이 없고 밝은 세상을 가도록 도력을 길러주는 으뜸의 기도경문이 반야바라밀다심경이라는 것이다.

신들의 청음을 듣는 하늘님의 대행자인 성운율사를 통해, 부처님들께서 설법해 주시는 반야바라밀다심경의 진정한 뜻을 이 책에서 전한다. 또한 불자들이 기도하고 있지만 제대로 알지 못했던 다라니의 참된 의미도 밝혀서 세상에 처음으로 전하는 것이다. 신묘장구대다라니를 비롯하여, 각 부처님들께서 알려주신 다라니의 참된 의미와 공덕을 깊이 새기며 기도하시기 바란다. 이 책에 수록한 다라니 해석으로는, 아미타부처님 관련 7개 다라니, 츰부 다라니, 비로자나 부처님의 광명진언, 칠성여래 부처님의 칠성 연명경, 약사여래부처님 관련 다라니, 관세음보살 본심미묘 육자대명왕진언 등이다.

그리고 지장경에 대한 지장보살님의 말씀을 비롯하여, 미륵 부처님, 아미타 부처님, 비로자나 부처님, 약사여래 부처님을 위시한 여러 부처님들께서 인류를 위해 내려주신 말씀을 정리하여 세상에 전하였다. 부처님들께서는, 하늘님을 위시한 천상의 대신명들을 큰 어르신으로 경외하며, 한 마음으로 한 하늘님을 모시고 새로운 세상을 건설하라 하신다.

이 책에서는 하늘님의 말씀은 굵은 글씨체로 정리하였고, 천부경 말씀은 *를 앞에 표시하여 구분하였다. 하늘의 말씀, 천지 대신명과 부처님들의 말씀은 굵은 글씨체이되, 문장 앞뒤로 〈 〉로 표시하였다. 그리고 하늘님 대행자가 전하는 하늘과 부처님들의 말씀은 일반 글씨체에, 〈 〉로 표시하되, 모든 말씀들은 글자 크기를 더 크게 하였다.

이 책이 나오도록 바쁜 시간을 내어, 감수하여 주신 천부경 말씀의 주인공인 성운율사께 깊이 감사드리며, 이 책의 교정을 본다고 수고하신 대공스님, 그리고 이 책이 나오도록 수많은 노고도 마다하지 않으신 출판사 대표께도 깊은 감사를 드린다.

저자 雲山 이 대진

차 례

6. 신인류 문명으로 가는 여정

01
우주와 인류 문명의 대비밀을 밝히는 천부경!

(1) 우주와 인류문명의 대비밀을 밝힌다!

1) 11번째로 전해진 하늘님의 천부경

세로 9자씩, 가로 9칸에 총 여든 한(81)자로 이루어진 천부경(天符經)을 들어보았을 것이다. 처음 접하는 분을 위해서 가로쓰기로 편집된 천부경을 제시한다.

一始無始一析三極無	일 시 무 시 일 석 삼 극 무
盡本天一 一地一二人	진 본 천 일 일 지 일 이 인
一三一積十鉅無匱化	일 삼 일 적 십 거 무 궤 화
三天二三地二三人二	삼 천 이 삼 지 이 삼 인 이
三大三合六生七八九	삼 대 삼 합 육 생 칠 팔 구
運三四成環五七一妙	운 삼 사 성 환 오 칠 일 묘
衍萬往萬來用變不動	연 만 왕 만 래 용 변 부 동
本本心本太陽昻明人	본 본 심 본 태 양 앙 명 인
中天地一 一終無終一	중 천 지 일 일 종 무 종 일

여든 한(81)자의 천부경은 일(一)에서 시작하여 일(一)로 끝난다. 무(無)와 함께 일(一)에서 십(十)까지의 수가 천(天), 지(地), 인(人)과 어우러지고, 시(始)와 종(終)이 시작과 끝에 각각 자리 잡고 있는 천부경은 예사로운 글이 아님을 직감하게 한다.

천부경(天符經)을 알고 있는 대개의 사람들은 한민족의 우주관을 밝혀 놓은 글이라고 평가하고 있다. 어떤 이들은 최초의 한민족 경전이라고 귀히 여기며, 한민족 관련 종교 단체에서는 아예 자신들의 경전으로 쓰기도 한다. 그러나 대부분의 사람들은 천부경을 모르거나, 무관심하다. 심지어 위작이라며 고려할 가치가 없다고 하는 이들도 있다.

이렇게 다양한 평가를 받는 천부경은 도대체 어떤 글인가?

사람들이 천부경을 어떻게 평가하든 간에, 천부경은 1만 년 전 한민족의 최초 국가였던 환국(桓國)으로부터 시작되어, 중간에 맥이 끊어질 듯도 했지만, 그 오랜 세월을 넘어서 우리들에게 어렵게 구전되어온 여든 한(81)자로 구성된 경(經)이라고 알려져 있다.

이처럼 천부경이, 현재 인류 역사와 같은 1만 년의 긴 세월을 넘고 넘어서 우리 한민족에게만 전해져 왔다는 점과, 묘하게도 세로 9자씩, 가로 9칸에 총 여든 한(81)자의 문자로 구성되어 있으며, 여든 한(81)자가 일(一)에서 시작하여 일(一)로 끝나는 경(經)이라는 점, 그리고 신라 시대의 문장가였던 최치원이 한자(漢字)로 번역한 후, 수많은 사람들이 여든 한(81)자를 해석하려고 노력해 왔지만 아직도 미궁 속에 있다는 내용만으로도 우리의 호기심을 자극한다.

그 중에서도 특히 현 인류 문명의 여명기라 일컬어지는 신석기 시대의 시작이었던 1만 년 전부터, 우리 한민족에게만 전해져 온 여든 한(81)자의 경(經)이라는 것을 어찌 가볍게 넘길 수 있겠는가?

그렇기에 천부경에 관심을 가진 사람이나, 이 민족을 사랑하는 사람은 말할 것도 없거니와, 이 땅에 살아가는 한민족의 후예라면, 한 번쯤은 천부경을 알아보는 것이 당연한 일이지 않겠는가?

천부경이 우리 한민족 1만년 역사의 비밀을 품고 있으면서도, 참된 진실이 아직도 미궁 속에 있는 이유를 알려면, 숱하게 헝클어져 왜곡된 우리 한민족의 역사 현실을 먼저 깨달아야 한다.

작금의 우리나라는 1950년 전쟁의 폐허 속에서 다시 시작하여, 외형으로는 경제, 과학을 비롯한 많은 실물 부분에서 경이로운 성과를 이루어내었다. 그로 인해 전 세계가 깜짝 놀라며 경제 및 기술 성장 모델로 주목하고 있다. 더군다나 한류로 대표되는 소프트 파워(Soft-Power)는 세상에 큰 울림을 주며, 새로운 변화를 이끌어 가고 있다.

그럼에도 불구하고, 우리의 내부를 자세히 들여다보면 해결해야 할 과제들이 한 둘이 아니다. 그 중에서도 역사 영역에서는 더 많은 고민과 해결책이 필요하다. 그 이유는 역사와 역사정신이 올바르게 세워져야, 국가와 민족의 근본정신이 무엇에도 흔들림이 없이 반듯하게 자리 잡게 되며, 민족의 미래가 밝아지기 때문이다.

우리 한민족은, 1만 년 전 광활한 영토를 가진 지구 최초의 나라였던 환한 빛의 나라, 환국(桓國)에서 시작하였다. 그러나 숱한 세월이 흐르면서 찬란한 역사와 거대한 영토를 잃어버리고 점점 한반도로 영토가 줄어들었고, 그마저도 6.25 전쟁을 거치면서 남북으로 분단되어, 한민족의 기운은 한반도 남쪽으로만 집중되었다. 그런데 문제는 영토뿐만이 아니라 역사도, 정신도 쪼그라들었다는 것이다.

이러한 모습은 광활한 대륙의 땅을 포기하였던 조선 시대부터 더욱 두드러졌다. 성리학을 통치이념으로 내세워 사대주의가 극에 달했던 조선 왕조의 왕들과 지배층의 유학자들이 고대 역사서를 금서로 낙인찍어 불태우며 찬란한 과거 역사를 스스로 지우고, 한반도 안으로 역사를 가두어 버렸다. 그러다보니 삼국사기에 나오는 삼국의 지명은 물론, 삼국의 경계조차 제대로 알 수 없게 되었고, 과거의 찬란한 우리 역사를 크게 축소시키는 빌미를 주며 그 폐해가 지금까지 나타나고 있다.

중국(仲國)에 의한 우리 역사 왜곡은 오래전 과거 한(漢)나라로부터 시작되어 왔기에 그 폐해는 말할 수 없을 정도로 컸다. 그들은 동이족의 역사를 지워 자신들의 역사로 뒤집었고, 동북아시아의 고대 역사를 모두 중국 역사로 편입, 날조하여 왜곡시켜 왔다. 그래서 우리의 뿌리 역사는 말할 것도 없고 중세 역사까지 알기 어렵게 만들어 버렸다,

이에 만만치 않게 일본 역시 일본 제국주의 식민기간을 거치는 과정에서 우리 뿌리 역사는 물론 중세 역사도 교묘히 비틀어서 바른 역사를 알 수 없게 만들었으며, 식민사관이라는 역사관으로 학계와 교육현장에 침투하여 우리 근대 역사조차 치밀하게 왜곡시켜 왔다. 이제는 골수까지 퍼진 상황과 같아서 폐해를 바로 잡기도 쉽지 않은 지경이다. 중국과 일본에 의한 역사 왜곡과 침탈은 지금도 멈추지 않고 있다.

더군다나 남북으로 이념 대립이 극도로 진행되고 있는 상황에서, 공산세력의 은밀한 침투로 사회주의 이념에 물든 이들은 민중사관, 유물사관, 실증주의, 세계주의, 종교이념 등의 미명하에 역사를 뒤집어 비틀며, 뿌리 역사는 물론 근대 역사마저 정통성을 부정하거나 왜곡선동하여 왔으며, 지금도 사회 곳곳에 자리 잡고 역사 정신을 훼손하고 있다.

외세와 내부의 반역사 세력들의 만행으로 인해, 뿌리 역사는 말할 것도 없고 중세 및 근대 역사마저 비틀어져서, 역사 진실을 바르게 알기도 쉽지 않고 우리의 역사정신마저 뿌리째 흔들리고 있는 실정이다.

이러한 역사 침탈, 지우기, 뒤집기, 훼손 및 왜곡 등으로 한민족 역사정신이 단절되다시피 하는 상황 속에서도, 뜻있는 사람들에 의해 희미하게나마 맥이 이어져 온 것은 참으로 다행한 일이었다. 역사의식이 강렬하였던 선조들의 염원과, 최치원, 이맥, 계연수 등 수많은 학자들의 열성과 대한(大韓)의 정신을 바르게 세우려는 많은 이들의 피나는 노력에 의해 그나마 우리 역사가 겨우 명맥을 유지해 왔다.

이렇게 역사가 무너지고 뭉개어지는 시간 속에서도, 1만 년이라는 파란만장한 세월을 지나며 화석처럼 여든 한(81)자의 뼈대만 남아 우리들에게 전해진 천부경이기에, 한편으로는 고마움과 또 다른 한편으로는 안타까움이 교차되는 심정이다.

그래서 더욱 애틋하게 한민족의 경전으로 받드는 이들도 있지만, 정식 역사서로 보기 어렵다며 위작으로 치부하는 이들이 있는 것도 사실이다. 그럼에도 불구하고, 천부경의 가치를 알고 있는 이들은, 천부경을 보존하여 세상에 알리면서 나름대로의 방법으로 천부경을 해석하고, 천부경에 담긴 비밀을 풀려고 노력해 왔다.

참으로 가상한 노력들이었지만, 그런 노력들이 천부경의 비밀을 풀기는커녕, 해석한 내용조차 각자의 생각에 치우쳐 점점 미궁에 빠져들면서, 일반인들에게 외면 받고 있는 것이 작금의 실정이기도 하다.

저자는 깊고도 특별한 인연으로 천부경을 접하게 되었고, 피엔씨미디어 출판사의 도움을 받아 2022년 11월에, 『온 인류에게 천부경의 비밀을 처음으로 공개한다!』는 제목으로 출간하였다. 그 책에서 저자는 책 제목 그대로, 우리가 천부경을 알아야 할 이유와 함께, 세상이 알지 못하였던 천부경의 비밀을 처음으로 공개하였다.

여든 한(81)자의 뼈대만 남은 천부경이 아니라, 한 자 한 자 마다 하늘님의 말씀으로 채워진 천부경, 그리고 인류에게 "**최초**"가 아니라, "**11번째**"로 전해진 하늘님의 천부경을 세상에 책으로 공개한 것이었다.

저자는, 온 인류가 찾아왔던 참 하늘님께서 다시 인류 역사를 직접 주재하시기 시작하였음을 세상에 알렸고, 하늘님께서 지구가 생긴 이래 11번째로, 하늘이 알고 있는 그 사람을 역사 전면에 불러 세워 천부경의 말씀을 내려 주신 전대미문의 사건을 세상에 알렸다.

참 하늘님께서 11번째로 천부경을 알려주시기 전까지, 1만년의 긴 세월을 넘어 우리에게 전해진 천부경의 참된 뜻을 아무도 알지 못했다. 하늘님께서 11번째 천부경을 내려주시면서 비로소 천부경이 인류 문명을 새롭게 열어주시는 하늘님 은총의 말씀이었던 것을 알게 된 것이다. 하늘님으로부터 11번째로 천부경의 말씀을 직접 받은 성운율사는, 어느 누구도 알지 못했던 천부경의 참된 의미를 이렇게 밝혀주고 있다.

〈천부경은 환난이 끝나고 새로운 세상이 시작될 때, 세상을 어떻게 만들어서, 백성을 먹여 살리고 새로운 나라를 형성하는 과정을, 하나하나 핵심을 천상천주님께서 후세에 남긴 글입니다.〉

천부경의 주인공인 성운율사는, "대환난이 끝나고 새로운 세상이 시작될 때, 사람들을 먹여 살리고 새 나라를 세우는 과정 하나하나의 핵심을 참 하늘님이신 천상천주님께서 말씀으로 내려주신 글"이라고 천부경의 참된 뜻을 세상에 밝혀 주고 있다.

이 말씀으로 11번째 천부경의 진정한 의미는, 하늘님께서 인간을 창조하신 이래 11번째로 인간의 역사를 직접 주재하시고 하늘님의 역사를 시작하시며, 하늘님의 대행자를 인류 역사 전면에 불러 세우시어 불원간 몰아닥칠 지구의 대환난 속에 인류를 구원하고 새로운 인류 문명을 열도록 천명으로 내려주신 글이라는 것을 알게 되었다.

하늘님께서 내려주신 11번째 천부경을 통하여, 이제까지 전 인류가 전혀 알지 못했던 소위 "인류 종말"의 진실한 실체와 함께, 하늘님께서 인류를 구원하시는 우주 역사의 대비밀을 처음으로 확연히 알게 되었다. 하늘님께서 알려주시지 않으면 아무도 알 수 없었던 우주와 인류문명의 대비밀을 11번째 천부경으로 알게 된 것이다.

아득한 옛날 하늘님께서 인간을 창조하신 이래, 지구에는 우주정화 차원으로 대환난이 주기적으로 일어나게 되며, 그 대환난으로 기존의 인류 문명이 소멸되는 지경에 빠지게 된다. 인류 문명이 소멸되는 우주 차원의 대환난은 우주를 주재하시는 하늘님이 아니시면 어느 누구도 해결할 수 없는 일이기에, 이 대환난의 때가 되면 그때마다 하늘님께서 직접 인간 역사를 주재하시어 인간을 구원하고 새롭게 인류 문명을 열어 주셨던 것이다.

우주 정화 차원에서 벌어지는 주기적인 대환난으로 인류 문명이 소멸지경에 빠지게 되면 하늘님께서 인류 역사를 직접 주재하시고 하늘님의 대행자를 정하시어, 대행자에게 천명을 내리심과 함께 천부경을 알려주시며 대환난을 극복하고 대환난으로 변화된 지구 환경에서 살아남은 인간들을 이끌어 새로운 인류 문명을 열어 나가게 하셨다.

그래서 11번째 천부경은 다름 아닌 11번째 인류 구원서이다.

하늘님께서 11번째로 천부경을 알려주셨다는 것은, 하늘님께서 지구가 생긴 이래 11번째로 인류 역사를 직접 주재하시게 되었다는 것이며, 하늘님의 시간이 다시 시작되었다는 것을 알려 주시는 것이다.

저자는 하늘님의 역사가 다시 시작되었음을 전하는 동시에 인류 구원서인 천부경의 하늘님 말씀을 세상에 전하려 하였다. 앞의 책에서 하늘님의 말씀이 담긴 천부경의 비밀과 시대적 소명을 널리 알리는데 중점을 두었지만, 저자의 부족함과 지식 한계로 인해 천부경을 제대로 전하지 못하였다.

그래서 이번 책에서는 하늘님 말씀을 직접 받으신 성운율사의 가르침을 받아, 참 하늘님의 말씀을 중심으로 11번째 천부경 내용을 세상에 알리며, 매우 중요한 천지기밀을 제외하고는 하늘의 말씀과 부처님 말씀을 숨김없이 전하고자 하였다. 특히 이번 책에서는 천부경의 참된 뜻과 함께, 천부경에 담겨있는 하늘님 말씀을 일반인들이 보다 쉽게 이해할 수 있도록 설명하는데 주력하였다.

이번에 출간하는 책은 앞선 책의 보완 성격을 지니고 있다. 그리고 저자는 이제껏 많은 이들이 제시해 왔던 천부경에 대한 잘못된 의견과 주장들을 경계하며, 하늘님께서 전해주시는 11번째 천부경의 참된 뜻을 세세하게 밝히려 하였다. 저자는 하늘님의 깊은 사랑과 구원의 은총이 온 인류에게 더 널리 알려지기를 염원하면서, 천부경 "여든 한(81)자의 한 자, 한 자마다 담긴 하늘님 말씀"의 주요 내용을 밝히려 하였다.

지구가 생긴 이래 11번째로 내려주신 천부경 말씀의 정리와 설명을 위해서, 하늘님으로부터 직접 말씀을 받으신 성운율사께 감수를 받았다. 그리고 앞의 책에서 천부경 내용 말씀 중 빠진 말씀, 오·탈자 등을 수정하여 재편집한 11번째 천부경을 별책으로 첨부하였으니, 참고하기 바란다.

2) 우주와 인류문명의 대비밀을 밝혀주는 11번째 천부경

一始無始一析三極無　　일 시 무 시 일 석 삼 극 무

저자는 여든 한(81)자의 첫 글자인 일시(一始)의 일(一), 그리고 그 일(一)의 말씀 중에서도 가장 첫머리에 내려주신 말씀을 통하여, 천부경의 의의와 함께 우주 대비밀의 대의를 먼저 밝히려고 한다.

그 사람을 하늘이 알고 있다.
11번째 이르러 이 글을 알려준다. (일시(一始)의 일(一) 첫머리 말씀)

하늘님께서 내려주신 여든 한(81)자에 대한 한 자, 한 자의 말씀은 어느 하나 소홀히 다룰 수 없지만, 그래도 가장 큰 비중이 있는 핵심 부분은 천부경의 시작이자, 여든 한(81)자의 첫 번째 글자, 일시(一始)의 일(一)에 대한 말씀이다.

그리고 일(一)의 첫머리에서 가장 먼저 알려 주신 하늘님 말씀은 핵심 중의 핵심이라 할 수 있다. 하늘님께서 알려주신 첫 번째 일(一)의 첫머리 말씀에는 천부경의 핵심 비밀이 담겨 있기 때문이다.

하늘님께서 여든 한(81)자의 천부경 한 자, 한 자에 대해 말씀을 내려주실 때 알려주신 말씀이다.

지구가 생긴 이래 내가 11번째로 천부경을 (알려주며), 성운율사가 해석한다.

하늘님께서 그냥 11번째가 아니라, 지구가 생긴 이래 11번째로 알려주시며, 성운율사가 해석한다고 말씀해 주신 것이다.

지구가 생긴 이래 11번째로 알려주신 천부경 일(一)의 첫머리 말씀의 주체는 "**하늘**"이다. "**하늘님**"이시다. 하늘님께서 말씀을 내려주실 때, 하늘님께서는 스스로를 "하늘"이라고 말씀하신다. 전후 문맥을 잘 살펴 파악하여야 하지만, "명은 하늘이 주는 것"이라는 말씀에서도 "하늘"은 바로 "하늘님"을 말씀하신다는 것을 알아야 한다. 그래서 "그 사람"을 하늘님께서 알고 있다는 말씀이다. 하늘님께서 "그 사람"에게 지구가 생긴 이래 11번째로 천부경을 알려주신다는 말씀이다.

하늘님께서 알고 있는 "**그 사람**"에게 11번째로 천부경 말씀을 내려 알려주시고, "그 사람"이 하늘님의 말씀을 해석하며 글로 남겨 세상에 전하게 된다는 말씀이 요지이다. 새삼스러울 것이 없어 보이는 말씀 같지만, 대단히 중요한 우주의 비밀을 밝혀주시는 말씀이다.

하늘님께서 첫머리 말씀에 가장 먼저 언급하여 인류에게 내려주신 단어가, "**그 사람**"이다. "**그 사람**"은 하늘님께서 특정(特定)하신 바로 "**그**" 사람이며, 바로 첫 번째 일(一)의 주인공이다. 하늘님께서 "**그 사람**"을 천부경의 주인공으로 정하셨다는 것이고, 그래서 "**그 사람**"에게 천부경을 알려준다는 말씀이다.

새겨들어야 할 또 다른 말씀은 천부경을 알려주시는 것이 "**처음이 아니라, 지구가 생긴 이래 11번째**"라는 것이다.

우주의 모든 것을 꿰뚫어 알고 계시는 하늘님께서, 인류가 대환난에 처할 때마다 인류를 위해 천부경을 내려주시며, 새로운 생명의 길을 열어주셨다는 말씀이다. 그것도 처음이 아니라, 11번째로 내려주시는 생명의 은총이라는 사실이다.

하늘님께서 첫머리에 내려주신 이 한 말씀으로, 지금까지 세상 사람들이 천부경에 대해서 말해 왔던 모든 주장과 논의 내용들이 얼마나 어리석은 것들인지를 깊이 깨우쳐 주신다. 그리고 역사를 비틀고 뭉개어버린 반역사 세력들의 선동과 헛말로 미몽에 빠진 우리 역사정신을 흔들어 깨우며 바로 세우게 하는 말씀이시기도 하다.

그래서 저자는 하늘님의 말씀을 깊이 새기며, 지금까지 뭇사람들이 주장하며 논의해 왔던 내용들에 대해 무엇이 어떻게 잘못되었는지를 정리하고, 천부경의 참된 가치를 밝히고자 하였다.

첫째, 천부경은 하늘님께서 직접 내려주신 말씀의 경(經)임을 밝히며, 천부경이 위작이라는 주장을 크게 경계한다.

“**11번째 이르러 이 글을 알려준다.**”고 하시는 첫 말씀은, 천부경이 하늘님께서 현생 인류를 위하여 직접 알려주시는 말씀으로 이루어진 글임을 천지에 선언하시는 것이다. 우리 인류는 인류 역사상 처음으로 하늘님께서 직접 알려주시는 말씀만으로 이루어진 글을 접하는 은총을 받게 된 것이다.

하늘님의 말씀만으로 기록된 글에는 경(經)이라 붙인다. 그러나 지금껏 우리 인류가 하늘님 말씀을 접하지도 않았고 알 수도 없었으니, 석가나 예수 등의 성인(聖人)이 전해주는 말씀에도 경(經)을 붙여 왔다. 성인의 말씀에 대해 후대 학인들의 해설이나 설명이 붙여진 글에는 전(典)이라 붙였고, 모두를 일컬어 경전(經典)이라고 이름 붙였다.

성인(聖人)의 말씀이 아니라, 오로지 참 하늘님의 말씀으로만 기록된 글이기에 당연히 경(經)을 붙여, 천부경(天符經)이라 하는 것이다.

더군다나 하늘님께서는, 알려주시는 천부경이 최초의 천부경이 아니라, 지구가 생긴 이래 11번째의 천부경이라고 하신다.

지금까지 여든 한(81)자의 한자(漢字) 뼈대로만 알려져 있는 천부경을 대하다 보니, 위작이라 주장하는 이들도 있겠지만 그것은 어리석고 편향적인 인간들의 좁은 안목에서 바라보는 주장일 뿐이다. 하늘님께서는, 위작이라 주장하는 이들뿐만 아니라 무심한 이들 모두에게 크게 경계해 주시며, 천부경을 우리 인류에게 한 번이 아니라 11번이나 알려주셨다고 말씀하시는 것이다.

사람들이 이렇게 천부경에 대해 무심하거나 위작 등의 말들이 나오게 되는 것은, 우리 한민족의 뿌리 역사가 지워지고 왜곡되면서, 하늘님의 역사를 잃어버렸기 때문이다. 하늘님의 역사를 잃어버리면서 우리의 역사 정신이 희미해지기 시작하였으며, 민족정기도 서서히 빛이 바래지기 시작하였다. 그런 차제에 단편적인 지식만 가지고 위작 운운하였고, 대다수는 자신의 삶에 치중하여 천부경을 외면하며 관심을 두지 않았다.

하늘님께서 직접 알려주신 11번째 천부경은 하늘님의 역사가 다시 시작됨을 알리는 신호탄이 되어, 한민족의 근본을 바로 세우는 바탕이 될 것이고, 우주와 인류 문명의 비밀을 밝혀 세계 통합을 이루는 계기가 될 것이다.

하늘님께서, 한민족은 "**앞으로 세계를 지배하는 천족**"이라고 밝혀주셨다. 천족이란 하늘님의 천명을 받은 사람과 더불어 하늘님의 은총을 받아 새로운 인류문명을 개척하여 이끌어 나가는 족속을 말하는 것이다.

10번째 인류문명에도 인류 문명을 선도하며 개척하였던 천족이었지만, 하늘님께서 11번째 새로운 인류문명도 처음 개척하여 열어나가게 하시고 크게 번성하도록 축복을 주신 족속이라는 말씀이시다. 그래서 하늘님께서 "**시작은 미미해도, 끝내는 조선이** (중략) **엄청 큰 하늘의 땅이 되려니, 그렇게 넓혀서 우주 한 가운데 모든 이목을 받고서, 천천세 우주네.**"(지일이(地一二)의 이(二)) 라고 하시며, 한민족의 비밀과 미래의 모습을 알려주신다.

이러한 천족의 민족이기에, 하늘님께서 하늘님의 역사를 여기에서 다시 시작하시는 것이다. 그리고 한민족의 일원에서 하늘님의 대행자를 내세우시고, 11번째로 천부경을 직접 알려주신 것이다.

11번째의 천부경은 말할 것도 없거니와, 11번째 이전에도 인류에게 전해주셨던 천부경들 역시, 하늘님께서 직접 알려주신 하늘님의 경(經)이라는 사실을 명백하게 밝혀주시는 것임을 알아야 한다.

둘째, 한민족에게만 전해 온 천부경이지만, 천부경 말씀은 한민족뿐만 아니라 온 인류에게 내려주신 만유의 하늘님 말씀임을 밝힌다.

하늘님께서 천부경 말씀을 받든 사람으로 우리 한민족 일원 중에서 정하셨지만, 지구가 생긴 이래 11번째에 이르러 천부경을 알려주신다는 말씀에서, 단순히 한민족만의 하늘님이 아님을 깨우쳐 주신다.

"지구가 생긴 이래 11번째로 알려주는 천부경"이라는 말씀 속에는, 아득한 옛날 인류의 역사 시작부터, 인간들이 위기에 빠지면 인류 역사를 직접 주재하시어 대환난으로부터 새로운 인류 문명을 열 수 있도록 베풀어 주신 하늘님의 은총이 계셨다는 것이다. 그리고 그 때마다 하늘님께서는 인류를 구원하여 새 세상을 열었던 또 다른 하늘님의 대행자들을 내세우셨고, 그 대행자에게 천부경을 알려 주셨다는 놀라운 비밀을 밝혀주시는 것이다.

아득한 옛날부터 다른 인류문명이 열려왔다는 것은 하늘님께서 특정한 민족의 하늘님이 아니시며, 온 우주의 하늘님이심을 밝혀주시는 것이나 다름없다. 이번 10번째와 11번째 인류문명의 개창자로 천족인 한민족 일원에서 대행자를 내세우셨지만, 우주 전체를 통틀어 단순히 한민족만의 하늘님이 아니라, 온 우주의 하늘님, 만유의 하늘님이심을 명확하게 밝혀 주시는 것이다.

그리고 하늘님께서는, 하늘님의 말씀을 받든 사람을 기존 종교인 중에서 정하지 않으셨다. 이는 하늘님께서는 특정 민족뿐만 아니라 특정 종교를 넘어선 만유의 하늘님이심을 알려주시는 것이기도 하다.

셋째, 천부경을 통해, 하늘님께서는 지금의 인류 문명 이전에도 인류 문명들이 9번 더 있었다는 충격적인 비밀을 밝혀 주신다.

천부경을 언급하거나 해석하는 사람들은 상상도 하지 못한 말씀이자, 충격적인 말씀은, 하늘님께서 천부경을 지금의 우리 인류에게 "**최초**"로 알려주신 것이 아니라는 것이다. 하늘님께서는 "**지구가 생긴 이래 11번째**"로 천부경을 알려준다고 하신 것이다.

이 말씀에 따르면, 지금의 인류 문명은 10번째 천부경과 관련 있는 10번째 인류 문명이라는 것이다. 그리고 현재의 인류 문명 이전에 천부경의 은총으로 이루어진 또 다른 인류 문명이 9번이나 더 있었다는 놀라운 사실을 알게 된다. 아주 간명하게 알려주시는 이 한 말씀은 우리 인류가 모호하게만 알고 있었던 인류 문명의 실체를 환하게 밝혀 주시며, 석기 문명으로 시작하였다는 인류 문명 전체의 비밀을 확연히 깨우쳐 주시는 말씀이다.

더군다나 이 말씀을 통해, 지구상에 존재하였던 과거 모든 인류 문명들은 소멸과 생성이라는 과정을 반복하여 왔다는 것을 확연히 깨우치게 된다. 주기적으로 반복되는 우주 차원의 정화과정 속에 대환난을 거치면서 기존의 인류 문명은 소멸되어 문을 닫게 되고, 하늘님의 은총으로 새로운 인류 문명이 열려 왔다는 놀라운 사실을 알게 된다.

이는 지금껏 어느 누구도 알지 못했던 우주 차원의 대환난과 인류 문명의 대비밀을 밝혀주시는 것이다. 우주 차원에서 닥쳐오는 주기적인 대환난이 일어나면, 하늘님께서는 그때마다 천상의 신성들을 대동하시어 인류 역사를 직접 주재하시며 인류를 구원하셨다는 것이다. 하늘님께서는 인류 중에 간절한 기도로 하늘님을 찾던 인연이 있는 한 사람을 하늘님의 대행자로 내세워 천부경을 알려주시며, 하늘님의 천명으로 새로운 인류문명을 열도록 하셨다는 놀라운 하늘님의 은총과 인류 구원의 대비밀을 깨닫게 된다.

11번째 천부경 전수 사건을 통해, 지구상에 10번의 대환난이 있었고, 그 환난으로 그 이전의 인류 문명은 소멸되고, 다시 새로운 인류 문명이 하늘님의 은총으로 시작되었다는 것을 확연히 알게 된다. 현재의 인류 문명은 10번째 대환난을 거쳐 하늘님의 은총으로 다시 시작되어 오늘날까지 이르게 된 인류 문명이라는 사실과 다시 11번째 대환난으로 파멸지경에 빠질 인류 문명이라는 사실에 전율을 느낄 뿐이다.

넷째, 천부경은 여든 한(81)자의 문자로만 알려져 있지만, 사실은 여든 한(81)개 문자, 한 자 한 자 마다 하늘님의 천명이 세세하게 담겨 있는 말씀이라는 것을 밝혀 주신다.

현재 천부경을 말하는 모든 사람들은, 신라의 문장가였던 최치원이 녹도문을 한자(漢字)로 번역한 여든 한(81)자에 매여 해석하여 왔다. 우리가 지금껏 알고 있었던 천부경은 단지 여든 한(81)자의 뼈대만 남아 있었던 10번째 천부경이었다는 것이다.

그런데 하늘님께서 "**지구가 생긴 이래 11번째**"로 천부경을 알려준다고 하신다. 하늘님께서는 하늘님 말씀을 받드는 "그 사람"을 정하시고, "그 사람"에게 여든 한(81)자로 구성된 천부경 한 자 한 자마다 세세하게 천명의 말씀을 내려주셨다.

하늘님께서 이제 때가 되어, 11번째에 이르러 글을 알려주시며, 여든 한(81)자의 한 자, 한 자마다 말씀을 내려주신 것이다. 그러므로 하늘님 말씀을 직접 받든 "그 사람"만이, 천부경을 완전히 알 수 있게 된다는 것이다.

이제껏 말씀의 전수자가 아닌 사람들이 수많은 세월을 공들여 천부경을 연구하고 이해했다 하더라도 피상적인 한자 해석과 인간의 지식 한계를 넘어서지 못했다. 그들로서는 최선을 다한 것이겠지만, 그럼에도 불구하고 그들은 본인 스스로도 궁극의 진실을 제대로 알 수 없었다. 그들은 단지 자기 생각이나 학설을 전한 것에 지나지 않았다는 사실을 11번째 천부경을 통해 확연하게 알게 된다.

이제 우리 인류는 하늘님께서 알려주신 11번째 천부경으로, 하늘님께서 밝혀주시는 우주 대비밀과 함께, 여든 한(81)자의 진실한 비밀을 비로소 헤아리게 되었다.

그래서 천부경(天符經)에서, 천경(天經)으로 보면 하늘님의 말씀이었음을 확연히 알게 되었으며, 천부경(天符經) 전체로 보면, 내려주시는 한 말씀마다 천지에 새겨져 어김없이 이루어지는 하늘님의 말씀임을 더욱 깨치게 된다.

다섯째, 천부경은 한민족의 우주관을 넘어서서, 온 인류에게 우주의 대비밀과 구원의 진실을 밝혀주시는 하늘님의 말씀임을 밝힌다.

천부경을 한민족의 우주관으로 말하는 사람들은, 여든 한(81)자 글자에 표현되어 있는 무(無)와, 1에서 10까지 숫자를 우주의 뜻을 담고 있는 수인 상수(象數)로 파악하였다. 그리고 그들은 상수로 표현된 하도(河圖)와 낙서(洛書)로 우주의 변화 이치를 설명하였으며, 팔괘 및 육십사괘를 천지인(天地人)의 글자와 연계시켜 우주 생성 변화를 설명하면서, 역사적으로 가장 앞서 있는 우주관이라고 평가하기도 한다.

그러나 천부경은 사람들의 이런 복잡다단한 생각을 훨씬 넘어서 있는 하늘님의 말씀임을 알아야 한다.

11번째 천부경을 통해, 하늘님께서는 우리 모두에게 인류가 몸담고 있는 대우주의 놀라운 변화 비밀을 처음으로 밝혀 주시는데 누구나 알기 쉽게 알려주신다. 천부경 속 천일일(天一一)의 천(天)에서 하늘님께서 주신 말씀의 일부이다.

* 하늘은 이번 있은 일을 안으로 있다 하고, 무엇하나 거침없이 반듯하게 알려 주마. 너무나 아득한 날에 일어났느니라.

"이번 우주 안에 있는 모든 것을 무엇 하나 거침없이 반듯하게 알려 주마." 하신다. 하늘님께서는 이 인류가 그토록 밝혀내고 싶어 했던 천상과 하늘님의 세계, 인간 창조의 진실, 천상에서 벌어진 신명계의 숨은 비밀과, 신과 인간 간의 비밀에 대한 진실도 거침없이 알려 주셨다.

하늘님께서는 무엇보다도 중요한 우주의 비밀로 세상이 알지 못했던, 인류 문명의 대환난과 구원의 진실을 자세하게 밝혀주신다. 오랜 과거로부터 인류 문명은 우주 대정화 차원에서 주기적으로 닥치는 대환난으로 여러 차례 소멸되었으며, 그 때마다 하늘님의 은총으로 새로운 인류문명을 열어왔다는 것을 알려주신다. 하늘님께서는 그러한 일이 지금까지 10번이나 있었다고 밝혀주시는 것이다. 이제 11번째의 우주 변화가 시작되었음을 알려주시는 것이다.

그래서 천부경은 우주의 대비밀을 밝히는 글이자, 인류 문명이 소멸되는 대환난에서 인류를 구원하시는 참 하늘님의 깊은 사랑이 담겨 있는 구원의 글이라는 사실을 깊이 깨닫게 된다.

여섯째, 11번째 천부경은 더 이상 역사 유물이나 화석이 아니라, 하늘님께서 피와 살을 붙여주시어, 살아 숨 쉬는 우리 인류의 미래 이야기이자 희망이 담긴 이야기이다.

하늘님께서 지구가 생긴 이래 11번째로 내려주신 천부경은, 이제 더 이상 과거 역사 유물의 고전이나 화석이 아니다.

하늘님께서 말씀으로 생명을 불어 넣어 주시어, 화석처럼 굳어져 남아 있던 여든 한(81)자의 천부경이 벌떡 벌떡 살아 숨 쉬며 우리 인류의 현재와 미래가 되었다. 11번째 천부경은 더 이상 역사 가치나 있는 고전이나 화석이 아니라, 인류의 놀라운 미래가 담겨 있는 살아 숨 쉬는 미래 인류 설계도이라는 것이다.

특히 11번째 천부경을 통해서, 하늘님께서는 아무도 알지 못하였던 과거 인류 문명의 비밀을 밝혀주실 뿐만 아니라, 조만간 펼쳐질 현재 인류 문명의 희망찬 미래 이야기를 처음으로 알려주신다.

아주 아득한 옛날부터 하늘님께서 내려주셨던 최초의 천부경뿐만 아니라 그 이후에 내려주셨던 천부경들 모두, 그 당시의 인류에게는 크나큰 희망을 주는 새로운 미래 이야기였던 것이다.

천부경 첫 번째 일시(一始)의 일(一)에서 내려주신 첫머리 말씀을 통해, 우리는 상상 이상으로 놀라운 천상의 세계와 우주의 대비밀들을 하늘님께서 알려주시고 계심을 깊이 깨닫게 된다.

그런데 온 인류를 구원하시는 하늘님의 말씀을 더 깊이 이해하고, 11번째 천부경을 제대로 알기 위해서 세 가지는 새겨 둘 필요가 있다.

첫째, 여든 한(81)자의 천부경을 어떻게 읽어야 하는가를 알아야, 하늘님께서 알려주시고자 하는 핵심을 제대로 찾아갈 수 있다. 세로 9자, 가로 9칸으로 총 여든 한(81)자가 배치되어 있기에, 지금까지도 한자(漢字) 문자에 매여 각자대로 한자 문장을 띄어쓰기하며 읽으려 했다. 그렇게 해서는 안 된다는 것이다.

둘째, 천부경을 내려주신 하늘님은, 특정한 민족과 종교를 넘어서서 온 인류가 찾아온 바로 그 만유의 참 하늘님이심을 알아야 한다. 그래야 하늘님께서 천부경을 알려주시는 이유는 물론, 우주 역사의 비밀마저도 확연하게 이해할 수 있게 된다.

셋째, 하늘님께서 알고 계시는 그 사람은 누구이며, 하늘에서 전해

주신 천부경은 처음이 아닌 왜 11번째인가를 알아야 한다. 그래야만 우주의 비밀과 더불어, 인류 문명의 비밀을 풀고, 진정한 인류 구원의 진실을 찾을 수 있다.

저자가 하늘님의 말씀을 전하고, 인류 전체에게 천부경의 비밀을 공개하는데 이렇게 공을 들이는 것은, 우리 한민족은 물론, 온 인류가 자신들이 믿고 있는 종교를 넘어서고 민족 및 국가 단위의 생각도 넘어서서, 인류 전체가 천부경의 참된 모습을 알아야만 하는 분명한 이유가 있어서다.

이 "**11번째 천부경**"에는, 하늘님께서 우주의 대비밀을 밝혀주시는 가운데, 현 인류 문명의 종결과 동시에 새로운 인류 문명의 시작을 알리는 하늘님의 경계 말씀이 담겨 있기 때문이다. 특히, 하늘님께서는 11번째 천부경을 통하여, 대자연 및 인류 문명의 종말적인 대변화와, 대비겁기에 처한 현생 인류에게 전하시는 중차대한 경계의 말씀, 그리고 동시에 인류 구원에 대한 천지기밀을 전해주고 계시다.

하늘님께서 천부경을 11번째로 인류에게 알려주시는 것은, 지구상에 불원간 벌어질 대환난으로 인간들이 허망하게 소멸되지 않도록 경계하시며, 축복받는 새로운 인류 문명의 일원이 되기를 바라는 하늘님의 염원이 계시기 때문이다. 하늘님의 염원은 사랑이시며 은총이시다.

하늘님의 권능이 아니고서는 해결할 수 없는 너무나도 엄청난 대환난과 인류 구원의 문제가 있기에, 하늘님께서 인류 역사를 직접 주재하시어, "그 사람"을 인류 앞에 내세우시고 천명으로 내려 주신 것이 천부경이다. 하늘님으로부터 "성운율사" 명호를 받은 "그 사람"이 하늘님께 기도드리며, 천부경에 대한 말씀을 받아 내리는 모습을 이렇게 전한다.

〈천부경을 해석하려 펼쳐든다. 하늘님께서 조용히 혼자 해석하라고 하셨다. (중략) 기도를 한다. 하늘님이신 천상천주님을 9번 부르면서, 예를 올린다. 여든 한(81)자를 한 번 읽어 간다. 그리고 한 자 한 자에 숨어 있는 내용을 하늘님께 여쭈어가며 써내려갈 것이다. 몇 달이 걸릴지 알 수 없지만, 다시 시작을 한다.

"**지구가 생긴 이래 내가 11번째로 천부경을 (알려주며), 성운율사가 해석한다.**"고 말씀하셨다. 숙명이라고 생각하고, 오늘(2019년) 9월 1일 0시부터 새벽 4시까지 매일 하게 될 것이다. 천부경은 자시에 알려 주신다. 마음을 비워본다. 이제 때가 되었나 보다.〉

성운율사는 자시(子時)에 "**하늘님이신 천상천주님**"께 기도를 드리고, 한 자 한 자에 숨어 있는 내용을 일일이 여쭈어가며 말씀을 받들어 정리하였음을 전하고 있다. 하늘님으로부터 천부경을 받들기 시작하는 과정에서 전해주는 내용이다.

"**지구가 생긴 이래 내가 11번째로 천부경을** (알려주며), **성운율사가 해석한다.**"는 하늘님 말씀에는 말할 수 없는 깊은 뜻이 담겨 있음을 이미 전하였다. 거의 3년 가까운 시간 동안 하늘님께서 천부경 한 자 한 자에 대해 숨어 있는 내용까지 세세하게 내려주신 말씀을, 2022년 2월 17일 15시경에야 여든 한(81)자까지 마무리 짓고 천부경을 완성하게 된다. 그런 천부경의 참된 의미를 성운율사는 명확하게 전해 준다.

〈이렇게 해서 수년간 천상천주님의 도움으로 천부경을 11번째로 해석을 마무리하며 완성했습니다.〉

〈천부경은 환난이 끝나고 새로운 세상이 시작될 때, 세상을 어떻게 만들어서, 백성을 먹여 살리고 새로운 나라를 형성하는 과정을, 하나하나 핵심을 천상천주님께서 후세에 남긴 글입니다.〉

〈오묘한 하늘의 비밀을 역(易)으로 피력한 핵심을 이치에 맞게 경(經)으로 인간에게 이름이다.〉

하늘님으로부터 11번째로 천부경의 말씀을 직접 받은 성운율사는, 어느 누구도 바르게 알지 못했던 천부경의 참된 뜻을 밝혀주고 있다. 성운율사는, "**대환난이 끝나고 새로운 세상이 시작될 때, 사람들을 먹여 살리고 새 나라를 세우는 과정 하나하나의 핵심을 하늘님께서 말씀으로 내려주신 글**"이라고 천부경의 의미를 밝혀 주고 있다.

지금껏 숱한 사람들이 천부경의 의미를 말해왔지만, 그것은 인간의 머리로 생각해낸 천부경의 의미일 뿐이고, 하늘님께서 성운율사에게 알려주신 말씀이 천부경의 진실한 뜻이라는 것을 알아야 할 것이다.

조만간 우리 인류는 인류 문명이 완전히 소멸되는 대환난을 맞닥뜨리게 된다. 대환난이 끝나고 살아남은 사람들을 끌어 모아 먹여 살리고, 새로운 나라를 열어 가도록 "**하늘님께서 알고 있는 그 사람**"에게 천명으로 내려주신 구원의 말씀이라는 것이 천부경의 진실이다.

하늘님께서 내려주시는 구원은 대환난 속에서 단순하게 생명을 건지는 차원을 넘어서 있음을 알아야 한다. 하늘님께서는 대환난을 극복하고 인류가 제대로 살 수 있는 정화된 지구 환경 속에서 천상의 문명을 본받아 새로운 문명과 나라를 열어나가도록 축복을 주시며, 지구 전체로 널리 번성해 나가라는 것이다. 이것이 하늘님 구원의 참된 뜻이다.

그리고 하늘님께서 인류를 창조하신 후, 주기적인 우주 대정화 시간을 거치면서 인류 문명들이 소멸되고 새로 나타나는 오묘한 우주 변화의 비밀을 역(易)으로 피력하시고, 이치에 맞추어 인간에게 내려주신 하늘님의 말씀이 기록된 경(經)이 천부경이라고 전해주신다. "역(易)"이라는 단어에는 "**미처 이야기하지 못한 것을 차근차근 풀어서 밝혀 나간다.**"는 의미가 있음을 하늘에서 알려주신다.

그리고 하늘님의 말씀에 대해서 사람들이 반드시 새겨들어야 할 내용이 있다. 하늘님을 항상 대하시는 성운율사는 하늘님의 대경대법을 이렇게 전해 준다.

〈하늘님께서는 주시는 모든 말씀이 부적과 같다고 하신다.〉

〈하늘님께서 조그맣게 얘기하셔도, 하늘님 말씀은 법이시다.〉

하늘님께서 내려주시는 말씀은, 어떠한 상황에서 어떻게 내려주시더라도, 그대로 천명이 되어 천지에 새겨지는 부적과 같은 것이다. 내리시는 말씀은 그대로 천명이 되어, 어떠한 신도, 어떠한 인간도, 그 말씀을 어길 수 없는 천지법이 되는 것이다. 더군다나 인류를 구원하시기 위해 내려주시는 천명은 천지에 새겨지는 대경대법의 천지법인 것이다.

이것이 하늘님의 말씀을 대하는 가장 중요한 바탕임을 깨달아야 한다. 그런 천지법의 바탕위에 하늘님 말씀으로 채워진 천부경이 있다는 사실을 알아두어야 한다.

그래서 천부경은, 우리 인류에게 다가오는 대환난을 넘어서서 새로운 인류문명을 일구어나가는 하늘님의 일을 하는 모든 사람들에게, 하늘님께서 내려주신 천명이자 언약이며, 천지법이다.

(2) 문장을 짓는 것은 인간의 머리이지!

1) 11번째 천부경을 바르게 알려면

① 하늘님께서 일깨워주시는 천부경 해석법

하늘님께서 천명으로 내려주신 천부경의 깊은 뜻을 바르게 알기 위해서는 기존에 가지고 있던 잘못된 고정관념들을 모두 버려야 한다.

가장 먼저, 여든 한(81)자의 천부경을 한자(漢字) 의미에 매여 한자문장으로 엮어서 읽으려고 하는 고정관념을 아예 버려야 한다.

여든 한(81)자의 뼈대만 남은 천부경을 대하다보면, 한자(漢字)로 번역된 여든 한(81)자의 천부경을 어떻게 해서라도 한자 중심으로 문장을 엮어서 이해해 보려는 사람들의 의도는 충분히 이해할 수 있다.

그런데 모든 사람들이 지금까지 해왔던 것처럼 자기 생각에 따라 띄어쓰기하며 한자(漢字) 중심으로 문장을 엮어서 이해하려는 순간, 천부경을 알려주신 하늘님의 뜻과는 근본부터 멀어진다는 사실을 알아야 한다. 그래서 천부경을 바르게 알기 위해서는, 여든 한(81)자의 천부경을 한자(漢字) 의미에 매여 띄어쓰기해서 해석해야 할 것이라는 생각부터 버려야 한다.

별책으로 정리하여 세상에 전한 것과 같이, 하늘님께서 11번째로 천부경을 알려주시면서, 글자 한 자, 한 자마다 그 숨어 있는 내용과 뜻을 전해주셨다. 그래서 한 자 한 자에 대해 내려주신 하늘님 말씀을 집중하며, 깊이 되새겨야 한다. 한문(漢文)을 많이 알고 있다고 자랑할 것이 아니라면, 한자(漢字)에 매여 해석하려 하지 말고, 하늘님께서 내려주신 말씀에 집중하여야 한다.

천부경을 바르게 읽는 법은, 기존 여든 한(81)자의 천부경을 대하는 태도를 완전히 버리고 하늘님께서 알려주신 한 자 한 자의 말씀에 집중하며 그 해당하는 한자(漢字)와 연결하는 것이다. 그렇게 하여야 하늘님께서 온 인류에게 전하고자 하시는 진정한 말씀의 뜻이 무엇인지를 제대로 알 수 있게 된다.

처음 최치원이 바위에 새겨진 녹도문을 발견하였을 때부터, 천부경은 띄어쓰기 없이 세로 9자씩, 가로 9칸에 총 여든 한(81)자의 글자로 이루어져 있었다. [그림 1]은 가로읽기가 일상화된 세대에 맞추어 최치원이 번역한 한자(漢字)를 전서체로 표현한 천부경이다. 발견당시와 가로, 세로가 바뀐 것 이외에는 유사한 형태로 이해하면 된다.

최치원이 띄어쓰기 없이 세로 9자씩, 가로 9칸 총 여든 한(81)자의 녹도문으로 이루어진 천부경을 발견하고, 이를 한자(漢字)로 번역하여 세상에 전한 공로는 이루 말할 수 없을 정도로 크다. 11번째 천부경을 하늘님께서 알려주실 때, 여든 한(81)자의 한자(漢字)에 대해 한 자, 한 자마다 숨어 있는 내용과 함께 생명의 말씀을 내려주셨던 것이다. 이를 통해, 한자로 번역한 최치원의 공로를 하늘님께서 크게 인정해 주신 것임을 알 수 있다. 이 책에서 제시하고 있는 천부경은, 지금의 우리들이 편하게 읽을 수 있도록 띄어쓰기 없는 가로쓰기방식으로 표현한 천부경이다.

[그림 1] 전서체 가로쓰기 천부경

一始無始一析三極無	일 시 무 시 일 석 삼 극 무
盡本天一 一地一二人	진 본 천 일 일 지 일 이 인
一三一積十鉅無匱化	일 삼 일 적 십 거 무 궤 화
三天二三地二三人二	삼 천 이 삼 지 이 삼 인 이
三大三合六生七八九	삼 대 삼 합 육 생 칠 팔 구
運三四成環五七一妙	운 삼 사 성 환 오 칠 일 묘
衍萬往萬來用變不動	연 만 왕 만 래 용 변 부 동
本本心本太陽昻明人	본 본 심 본 태 양 앙 명 인
中天地一 一終無終一	중 천 지 일 일 종 무 종 일

그러나 그 당시 한자(漢字)의 대가이며, 대문장가라고 불리던 최치원은 녹도문 여든 한(81)자를 한자(漢字)로 번역하면서 자기 생각으로 한자의 의미에 맞추어 천부경을 띄어쓰기하여 해석하였다. 어쩌면 최치원 본인이 할 수 있는 최선의 방법이었을 것으로 생각한다.

그러나 그렇게 한자의 의미에 매여 띄어쓰기하며 해석하는 순간, 하늘님의 뜻에서 멀어지고 있었다. 최치원은 천부경에 대한 자신의 생각을 세상에 전한 것이었지, 하늘님의 뜻을 바르게 밝혀 전한 것이 아니었음을 명백히 알아야 한다.

어쨌든 최치원의 노력으로, 1만 년의 세월을 넘어온 천부경의 여든 한(81)자가 한자(漢字)로 번역되면서, 후대의 사람들이 여든 한(81)자의 천부경에 담긴 신비로움에 깊은 경외심을 가지고 천부경의 비밀을 풀려고 지금까지 노력하여 온 것은 사실이다. 그럼에도 불구하고, 최치원의 천부경 해석이 모두의 발목을 잡으면서 하늘님의 진실한 뜻에서 멀어지게 되었다는 사실도 알아야 한다.

돌이켜보건대, 우리 한민족의 뿌리 역사가 바르게 전해지지 않아 하늘님의 역사를 잃어버렸고, 그마저도 역사가 훼손되고 왜곡되면서 천부경에 대한 정보가 그리 많지 않았다. 여든 한(81)자의 문자만 남아 전해진 상황이라, 번역된 한자(漢字)의 의미에 초점을 맞추어 자신들의 주장을 전하려다 보니, 제 각각의 생각에 따라 띄어쓰기하여 천부경을 설명해 온 것이었다.

최치원의 해석을 시작으로 하여 이후의 많은 사람들은, 一始無始(일시무시), 一析三(일석삼), 極無盡(극무진), 本天一一(본천일일), 地一二(지일이), 人一三(인일삼) 등으로 띄어쓰기하여 설명하거나, 一始無, 始, 一(일시무, 시, 일)。析三, 極無, 盡本(석삼, 극무, 진본)。天一一, 地一二, 人一三(천일일, 지일이, 인일삼) 등 대, 소 문장으로 띄어쓰기하여 해석하기도 하고,

또는 一始無始一(일시무시일)。析三極(석삼극), 無盡本(무진본)。天一一, 地一二, 人一三(천일일, 지일이, 인일삼) 등으로 띄어쓰기하여 천부경을 설명하거나, 해석하려 하였다.

지금도 사람들은 각자의 입장에서, 한자(漢字) 해석이 그럴듯해 보이도록 나름대로 띄어쓰기하여 문장을 엮어서, 자기들의 주장을 펼치고 있다. 그러다 보니 천부경의 뜻을 제대로 전해주기는커녕 혼란의 미로 속으로 사람들을 밀어 넣어, 천부경을 더욱 외면하게 만들 뿐이었다.

하늘님께서 인간 역사를 직접 주재하시며, 하늘이 알고 있는 그 사람에게 천부경을 알려주신 이후로, 당연히 천부경을 내려주신 하늘님의 뜻과 말씀에 따라 천부경을 깨우쳐 나가야 할 것이다.

저자는 앞의 책을 통해, 여든 한(81)자, 한 자 한 자에 내려주신 하늘님의 천명과 은총이 담긴 말씀을 글로 전한 것이 천부경이라고 공개하였다. 하늘님께서 11번째로 알려주신 별책의 천부경을 보면 알 수 있듯이, 글자 한 자 한 자마다 깊은 생명의 말씀을 내려주셨다. 하늘님께서는 한 자씩 다 떼어서 말씀을 내려주셨기에, 한 자 한 자에 대한 말씀을 새겨서 살펴야 한다.

천부경의 말씀을 받은 성운율사는 하늘의 말씀을 이렇게 전한다.

〈인간의 머리로 일시무시(一始無始), 이렇게 하나의 문장으로 했어요. 그러면 내용을 잡지 못하고 점점 멀어져 간대요. "**하늘에서 볼 때, 니네 인간들의 머리지 천상천주님의 머리가 아니다.**" 라고 하세요.〉

사람들이 제각기 띄어쓰기로 문장을 지어서 천부경을 전하려 하였지만, 인간들의 머리에서 나온 생각을 전하는 것밖에 지나지 않는다는 것이다. 그러다보니 하늘님께서 우리 인류에게 내려주시려는 근본으로부터 오히려 멀어지면서, 내용을 제대로 파악하지도 못하게 된다는 것이 하늘에서 내려주시는 말씀이다. 그래서 "**하늘에서 볼 때, 니네 인간들의 머리지, 천상천주님의 머리가 아니다.**"고 하신 것이다. 계속된 성운율사의 말이다.

하늘님께서는, 천부경을 띄어쓰기하여 문장을 만들어 끊어 읽는 것은 인간들이 뭘 모르고 마음대로 한 것이라고 깨우쳐 주신다. 그래서 하늘님께서 한 자 한 자 마다 내려주신 말씀에 집중하여, 한 글자씩 따로 떼어서 살펴보고 해석하는 것이 하늘님 뜻에 부합되는 것이라고 알려주시는 것이다.

〈"**여든 한(81)자를 각각 따로 떼어서 해석을 하여야 한다.**" 고 하신다. 뭘 모르는 사람들은 일시무시(一始無始) 이렇게 나름대로 이어서 해석하는데, "**그것은 인간 너희가 뭘 모르고 마음대로 하는 것**"이라 하신다. "**여든 한(81)자에는 각 내용이 들어 있으므로 소우주를 바탕으로 해석하면 된다.**"고 말씀하신다.〉

그러나 지금껏 한 자 한 자에 대한 하늘님의 말씀을 알 수 없었기에, 하늘님의 참된 뜻을 안다는 것은 불가능한 일이었다. 이는 하늘님의 말씀을 직접 받들어야만 가능한 일이었다.

그리고 하늘님께서는, "**여든 한(81)자에는 각 내용이 들어 있으므로 소우주를 바탕으로 해석하면 된다.**"고 하셨다. 소우주를 바탕으로 해석하면 된다는 말씀은, 여든 한(81)자의 한 글자마다 완결된 하늘님의 말씀 내용을 담고 있으니 그를 바탕으로 다른 글자에서 내려주신 말씀과 연계하여 전체를 이해하여야 한다는 말씀이다.

이에 따라 이번 책에서는, 하늘님의 말씀에 따라 한 자 한 자의 의미를 그대로 전하기 위해, 초고에 제시하였던 천부경의 내용을 처음 최치원이 발견하였던 세로 9자씩 가로 9칸의 방식으로, 글자를 띄어쓰기하지 않고 그대로 제시하였다. 다만 가로 읽기에 길들여진 현대인을 위해 세로읽기 방식을 가로읽기 방식으로 표현하여 수정하였다.

그리고 한 자씩 내려주신 말씀을 정리한 것을 별책으로 편성하되, 성운율사의 감수를 받아, 여든 한(81)자 각각에 대해 초고의 내용 중 빠진 말씀, 오·탈자를 수정하고, 재편집하였다.

② 천부경의 일(一)은 태극이 아니라 무극이다

두 번째는 천부경의 핵심이 되는 11개의 일(一)에 대한 기존의 생각, 그리고 천부경의 일(一)에 대해 이제까지 이해하고 설명하여 왔던 기존의 모든 잘못된 생각 틀에서 벗어나야 한다.

더 구체적으로 천부경 여든 한(81)자 전체에 걸쳐 핵심이 되는 일(一)을 태극(太極), 무(無)를 무극(無極) 등으로 설명하고 이해하였던 기존의 잘못된 생각에서 벗어나야 한다는 것이다.

그동안 수많은 이들이 여든 한(81)자의 천부경을 접하고 설명해 오면서 모두가 공통으로 언급하는 천부경의 핵심과 결론은 바로 일(一)과 무(無)라고 할 수 있다. 그럼에도 불구하고 그 일(一)과 무(無)에 대해 바르게 전하지 못하고 있는 것도 사실이다. 천부경을 전하는 많은 이들은, 일(一)과 무(無)를 태극과 무극이라 생각하고, 각자들이 생각하고 있는 우주 근본체이거나, 우주 최상의 존재로, 심지어는 자신들 종교 단체 지도자의 상징으로 설명하기도 한다.

특히 최치원은 녹도문의 천부경을 한자(漢字)로 번역하면서, 나름대로 해설도 덧붙여 전하였다. 그는 처음으로 일(一)과 무(無)에 대해 설명하였고, 대문장가인 그의 해설은 후대에 지대한 영향을 미쳤다.

문제는 그의 설명이 처음부터 잘못된 단추를 채우고 있었다는 것이다. 그런데도 불구하고 그의 높은 명성과 함께 전해진 잘못된 해설이 후대에도 고스란히 큰 영향을 미치면서 지금까지 내려온 것이다.

최치원은 천부경의 여든 한(81)자 중 첫머리에 있는 一始無始(일시무시)를 하나의 문장으로 끊어서 이해하고, 다음과 같이 설명하였다.

一者 太極也(일자 태극야) 无始者 无極也(무시자 무극야) 太極始于无極(태극시어무극) 故曰 '一始無始'(고왈 일시무시).

그는 일(一)을 태극, 무시(无始)의 무(无)를 무극이라 하면서, 일(一)을 무극에서 시작한 태극이라고 해석하고, 그래서 一始無始(일시무시)라고 띄어 쓰며 설명한 것이다.

이후로 많은 이들이 최치원의 그늘을 벗어나지 못하고, 띄어쓰기로 문장을 분리하여 설명하기 시작하였다. 그리고 최치원의 해석을 시작으로 무극, 태극은 말할 것도 없거니와, 황극도 내세우며 도교나 유교의 철학 원리로 말하거나, 심지어 사람에 빗대어 자신들 종교 단체의 숭배 대상이나, 종교 이념, 또는 종교 지도자들로 엮어 설명하려고도 하였다. 그럴 듯 해보이지만, 이는 모두 천부경을 내려주신 하늘님의 뜻으로부터 크게 벗어날 뿐만 아니라 천부경을 더욱 알기 어렵게 만들어, 사람들로 하여금 천부경을 외면하게 만드는 결과로 이어졌다.

이렇다 보니, 하늘님 말씀의 본질에서 벗어난 인간 각자의 해석들은 하늘님의 뜻을 더욱 알 수 없게 만들어 버렸던 것이다. 이들 모두는 천부경을 내려주신 하늘님과 일(一)에 대해 제대로 알지 못하였기 때문에 하늘님의 뜻과는 거리가 먼, 자신들의 생각을 전했을 뿐이었다.

더군다나 무극, 태극, 황극에 대한 내용도 도교와 유교 철학의 설명을 빌려와서 전하고 있지만, 이 또한 하늘님께서 내려주신 본래의 뜻에서 너무 벗어나 버린 것이다. 그런 것들이 모두 천부경에 대한 혼란과 왜곡을 더욱 양산해 왔다.

천부경에는 총 11개의 일(一)이 나온다. 문제는 지금까지 모든 사람들이 천부경에 있는 총 11개의 일(一)이 모두 똑같은 의미를 가지고 있을 것이라 생각하고 있다는 것이다.

그러나 하늘님께서는 11개의 일(一)들에 대해 각각 다른 말씀을 내려 주고 계시다는 것을 알아야 한다. 또한 하늘님께서는, 전체 11개 일(一)의 주체이자, 머리되는 일(一)이 바로 첫 번째 일(一)이라는 것을 알려 주신다. 첫 번째 일(一)이외에 나머지 일(一)에 대한 하늘님 말씀들을 찬찬히 음미하다보면 첫 번째 일(一)이 왜 주체가 되는지를 깊이 헤아릴 수 있을 것이다.

나머지 10개의 일(一)을 첫 번째 일(一)에 모두 귀속시키면, 여든한(81)자에서 71자가 되는데, 하늘님께서는 이를 두고, "**71개의 획을 가지고 있어 편함을 이야기**"한다고 하셨다. 이 말씀은, 10개의 일(一)을 첫 번째 일(一)에 포함시키면 모두 71자가 되는데, 이들이 첫 번째 일(一)과 연결되어 서로 통하고 있으니, 천부경의 핵심은 바로 첫 번째 일(一)이라는 사실을 알려주시는 것이다.

그래서 첫 번째 일(一)에 대한 하늘님 말씀을 깊이 이해하여 깨닫는 것이 가장 중요하다고 할 수 있다. 하늘님께서 내려주신 말씀을 근간으로 정리하면, **천부경의 첫 번째 일(一)은 총 11개 일(一)의 머리이며, 무극 자체이자, 태극의 중심체이며, 황극의 주체라 할 수 있다**.

천부경의 첫 번째 일(一)은 태극이 아니라 무극이라 전하는 것은,

하늘님께서 밝혀주신 말씀에 따른 것이다.

최치원의 해석을 시작으로 하여 뭇사람들이 무(無)를 무극, 일(一)을 태극으로 이해하고 설명하는 순간부터 천부경을 내려주신 하늘님의 뜻과는 너무 멀어져 왔던 것이다. 일(一)이 태극이 아니듯이, 무(無)도 무극이 아니다. 더군다나 무극은 하늘님이 아니다. 하늘님은 하늘님이시지, 무극이 아니다. 하늘님을 무극이라고 하는 순간 모든 왜곡이 시작되는 것이다. 더군다나 태극이나 황극도 현상 본체나 특정한 사람 등을 지칭하는 그런 의미가 결코 아니다.

하늘님께서는 뭇사람들이 말하고 있는 무극, 태극, 황극의 개념과 이해는 모두 잘못되었음을 알려 주신다. 하늘님께서 밝혀주신 무극, 태극, 황극의 참된 의미에 대해서는 6장에서 자세히 설명할 것이다.

2) 하늘님께서 알려주신 첫 번째 일(一)의 말씀

지금까지 천부경을 해석해 온 많은 사람들은 본인들이 의도치는 않았겠지만, 결국에는 혼란을 야기하고 왜곡할 수밖에 없었다. 그 이유는 그들은 하늘님으로부터 직접 말씀을 받은 천부경의 주인공이 아니었기 때문이다. 그래서 하늘님의 참 모습과 일(一)에 대한 비밀은 물론이고 천부경의 참된 의미마저 제대로 알 수도, 드러낼 수도 없었다.

말하자면 천부경은 하늘님으로부터 직접 천명을 받든 “그 사람”, 즉 하늘이 알고 있는 “그 사람”이 아니면, 진실한 실체를 알 수 없었던 하늘님 말씀의 경(經)이라는 것을 알아야 한다.

이제 그 시기가 도래하여 높은 하늘의 뜻을 피력해야 하기에, 하늘님께서 내려주신 11번째 천부경의 진실과 비밀을 온 인류에게 공개하는 것이다. 저자는 이 책을 통하여 온 인류에게 천부경의 핵심 비밀인 "**우주 만유의 참 하늘님**"을 알리고, "**참 하늘님께서 직접 주재하시는 하늘님의 역사가 다시 시작되었음**"을 전하는 것이다. 나아가서 하늘님께서 인류 구원을 위해 천명을 내려주신 "**그 사람**"을 알리는 것이다.

천부경의 핵심은, 첫째 천부경을 내려주신 하늘님을 바르게 아는 일이다. 천부경을 제대로 알려면, 당연히 천부경을 중심으로 천부경을 주신 분을 알아야 하고, 받은 분을 알아야 한다. 그래야 왜 주시는지, 왜 받게 되는지를 바르게 알 수 있기 때문이다. 둘째, 천부경을 받은 분에 대한 내용으로, 하늘님께서 알고 계시는 "그 사람"을 제대로 아는 일이다. 이 핵심 내용이 첫 번째 일(一)의 말씀에 담겨 있다.

이를 자세히 알기 위해, 첫 번째 글자인 일(一)에 대해서 하늘님께서 알려주신 말씀의 전체 내용을 별책의 천부경에서 인용하였다.

* **그 사람을 하늘이 알고 있다**. 11**번째 이르러 이 글을 알려준다**.
* 71**개의 획을 가지고 있어 편함을 이야기하며**, **소 우**(牛)**를 바탕으로 하고 있다**. 획 하나에 힘이 있어 편안을 알며 쏙 나감을 안다.
* 사물을 바탕으로 하니, 색경[환함과 어둠]을 긍지로 한다. 판판함을 함께하며 피력해야 한다.
* 나른함을 알려면 피나는 노력이 있어야 한다.
* 솟구침을 알려면 펴짐도 생각해야 된다.
* 속과 겉을 안정하라.
* **함구하고** 1**인이 진행하라**.

하늘님께서는 여든 한(81)자로 된 천부경, 한 자 한 자 마다 말씀을 자세히 내려 주셨지만, 말씀을 받든 성운율사가 문자로 남기려다보니 말씀의 핵심들을 한 문장씩 간결하게 정리할 수밖에 없었다. 그러면서도 가급적이면 하늘님의 말씀 그대로를 숨김없이, 빠트리지 않고 알리려고 노력하였다.

성운율사는 처음 글자인 일(一)뿐 아니라, 나머지 여든(80)자에 대한 말씀도 같은 형식으로 정리하여 전하였고, 저자는 이를 재편집하여 별책으로 제시하였다. 성운율사는 한 문장, 한 문장씩 떼어서 세상에 전했는데, 이 책에서는 연결되는 내용의 말씀은 같이 묶어서 정리하여 제시하였다.

그리고 말씀 내용 중에, [ ]안의 내용은 앞선 해당 단어에 대한 설명이다. 성운율사가 하늘님께서 내려주신 말씀들에 대해서, 하늘님께 다시 여쭈어 보고 정리한 내용을 간결하게 표시하였다.

예를 들어, "색경[환함과 어둠]"의 경우, 색경과 관련된 뜻을 여쭈니 하늘님께서 색경에 대해 자세한 말씀을 알려주셨는데, 이를 환함과 어둠으로 간결하게 정리하여 표시하였다. 다소 긴 설명 내용은 ( )로 표시하여 문장 끝에 제시하였다. 이렇게 표시한 것은 무엇보다도 하늘님께서 내려주시는 말씀의 주된 내용을 먼저 전하는 것이 우선이었기 때문임을 알아두기 바란다.

하늘님과의 문답을 통하여 하늘님의 말씀을 직접 내려 받은 천부경의 내용이지만, 말씀의 중요 핵심들을 빠트리지 않고 문자로 정리하여 전하다보니 지금의 문법체계에 익숙한 일반인들이 이해하기에 어려움이 있을 수 있다. 이는 대개 말씀을 문자로 표현하면서 나타나는 일반적인 문맥의 문제와, 처음 접하는 용어들의 문제이다.

그래서 저자는 처음 접하는 사람들이 천부경 말씀을 쉽게 이해할 수 있도록, 성운율사의 감수를 받아서 말씀을 풀어 설명하였다. 처음 접하는 용어는 성운율사를 통해 하늘님께 다시 여쭙고 말씀을 받들어 정리하였다. 필요한 경우에는 성운율사에게 내려주신 하늘님의 다른 말씀들과 천지의 대신명님들의 말씀, 그리고 부처님들의 말씀도 참고하여 정리하였다.

하늘님께서 첫 번째 일(一)에 숨어 있는 내용을 말씀해 주셨는데, 보다시피 말씀을 바로 이해하기가 쉽지 않다. 그래서 저자는 편의상 첫 번째 일(一)의 말씀을 3개 부분으로 나누어 설명하고자 한다.

먼저 하늘님 말씀 중 첫 번째 말씀을 서론 내용으로, 그리고 2번째부터 6번째 말씀을 본론 내용으로, 7번째 말씀을 결론 내용으로 나누어 설명하기로 한다. 첫 번째 일(一)의 말씀은 워낙 중요한 말씀이라 구분하여 설명한다.

(서론)

* **그 사람을 하늘이 알고 있다**. 11**번째 이르러 이 글을 알려준다**.

(본론)

* 71**개의 획을 가지고 있어 편함을 이야기하며**, **소 우**(牛)**를 바탕으로 하고 있다**. 획 하나에 힘이 있어 편안을 알며 쏙 나감을 안다.
* 사물을 바탕으로 하니, 색경[환함과 어둠]을 긍지로 한다. 판판함을 함께하며 피력해야 한다.
* 나른함을 알려면 피나는 노력이 있어야 한다.
* 솟구침을 알려면 펴짐도 생각해야 된다.
* 속과 겉을 안정하라.

(결론)

* **함구하고 1인이 진행하라**.

서론에 해당하는 첫 번째 부분의 말씀에 대해서는 앞에서 이미 설명한 바 있다. 하늘님께서는 천부경의 주인공이자, 일(一)의 주인공인 "그 사람"을 먼저 알려주셨다. 그리고 "**11번째 이르러 이 글을 알려준다.**"는 말씀에 대해서는, 천부경에 담긴 놀라운 비밀은 물론이거니와 하늘님께서 주재하시는 신비한 우주의 대비밀도 밝혀주시는 말씀이었음을 이미 밝혔다. 이 말씀은 이후, 하늘님께서 내려주신 다른 말씀들과 연계해서 더 구체적으로 설명하게 될 것이다.

이어진 본론에 해당하는 말씀에서 하늘님께서는, 천부경의 구성, 천부경의 바탕 자리와 의미에 대해서 밝혀주시며, 대환난이 일어나기 전까지 일(一)의 주인공이 하늘님의 말씀을 받들며 준비해 나가는 삶에 대해서도 일깨워 주신다. 본론의 첫 번째 말씀 역시 중요한 의미를 깨우쳐 주시는 말씀이다.

* 71**개의 획을 가지고 있어 편함을 이야기하며**, **소 우**(牛)**를 바탕으로 하고 있다**. 획 하나에 힘이 있어 편안을 알며 쏙 나감을 안다.

이 말씀 중에, "**71개의 획을 가지고 있어 편함을 이야기하며**" 라는 말씀에 대해서는 앞에서 언급한 바 있다. 천부경에는 총 11개의 일(一)이 있다. 그 11개 일(一)들의 머리이자, 주체가 첫 번째 일(一)이다. 그래서 성운율사는 다음과 같이 전해준다.

〈71개의 획을 가지고 있다는 말씀은, 10개의 일(一)을 첫 번째 일(一)에 귀속하여 한 글자로 정리하면, 여든 한(81)자는 71자가 된다는 말씀이다.〉

첫 번째 일(一)에, 나머지 10개의 일(一)을 포함시키면 일(一) 한 자만 남게 된다. 그러면 천부경 여든 한(81)자는 71자가 된다. 그래서 첫 번째 일(一)이 71개의 획을 가지게 되는 한 몸체로 통합되어, 천부경 전체의 글이 하나가 되도록 서로 밀접하게 통해 있다는 것을 하늘님께서 알려주신 말씀이다. 그래서 하늘님께서는 여든 한(81)자, 한 자 한 자마다 숨어 있는 내용조차 세세하게 알려주었으니, 소우주를 바탕으로 해석하라고 말씀을 내려주신 것이다.

여든 한(81)자에는 각 내용이 들어 있으므로 소우주를 바탕으로 해석하면 된다.

나머지 10개의 일(一)에 대해 내려주신 하늘님 말씀을 집중하여 살펴보면, 보다 자세히 알 수 있을 것이다. 첫 번째 일(一)에 대해 천부경의 "그 사람"을 주체로 내세워 연결하면, 나머지 10개의 일(一)에 대해 하늘님께서 내려주신 말씀을 쉽게 이해하게 된다. 즉, 첫 번째 일(一)의 주인공이 후천 세상을 열어 나감에 있어, 명심하고 나아가야 할 일을 나머지 10개의 일(一)에서 세세하게 내려주시고 있음이다.

그리고 첫 번째 일(一)과 하나의 몸체를 이룬 71개 글자이기에, 하늘님께서 말씀해 주신대로 소우주로 연결하여 살펴보면 더 뚜렷하게 알 수 있으니, 첫 번째 일(一)의 말씀을 깨우치는 것이 대단히 중요한 의미가 있음을 알 수 있다. 그래서 "**획 하나에 힘이 있어 편안을 알며**

쏙 나감을 안다."고 하늘님께서 일러주시는 것이다. 글자 한 자 한 자마다 하늘님의 말씀이 살아서 우리들에게 무한한 생명의 축복을 열어주시는 것이다. 그런데 이 말씀 속에는 중요한 의미가 하나 더 있다.

천부경의 "그 사람"이 하늘님께서 내려주신 구원 사명을 실제로 집행해 나가기 직전까지 무명초의 삶을 살도록 하신 하늘님의 깊은 배려가 있음을 천부경 일(一)에서 깨닫게 된다. 대환난이 일어나기 전까지 무명초의 삶을 살지만, 하늘님의 말씀을 일점일획 그대로 삶 속에서 실천해 나가는 "그 사람"의 모습을 알려주시는 말씀임도 잊지 말아야 한다.

* **소 우(牛)를 바탕으로 하고 있다.**

하늘님께서 천부경은 "**소 우(牛)를 바탕으로 하고 있다.**"고 알려주신다. 이 말씀을 제대로 이해하기 위해서, 성운율사가 하늘님의 말씀으로 알려준 천부경의 참된 의미를 다시 음미할 필요가 있다.

〈천부경은 환난이 끝나고 새로운 세상이 시작될 때, 세상을 어떻게 만들어서, 백성을 먹여 살리고 새로운 나라를 형성하는 과정을, 하나하나 핵심을 천상천주님께서 후세에 남긴 글입니다.〉

천부경은, 대환난이 끝나고 새로운 세상이 시작될 때 사람들을 먹여 살리고 새 나라를 세우는 과정에 대해 내려주신 하늘님의 말씀이라고 밝혀준 것이다. 대환난으로 온 인류가 파멸지경에 빠져 사경을 헤매게 된다. 그리고 대환난이 끝나더라도 뒤집어진 자연환경 속에서 비록 살아남았지만 먹을 것도 입을 것도 제대로 구할 수 없어 굶주림이 일상화된 지경에 놓이게 된다. 더군다나 하늘님께서는 인간들이 지금의 지혜를 모두 잊어버리고 원시인이 된다고 하신다. 그들을 일깨워 지혜를 열어주고, 온갖 지혜를 다 동원하여 그들이 먹고 살 수 있도록 함과 동시에 그들을 이끌고 새로운 인류 문명과 나라를 세워 나가게 된다.

이 일을 하도록 하늘님께서 천명으로 내려주신 구원과 은총의 말씀이 천부경이라고 그 참된 의미를 밝혀주는 것이다.

천부경을 내려주신 하늘님의 천명은, 대환난이후 처참한 상황에 빠져 있는 사람들을 먹여 살리고, 후천 새 세상을 세워 나가는 것이다. 그런 천부경의 바탕으로, "**소 우(牛)**"를 말씀하신다.

성운율사는 소 우(牛)에 대한 하늘님의 말씀을 전해 준다.

〈천부경을 멀찌감치 보는 것이 아니라, 안에 있는 것을 이야기하는 것, 그리고 멀리 있는 것이 아니라, 가까이 있는 것을 이야기하는 것이다.〉

하늘님께서 내려주신 이 말씀으로 안에 있는 넓은 의미로 보면, 천족인 한민족에 대해 말씀을 해 주시는 의미이다. 지구의 수많은 족속들 중에서 해동의 나라 한민족에 한정하여 하신 말씀이기도 하다는 것이다. 하늘님께서 천부경을 내려주신 가장 큰 목적은, "대환난이 끝나고 새로운 세상이 시작될 때, 사람들을 먹여 살리고 새 나라를 세우는 것"이다. 더 나아가서, "**엄청 큰 하늘의 땅이 되려니, 그렇게 넓혀서 우주 한 가운데 모든 이목을**" 받으며, 천천세 나라를 세우도록 하늘님께서 축복을 주신 것이다.

일(一)의 주인공에게 가장 중요한 사명으로 내려주신 것은, 대환난이 지나고 난 뒤에 사람들을 먹여 살리고 새 나라를 세우는 것이다. 먼저 이 한민족을 먹여 살려서, 온 우주로부터 이목을 받는 큰 나라로 만들고 천천세로 나라를 이어가라는 것이다. 이 임무를 수행할 하늘님의 사역자인 일(一)의 주인공이 가져야 할 성품과 역할을 소 우(牛)로 말씀해 주시는 것이며, 이를 천부경의 바탕으로 하신 것이다. 가장 중요한 핵심으로 소 우(牛)는 팔난을 막는 사람을 말한다. 팔난을 막고 살아남은 사람들을 이끌어 먹여 살려서 새 세상을 열어나가는 하늘님의 사역자 역할을 소 우(牛)로 말씀해 주시는 것이다.

좁은 의미로 가까이 있다는 하늘님의 말씀을 이해하면, 천부경은 하늘님을 가장 가까이 친견하여 말씀을 받들며, 그 말씀을 깊이 새겨 일점일획도 어김없이 그대로 따라 순박하고 충직하며 뚝심 있게 밀고 나가는 일(一)의 주인공인 "그 사람"을 바탕으로 한다는 뜻이다. 동시에 일(一)의 주인공은, 하늘님께서 특별히 천기사항으로 금하신 말씀은 말씀대로 지키며, 하늘님의 말씀 그대로를 숨김없이 세상 사람들에게 모두 전하는 양인(楊人)의 성품을 갖게 된다. 말 그대로 하늘님의 대행자이시자, 말씀의 전달자이며 매개자 역할을 그대로 수행하는 것이다. 그리고 사람들 속에서 주변 사람들과 어울려 살아가며, 하늘님께서 내려주신 말씀 그대로를 받들어 완수해나간다는 것을 알려주시는 말씀이다.

소 우(牛)에 대해 성운율사와 말씀을 나누고 있는 가운데, 갑자기 하늘에서 내려주시는 말씀을 성운율사가 전해준다. 어느 분이신지를 여쭈니, "**천상상왕님**"이라고 알려주신다. "**천상상왕님**"은, 우주에 신과 인간을 있게 해주신 하늘님 반열에 계시는 분들이시며 천주대왕님의 윗대되시는 분들로 알려주신다. 그 분들 중의 한 분이신 "**천상상왕님**"께서 말씀을 내려주신다.(천주대왕님에 대해서는 4장에서 자세히 전함.)

〈마살이라는 분이 있었대요. "**최초에 저와 같은 사람이 있었는데 그 사람이 마살**"이래요. 그 사람이 (그 일을 할 때), 생계와 모든 것을 다 이렇게 해야 된다(하고) 그렇게 했었데요. "**두지 밑에 차곡차곡 넣는 거와 마찬가지다. 세상을 끝없이 편하게 살려면 두지 밑부터 끝까지 확 쌓아 올리는 거, 해동에서는 그렇게 해야 된다.**"〉

천부경의 주인공이 장차 사람들을 이끌고, 그들을 먹여 살리며 편하게 새 세상을 열어나가야 하는데, "**세상을 끝없이 편하게 살려면 두지 밑부터 끝까지 확 쌓아 올리는 거, 해동에서는 그렇게 해야 된다.**"고 하신다. 두지는 쌀 창고로 곳간이나 곡물 창고를 말한다. 두지에 곡물을 채우는 것을, 처음부터 다른 누군가가 대신 해주는 것이 아니라는 말씀이다. 천부경의 주인공이 몸소 실천하면서 사람들을 이끌고 진두지휘하여 두지의 밑에서부터 끝까지 차곡차곡 채워나가며, 그들을 먹여 살리고 새 세상을 만들어 가도록 한 하늘님의 천명을 바탕으로 한다는 뜻이 담겨 있다.

"**해동의 왕들은 다 그렇게 하여야 한다.**"고 말씀을 주시며, 최초의 천부경 말씀을 하늘님으로부터 내려 받았던 "**마살**"이라는 분을 알려주시며, 그 분도 그렇게 새 세상을 열어나갔다고 알려주신다. 참으로 놀라운 말씀이다.

하늘님으로부터 최초로 천부경을 내려 받은 분도 하늘님의 말씀을 받들어 백성을 먹여 살리고 편한 세상을 만들기 위해, 동분서주하였다는 것이다. 그 분의 이름이 "**마살**"이라고 알려주신다.

하늘님께서는 천부경 용변(用變)의 변(變)에서 이렇게 말씀을 주신다. 날마다 두지에 힘을 받아야 희망이 샘솟는다고 하신다. 하늘님께서 이렇게 축복을 주신다.

* 소리 소문내지 말고 우리 안 먹을 것은 안정된 곳 이첩하여 보관한다. **날마다 두지[쌀 창고]에 힘을 받아야 희망이 샘솟는다**.

하늘님 말씀대로, 두지에 먹을 것을 채우며 후천 세상의 새 희망을 품고 하늘님 말씀을 받들어 새 세상을 열어 나가는 것이, 해동의 왕이자 지도자인 천부경 주인공이 받은 천명임을 알려주시는 것이다. 또한 성운율사는, "**소 우(牛)는 음은 없고 양을 말하는 것**"이라고 "**천상상왕님**"의 말씀을 전해준다.

〈숨기는 것도 없이, 몰래하고 있는 거와 속으로 누구나 알게 하는 게 아니고, 다 편하게 말하는 것을 두령은 그렇게 해야 된다.
소 우(牛)는 음은 없고 양을 말하는 것이다. 소 우(牛)가 음은 없고 양, 밝은 것만 차곡차곡 쌓아 올리는 것도 양에 속한데요. 해동의 왕들은 다 그렇게 해야 된대요. (중략) 들한들이래요. 들한들은 하늘에서 내린 말씀을 인간들에게 시키는 사람들이라고 해요. "**무엇이 안 된다 하지 말고, 해봐. 처음부터 안 돼, 그렇게 하지 말고 해봐.**" 하세요. 차지하고 나면 곧고 바른 길로 가며, 스스로 깨우친 데요.〉

소 우(牛)의 성품을 갖고 있는 사람의 특성은, 하늘에서 내리신 말씀을, 몰래하거나 속으로만 혼자 생각하지 않고, 숨김없이 편하게 하늘의 말씀 그대로를 인간들에게 전해 준다고 알려주신다. 이러한 사람의 성품을 양인(陽人)이라고 한다. 음인(陰人)이 아니라 양인은 사람들에게 하늘의 말씀을 항상 숨김없이 편하게 전하면서, 하늘의 말씀을 받들어 천명을 완수하도록 이끌어야 하는데, 해동의 왕들은 그렇게 해야 한다고 말씀하시는 것이다. 두령이라고도 말씀하시는 그런 해동의 왕을 "**들한들**"이라 한다고 알려주신다.

그리고 처음부터 안 된다는 생각을 버리고, 항상 긍정적인 자세로 세상을 일구어 나가라고 하신다. 그것이 해동의 왕이 지녀야 되는 성품이라는 것이다. 그렇게 해서 일을 성취하고 차지하면, 스스로 깨우쳐 곧고 바른 길로 간다고 일러주신다.

이 말씀 속에 하늘님의 천명을 받들어 나가야 하는 성운율사와 하늘 일을 하는 사람들에게 한없는 축복을 내려 주신다. "**안 된다고 하지 말고, 해 봐.**"라는 말씀, "**처음부터 '안 돼.'라고 하지 말고 해 봐.**"라는 말씀을 통해 무한한 힘과 은총을 내려주신다.

〈무엇이 안 된다 하지 말고, 해 봐.
처음부터 '안 돼.' 그렇게 하지 말고 해 봐.〉

하늘님께서 천부경 태양(太陽)의 양(陽)에 대해 알려주시는 말씀을 이해할 필요가 있다. 양인(陽人)의 양(陽)에 대한 또 다른 말씀으로 이해하여도 좋다. "**거두어 들어오는 걸 말하는 것이며, 오만 가지를 비축하는 것이다.**"라고 알려주신다. 그리고 "**겉으로는 없는 것 같으나, 안으로는 누구보다 더 많이 쌓아야 한다.**"고 말씀해 주신다. "**나랏일을 해야 하니 다 같이 해야 한다.**"고 하신다. 천부경 양(陽)의 말씀이다.

* **거두어 들어오는 걸 말하는 것이다. 오만 가지를 비축하는 것이다.**
* **겉으로는 없는 것 같으나 안으로는 누구보다 더 많이 쌓아야 된다.** 누구보다 나아야, 있는 거 없는 거 갖추고 간다.
* 인연 따라 다 거두어들여 같이 가야 한다.
* 한 가지씩 한 가지씩 해나가야 한다.
* **나랏일을 해야 하니 다 같이 해야 한다.**

양(陽)의 말씀에서, "**나랏일을 해야 하니 다 같이 해야 한다.**"는 하늘님 말씀은, 하늘님께서 천부경을 내려주신 이유이며, "**세상을 끝없이 편하게 살려면 두지 밑부터 끝까지 확 쌓아 올리는 거, 해동에서는 그렇게 해야 된다.**"고 하신 말씀과도 맥이 닿아 있는 말씀이다. 후천의 새로운 세상을 열어 나가는 해동의 왕들이 많은 사람들을 먹여 살리며 세상을 열어나가는 일의 바탕이 된다는 것이며, 하늘에서 천부경을 내려주신 핵심의 말씀이기도 하다. 계속해서 하늘의 말씀을 전해준다.

〈두척두척하지 말고 항상 앞에서 펴나가라. 그래야지 아드레안의 왕이 될 수가 있다. 그래서 요것만 요것만 해서 꺾어나가면 다 꺾을 수가 있다. 온주하는 이들은 항상 밝게 하며 살아가면 좋다.
딴 사람의 방망이, 이 방망이 저 방망이 해도, 본인의 방망이가 최고다. 내가 주체가 되면 뭐든지 다 할 수 있다. 하늘은 평상심으로 가면 다 줄 수가 있다. 욕심 안 부리고 누릇누릇 곡식이 쌓이듯이 한마음으로 가봐. 그래야 편한 세상을 끝없이 갈 수가 있어.〉

이제는 뒤처지는 듯 지체하지 말고 항상 앞으로 펴나가라고 하신다. 한 가지씩, 한 가지씩 해 나가다 보면 모든 것을 다 행할 수 있다고 알려주신다. 그리고 온주하는 이들은 하늘의 말씀으로 생활하면서 항상 밝게 살아가라고 하신다. 온주하는 이들이란 살아가는 사람들이라고 알려주신다.

천상상왕님께서 말씀하신 "**아드레안**"은 우리 모두가 잃어버리고 있는 참 하늘님의 역사와 인류의 참된 역사를 한민족과 인류 모두에게 알리고 밝히는 것을 말한다. 하늘님과 인류의 참된 역사가 살아 움직이는 거짓이 없고 밝은 세상의 왕을 "**아드레안의 왕**"이라고 하신다. 하늘에서 알려주신 말씀이다.

그런 아드레안의 왕이자, 해동의 왕으로써 스스로 주체가 되어 흔들리지 않는 평상심으로 가면 하늘에서 다 도와주니, 한마음으로 천명을 완수해 나가라고 하신다. 욕심 부리지 않고 누릇누릇 곡식이 쌓이듯이 한마음으로 가라고 하시며, 그래야 편한 세상을 끝없이 갈 수 있다고 축복을 주신다.

천부경의 바탕이 되는 소 우(牛)에 대해서는, 하늘에서 매우 중시하시며 말씀을 내려 주신 것이다. 매우 중시하시는 내용이기에 다시 정리하여 새길 필요가 있다.

소 우(牛)는 대환난이후 팔난을 막으며, 사람들을 먹여 살리며 세세상을 열어나가는 해동의 왕이 행하는 일의 바탕이자, 동시에 해동의 왕들이 가져야 할 성품으로, 천부경 최초의 전수자부터 그렇게 해 왔다는 것이다.

소 우(牛)의 지도자는 하늘님의 말씀을 한 마음으로 섬기며, 스스로 주체가 되어 흔들리지 않는 평상심과 밝고 긍정적인 마음으로 앞서서 실천하고, 양인(陽人)의 성품으로 하늘님의 말씀을 편안하고 숨김없이 사람들에게 전하는 사역자이다. 참 하늘님의 역사와 인류의 참된 역사를 밝히며, 모두를 이끌고 번성한 나라를 세워나가는 하늘님의 사역자이기도 하다. 그리고 사람들을 먹여 살리고, 사람들을 독려하여 이끌어 나라의 곳간을 밑에서부터 끝까지 차곡차곡 채워나감과 동시에 희망도 피워 나가며 편안한 새 세상을 만들어 가야 한다는 것이다. 이를 위해 인간사에 엮어진 것들, 엮인 일들을 풀고 또 풀고, 풀어나가며 밝은 세상으로 나아가는 지도자의 모습을 소 우(牛)로 알려주시는 것이다.

하늘님의 말씀을 일점일획 그대로 실천하며, 하늘님의 말씀을 숨김없이 세상에 전하여 모두가 말씀을 받들어 따르게 하고, 나라의 곳간을 채우며 새 세상을 경영해 나가는 해동의 왕들은, 하늘님으로부터 최초로 천부경을 전수받으신 분이 했던 것처럼 소 우(牛)의 삶을 살아야 한다는 것이다. 그래서 소 우(牛)가 천부경의 바탕이 된다는 말씀이다.

소 우(牛)는, 하늘 일을 하는 일(一)의 주인공이자, 그 주인공이 가져야할 성품임을 밝혀주시는 것이다. 일(一)의 주인공뿐만 아니라, 함께 하늘 일을 하는 사람들도 마땅히 갖추어야 할 성품이어야 할 것이며, 동시에 항상 새겨야할 천명임을 알아두어야 할 것이다.

이어서, "**획 하나에 힘이 있어 편안을 알며 쏙 나감을 안다.**"는 말씀에는 소 우(牛)의 성품을 갖고 천부경 한 자, 한 자에 내려주신 말씀에 집중하다보면, 하늘님 말씀을 점점 확연하게 깨우쳐 천명을 완수해 나가게 될 것임을 알려주신다.

또한 하늘님께서는, 천부경은 "**사물을 바탕으로 하고 있다.**"고 하시며, "**사물은 색경을 긍지로 한다.**"고 하신다.

색경은 거울을 말한다. 색경에 미련을 두고 헤어나지 못하면 일을 제대로 집중할 수 없게 되어 나태하게 될 수 있다. 그러나 색경에 비치는 사물에는 환함과 어두움이 뚜렷하듯이, 색경을 통해 좋고 나쁨의 기준이 명확하게 구분되므로 사물을 반듯한 판단할 수 있게 해 준다.

"사물은 색경을 긍지로 한다."는 말씀에 대해 성운율사는 하늘님의 말씀을 전해 준다.

〈하늘 일을 하는 사람은 어떤 것에 미련을 주면 안 된다고 하신다. 환함과 어두움, 좋고 나쁨을 명확하게 해서, 기면 기고, 아니면 아니다 라는 뚜렷한 사리판단과 함께, 사심을 버리고 항상 깨끗한 마음으로 하늘 일을 하여야 한다.〉

하늘 일을 함에 있어서 명심해야 할 덕목으로, 천부경의 주인공뿐만 아니라 하늘 일을 하는 사람들은 어떤 것에 미련을 주지 말라고 하신다. 그리고 항상 깨끗한 마음으로 사심을 버리고 하늘 일에 임하되, 명확한 사리판단을 바탕으로 나아가야 함을 말씀해 주시는 것이다.

그리고 일(一)의 주인공은 현실 삶을 영위해 나가면서, 피나는 노력도 하여야 하며, 솟구침도 있지만, 펴지는 삶도 경험해 나감을 말씀해 주신다. 모든 어려움 속에서도 속과 겉을 안정하라고 하셨다.

첫 번째 일(一)에는, 하늘이 알고 있는 "그 사람"인 성운율사가 대환난이후 사람들을 먹여 살리며 세 세상을 열어나가는 해동의 왕이 되어 천명을 완수해 나가게 된다는 것을 알려주고 있다. 그런 천명을 맡은 그 사람, 그리고 그 사람의 성품을 소 우(牛)로 말씀해 주시며, 천부경은 그 소 우(牛)를 바탕으로 한다고 하신 것이다.

그리고 하늘님께서는, "그 사람"이 하늘님의 천명을 받들며 구원의 삶을 시작하기 전 무명초의 삶을 살면서도, 하늘의 말씀을 한 마음으로 섬기며 흔들리지 않는 평상심과 밝고 긍정적인 마음으로 앞서서 실천한다는 것을 알려주신다. 그리고 무명초의 삶 속에서도 하늘님의 말씀을 일점일획을 덧붙이지 않고 말씀 그대로를 사람들에게 알리며 살아감을 알려주시는 것이다.

삼극무(三極無)의 극(極)에 대한 하늘님 말씀의 일부 내용이다.

* (생략) 배고픔을 알면, 먼 훗날 핍박으로부터 굶은 자를 배불리 먹게 할 것이며, 마음을 밝게 하여 처소에서 밝은 세상을 보고, 세상의 이치를 알고 파악하고, 아랫것들을 보살필 줄 아는 지혜를 발휘하여야 하느니라.

하늘님 천명을 받들어 구원자의 사명을 펴나가기 전, 하늘님 말씀처럼 무명초의 삶속에서 피나는 노력을 몸소 실천하면서도 마음을 밝게 하여 나아가며, 세상이 알지 못하더라도 속과 겉을 안정하도록 경계하시는 말씀과, 하늘님의 세상을 준비해 나가는 일(一)의 주인공에게 천명으로 내려 주시는 말씀인 것이다.

천명을 아직 집행하기 전이긴 하지만, 하늘님께서 항상 지척에 있다 하시고, 특히 신명들을 보내시어 보호하도록 하셨다.

아무에게도 빈틈을 보이면 안 된다. 그래야 고무되는 일이 많이 있다. 그래야 주관이 뚜렷하다. 내가 항상 지척에 있으니 겁먹을 것 없다. 모든 걸 여쭙고 행동으로 옮겨라.

신명들 네 분이 항상 안정되게 돌보고 있다. 네가 부르면 항상 나오신다. 새벽부터 저녁까지 모든 것을 묻고 행하라. 사실만 가지고 얘기 하라.

하늘님께서는 항상 지척에 계신다고 하시고, 행동에 옮길 때 모든 걸 하늘님 전에 여쭙고 하라고 하신다. 그리고 하늘님께서 특별히 네 분의 신명들로 하여금 항상 안정되게 돌보도록 하셨으니, 겁먹지 말고 아무에게도 빈틈을 보이지 말라고 하신다. 하늘님의 역사를 완수해야 하는 신분이기에 무명초의 삶을 살게 하시며, 네 분의 신명을 보내시어 철저히 보호하고 계시는 것이다.

하늘님께서는, 돌보고 계시는 신명들이 성운율사가 부르면 항상 나오도록 해 두시고, 새벽부터 저녁까지 모든 것을 묻고 행하되, 사실만 가지고 이야기하고 행하라고 하시며, 깊은 은총을 내려 주시고 계시다.

이제 일(一)의 결론이자 끝으로 내려 주신 말씀을 알아보고자 한다.

* **함구하고 1인이 진행하라.**

첫 번째 일(一)의 결론에 해당하는, "**함구하고 1인이 진행하라.**"는 말씀인데, 이 말씀에도 중요한 여러 의미들이 내포되어 있다.

첫 번째 의미로는, 인류에게 폐해를 끼치는 특정 종교 또는 세력을 형성하지 말고, 비껴가라는 말씀이시다.

우리 인류는 그동안 수많은 종교와 이념과 가치의 분파와 편협으로, 서로 죽이는 대립과 경쟁 속에 살아왔다. 하늘님께서는 이런 폐해를 너무나도 잘 알고 계시기에, 새로운 지도자에게 천명으로 내려 주시는 말씀이다.

하늘님은 모든 신과 인간의 으뜸 되시는 온 우주의 참 하늘님이시며, 모든 종교, 이념, 가치 위에 계시는 참 생명의 하늘님이시다. 그러므로 편협의 하늘님은 당연히 아니시며, 특정 종교만의 하늘님은 더욱 아니시다. 그래서 하늘님께서는 천부경 삼극무(三極無)의 극(極)에 대해 말씀하시며, 하늘님 대행자의 품성에 대해 확연하게 말씀해 주신다.

온 만물의 것들은 온순하다보니, 어떻게 해서라도 각기 파벌로 나누어 파벌의 힘을 얻어 살아가려 한다고 하신다. 그래서 파벌을 초월하여, "**다 갖추어 주는 사람이 필요하다**"고 하신다. 다 갖추어 주는 사람이란, 모든 영역에서 힘의 파벌과 분파로 일어나는 갈등과 모순을 치유하고, 인류 대통합의 길을 가는 사람을 말한다. 그런 품성을 지닌 사람을 하늘님의 대행자로 내세우시는 것이다.

* **온 만물의 것들은 다 온순하며 파벌로 나누어 가려 하니, 다 갖추어 주는 사람이 필요하다.**

삼극무(三極無)의 극(極)에 대해 계속 말씀을 주신다.

* **혹자는 말하기를 좋아하며 남을 이렇고 저렇고 하지만 새겨 들어야 하며, 소리 없이 행하여야 하며, 세력과 과욕은 마음을 편하게 하지 못하니 비껴가야 한다.**
  배고픔을 알면, 먼 훗날 핍박으로부터 굶은 자를 배불리 먹게 할 것이며, 마음을 밝게 하여 처소에서 밝은 세상을 보고, 세상의 이치를 알고 파악하고, 아랫것들을 보살필 줄 아는 지혜를 발휘하여야 하느니라.

하늘님께서는, “**소리 없이 행하여야 하며, 세력과 과욕은 마음을 편하게 하지 못하니 비껴가야 한다.**”는 말씀으로 세력과 과욕을 경계하신다. 천부경의 주인공은, “**다 갖추어 가는 사람**”이기에 천명을 받들어 자신의 삶 속에서 그대로 시행하며, 어떠한 상황에도 어느 한 쪽으로 치우친 편협한 종교 단체를 만들거나 파벌을 구성하지도 않는다. 이는 앞으로 온 인류를 하늘님의 자녀로 대통합하기 위한 첫걸음이기도 한 것이다.

그래서 하늘님의 말씀과, 천지의 대신명, 부처님의 말씀을 받들어 그대로 실천하며, 자신의 삶 속에서 순전하게 말씀을 지켜나가고 있는 것이다. 그러한 가운데, 천부경의 주인공이 하늘님의 말씀을 받들어 구원의 사명을 다해야 하는 중요한 인물이기에 대환난 전까지는 무명초의 삶을 살도록 하시면서도 하늘님께서 직접 엄중하게 보호하시며, 신명들에게 명하시어 이중 삼중으로 보호하고 계시다. 하늘님께서는 지척에 계신다고 하시며, 그리고 네 분의 신명들에게 명을 내리시어 성운율사를 항상 안정되게 돌보도록 하셨다.

내가 항상 지척에 있으니 겁먹을 것 없다. 모든 걸 여쭙고 행동으로 옮겨라. 신명들 네 분이 항상 안정되게 돌보고 있다.

두 번째 의미로, “**함구하고 1인이 진행하라.**”는 말씀에는 새로운 세상을 만들어 나가기 위해 하늘의 명을 일사분란하게 이루어 내야 하는 엄정한 개척의 사명이 담겨 있다.

절체절명의 대비겁기에 천명을 엄정하게 집행하기 위해, 하늘님께서 하늘님의 절대권을 부여해 주신 것이다. 하늘님께서는 “**너에게 우주를 통째로 맡긴다.**”는 말씀을 주시며 하늘님의 절대권을 부여하시고,

"어둠이 없고 밝은 세상을 만들어 가려면, 앞에서 걸리적거리는 것은 쳐나가라." 고 하시며, 대비겁의 상황을 엄정하게 타개해 나가도록 하셨다. 이 말씀으로 천부경에 담겨 있는 사명을 바르게 알 수 있다.

지금처럼 꼭꼭 곱씹어 가는 걸 길러야 한다. 어둠이 없고 밝은 세상을 가려면 꼭 그렇게 해야 된다. 무정하다 생각하지 말고 꼭 그렇게 하라. (중략)
너희는 크고 높은 것만 항상 보고 가라. 무정하다 소리 들어도 꼭꼭 챙기며 가거라. 그래야 빈틈없이 잘 해나갈 수 있다. 앞에서 걸리적거리는 것은 쳐나가라. 무수한 일을 할 때는 그렇게 하는 방법 밖에 없다.

하늘님께서는, **"너희는 크고 높은 것만 항상 보고 가라. 무정하다 소리 들어도 꼭꼭 챙기며 가거라. 그래야 빈틈없이 잘 해나갈 수 있다."** 고 하시고, 지도자가 앞으로 천명을 집행해 나갈 때, 어떤 모습으로 나아가야 할지에 대해 명확하게 내려주신다. 유교권에서 말하는 대성인의 모습에 대해, 학자들이 말하는 바는, "무사(無私)"이다. 사사로움이 없다는 말이다. 그러나 하늘님의 대행자는 이들이 말하는 단순한 대성인의 "무사(無私)" 모습을 넘어서 있는 존재임을 알아야 한다.

그리고 세 번째 의미는 "**하늘 아이들**"의 인연과 관련된 말씀이라고 할 수 있다. 하늘에서 맺어준 전생의 깊은 인연으로, 필요한 시기에 나타나 인연을 맺고 성운율사를 도와서 인류 구원의 사명을 행하게 될 이들이 있다. 그들에게 인류 사회의 대 파국이 일어나기 전에 절박한 시간대의 구원 소식을 듣고, 자신도 살고 인류를 살리는 사명에 동참할 기회를 주시려는 것이다.

"인연 따라 다 거두어들여 같이 가야 한다. 나랏일을 해야 하니 다 같이 해야 한다."는 천부경 태양(太陽)의 양(陽)에 대한 하늘님 말씀에 따라, 성운율사가 한 사람, 한 사람 인연을 맺어 나가게 된다. 하늘에서는 인연 있는 자들의 성심을 지켜보며 필요한 사람들을 만나게 하고, 준비하도록 하시는 것이다.

지도자는 기존의 종교판 인물도 아니거니와, 사람들에게 해악을 끼칠 수 있는 새로운 종교판을 만들려는 것도 아니다. 다만 인연이 있는 "**하늘 아이들**"에게 하늘님과 세상의 소식을 전하여, 함께할 계기를 열어 주려는 것이다. 인연 있는 자들이 먼저 소식을 알고 함께 하도록 하늘에서 길을 열어 주시는 것이다. 4절에서 자세히 언급하도록 한다.

지금까지 천부경의 첫 번째 일(一)에 대한 하늘님 말씀을 살펴보았다. 천부경에서 핵심이 되는 첫 번째 일(一)을 통하여, 하늘님께서 전하시고자 하는 뜻을 뚜렷하게 알아야 한다.

하늘님께서는 첫 번째 일(一)에서, 후천 세상을 열어 나가도록 천명을 내리신 천부경의 주인공이자, 하늘님의 대행자이며, 새 세상의 개창자를 모든 사람들에게 선포하시는 것이다.

하늘님께서 기존 종교인이 아닌, 그저 깊은 병에서 벗어나기를 바라며 강렬한 기도를 하였던 한 사람을 하늘님의 대행자이자 새 세상의 개창자로 정하셨다. 이는 하늘님께서, 인류 역사 속에서 출현했던 수많은 선천의 모든 종교, 종파는 인류 구원자가 아님을 선포하시는 것으로, 세상에 경계 말씀을 내려주시는 것이다.

하늘님께서, 지리산을 마주보는 천마산으로 일(一)의 주인공을 오게 하시어, "성운율사" 명호를 내려주시고, 새로운 세상인 후천세계를 이끌고 가라는 천명을 내려주셨다.

〈하늘님께서는 제 이름을 '**성운율사**'라 불러 주시며, 새로운 세상이 시작되니, 후천 세계를 이끌어 가라고 하셨다. 우리의 땅 일부가 일본의 침몰로 (오는) 바닷물 공격으로 36,000년 동안 침수된다. 그러나 침수와 동시에 곧 통일이 되며, 우리 한반도를 한번 동해 바닷물이 치고 서해바다로 넘어간다고 하늘님께서 말씀하셨다. 그때 자동으로 통일이 되며, 일본은 씨도 없이 바다 속으로 사라지며, 우리 민족을 동네마다 찾아서 살아 있는 모든 사람들을 이끌고 북한의 마식령 고개에서 모이라고 하셨다.
이때 (지축의) 변화가 있은 후, 중국 대륙으로 진출하라고 하셨다. 이때부터 후천 세상이 시작되는 것이다. 그 일이 시작되면 지구의 인간은 지금의 지식을 잊어버린다고 한다.(하략)〉

대자연과 인류 문명의 거대한 변혁을 목전에 두고, 대환난이라는 멸절의 위기에 빠진 인류를 구원하시기 위해, 하늘님께서는 충청도 계룡산 도적골에서 간절하게 기도하고 있던 한 사람의 삼생과 성품을 꿰뚫어보시고, 하늘님의 대행자로 정하시게 된다.

그리고 16년 동안 천지의 대신명들을 차례로 보내시어 깊은 가르침을 내려주시고 도통을 이루게 한 후에, 지리산 천왕봉 부근 천마산으로 불러 세우시어, "성운율사"라는 명호를 주시고, 천명을 내려 하늘님의 대행자로, 온 인류의 어버이 노릇을 하게 될 새 세상의 개창자로 선포하셨다.

하늘님께서는 그에게 첫 번째 사명으로 하늘님의 참된 존칭을 세상에 알리게 하셨다.

나는 하느님이 아니요, 하나님도 아니다. 하늘님이라 하라. 나는 천상천주이니라.

우주의 으뜸 되시는 참 하늘님께서, 인류 구원을 위해 하늘님의 대행자이자, 11번째 인류의 새로운 지도자로 내세운 성운율사로 하여금, 가장 먼저 이 세상 모든 이들에게 그동안 잘못 기도하며 불러왔던 하늘님을 바르게 알리도록 첫 번째 사명을 주신 것이다.

이제껏 사람들이 알아오고 기도하여온 하느님, 하나님, 천주님, 상제님 등은 모두 잘못되었다고 하시고, "**하늘님이라 하라.**"고 하시며, "**나는 천상천주**"라는 사실을 선포하도록 하셨다.

하늘님이신 천상천주님은 신과 인간의 으뜸 되시는 하늘님으로써 우주 삼라만상을 주재하신다. 하늘님께서 천명을 내리시면, 9천으로 펼쳐진 모든 하늘의 천신, 지상의 모든 부처들과 신명들이 하늘님의 천명을 거룩하게 받드는 것이다. 만유의 참 하늘님께서 직접 바른 존칭을 밝혀주시며, 모든 인류에게 선포하라고 하신 것이다.

그리고 하늘님이신 천상천주님께서 천상의 조회를 통하여, 성운율사를 인류의 새로운 구원자로 내세우시며, "**너는 만백성의 어버이이며, 천상천주의 아들**"이라고 천신과 지상의 모든 신들에게 천명을 내리시고, 온 인류에게 선포하신다.

그리고 하늘님과 일(一)의 주인공인 성운율사 관계에 대해서, "**하늘 밑에서 어버이와 아들로 묶어진 몸**"이라고 말씀하시며, 하늘님이신 천상천주님의 아들로 천지에 선포하시며, 곧고 바르게만 가라고 천명을 내려주신다. 또한 성운율사에게, "**너는 만백성의 하늘**"이기에, 만백성의 어버이가 된다는 사실을 명심시키신다. 그래서 항상 고개를 꼿꼿이 세워야 한다고 말씀하신다. 어느 누구에게도 고개 숙여 다니지 말고, 만백성의 어버이로서 모습을 갖추라고 명을 내려 주신다. 이 모든 것을 하늘님께서 천명으로 선포하시는 것이다.

너희는 하늘 밑에서 어버이와 아들처럼 묶어진 몸이다. 하늘은 고개를 꼿꼿이 세워야 한다. 너희는 만백성의 어버이다. 천상천주의 아들이라 곧고 바르게만 가거라. 내가 하늘로써 명하노라.

천부경 첫 번째 일(一)의 주인공이 나머지 10개 일(一)의 머리가 되어 하나가 되고, 71자의 획으로 내려주신 하늘님의 천명을 받들어 완수한다는 것이다. 말하자면, 일(一)의 주인공인 "그 사람"을 하늘님의 아들이자 대행자로, 만백성의 어버이로 내세우신 이후부터 후천 세상을 개창해 나가는 전 과정에 대해, 하늘님께서 내려 주시는 천명이자, 인류 구원의 말씀이 새겨져 있는 글이 천부경이다.

천부경의 비밀을 지금 이 시점에서 세상에 공개하는 것은, 첫째, 참 하늘님이신 천상천주님을 세상에 바르게 알리고자 함이다. 둘째, 천상천주님께서 내어 주신 지도자의 실체를 세상에 정식으로 드러내고자 함이다. 셋째, 지도자와 함께 할 인연을 가진 "**하늘의 아이들**"에게 하늘님의 소식을 선포하여, 참여하도록 하기위함이다.

저자가 이렇게 책으로 출간할 수 있었던 것은, 천부경의 "그 사람"인 성운율사가 하늘님의 말씀, 천신들과 부처님의 말씀을 일점일획도 더하거나 덜하지 않고 말씀 그대로를 전해 주었고, 하늘님 말씀대로, "**있는 그대로 받아드리고**"(인중천(人中天)의 중(中)), "**또박 또박 글로 남겼기**"(일종(一終)의 종(終)) 때문이었다.

〈나는 아무 것도 모른다. 다만 신께서 전하시는 말씀만 그대로 전할 뿐이다. 내 눈에 보이고, 내 귀에 들리는 신의 말씀만 그대로 전할 뿐이다.〉

성운율사는 인류를 구원할 하늘님의 대행자이시자 말씀의 전달자로써, 하늘에서 내려주시는 신의 말씀을 그대로 행하며, 일점일획도 더하거나 덜하지 않고 말씀 그대로를 전하며 실천하는, 천부경 일(一)에 있는 소 우(牛)의 삶을 살고 있다.

저자 역시 인간들의 말을 전하는 것이 아니다. 성인이든 아니든 인간들의 말을 전하는 것이 아니라, 하늘님의 말씀을 전하는 것이다. 그리고 하늘님의 천명을 받드시는 신들의 말씀으로 천신들의 말씀, 부처님들의 말씀을 전하는 것이다. 저자는 성운율사가 전해 주는 하늘님 말씀과 천부경의 하늘님 말씀, 천신들의 말씀, 부처님을 위시한 천지 대신명들의 말씀들을 정리하여 전함으로써, 인류 대통합의 바탕을 이루는 계기를 만들고자 하였다.

하늘님의 말씀과 더불어 천부경의 말씀을 온 인류에게 전하는 이유는, 첫째 하늘님의 바른 존칭을 알리며, 둘째 인류 문명을 직접 주재하시는 하늘님의 역사가 다시 시작되었음을 알리고, 셋째 하늘님께서 후천 세상을 열어나가도록 천명을 내려주신, 천부경의 주인공인 "그 사람"을 세상에 알리는 것이다.

우리 인류는 지구가 생긴 이래 11번째로 하늘님께서 알려 주시는 천부경의 말씀을 받들게 되었다. 11번째 천부경 여든 한(81)자의 한 자 한 자마다 숨겨져 있는 깊은 의미를 알려주시는 하늘님 말씀을 새겨 나가게 되면, 인간의 머리로 해석하여 온 모든 왜곡과 혼란을 일거에 정리하게 될 것이다. 그리고 모두가 알고 싶어 했지만 어느 누구도 알지 못한 우주의 대비밀과 인류 문명의 비밀을 깨우치게 되며, 하늘님께서 어떻게 새로운 세상을 준비하고 계시는지, 그리고 불원간 마주하게 될 대환난 속에서 우리 인류의 구원 문제가 어떻게 해결되는지를 세세히 알게 된다.

(3) 11번째의 인류 구원서, 천부경!

하늘님께서는 "그 사람"을 알고 있다 하시고, 11번째로 이 글을 알려준다고 말씀하셨다. 심지어 지구가 생긴 이래 11번째라고 하셨다. 이 말씀은 인류문명의 근원을 알게 하는 참으로 놀라운 말씀이시다.

먼저 11번째라는 이 말씀에서, 세상 사람들이 알고 있는 천부경은 하늘님께서 10번째로 내려주신 천부경이라는 말씀이다. 이제 11번째로 천부경의 주인공을 정하시어, 하늘님의 천명을 담은 천부경을 내려주셨다는 것이다. 하늘님의 이 한 말씀 속에는, 지금껏 어느 누구도 접하지 못한 우주와 인류 문명의 대비밀이 담겨 있다.

지금의 현 인류가 알고 있는 인류 문명 역사의 지식으로는, 우리 인류가 대략 200만 년 전 구석기 시대를 거쳐, 중기 구석기, 후기 구석기, 중석기 시대, 각각의 시기에 출현하여, 매우 느리게 문명을 이루었다가 어떤 연유에서든 지구에서 사라졌다는 것이다. 그리고 약 1만 년 전에 현 인류가 다시 출현하였으며, 신석기 시대에서 출발하여 지금의 인류 문명으로 성장시켜 왔다고 알고 있다. 시대의 이름을 어떻게 정리했든 간에, 출현했다가 사라지고, 그리고 다시 출현하는 인류 문명은 신기하게도 모두 석기 시대로부터 시작하였다는 말이다.

성운율사가 내려 받은 하늘님 말씀에서 이 비밀을 알게 된다.

《(상략)이때 지축의 변화가 있은 후, 중국 대륙으로 진출하라고 하셨다. 이때부터 후천 세상이 시작되는 것이다. 그 일이 시작되면 지구의 인간은 지금의 지식을 잊어버린다고 한다.(하략)》

〈"**지축이 서는 날, 지구상의 모든 인간은 동물처럼 된다.**" 고 전하신다. "먹고, 성관계" 외에는 할 줄 아는 것이 없이 "원시인"처럼 살아갈 때, "**청음을 들은 자는 지금의 지혜로 깨어나 새로운 삶을 개척 하며 살아간다.**"고 하늘에서 전하신다.〉

하늘님께서 내려주신 이 말씀은, "**11번째에 이르러 이 글을 알려준다.**"는 말씀과 함께, 기존의 모든 과학 지식과 종교 이념을 뒤집어엎어 버리는 엄청난 우주의 대비밀을 알게 해 주신다.

지축이 반듯하게 서는 날, 지구의 모든 인간은 동물처럼 되어, "먹고, 성관계" 외에는 할 줄 아는 것이 없는 "원시인"으로 살아간다고 하신다. 말하자면 지축이 반듯하게 서는 과정의 전후에, 우리 인류는 말할 수 없는 대환난을 만나게 된다. 엄청난 자연재해를 동반한 그 환난에서 살아남은 사람이라도 지축이 바로 서는 충격으로, 모든 기억을 잊어버려 원시인이 되어버린다는 것이다. 이로써 인류문명은 석기 시대로 확 돌아가 버리고, 우주는 새로운 주기로 들어가게 된다. 살아남은 인류는 하늘님의 은총으로 원시인에서 깨어나 새로운 문명을 열어나가게 된다는 것을 알려주신다.

학자들은 1만 년 전 현 인류가 지구상에 5번째로 다시 출현하였으며, 석기 시대로부터 인류 문명을 개척해 왔다고 하지만, 하늘님께서는 더 구체적인 진실을 알려주신다.

하늘님 말씀으로는, 신석기 이전에도 원시인이 된 인간들에 의해 석기 시대로 시작된 인류 문명이 있었다는 것이다. 그것도 9번이나 석기 시대가 더 있었다는 것이다. 그리고 각 시대마다 석기 문명만 있었던 것이 아니라, 석기 문명에서 벗어난 새로운 인류 문명이 있었고, 그 새로운 인류문명을 이끌었던 천부경의 말씀 전수자가 있었다는 것이다.

그리고 그 모든 과정은 하늘님의 은총으로 이루어졌다는 사실을 알려주시는 것이다. 아득한 세월이 또 지나서, 인류 문명이 우주적 사건에 의한 종말의 대비겁으로 멸절의 위기에 처해질 때, 하늘님께서 구원의 손길을 내려주셨으며, 그 구원의 손길로 내려주신 말씀이 천부경이었음을 알려 주신다.

그래서 저자는, 하늘님께서 인간의 역사를 주재하시어 내려주신 11번째 천부경은, 대비겁에 빠진 인류를 건져내어 새로운 인류 문명을 건설하도록 하늘님의 천명을 담고 있는 인류 구원서임을 세상에 알리는 것이다.

지구가 생긴 이래 11번째로 천부경을 알려주신다는 말씀에서, 과거 인류 문명이 9번이나 대비겁으로 문을 닫았고, 하늘님의 은총으로 10번째 인류 문명이 새롭게 열려, 지금까지 성장, 발전해 왔다는 것을 확연히 알 수 있다. 그런데 이제 10번째 열린 현재의 인류문명도 우주 차원의 대환난으로 문을 닫을 상황에 직면하게 되었음을 말씀해 주시는 것이다.

1만 년 전, 하늘님께서는 한민족의 일원으로 10번째 새 세상의 개창자를 내세우시고, 새 세상을 열도록 10번째 천부경을 내려 주시어 살아남은 인류를 이끌어 환한 빛의 제국인 환국을 열게 하셨다. 빛의 제국인 환국은 한반도에 있었던 것이 아니었다. 파미르 고원 지역의 곤륜산에서 출발한 환국은 크게 번창하여 중앙아시아 파미르 지역을 중심으로 12개 분국의 거대한 국가를 이루었다고 전해지고 있다.

현재 인류가 민족별로, 또는 국가별로 이합집산하면서 자신들의 역사를 지금까지 성장, 발전시켜왔다고 하지만, 현재의 모든 인류 문명은 하늘님께서 내려주신 또 다른 10번째의 천부경에서 시작되었음을 알려주시는 것이다. 이는 하늘님으로부터 10번째 천부경의 천명을 받으신 한민족 일원의 지도자에 의해 이 지구상에 10번째 인류 문명의 새로운 역사가 시작되었음을 알려주시는 말씀이다.

하늘님께서 내려주신 10번째 구원서인 천부경은, 환국을 열었던 인류의 첫 지도자인 안파견 환인 천제(天帝)로부터 구전으로 전해졌음을, 조선 중종때 문인이었던 이맥이 세상에 알렸다.

세월이 지나, 배달국 초대 거발환 환웅께서는 '신지 혁덕'에게 명하여, 녹도문(鹿圖文)으로 기록하여 모든 사람들이 우러러 받들게 하였다. 그리고 고조선 3대 가륵 단군께서는 '삼랑을 보륵'에게 명하여, 천부경을 녹도문으로 기록하여 모든 백성들에게 알려서 천부경을 잊지 않게 하였다. 역사 기록에서 알 수 있듯이, 안파견 환인이후 천부경을 하늘로부터 받았다는 사람은 없었고, 천부경을 우러러 받들게 하였다는 기록만이 우리 역사에 전해오고 있다.

따라서 환국을 열었던 초대 환인이셨던 안파견 환인께서 하늘님으로부터 10번째의 천부경을 받았다는 것을 알 수 있다. 후세의 사람들이 안파견 환인 천제를 한민족의 하늘로, 그리고 황제 의미를 갖고 있는 천제로 받들었고, 백성들의 어버이로 해석하고 있는 것도, 하늘님의 천명을 받들어 행한 것임을 밝혀주는 것이라 할 수 있다. 이는 한민족 뿌리 역사의 발단이지만, 우리 한민족만의 역사 시작이 아니라, 현생 인류의 10번째 새로운 문명 개척 역사가 시작되었음을 짐작할 수 있다.

배달국의 초대 거발환 환웅께서도, 그리고 고조선 3대 가륵 단군께서도, 구전되어온 천부경을 특별히 문자로 기록하여 모든 사람들이 우러러 받들도록 하고, 모든 백성들이 잊지 않도록 한 이유를 이제야 똑바로 알게 된다. 그것은 바로 그 당시 대환난에서 인류를 구원하여 새로운 인류 문명 개척을 시작할 수 있도록, 구원의 역사를 열어 주신 하늘님과 하늘님의 대행자였던 초대 안파견 환인 천제의 높은 은혜를 늘 간직하며, 그 감사함을 오랫동안 잊지 말라는 것이었다.

이런 점에서, 천부경은 환국에서 배달국, 고조선을 거쳐, 지금의 대한민국까지 이어온 역사 전통 맥뿐만 아니라, 하늘님의 역사를 밝히는 중요한 근거가 되는 경(經)이라는 것을 확연히 알 수 있는 대목이다.

그러나 수많은 세월이 지나고 빛의 제국인 환국은 여러 갈래로 쪼개어져서 세상에 흩어졌고, 한민족 일맥은 해동으로 향하여 나아가 배달국, 고조선을 세우며 국통의 맥을 이어 갔다.

그 이후에 생겨난 수많은 나라와 민족들이 합쳐지고 쪼개지며 흥망성쇠를 거듭하는 가운데, 새로운 강자들이 역사 속에 부침하였다. 그때마다 나타난 새로운 강자들은 지난 역사 위에 자신들의 역사를 각색시켜 왔고, 일부는 자신들에게 부끄러운 선대 역사의 흔적을 지우고 변질시키기도 하였다. 그렇게 인류 개척 역사가 비뚤어지고 왜곡되면서, 급기야 긴 세월 속에 인류 뿌리 역사의 참된 비밀은 알 수 없게 되어버렸다. 그러나 1만년의 오랜 세월 속에 전해 내려온 천부경에 뿌리 역사의 비밀이 숨겨져 있었던 것이다.

이러한 현 인류 시원의 뿌리 역사 비밀을 사람들이 알게 된다면, 11번째로 이 글을 알려주신다는 하늘님의 말씀은 엄청난 충격으로 와 닿을 수밖에 없다. 하늘님의 말씀을 통해서, 10번째인 현재의 인류 문명이 이제 완전히 문을 닫고, 11번째 새로운 인류 문명이 다시 열리게 될 것이라는 것을 확연하게 알 수 있기 때문이다.

말하자면, 10번째로 시작되었던 현재의 인류 문명이 문을 닫게 되는 엄청난 대환난의 사건이 발생한다는 것인데, 이는 작금의 종교인들이 말하는 인류 종말의 사건이 발생한다는 것이다. 그러나 하늘님께서는 기존 종교들이 말하는 완전한 종말은 아니며, 새롭게 11번째 신인류 문명을 열어 나가도록 준비하고 계시다는 것을 알려 주시는 것이다.

이는 기존 종교들의 교리들은 말할 것도 없고, 진화 차원의 인류 문명을 논하고 있는 과학 세계의 지식들을 훨씬 넘어서 있는 말씀이다. 사실 우리 인류가 알고 있는 과학 지식이나 종교 지식들 모두, 인간이 알고 있는 지식 내에 존재하는 것이기에 다들 한계가 있는 지식들이다. 당연히 우주를 주재하시는 하늘님의 말씀은 그들의 지식 경계 너머에 있는 것임을 알아야 한다.

인류 종말에 가까운 엄청난 대비겁 속에서 인류를 건져내어, 11번째의 새로운 인류 문명을 열어 나가도록 하늘님께서 직접 인간 세상을 다시 주재하시게 된 것이다. 하늘님께서는 새로운 인류 문명 세계를 **"후천 세상"**이라고 밝혀주시고, 그 새로운 후천 세상을 일구어나갈 하늘님의 아들이자 새 세상의 개창자로, 천부경의 주인공을 준비해 두신 것이다.

11번째 인류 문명이라는 의미는, 인류를 담고 있는 우주 환경이 최소한 11번째 변화한다는 것이며, 우주 대자연은 인류 문명과 관련하여 최소한 10번의 소주기 및 대주기의 변화를 거쳐 왔음을 말한다. 하늘님께서 그 변화 과정마다 나타나는 엄청난 대환난 가운데, 하늘님의 대행자를 내세워 인류를 구원하도록 천부경의 말씀을 내려주시어, 인류 문명이 지속되도록 크나큰 은총을 내려주셨음을 밝혀주신 것이다.

하늘님께서 말씀의 주인공에게 "성운"의 명호와 함께 "율사"직을 내려주시고, "**우리의 땅 일부가 일본의 침몰로 (오는) 바닷물 공격으로 36,000년 동안 침수된다.**"고 하시며, 우주 대자연의 변화에 대해 말씀하셨다.

하늘에서, 자연이 지구를 포함하여 우주를 정화하는 주기가 있으며, 그 주기가 36,000년이라고 말씀해 주신다. 그리고 지구 나이가 55억년 되었다고 밝혀 주신다. 하늘에서 성운율사의 영안을 활짝 열어주시어, 지구 초기 변화 모습을 깨끗한 TV 영상 틀듯 보여주셨다.

영안으로 55억 년 전 초기 지구 형성 과정을 본 성운율사는, 지구가 형성되는 초기에는 수많은 화산 폭발이 일어나면서 엄청난 열기 속에 있었다고 전해준다. 하늘에서 시간이 지나면서 화산 폭발이 멈추기 시작하였고, 그 엄청난 열기들이 점차 식어서 산도, 들도 생겨나는 모습을 보여주시는 것이다. 지구의 나이가 55억년 되었으며, 36,000년에 한 번씩 대자연이 지구를 정화시킨다는 말씀을 하늘에서 내려주셨다고 성운율사는 전하고 있다.

〈자연이 지구를 정화시켜야 한다. 36,000년에 한 번씩 하는 것이다. 지구가 55억년 되었다고 말씀하셨다. 그러시면서 화산 폭발이 일어나고, 식으면서 산들이 형성되는 형상을 보여 주셨다.〉

우리가 살아가고 있는 삶의 터전인 지구와, 지구가 몸담고 있는 더 큰 우주를 알기 위한 노력은, 동서양을 막론하고 학자들이 치열하게 고민해 온, 중요한 지식 탐구의 영역이었다. 지구를 알고자 하던 많은 동서양의 학자들은 지구의 주기적인 변화를 찾아내고, 그 연구 결과들을 세상에 널리 알렸다.

동양에서는 상수학을 완성했다고 하는 소강절이 우주 주기론을 내세우며 129,600년을 제기하였다. 이를 받아 일부 종교단체에서는 우주 1년 주기로 129,600년을 언급하기도 하였다. 지구 1년의 계절 주기처럼, 우주에도 우주 계절의 주기가 있다고 주장한다. 이를 단순하게 4등분으로 나누면, 한 계절 주기로는 32,900년이 되는 셈이다.

한편 서양에서는 지구과학이라는 지식 영역으로 연구해 왔다. 학자들은 지구 자전과 공전의 궤도가 바로 서거나 기울면서, 지구에 빙하기와 간빙기의 엄청난 변화가 나타난다는 사실을 제기하기도 하였다. 이와 관련하여, 지구 퇴적물, 특히 남극 빙하의 퇴적물을 분석하면서, 대략 10만년 가량의 큰 주기가 있음을 밝히기도 하였다. 빙하기와 간빙기, 또 다른 빙하기로 구분하면서, 하나의 주기가 약 33,000년이라는 사실을 제기하기도 하였다.

하늘님께서 처음으로 밝혀 주신 지구 정화 주기가 36,000년이라는 사실을 중심으로 보면, 동서양의 학자들 모두 대단한 연구 성과들을 이루어 내고 있다는 사실을 잘 알 수 있다.

그럼에도 불구하고, 하늘님께서 밝혀 주신 36,000년의 정화 주기와 지구 나이 55억년에 대해서는 앞으로 학자들이 더 깊이 연구해야 할 것이다.

하늘에서 알려주시는 지구 나이 55억년, 그리고 너무도 아득한 날에 일어난 인류 문명의 시작과 함께, 인류 구원의 역사가 하늘님의 말씀 경(經)인 천부경과 함께 시작되었음을 알 수 있다.

하늘님이신 천상천주님께서, 천부경의 천일일(天一一) 글자 중 천(天)에 대해 말씀을 주시며, "**무엇하나 거침없이 반듯하게 알려 주마.**" 하시고, 인류의 시작은, "**너무나 아득한 날에 일어났느니라.**"고 일깨워 주신다.

* 하늘은 이번 있은 일을 안으로 있다 하고, 무엇하나 거침없이 반듯하게 알려 주마. **너무나 아득한 날에 일어났느니라**.

너무나도 아득한 날 중에서 지금의 인류와 가장 가까운 시간에 있는 1만 년 전, 우리 한민족의 뿌리 역사이자 지금 인류의 뿌리 역사가 되는 환국에서 시작된 천부경이 있으니, 이를 통하여 인류 문명의 변화 주기도 같이 알 수 있다. 1만 년 전, 대환난이 끝난 지구 전체는 다시 석기 시대로 시작되었다. 한편 하늘님의 천명을 받은 천부경의 지도자는 빛의 제국인 환국을 세워 하늘의 지혜와 천상의 문명을 이식받아 새로운 인류 문명을 열어나갔다. 그리고 홍익인간의 이념으로 인류를 크게 이롭게 하고자 하늘님의 문명을 지구 전역에 퍼뜨려 나갔다. 환국의 하늘님 문명이 늦게 전해진 지역은 그 시간만큼 석기시대로 남아있었던 것이다. 이것이 10번째 인류 문명의 시작이었다.

하늘님의 11번째 천부경 전수 사건을 통해서, 우리는 인류 문명이 1만년의 소변화 주기로 변화하기도 하며, 36,000년의 대변화 주기로 변화하기도 한다는 사실을 알게 되었다. 우주는 대자연의 대변화, 소변화 주기 속에서 지구를 정화하게 되는데, 이 정화 과정에 기존의 인류 문명은 소멸되고, 새로운 인류문명이 시작된다는 것이다.

이러한 대자연 변화 주기와 관련해서, 10번째 천부경의 말씀은 소주기의 인류 문명 변화 과정에 내려주신 것이라면, 11번째 내려주시는 천부경 말씀은 대주기의 인류 문명 변화 과정에서 내려주시는 하늘님의 구원 말씀이라는 것을 알아야 한다.

그러면 먼저 1만 년 전에 이루어진 소주기의 인류 문명 변화는 어떠했을까? 1만 년 전, 세계 역사를 통틀어 기록이 그렇게 많이 남아 있지는 않았다. 그렇지만 세계 많은 사람들이 추적하고 연구하기 시작하였고, 그들은 1만 년 전의 전 세계 역사 속에서 공통적인 한 사건을 만나게 된다. 그것은 바로 노아의 홍수로 알려진 인류 대비겁으로, 지구 전체에 걸쳐 나타난 대홍수 사건이다.

많지 않은 기록이지만, 전 세계 많은 이들이 추적한 결과로, 1만여 년 전, 환국 건국 이전에 인류 전체가 대홍수라는 엄청난 대비겁을 겪었음을 알게 되었다. 대비겁의 시기가 도래하면, 하늘님께서 "그 사람"을 역사 전면에 불러 세워 천부경을 내려주시어, 대비겁을 넘어 인류를 구원하고, 하늘님의 광명이 환하게 비추는 새로운 나라를 건설하게 하셨다. 그 나라가 환국이었다.

1만여 년 전의 새로운 지도자가 10번째이라는 것.

하늘님께서 10번째 하늘님 대행자를 내시어 인류를 구원하고 새 세상을 열게 하신, 구원과 새 세상 개창의 지침서가 바로 천부경이라는 사실이다. 환국 말기에 동쪽으로 이동한 한민족에 의해 건국된 배달국, 고조선의 천황들께서 천부경을 녹도문으로 기록하여 하늘님의 은혜를 잊지 않고 우러러 받들게 하였다. 그러나 더 많은 세월이 흐르면서 하늘님의 역사도 잃어버리고 천부경은 산 속에 묻히게 된다. 이를 찾아낸 최치원이 여든 한(81) 자의 한자(漢字)로 번역한 후, 세상에 알려지게 되었다.

인류를 구원하고, 찬란한 빛의 제국을 일구어낸 그 지도자에게 내려주셨던 하늘님의 말씀이기에, 이후 긴 역사를 거치면서도 천부경을 문자로 표기하여 잊지 않도록 하고, 우러러 받들게 한 것이었다.

그러나 수많은 세월이 지나면서, 찬란한 역사가 신화로 변질되고, 천부경의 의미도 점차 사람들의 뇌리에서 멀어지면서 퇴색되었다. 그러는 동안에 역사의 맥들이 단절되기도 하고 급기야 모두에게 잊혀지면서, 하늘님의 말씀은 사라지고 여든 한(81)자의 뼈대만 남아 흙더미 속에 파묻혀 있다가 후대에 전해진 것이 천부경이다.

이렇게 역사의 맥이 단절된 상황 속에서, 1만 년 전 천부경을 내려주신 하늘님의 말씀을 어떻게 이해할 수 있겠는가? 더군다나, 지도자인 그 사람에게 직접 전수해 주신 하늘님의 말씀 내용은 사라져 버리고, 여든 한(81)자의 뼈대만 남아 있었던 천부경으로는 천부경의 참된 진실과 비밀을 알 수 없던 것은 당연할 수밖에 없다.

단연코, 하늘에서 알려주시는 천부경의 내용은 하늘이 알고 있는 그 사람이 아니고서는 제대로 알 수 없는 글이다. 하늘로부터 천명을 받든 사람만이 알 수 있는 글이 천부경이다. 그래서 천부경은 인간의 머리로 해석하는 글이 아니며, 해석한다고 해서 알 수 있는 글도 아니다. 해석할수록 미궁에 빠져들었던 이유이기도 하다.

뼈대만 남아 있었던 여든 한(81)자의 천부경을 숱한 세월동안 많은 학자들이 수고하며 해석하여 왔지만, 하늘님 말씀에서 알 수 있듯이, 이들은 모두 인간들 머리에서 나온 각자의 주장일 뿐이며, 원래의 하늘님 말씀에서 벗어나는 것이었다.

하늘님께서는, 대자연이 우주 정화의 시간에 들어서면서, 조만간 현재의 인류 문명이 무너져 내리는 36,000년의 대주기가 시작됨을 알려주신다. 지구의 축이 반듯하게 서는 대격변의 과정에 발생하는 대지진, 화산, 해일 등의 자연재해로 인류 문명이 철저하게 무너지게 된다.

인류에게는 대재앙이지만, 우주 차원에서는 대정화 사건인 것이다. 이 과정에서 살아남았더라도, 지축변동의 충격으로 인간들은 모든 기억을 잊게 되며, 동물적 본능만 남은 원시인으로 살아가게 된다. 하늘님의 대행자는 원시인이 된 인류를 깨워서, 천상의 가르침에 따라 새로운 세상인 후천 세상을 열어 나가게 된다.

현재 약 23.5도로 기울어져 있는 지구의 지축이 바로 서는 사건으로 인해 나타나는 대환난은 우리 인류를 상상이상으로 소멸시키게 된다. 인간을 낳아주시고 성숙시켜 오신 하늘님께서는 이를 안타깝게 여기시고, 인류를 구원하여 후천 세계의 인류 문명 종자로 쓰시려고 하셨다.

대비겁기에서 살아남은 인류는 정화된 지구 환경에서 수명이 늘어나며, 하늘님의 은총 속에 36,000년간 지속되는 새로운 후천 문명을 열어가게 될 것이다. 후천 세상을 여시기 위해, 하늘님께서는 천부경의 주인공에게 성운율사라는 명호를 내려 주시고, 하늘님의 아들이자 대행자로 삼으시며, 지구가 생긴 이래 11번째로 천부경 말씀을 내려 주셨다.

하늘에서 천부경 말씀을 다시 내려주셨다는 것은, 우주차원의 대비겁 사건이 우리 인류에게 불원간 닥쳐오고 있다는 것을 말함이다.

하늘님께서, 우리 인류의 코앞으로 다가온 대환난을 경계해 주시며, 간절하게 기도하던 한 사람의 삼생(전생, 현생, 후생)과 성품을 꿰뚫어 보시고 하늘님의 대행자로 정하시어, 새 세상 개창의 천명을 내려주셨다. 그래서 우리는 우주차원에서 일어나는 정화 시간대에서, 인류를 구원하여 새 세상을 열어주시는 하늘님을 바르게 알아야 한다. 그리고 우리는 하늘님의 천명을 받아 하늘님의 대행자로 직접 인류를 이끌고 후천 세상을 열어 나가는 11번째 천부경의 주인공인 그 사람에 주목하지 않을 수 없다.

우리 인류에게 11번째로 내려주신 천부경에는, 하늘님께서 내려주신 천명이 담겨 있으며, 조만간 닥칠 대비겁 속에 천명을 받은 지도자가 인류를 구원해서 후천세계를 열어나가도록 하신 하늘님의 무한한 은총이 담겨 있다. 그러므로 천부경은, 천명을 받은 지도자가 정성을 다하여 하늘의 뜻을 완수하라는 하늘님의 천지법이자, 언약이며, 은총이 담겨 있는 인류 구원서인 것이다.

저자가 이 책을 저술하여 11번째 천부경을 세상에 공개하려는 이유는, 바로 이러한 천부경의 참된 진실과 비밀을 알리려는 것이다.

이미 앞에서도 언급하였지만 이 책의 첫 번째 목적은, 인류를 구원하시는 참 하늘님을 온 인류에게 널리 알리는 일이다.

하늘님께서 직접, "**나는 하나님도 아니요, 하느님도 아니다.**"라고 하시고, "**나를 하늘님이라 하라, 나는 천상천주**"라고 하시며, 이 인류가 하늘님을 잘못 찾아 왔음을 경계하시는 것이다.

하늘님의 존칭을 세상에 바로 알리는 일과 함께, 참 하늘님이신 천상천주님께서 직접 인류 역사를 주재하시며 인류를 구원하시는 하늘님의 시간이 시작되었음을 알리려 하였다. 지축 정립이라는 사건으로 대표되는 우주 대정화 시간대의 대환난 속에서 인류 구원의 길을 열어주시기 위해, 천부경을 내려주신 하늘님의 크신 은총과 함께 하늘님의 역사가 다시 시작되었음을 세상에 알리려는 것이다.

또한 이 책의 두 번째 목적은, 하늘님께서 내세우신 하늘님의 대행자이자, 원시인이 된 인류를 깨워 후천 세계를 열어나갈 천부경의 "그 사람"인 성운율사를 세상에 알리려는 것이다.

이를 위해, 11번째 천부경의 하늘님 말씀을 바탕으로 후천 세상 개창 과정들의 비밀을 세상에 공개하려는 것이다. 저자는 천부경을 통해 내려주신 하늘님의 말씀을 중심으로, 천부경과 결부된 하늘님의 말씀, 천신의 말씀, 부처님들의 말씀을 정리하여 세상에 알리고자 하였다.

저자는 하늘님의 대행자인 성운율사가 전하는 하늘님 말씀을 온 세상에 널리 알리며, 하늘님 말씀을 접한 사람들이 가을 기운에 정신을 바짝 차리듯 맑은 정신으로 말씀을 깨달아, 조만간 닥치게 될 대환난을 극복하고 새로운 인류 문명의 구성원이 되어 36,000년 동안 하늘님의 축복을 받는 사람으로 거듭 나기를 염원하며 이 책을 저술하였다.

(4) 천상에서 온 화랑이면 좋겠다!

하늘님이신 천상천주님께서, 천부경 첫 글자인 일시(一始)의 일(一)에 대해 말씀을 주시며, 결론 내용으로 내려주신 말씀이, "**함구하고 1인이 진행하라.**"는 것이었다.

이 말씀에는 천부경 말씀의 주인공이 새로운 세상을 만들어 나가기 위해 하늘의 명을 일사분란하게 이루어 내야 하는 엄정한 개척의 사명이 담겨 있다고 설명하였다. 하늘님께서, 천부경 주인공에게 절체절명의 대비겁기에 천명을 긴급하게 집행하도록 하늘님의 절대권을 부여하신 것이다. 하늘님께서 직접, "**너에게 우주를 통째로 맡긴다.**"고 말씀 하시며, 하늘님의 절대권을 맡기시어 대비겁의 상황을 타개해 나가도록 사명을 내려주신 것이다.

하늘님께서는, 지축이 반듯하게 서는 전후의 과정에서 일어나는 대환난이 어느 정도 잠잠해지면, "**동네마다 찾아서 살아 있는 모든 사람들을 이끌고 북한의 마식령 고개에 모이라. 이때 (지축의) 변화가 있은 후, 중국 대륙으로 진출하라**"는 천명을 내리셨다.

〈우리의 땅 일부가 일본의 침몰로 (오는) 바닷물 공격으로 36,000년 동안 침수된다. (중략) **우리 민족을 동네마다 찾아서 살아 있는 모든 사람들을 이끌고 북한의 마식령 고개에서 모이라고 하셨다.**
이때 (지축의) 변화가 있은 후, 중국 대륙으로 진출하라고 하셨다. 이때부터 후천 세상이 시작되는 것이다. 그 일이 시작되면 지구의 인간은 지금의 지식을 잊어버린다고 한다. (하략)〉

〈대지진이 일어나 거의 대다수의 사람들이 많이 다치는데, 그때에 "**남한에 살아있는 사람들을 끌고서 마식령 산으로 가라.**"고 했어요. 그때, "**천황의 몸에서는 흰색과 붉은색이 나오고, 한 사람의 몸에서는 흰색에 푸른색이 나온다. 그 아이가 황제**"라고 했어요.〉

대비겁기에 살아남은 사람들을 다 끌어 모아서, 지금은 북한 땅에 있는 마식령 산의 고개로 가라고 하신다. 그 곳에서 하늘님께서는 살아남은 모든 사람들에게 하늘님의 권능으로 징표를 보여주시어 성운율사를 새 세상의 개창자인 천황으로 선포하시게 되고, 황제가 될 사람도 밝혀주시며, 모여 있는 모든 이들에게 선포하시는 것이다.

그리고 이후 천황과 황제는 서로 도우며, 사람들을 이끌어 새로운 나라를 건국하고, 중국 대륙으로 진출하여 후천 문명 개척을 시작하라고 하신 것이다. 그래서 하늘님께서는 확고한 신념을 가지고 살아가라고 천명을 주신다.

* **곧은 일을 행하려거든 바른 길을 택하라. 명심하라, 명은 하늘이 주는 것, 확고한 신념을 가지고 살며 혁신하라.**(무시(無始)의 무(無))

一始無始一析三極無　　일 시 무 시 일 석 삼 극 무

하늘님께서 無始(무시)의 무(無)에서 전 인류가 겪게 될 대비겁에 대한 말씀을 주신다. 이 무(無)는 최치원으로부터 시작하여 천부경을 해석해 온 대다수의 사람들이 언급하였던 무극이 아니다.

하늘님께서는, 우리 인류가 겪게 될 대비겁으로 인해 모든 것이 무너져 내려 사라진 무(無)의 상황을 말씀해 주신다. 모든 것이 사라져 버려 말 그대로 아무것도 없는 무(無)가 되는 상황에서 인류 문명을 새로 개창하라고 하늘님의 대행자에게 천명을 내리신다. 명은 하늘님께서 내려주시는 것이니 하늘님을 믿고 확고한 신념으로 대비겁을 뛰어넘어, 어둠이 없고 밝은 세상인 후천 세상을 혁신해 나가라고 하신 것이다. 하늘님께서 혁신이라는 말씀을 내려주시는 순간부터 이미 혁신의 기운이 우리 모두들에게 드리워지며, 현실에서 실현되기 시작하는 것이다.

하늘님께서 천부경의 주인공인 성운율사를 천마산으로 부르시어, 천명을 받들어 나가되, "**무정하다 소리를 들어도 꼭꼭 곱씹고, 챙기고**" 가도록 하셨다. "**앞에서 걸리적거리는 것이 있으면, 쳐나가라**"고 하신 말씀에서, 천명을 받들어 나갈 적에는 무정하다는 말을 듣더라도 대비겁의 상황을 어떻게 해서라도 타개하여 무수한 사람들을 밝은 세상인 양지로 인도해 나가도록 하신 것이다.

> **지금처럼 꼭꼭 곱씹어 가는 걸 길러야 한다. 어둡이 없고 밝은 세상을 가려면 꼭 그렇게 해야 된다. 무정하다 생각하지 말고 꼭 그렇게 하라. 그래야 무성하게 모두 자라는 것이다. 풀, 물, 들, 산 모든 게 다 양지가 돼야 된다. 천상화랑이라 그렇게 된다.**
>
> **너희는 크고 높은 것만 항상 보고 가라. 무정하다 소리 들어도 꼭꼭 챙기며 가거라. 그래야 빈틈없이 잘 해나갈 수 있다. 앞에서 걸리적거리는 것은 쳐나가라. 무수한 일을 할 때는 그렇게 하는 방법 밖에 없다.**
>
> **무수한 백성들이 오늘도 내일도 항상 밝히며 가야 한다. 어떻게 하면 온 백성이 날 따를까 하는 것이 그렇게 하는 거다.**

천상화랑이라 그렇게 된다는 말씀은, 성운율사를 비롯하여, 성운율사와 함께 하늘 일을 하는 이들에게도 주시는 말씀이기도 하다.

천상화랑은 하늘님의 천명을 받들어 새로운 인류문명을 이룩해 나가는 후천세상의 하늘님 사역자들이다. 아무것도 없는 무(無)의 상황에서 엄청 많은 일들을 다 끌러내는 이들이라고 하늘에서 알려주신다.

하늘님께서는, "**어둠이 없고 밝은 세상을 가려면 꼭 그렇게 해야 된다.**"고 원력을 붙여 주신다. 천상화랑은 하늘님의 천명을 받들어 어둠이 없는 밝은 세상을 열어 나가는 후천세계의 문명개척단이자 광명사자(光明使者)라고 할 수 있다. 천부경의 주인공은 하늘님 천명을 받들어 행하는 천상화랑들을 이끌고 온 백성과 함께 후천 문명을 열어 가는 것이다.

대환난이 시작되기 전에, 천부경의 주인공인 성운율사를 도와서 하늘님이신 천상천주님의 천명을 준비하며 하늘님의 사역자가 될, "**하늘 아이들**"이 저마다의 인연을 찾아 하나 둘씩 모여들게 된다.

하늘님을 위시하여 천지의 대신명들께서는, 우리 인간들을 "**아이들**"로 말씀해 주신다. 신들께서 보시기에, 인간들은 자신들의 신성(神性)과 자성(資性)을 잊어버린 어린 아이들에 지나지 않기 때문이다. 그런데, 지도자와 함께 후천 세계를 열어 나갈 문명 개척자들을 천상천주님께서 "**하늘 아이들**", 그리고 "**천상화랑**"으로 말씀하신다. 천신들과 부처들께서는 "**천상에서 온 화랑**"이라 하신다.

하늘님께서 태양(太陽)의 양(陽)에 대한 말씀에서, 소 우(牛)의 양인이 하는 일을 일깨워 주신다.

* 인연 따라 다 거두어들여 같이 가야 한다.

* 한 가지씩 한 가지씩 해나가야 한다.

* **나랏일을 해야 하니 다 같이 해야 한다**.

하늘님 말씀에 따라 성운율사가 한 사람, 한 사람을 인연에 따라 거두어들이며 함께 하늘님의 일을 수행해 나가게 된다.

계룡산 도덕골(도적골)에 계시는 칠성여래불께서, "제 아무리 힘이 있어도 홀로는 힘이 든다."고 하시고, "엮이는 인원을 다 끌고 가라." 고 하신다. 그러시면서, "천상에서 온 화랑들이 있으니 그들을 다 끌고 가면 좋다."고 하신다.

〈엮이는 인원을 다 끌고 가야 된다. 제 아무리 힘이 있어도 홀로는 힘이 든다. 어드메 있든지 다 데리고 가라. 그래야 고국산천도 지킬 수가 있다. 피를 많이 흘릴 터이니 힘을 많이 길러야 된다. 그러자면 누가 누가 할 것이냐. 다 엮이는 인원을 끌고 가라. 천상에서 온 화랑들이 있다. 그들을 다 끌고 가면 좋다.〉

북한산 원효봉 기슭에 임어해 계시는 초대 단군께서는, 성운율사를 "**아들**"로 부르시고, 맘에 드는 아이들로 쓰라고 하시면서, 천상에서 온 화랑들이면 더 좋겠다고 하신다. 이들은 부채 끝에서 매달려 흔들리는 데서도 힘을 쓰는 아이들이라고 하신다.

〈아들아! 네가 맘에 드는 아이들로 써 보거라. 천상에서 온 화랑들이면 좋겠다. 그들은 음이든 양이던 다 뛰어드는 아이들이다. 부채 끝에서 매달려 흔들리는 데서도 힘을 쓴다.〉

하늘님께서는 후천 세계를 열어나가는 천상화랑과 더불어, 지축 변화 후에 대륙으로 진출할 때 선봉에 서서 나가는 특별한 개척 집단인 삼족오를 말씀해 주신다. 천일일(天一一)의 두 번째 일(一)에 대해 말씀하시면서, "**삼족오**"를 말씀하신다.

천명을 받들어 하늘의 일을 수행해 나갈 때, 가장 중요한 모체가 삼족오라고 하신다.

> * 우주야 그러면 **삼족오를 모체로 하고 있다**. 그래 **삼족오는 누가 안 볼 때, 일을 홱대명 솟구쳐 사심이 없게 한 가지에 집념을 다 받쳐, 똑바로 확실히 이룩하는 것이니, 그것이 삼족오 신이다.**(홱대명: 의리와 삶을 하늘에 맡기고 사선을 넘나드는 것.)

후천 세계의 문명개척단 선두에 서서, 의리와 삶을 하늘에 맡기고 죽음의 경계를 넘나들면서 사심 없이 주어진 사명에 집념을 다 받쳐, 천명을 확실하게 이루어 나갈 핵심 인물들이 "삼족오"인 것이다.

하늘님께서 하늘님의 대행자를 "우주야" 라고 부르시고, 삼족오를 후천 세상의 대 광명 제국을 열어나가는 선봉장으로 내세우며, 후천 세상 창업의 모체로 삼는다고 말씀하시는 것이다. 하늘님께서는 그 "삼족오" 수장을 삼족오 신이라고 하신다. 새 세상 개창자의 또 다른 명칭과 역할인 것이다.

하늘님의 말씀을 새기다보면, 인류의 문명과 제도라는 것이 천상의 문명과 제도가 인간 세상에 이식된 것이라는 사실을 깊이 깨닫게 된다. 천상문명의 시작점에 계시는 분이 하늘님이시다. 천상과 지상의 신들이 하늘님의 천명을 받들어, 인간들에게 지혜를 열어주어 인간 문명에 천상문명이 이식되도록 하시는 것이다.

천상화랑과 삼족오도 그러한 과정을 거쳐서 인간 문명사에 등장한 것이다. 따라서 우리 한민족 역사와 아시아 전역에 걸쳐 가장 중요한 신화처럼 나타나는 삼족오나 화랑 관련 유사 조직이, 인간 사회에서 '툭' 하고 나타난 것이 아니라, 하늘님께서 말씀으로 깨우쳐 주시고,

지혜를 열어주시어 만들게 한 조직이라는 것이 더욱 놀랍다.

하늘님의 말씀으로 삼족오와 화랑은 역사 이전 하늘에서 내려주신 동이족 문명개척단의 핵심 조직임을 알게 된다. 화랑과 삼족오는 환국 시대에서부터 전해오는 문명 개척단 핵심 조직이며, 삼족오는 그 이후 고구리[고구려] 역사나 중앙아시아 역사 속에 드러나 있다. 한편 화랑은 고조선 시대로부터 전해오는 준군사조직의 핵심 단체이며, 이후 후대의 신라 역사 속에서 다시 드러나는 조직이다.

고구리 시대의 조의선인이나, 신라시대에 있었던 화랑 제도들에 대해 더 많은 연구가 필요하겠지만, 어쨌든 우리 역사 속에 중요한 역할을 수행해 온 조직이라는 것은 부정할 수 없다. 하늘님께서도 그리고 천지의 대신명들께서도, 후천 문명 개척단의 선두에 서는 천상화랑, 삼족오를 알려주시는 것을 보면, 지난 한민족의 역사나 아시아 권역의 나라 역사 속에 나타나는 삼족오나 화랑 제도들은 천상의 문명이 인간사에 드러난 것이라 볼 수 있다.

천부경 지일이(地一二)의 일(一)에 대한 말씀에서도, 하늘님이신 천상천주님께서 삼족오를 말씀하신다.

* **모든 삼족오는 신명과 사기 없이 마음 일체 동심 불욕 신명을 받쳐 획획 지평으로 화려하게 부활하여, 우수 갑부에 선명이시며 삭공이라 명하면 되느니.**

삼족오는 한민족의 지평을 널리 펼쳐, 과거 환국의 영광을 넘어서는 대제국을 세워나가는 주역으로 신명과 마음 일체 동심이며 사욕을 내지 않고 모든 신명을 받쳐, 한민족의 대제국을 크게 부활시킨다고 하늘님께서 말씀해 주신다. 성운율사는 하늘님의 말씀으로 설명해 준다.

〈우수 갑부는 오만 가지라는 뜻이며, 선명은 인류의 생사권을 뜻한다. 삭공은 어른이나 대장이 삼족오에게 이렇게 저렇게 하라고 명을 내리는 것을 의미한다.〉

이 말씀에 따르면 하늘님께서는, 삼족오 그들을, "삼족오 신과 함께 하늘님의 천명을 최고의 명령으로 받들어, 수많은 인간들의 생사여탈권을 쥐고, 삼족오 신의 명을 받아 천명을 스스럼없이 해치워 나가는 후천 문명의 개척자들"이라고 하신 것이다. 그리고 그들은 "신명과 일체 동심이며 사욕을 내지 않고 모든 신명을 받쳐, 해동의 대제국을 화려하게 부활시킨다."고 알려주신다.

천상화랑, 삼족오 신과 함께 매우 중요한 말씀을 주신 "**해동의 부처님**"이 계시다. 성운율사는 부산 오랑대 바닷가에서 해동의 부처님을 찾으며 기도드리게 된다.

〈천상천주님께서 해동의 부처님께 가라 하시어 왔습니다. 안 풀리는 것 없이 다 풀리게 해준다고 해서 왔습니다.〉

성운율사의 기도 말씀과 같이, 하늘님이신 천상천주님 말씀을 좇아 해동의 부처님을 찾게 되었고, 그 해동의 부처님께서는 엄청 많은 일을 해결해 주시는 분이라고 하늘에서 알려주셨다.

해동의 부처님께서 기도에 응감하시어, "**하늘의 대문을 여는 아이들이 왔구나.**" 하시고, 성운율사에게 "**밝게 피는 꽃 명화**"라고 말씀을 내려주신다. "언제든지 내가 보고 있다."고 하시고, "어려움이 다 걷히고 있다. 열성조가 다 지키고 있다."고 하신다. 그러시면서 "**미륵의 종자**"를 말씀해 주신다.

〈하늘의 대문을 여는 아이들이 왔구나.
언제든지 내가 보고 있다. 역성들지 말고 본인 스스로 잘해야 된다. 그렇게 해야지 어려움이 없고 편함이 있다. 그래야 모든 게 눈 녹듯 싹 풀린다. 어려움이 다 걷히고 있다.
열성조가 다 지키고 있다. 도시 안 편안 한 게 없다. 그만치 너는 밝은 아이다. 오른발을 바짝 붙이고 구르면, 나는 여기서 다 알고 있다. 반나절 이쪽저쪽 염원을 담아서 훅 들고 나온다.
하여간 미륵의 종자는 다 믿으면 된다. 순수한 마음을 가졌기 때문에 다 잘 된다. 밝게 피는 꽃 명화라서 영원히 포식하고 잘 먹고 잘 살겠다.〉

천상화랑, 삼족오에 이어, 해동의 부처님께서 "**미륵의 종자**"를 말씀해 주신다. 미륵의 종자에 대해 해동의 부처님께서는, "**미륵의 종자는 다 믿으면 된다. 순수한 마음을 가졌기 때문에 다 잘 된다.**"고 알려주신다. 미륵의 종자는 순수한 마음을 가졌기에 다 믿으면 되며, 다 잘된다고 하신다.

하늘에서는, 후천 세상의 개창자인 성운율사가 "**미륵의 종자**"들의 하늘로, 미륵의 종자를 잘 이끌어 어둠이 없고 밝은 세상을 열어 나가게 된다고 말씀해 주신다.

〈네가 곧 하늘이니, 혁혁한 힘을 길러서, 언제나 오늘처럼 내일도 그릇되지 않게, 작으나 크나 업신여기는 이 없게 하며, 차고 넘치게 하는 것이 좋다.〉

하늘에서 계속 말씀을 주시며 축복과 원력을 붙여주시며, 미륵의 종자들이라 흠이 없는 사람들이고, 어느 누구도 해코지를 못한다고 하신다. 그래서 "**무발**"이라고 부르신다.

〈너희들은 흠이 없는 사람들이다. 흠이 없는 사람은 남들이 우습게 안 보는 사람이다. 그래서 너희들은 무발이다. 무발은 아무도 해코지를 못하는 사람들이다.〉

미륵의 종자들과 함께 후천 세상을 열어나감으로써, 후천 세상에 미륵의 기운으로 가득 채우게 되고, 흔히들 말하는 미륵의 세상이 되는 것이다. 그리고 성운율사와 함께 하늘 일을 하는 사람들도 당연히 미륵의 큰 기운을 품고 후천 세상을 열어 나가게 된다.

해동의 부처님께서, "**열성조가 다 지키고 있다.**"고 말씀해 주신다. 열성조는 앞에서 이미 전한 바와 같이, 천상천주님과 함께 하시는 가장 높은 반열에 계시는 분들을 말씀하시는 것이다. 그런 분들이 지키고 계시다고 말씀을 주신다.

후천 세상은 미륵 세상이라고 알려주시는데, 미륵의 종자가 되는 천지의 미륵들이 모여들어 하늘님의 천명을 받들게 된다. 해동의 부처님께서는 그런 미륵 세상을 여는 미륵의 종자를 믿고 함께 하라고 하신 것이다.

저자가 천부경의 비밀을 세상에 전하는 이유는, 하늘님이신 천상천주님의 천명을 받들어 후천 세계를 함께 열어나갈 인연을 가진 사람들로써 천상에서 내려온 화랑들과 미륵의 종자되는 사람들에게 이 소식을 전하여 하늘님의 부르심에 응하게 하는 것이다.

하늘님께서 말씀하시고, 천지의 대신명들께서도, 단군 천황께서도, 해동의 부처님께서도 찾으라고 한, 천상에서 온 화랑들, 후천 세상의 모체가 될 삼족오, 그리고 믿음직한 미륵의 기운을 품고 있는 종자들은 지금 어디서 무얼 하고 있을까?

물론 그들이 어느 사람들 틈에 끼어 있는지는 모른다. 본인 스스로도 자신의 인연과 운명을 알지 못하며, 전생은 더군다나 모를 것이다. 다만 의로움을 가지고 이 나라를 사랑하며, 인류와 자신을 위해 기도하며 밝고 바른 성품을 가진 사람이라면 미륵의 기운을 품고 있으며 천상화랑의 인연을 가지고 있을 것이다. 그러기에 참다운 진리의 문인지를 두드리며, 참 하늘님의 소식이 닿기를 기다리고 있을 것이다.

하늘님이신 천상천주님께서도, 단군 황제와 부처님들께서도, 인연이 있는 천상의 화랑들, 미륵의 종자들이 모여들어, 성운율사와 함께 세상 사람들을 위하여 어둠을 뚫고 밝은 세상을 열어 나아가도록 염원하시는 것이다. 후천 세계를 열어나갈 주역이 될 천상에서 온 화랑들과 삼족오 주역들, 그리고 미륵의 종자로 인연이 있는 이들이, 후천 세상으로 나아가려는 역사의 대 변혁기에 크게 각성하기를 기대한다.

02
인류 구원의 참 하늘님과 아들 대행자 일(一)

(1) 하늘님을 친견하다

하늘님께서는 일시(一始)의 시(始)에서, 하늘님의 대행자인 일(一)의 주인공이 하늘님의 천명을 받들어 후천세계를 열어 나가는 것을 말씀해 주신다. 천부경의 "그 사람"인 성운율사가 지구 대정화 차원의 대환난을 넘어서, 하늘님의 천명을 받들어 새로운 인류문명을 열어나갈 때, 잊지 말고 명심해야 할 내용을 알려주신다. 시(始)의 말씀과 관련된 삼극무(三極無)의 삼(三)에 대한 말씀도 같이 살펴본다.

* **하늘은 함구하고 있는 듯하나, 하늘이 알고 있다. 비껴가지 못한다. 비약하면 아니 되니, 갖출 것은 갖추어야 견고하다.** (일시(一始)의 시(始))

* 혹자는, **하늘이 우리를 안 본다 하여 한숨지으며, 한탄해 하지만, 하늘은 모든 일을 환하게 알고 있으니**, 핍박 받지 말며 한숨 쉬지 마라. 행하면 얻을 것이다.(삼극무(三極無)의 삼(三))

하늘님께서는, 인간들이 보기에 하늘님의 소식을 듣지 못하니 하늘이 함구하고 있으며 자신들을 안 본다고 하여 한숨지으며 한탄한다고 말씀을 주신다. 그러다보니 수많은 세월이 지난 지금, 심지어 '신은 없다.'라는 모진 말을 내뱉는 인간들도 있다.

그러나 지구 탄생부터 신과 인간의 모든 것에 대한 시작이셨던 하늘님께서는 모든 일을 환하게 알고 계시기에, 어느 무엇도 하늘을 비껴가지 못한다고 말씀하신다. 그러기에 하늘님을 믿고 행하여 나가면 원하는 걸 얻을 것이라고 말씀을 주신다.

아무도 가르쳐 준 적이 없지만, 사람들은 태어나면서부터 본능적으로 하늘님을 찾는다. 인류는 태어나서 살아가며 말할 수 없는 어려움에 처하거나, 깊은 감동을 받게 되면, 누구도 예외 없이, 마음 깊은 곳에서 본능적으로 하늘님을 찾게 된다. 이는 모든 생명의 원천이 하늘님으로부터 비롯되기 때문이다. 후천 세상을 열어나가는 모든 근본에는 하늘님이 계심을 잊지 말아야 함을 일깨워 주시고 계시다.

천부경 진본(盡本)의 본(本)에 대한 말씀을 내려주시는데, 비록 후천세상을 열어 나가는 성운율사에게 주시는 말씀이지만, 우리 인류에게도 그대로 적용된다고 할 수 있다.

* **이미 안다 하여도, 어떻게 하늘을 안다 하겠느냐?**

* 하얀 집이 어떻게 하고 있는지를 알아야 하고, 임금은 그렇게 아주 먼 곳 하늘에 있느니라. 설혹 임금을 알아도 서로가 안다 하지 못하고 어떻게 안다 하겠느냐. 이놈아, 안 보면 어떻게 안다 하겠느냐. 성운아 이놈아, 낯판이 있어 임금이 하늘에 있어 아침에 공경하지 않느냐. 하얀 운대로가 어찌 입으로 말로만 표현하겠느냐.

하늘님께서는 "**이미 안다 하여도, 어떻게 하늘을 안다 하겠느냐?**" 하신다. 인간 중에 하늘님을 제대로 알고 있는 사람이 어디 있으랴마는, 설사 하늘님을 안다고 하더라도, 먼 곳에 계시는 하늘님을 진실로 바르게 안다고 할 수 있느냐고 경계하신다. 심지어 하늘님의 대행자로 내세운 성운율사에게도 "**어떻게 하늘을 안다 하겠느냐?**"고 다그치신다. 매일 기도하며 찾는다 하더라도, 하늘님 알기가 쉽지 않음을 말씀해 주신다.

이러한 말씀을 본(本)에서 내려주신다. 본(本)의 말씀에서, 천부경의 근본 자리이자 새로운 후천 세상의 근본에는 하늘님이 계심을 알아야 함을 일깨워 주시는 것이다. 어디 후천 세상뿐이겠는가? 인간 세상의 모든 근본자리에 하늘님이 계심이다. 그래서 하늘님을 제대로 알고 행하라는 말씀으로 새겨야 할 것이다.

하늘님께서는 하늘님 스스로를 말씀하실 때, 하늘이라고 하시며, 임금으로도 말씀하신다. 하늘은 가장 위에 있는 분을 말하는 것이고, 임금은 가장 높은 자리에 계신 분이라는 뜻이다. 그래서 하늘님께서는 우주 삼라만상 모든 신과 인간을 통틀어 가장 위에 계시는 분이라는 뜻으로 하늘을, 천상의 가장 높은 자리에 계시는 분이라는 뜻으로 임금을 말씀해 주신다. 하늘님께서는 모든 하늘들의 하늘이시며, 임금들의 임금이시며 으뜸이 되시는 분이시다. 임금은 지금 사람들이 생각하고 있는 그냥 왕의 의미가 아니라는 것도 알아야 한다.

그런데 하늘님께서, "하얀 집이 어떻게 하고 있는지를 알아야" 한다고 말씀하신다. 저자가 하얀 집은 무엇을 의미하는지 성운율사께 묻는다.

〈'하얀 집'은 '하얀 운대로'인데, 하늘님께서 저, 성운율사를 부르실 때에 쓰시는 말씀이에요.〉

성운율사의 답변을 토대로 하늘님의 말씀을 다시 새겨보면 어느 정도 이해할 수 있게 된다.

"하늘님을 안다 하더라도, 어떻게 하늘님을 안다 하겠느냐? 성운율사가 어떻게 하고 있는지도 알아야하는데, 나(하늘님)는 아주 먼 곳 하늘에 있으니, 어찌 안다고 할 수 있겠느냐? 이놈아, 안 보면 어떻게 안다 하겠느냐. 성운아 이놈아, 낯판이 있어 임금(하늘님)이 하늘에 있어 아침마다 공경하고 있지 않느냐. 하얀 운대로(성운율사)가 어찌 입으로 말로만 표현하겠느냐."고 하시는 것이다.

하늘님께서는, 이렇게 하늘님 말씀을 직접 받드는 성운율사에게도 하늘님을 안다는 것이 참으로 어려운 일이라고 하시는데, 일반 사람들이야 오죽하겠는가?

하늘님은 분명히 계신 듯한데, 하늘이 함구하고 있다고 생각한 인간에게 하늘님을 안다는 것이 지극히 어려운 일이지만, 그래도 하늘님을 알고자 하는 인류의 간절함은 끊이지 않았다.

어쩌면 인류의 지식 탐구 첫 번째가 하늘님을 알고자 하는 노력들이었다고 할 수 있다. 서구에서 설립한 대학의 첫 번째 학문 영역이 신학이었다. 즉 하늘님을 알기 위한 학문 영역이었고, 하늘님을 알기 위해 관련된 수많은 지식을 찾는 일이었다. 그 이후로는 모두가 아는 대학들의 모습으로 전개되어 왔다. 대학의 변화는 신과 인간에 대한 지적 탐구의 확대 발전이었다고 볼 수 있다.

반면 동양에서는 하늘님이 계시는 우주와 하늘님께서 경영하시는 우주의 원리를 알고자 하였다. 말하자면 하늘님께서 주재하시며 통치하시는 대자연의 섭리를 알고자 한 것이었다. 접근하는 방식과 대상에 차이가 있지만, 모두 하늘님을 찾는 일이었고, 하늘님께서 다스리시는 세상을 알고자 한 일이었다.

우주 만물의 시작이시며, 신과 인간의 근원되시어 모든 인류의 생명을 낳아주신 최초 삼신이신 하늘님이시기 때문에, 우리 인류는 동서고금을 막론하고, 하늘님을 경외하며, 하늘님을 찾아 온 것이다.

그러나 인간들이 인류 문명 초기를 벗어나면서, 하늘님께서 말씀해주신 바와 같이, 하늘이 함구하고 있으며 하늘이 안 본다 생각하면서, 점차 하늘님으로부터 벗어나며 어긋남이 시작되었다. 그러면서 하늘님의 역사를 잃어버리게 되었다.

그로부터 우리 인류는 하늘님의 존칭도 잃어버리고, 하늘님이 아니라 인간들 저마다의 생각으로 하느님을 찾고 있었고, 하나님을 찾았다. 그리고 천주를 찾았고, 부처를 찾았고, 상제를 찾았다. 함구하고 있다고 생각한 하늘님과 소통이 안 되는 가운데 수많은 시간이 흐르다 보니, 인간들은 하늘님 대신 예수나 석가와 같이 득도했다는 성인들을 하늘로 섬기기 시작하였다.

盡本天一 一地一二人　　진 본 천 일 일 지 일 이 인

하늘님께서, 천일일(天一一)의 천(天)에서 매우 중요한 말씀을 내려주신다.

* 신이 인간을 안 본다하면, 성인이 납작과 같은 것이니. 납작은 밤이슬을 먹고사는 저 우수리[힘이 없이 겨우 연명해 가는 연체동물]와 같은 것이니라.

성운율사는 하늘님의 말씀으로, **"납작은 내면의 속이 없고 껍데기만 있는 것"**이라고 알려주신다. 납작은 마치 매미껍데기만 남은 것과 같은 의미이며, 밤이슬을 먹고 사는 우수리와 같다고 하신다. 우수리는 힘이 없이 겨우 연명해 가는 연체동물이라 하셨으니, 지렁이와 같은 것을 말한다.

신이 인간을 돌아보지 않으면, 성인이라 해도 내면은 없고, 껍데기만 남아 있는 납작이라 하신다. 그래서 이리저리 휘둘리다가 급기야 참됨에서 멀어지게 되며, 믿음의 생명력조차 잃어버리게 되는 것이다.

하늘님께서는 신이 인간을 돌아보아야, 우주도 의미가 있게 되며, 인간뿐만 아니라 성인도 제 역할을 하게 된다고 말씀해 주시는 것이다.

하늘님께서는, 인간들이 참된 마음으로 신을 생각하고 찾을 때, 비로소 신도 인간의 마음속에 자리를 잡으신다는 것을 알려주신다. 하늘님께서, 하늘님의 대행자인 성운율사에게 우리 인간들이 하늘님을 잘못 찾고 있다고 경계하셨다. 인간들이 하늘님을 제대로 찾지 않으면, 하늘님 말씀처럼, 신들도 인간을 돌아보지 않게 되며 결국 성인들이나 인간들은 납작과 같이 되어, 낳아 기르는 우주의 참된 의미가 사라질 수 있게 된다.

우주의 가장 위대한 본성은 낳아서 기르는 것이다. 대우주와 함께 하시는 하늘님께서도 인간을 낳아 길러주시는 것이다.

인간이나 만물도 대자연인 우주와 하늘님을 닮아서 낳아 기르는 것을 최고의 기쁨이자 삶의 가장 중요한 업으로 꼽는다. 동시에 인간과 만물은 낳아서 길러주신 은혜에 보은을 하는 본성을 지니고 있다. 인간과 만물을 낳아 길러주시는 하늘님과 대자연의 은혜에 보은하는 행위는 인간이 지니고 있는 가장 자연스러운 심성이자 덕목인 것이다.

우리 인류는 대자연으로부터 결실을 얻으면 하늘님을 위시한 신명제위와 천지에 감사와 함께 보은의 제를 지내며, 가까이는 자신을 낳아 길러주신 부모님과 위로는 조상님들께 감사드리며 보은한다. 이러한 보은의 생활은 사회 관습 속에서 우연하게 나온 것이 아니라, 대자연의 본성과 이치에 따라 자연스럽게 나타나는 삶의 모습이다.

하늘님께서는 천일일(天一一)의 두 번째 일(一)에서, 보은을 말씀해 주신다. 두 번째 일(一)에는 삼족오가 모체임을 말씀해 주시고 계시다. 그래서 나라 운을 세우려는 목적을 달성하기 위해, 이루어야 할 사명들을 반드시 성취해야 하는 삼족오 신과 삼족오 무리는, 한결같은 마음으로 하늘을 믿고 나가야 성공을 하며, 그 목적도 일사천리로 이루어진다고 하신다. 그 이면에는 천지의 대신명들께서 도와주셔서 이루어지는 것이니, 그 은혜에 꼭 보은해야 한다고 말씀하시는 것이다.

* 우주야 그러면 삼족오를 모체로 하고 있다. 그래 삼족오는 누가 안 볼 때, 일을 홱대명 솟구쳐 사심이 없게 한 가지에 집념을 다 받쳐, 똑바로 확실히 이룩하는 것이니, 그것이 삼족오 신이다.(중략)

* 세계 운을 믿고서 나라 운을 세우려면 속한 사명을 꼭 깊이 성취해야 하므로 서서 운명 조갈 피지[속절없이 아무것도 없는 것], 하늘이지. 그래야 믿고서 성공을 하니 일사천리로 행함이 이루어지느니, 참으로 웃어른들 꼭 땀에 보은해야 하느니.

낳아서 길러주는 대자연과 함께 하시는 하늘님이시기에, 대환난 속의 인류를 긍휼히 여기시어 한없는 은총을 내려주시며, 인류 문명을 새롭게 낳아주시게 된다. 그 시작점에서, 하늘님께서는 대행자에게 가장 먼저 하늘님의 존칭을 바르게 가르쳐 주시고, 당연히 으뜸 되는 하늘님을 찾으라고 모든 인류에게 선포하도록 하신 것이다.

하늘님께서, 우리 인류에게 하늘님께 보은해야 하는 대자연의 이치를 일러 깨우쳐 주시는 것이다. 그 보은의 시작이 참 하늘님을 바르게 찾아 기도하는 것이라는 사실을 이제는 제대로 알아야 한다.

하늘님께서 지금의 이 인류 문명이 있게 하신 하늘님이시며, 11번째로 다시 인류 문명을 직접 주재하시며 인류 문명을 새롭게 낳아주시는 한량없는 은총을 내려주시는 하늘님이신 것이다. 낳아주시고 길러주시는 하늘님의 은총에 대한 보은의 첫걸음이, 하늘님의 존칭을 바르게 알고 감사의 기도를 올리는 것이다. 그래서 하늘님께서 하늘님의 대행자에게 첫 번째로 내려주신 천명이 하늘님의 존칭을 바르게 알려주시고 선포하게 하신 것이다.

천상문명의 시작이자 인류 문명의 시작점에 계시며 신과 인간의 으뜸이신 참 하늘님께서 직접 밝혀주시는 말씀을 통하여, 성운율사는 근본으로부터 멀어져 가는 인류에게 하늘님을 알려, 하늘님께서 직접 주재하시는 하늘님의 역사가 다시 시작되었음을 세상에 전하게 된다.

이 모든 시작은 천부경의 주인공인 성운율사가 현생의 인류로는 처음으로, 하늘님을 친견하는 사건으로부터 비롯되었다.

하늘님이신 천상천주님께서는, 38살에 심근경색으로 생사의 기로에서 산 속에 들어 매일 하늘님, 예수님을 찾으며 살려달라고 기도하던 한 사람을 둘러보시며, 후천 세상을 개창하는 적임자로 정하시게 된다.

〈38살에 심근경색이라는 병으로 산 속으로 들어갔다. 그 당시에는 전부 병원에서 연습용으로 대부분 죽어 갔다. 나도 서울대학 병원에서 입원 중에 죽어가는 환자를 보고, 바로 나와서 한의원을 여러 곳 찾아다니다, 결국 계룡산 도덕골에 들어갔다.

유성에 집사람과 아들 2명을 먹고 살게 식당을 차려주고 산속생활을 시작했다. 도를 닦을 생각은 추호도 없었다. 매일 하늘님, 예수님 찾으며 살려 달라고 기도했다.

그러던 어느 날 하늘에 흰 옷을 입고, 키는 63빌딩처럼 크고 얼굴은 눈이 부셔서 쳐다 볼 수 없었다. 그 후부터 여러 가지 일이 벌어졌다. (하략)〉

성운율사는 사회생활을 잘 하고 있다가 갑자기 찾아온 심근경색이라는 병으로 인하여 목숨이 경각에 달리자, 기도를 시작하였다. 살려달라고 간절하고 절박하게 기도를 한 것이었다. 어떤 이들처럼 깊이 뉘우친 바가 있어서 도를 닦을 생각으로 산 속을 찾은 것이 아니었다.

그야말로 보통의 사람들이 위급에 처하면 찾던 그 분들, 하늘님, 예수님, 부처님을 찾아서 살려달라고 기도를 시작하였던 것이다. 매일 하늘님, 예수님 찾으며 살려 달라며, 참으로 간절하게 기도하였다. 38살의 심근경색 환자가 아픈 가슴을 부여잡고 정심을 다해 기도하였던 것이다. 경주 남산에 계시는 미륵 부처님께서, "**너만치 기도한 자가 없다.**"고 인정해 주실 정도로 기도에 매진하였다.

기도를 시작하였던 곳은 대전시 유성과 공주시 반포면 경계에 있는 계룡산 자락의 도덕봉 계곡인 도덕골이었다. 계룡산 도덕골의 본래 이름은 도적골이었다. 많은 사람들이 모여들어 기도하였던 유명한 기도터 중 하나였으며, 그 도적골의 의미를 신들께서 이렇게 알려주신다.

〈여기는 도를 적선 받는 곳이다.〉

지금은 입산 통제되어 사람들의 행적이 거의 없지만, 성운율사가 기도하던 당시에는 많은 사람들이 다양한 사연으로 도적골 처처에서 기도를 하였다.

그 도적골에서 처음 기도를 시작하여 18년간 기도생활을 이어갔다. 겉으로는 병이 들어 시작한 기도였지만, 사실은 하늘님으로부터 부름을 받고, 도를 적선 받는 도적골에서 구도의 길을 걷기 시작한 것이었다.

그러나 본인은 구도자의 길이라는 생각은 추호도 없었고, 하늘님으로부터 부름을 받았다는 생각조차 없었다. 다만 38살의 죽음이 너무 억울해서 시작하였던 기도였다. 성운율사는 살려달라는 처절한 기도를 하였고, 남들과 달리 빠르게 영안이 열렸던 성운율사는, 기도하는 중에 인류 역사상 처음으로 하늘님을 친견하는 놀라운 일을 경험하게 된다.

성운율사가 기도를 시작하여 5개월 정도가 지난 후 어느 날 오후 4시쯤 되던 시간, 혈맥이 막혀 한쪽 팔이 퉁퉁 부어 통증이 심한 상태로 도적골에서 기도하고 있던 중이었다.

갑자기 영안이 열려 산 정상에 있는 동굴에서 기도하고 있는 자신의 모습을 보게 된다. 그런데 하늘에서 태양과 같은 환한 빛이 나타나며 63빌딩과 같이 크시고 하얀 옷을 입으신 하늘님을 친견하게 된다.

하늘에서 태양과 같은 빛이 나타나기에 보니, 어마어마하게 크신 모습에 흰 옷을 입으셨다고 전하고 있다. 얼굴을 쳐다보려는데 태양과 같이 빛이 나서 쳐다볼 수 없었다. 태양과 같은 빛을 접하고는, 성운율사는 자신도 모르는 사이에 벌떡 일어나서 마치 아들이 아버지에게 절하듯 하늘님을 향해 절을 무수히 올리기 시작하였다. 그러면서 하늘님께서 말씀을 내려주시며 보여주신 바를, 성운율사가 전해준다.

〈갑자기 하늘에서 말씀이 내려오는데, "**얘야! 묶고 때리거라.**" 하시며, 손가락 이렇게 해가지고 가르쳐 주는 거야. 거기를 그래서 쳐다보니 알겠더라고요, 나무 있는 데를. 그런데 소나무가 싹없어졌어요. 절을 막 하고 나니까 완전히 없어졌어요.
혹시 해서 동굴로 올라 가봤어요. 갔더니 소나무에, 이만한 소나무에 오색원단 감아 놓은 게 있는 거예요.〉

말씀대로 오색원단을 구해서 퉁퉁 부어오른 팔에 감아 묶은 뒤에 팔을 두드리니, 진물이 흘러내리면서 부은 팔이 완전히 낫게 되었다.

성운율사는 하늘님을 친견한 사연을 이렇게 간결하게 전하게 된다.

〈하늘에 흰 옷을 입고, 키는 63빌딩처럼 크고, 얼굴은 눈이 부셔서 쳐다 볼 수 없었다.〉

흰 옷을 입으시고, 키는 63빌딩처럼 크시며, 얼굴은 태양과 같이 환한 빛으로 눈이 부셔서 쳐다 볼 수 없었던 하늘님께서는, 처절하게 기도하던 구도자를 둘러보시고, 그 구도자를 인류의 구원자로 정하시게 된다.

구도자의 삼생 인연과, 자질, 정성을 꿰뚫어보신 하늘님께서, 천지의 대신명들에게 천명을 내리시어, 차례대로 나아가 직접 구도자를 가르치게 하시고 도를 적선하게 하시어, 인류 최초의 도통군자가 되게 하셨다. 이후 천상천황님으로부터 청운선사의 명호를 얻게 되며, 더 큰 가르침을 받게 되었다.

얼마의 시간이 지난 후, 구도자는 하늘님의 부르심을 받고 지리산 천왕봉 앞 천마산으로 가서, 하늘님으로부터 직접 천명을 받게 된다. 그때 성운율사라는 명호를 함께 받게 되었다.

〈그러던 어느 날 하늘에 흰 옷을 입고, 키는 63빌딩처럼 크고 얼굴은 눈이 부셔서 쳐다 볼 수 없었다. 그 후부터 여러 가지 일이 벌어졌다.

아미타 부처님이 오시고, 사무엘천사가 오시고, 산왕대신이 오셨고, 천지신명님이 오셨고, 미륵부처님, 관세음보살, 지장보살, 문수, 보현, 약사여래, 하나로 부처님, 비로자나불, 무극신장님 등등 수 없이 많은 부처님, 신명님, 조사님, 청룡, 황룡, 천관, 선관 마지막으로 천상천주님, 천주대왕, 사관원장, 대천사, 천계천사, 천상천황님, 억조창생 만조대왕님께서 오셔서 가르침을 내려주셨다.

15년 7개월 17일 동안 저녁 8시 40분부터 명일 새벽 4시 20분까지 천지신명님 두 분께서는 하루도 빠짐없이 많은 공부를 가르쳐 주셨으며, "**인간으로써는 처음으로 도통 군자를 만들었느니라. 석가모니도 예수도 그들은 득도는 했을지언정 도통은 하지 못했느니라.**"고 하신다.

이렇게 도통을 하고 청운선사라는 호칭을 천상천황님으로부터 받고, 지리산 천왕봉 앞 천마산에서 기도 중 천상천주님[하늘님]께서 오셔서 "성운율사" 라는 호칭을 내려주셨다.〉

하늘님을 친견하고 난 이후, 하늘님의 부르심을 받은 천상과 지상의 대신명들이 차례대로 나서시어, 구도자를 직접 가르치기 시작하셨다.

계룡산 도적골 기도터에는 천존 터가 있고, 산신당 터, 그리고 용궁 터 등이 있다. 성운율사가 천존에서 기도하는데, 산신당에서 누가 부르는 소리가 들려서 쳐다보니 산신당에 아무도 없었다.

〈 '어디서 그라는겨? 아무도 없는데.' 그러니까, "산신당에 와라." 그러는 거요.

산신당에 가서, "예, 왔습니다." 하니, 입에서 말이 막 터져 나오는거예요. 한참을 하고 끝나고 나서, "이 말씀을 주신 분은 누구십니까?" 하니, "나는 태백산 백운대 산왕대신이니라." 그러세요. >

성운율사와 소통을 하신 분은 태백산 백운대 산왕대신이셨고, 이분과의 소통을 시작으로 신과의 소통이 시작되면서, 이불통신이 열리게 된다. 그 이후 그 산신당에서 계룡산 도적골 산신령님의 지극한 보호 속에 기도가 더욱 힘을 받게 되었다. 그 계룡산 도적골 산신령님께서는 성운율사를 돌보며 키워주신 공덕으로 나중에 산왕대신으로 승격하시게 되었다. 신과 인간 간의 관계에서 신이 돌보는 가운데 인간이 노력하여 큰 공덕을 얻으면, 인간의 공덕이 신에게도 돌아가 신도 승격을 하시게 된다는 것을 성운율사가 알려준다. 계룡산 도적골 산신령님과 이불통신이 이루어진 이후 영안이 더욱 환하게 열리게 된다.

기도하러 온 사람들이 기도 전에 무엇을 하고 왔는지, 몸의 상태가 어떠한지, 무엇 때문에 고민하고 있는지를 환하게 보고 알게 되었다.

기도하던 중에 산에 기도하러 온 한 여성을 보니, 입에 오징어가 주렁주렁 달려 있었다. "산에 오면서 오징어 먹고 왔나?"며 일깨워 주니, 놀라서 계면쩍어 한다. 또 다른 여성은 머리에 가마솥뚜껑을 이고 오고 있었다. "산에 오는데 가마솥뚜껑은 왜 머리에 이고 오느냐?" 하니, "아, 머리가 아파 죽겠어요." 해서, "이리 와 봐요." 하며 가마솥뚜껑을 툭 치니까 가마솥뚜껑이 휙 날라 간다. "안 아프지요." 하니, "예, 안 아파요. 머리가 개운해졌어요." 그리고 감사하다며 인사를 한다.

그리고 한 여성을 보니 엉덩이에 개 꼬리가 붙어 있기에, "왜 개꼬리를 달고 다녀?" 하며 다시 보니 여우 꼬리였다. 그 여성은 허리가 끊어지게 아프다고 하기에, 꼬리를 떼어주니 허리가 편해졌다고 한다.

하루는 기도하러 가는 중에, 무당인 아주머니가 괭맹이(무속 도구)를 땡깡땡깡 치고 있기에, "저 아줌마 뭐하세요?" 하고 신명께 여쭈니 알려주신다.

〈**재는 지 며느리가 돈을 감춰서 그런다.** (그럼 어따 감췄어요?) **집에 들어가다 보면 울타리 나무때기가 꼽혀 있대 이렇게, 거기에 세 번째 나무 꼽힌데 밑에 거기 돈 숨겨 놨다.**〉

그래서 신의 말씀을 그 무당 아주머니에게 그대로 알려주니 고맙다고 인사한다. 이후에 찾아와서 해결해 주시어 고맙다고 사례를 받은 적도 있다. 이런 저런 일로 소문이 나면서 사람들이 자신들의 일을 해결해 달라고 부탁하는 일이 많아지게 되었다.

그 이후 아미타 부처님께서 오시고, 사무엘 천사도 오시고, 계룡산 도적골에 계시는 산신령을 위시하여 수많은 대신명들과 부처님들께서 성운율사에게 가르침을 베풀어 주시며, 천상과 지상 대신명들의 가르침이 계속 진행되었다.

그러는 가운데, 용왕님 기도 중에 생긴 일이었다. 용왕 기도를 하는 중에, 용왕님의 은총으로 37만 7천권의 책을 다 읽고, 수많은 경을 해석하게 되었으며, 어느 누구도 제대로 하지 못하던 영가 천도를 행하는 권능을 받게 되었다.

〈계룡산 도적골 깊은 산속 옹달샘 앞에 앉아 기도를 한다. 갑자기 우물 안으로 들어가, 한가운데 앉아 기도를 하고 있다.
우물 속 안 옆 돌 쌓인 곳에서 검정 뱀들이 혀를 낼름하면서 물려고 달려든다. 합장한 두 손으로 뱀의 머리를 때려 버린다. 그러면 뱀은 곧 죽어 버린다. 이곳저곳에서 계속 뱀들이 나온다. 한참 동안 많은 뱀들을 죽인다.
갑자기 큰 청룡이 나를 물어 죽이려 달려든다. 급히 피한다. 그러나 나는 청룡의 눈으로 빨려 들어간다. 배속으로 들어가니 그동안 죽은 수십만이나 되는 많은 스님들이 여의도 광장 같은 곳에 꽉 차서 앞으로 나갈 수가 없었다. 그러나 천지신명께서는, "네가 스스로 요령껏 알아서 앞으로 들어가거라." 하신다. 그래서 뱀을 죽이든 생각이 나서 맨 뒤에 앉아 있는 스님 뒤통수를 내리 때리니, 도미노 현상이 일어나면서 앞으로 넘어진다. 질겅질겅 밟고 맨 앞으로 나가니 용왕님이 계신다. 천지신명께서 "절을 다섯 번 하거라." 하신다. 절을 마치고, 앞에 서 계신 지장보살께도 인사를 하려 하였으나, 용왕님께서, "이 아이 그곳에 가게 하거라." 하신다.

지장보살께서 링이 두 개 달린 지팡이로 벽을 때리자, 벽에서 문이 열리면서 큰 길이 나타난다. 황색 초가 양 옆으로 켜져 있고, 육각형 보도블록이 깔려 있다. 자세히 보니 용의 비늘이다.

한참을 올라가니 큰 누각이 나타난다. "문을 열고 들어가라." 하신다. 두 손으로 문을 힘차게 열고 안으로 들어서니 아무것도 없다. "아무것도 없는데요?" 하니, 갑자기 옆벽이 넘어지며 수십만 권의 책이 쌓인다. "읽어 보거라." 하신다. 책을 열어 보니 알 수 없는 한문도 아닌 글자가 가득 쓰여 있다. "몰라서 못 읽겠어요." 그러자, 천지신명께서, "내가 도와주마." 하시면서 내 몸으로 들어오신다.

책 한 권 읽는 속도는 한 삼초쯤 걸린다. 아침 8시부터 시작된 책 읽기는 저녁 다섯 시가 넘어서 끝이 났다. 옆에서 기도하던 분들의 말에 따르면 내 몸이 붕하고 떠올랐다가 떨어지고, 붕하고 떠올랐다, 떨어지고를 되풀이했다고 한다. 손은 책 읽는 흉내를 계속했다고 한다. 이렇게 해서 37만7천 권의 책을 읽고 난후부터, 수많은 경을 해석할 수 있으며 진짜 천도하는 것도 청룡께서 책을 주시어 이루게 되었다.〉

성운율사는 영안으로 뚜렷한 영상 보듯이 기도 과정을 말씀해 주고 있다. 용왕님께서 열어주시는 기도 과정 속에서의 은총을 마음속으로 깊이 느껴보기 바란다.

천지의 대신명들께서 오고 가시며, 가르쳐 주시는 기도 생활이 계속되어가면서 4년이 지난 즈음에 유체이탈의 체험도 하게 된다.

〈한 4년쯤 꾸준히 기도하면 얻을 수 있는 일로써, 갑자기 몸에서 영혼이 쑥 나와 저 먼 우주를 향해 마하 100쯤 되는 속도로 빠져 들어간다. 그리고 빠른 속도로 우주를 빙글빙글 돌아가는데, 그 속도는 우주를 한 바퀴 도는 속도가 3초쯤 되는 것같이 나는 느낄 수 있었던 것 같다. 그리고 달마대사가 생각난다. 이러다 내 몸을 잃어버리지, 하는 생각에 천천히 돌아가라고 명한다. 천천히 그리고 아주 더 천천히, 지구 가까이를 명한다. 일본이 보이고, 중국이 보인다. 더 가까이 대한민국이 보인다. 우리 땅 중심을 찾는다. 계룡산이 보이고 촛불 앞에 앉아 있는 나를 본다. 몸으로 들어간다, 포근하다. 이렇게 우주여행을 마친다. 지구는 바다처럼 푸른색이고 아름답다는 걸 볼 수 있었으며, 그 후 4번 영혼 이탈을 하게 되었는데. 내 몸으로 잘 찾아들어 이렇게 잘 지내고 있다〉

마지막 단계에 천상천주님과 함께 하시는 천주대왕님, 사관원장님, 대천사님, 천계천사님께서 오셔서 다시 살펴보시고, 천상천황님, 억조창생만조대왕님께서 직접 오셔서 가르침을 주셨다.

그런 끝에 하늘님의 부름을 받아, 하늘님께서 일러 주신 그림 한 장을 들고, 처음 들어보는 지리산 천왕봉 앞 천마산으로 가게 된다. 그 곳에서 하늘님의 하명을 받기 위해 기다리는 중에, 하늘님께서 천상조회 광경을 보여 주시는데, 하늘님 앞에 수많은 천신과 지상신들이 도열해 있는 놀라운 광경을 목격하게 된다.

하늘님께서 은은하고 청량하며, 인자하신 음성으로 말씀을 내려 주시는데, 수많은 천신과 지신들이 벌벌 떨면서, 우왕좌왕하며 야단법석인 광경을 성운율사는 영안으로 직접 보게 된다.

〈하늘님께서 순수하게 조용히 인자한 할아버지처럼 은은하고 청량한 음성으로 말씀하십니다. 그러나 수많은 천신(天神)과 지신(地神)들은 벌벌 떨면서, 우왕좌왕 왜 이렇게 야단인가?〉

하늘님을 보좌하시는 수많은 천신과 지신들이 천상천주님 앞에서 벌벌 떠는 모습을 전해 준다. 또한 천주대왕, 사관원장, 대천사, 천계천사, 천주신명, 천주신장 등 수많은 천신들과 부처 중에서는 지장보살과 관음보살이 하늘님을 보좌하시며 함께 하시는 장엄한 모습을 전해준다.

하늘님께서 인자하며 은은하고 청량한 음성으로 말씀하신다, 그러면서 깨닫게 된다. 환한 광명 속에 내리시는 말씀을 어느 누구도 어길 수 없다는 것을! 천신도, 땅의 지신도, 모든 종교의 그 어떠한 신도!

하늘님 앞에 도열해 있는 수많은 천신과 지상신들이 하늘님의 한 말씀, 한 말씀을 그대로 따르며 받드는 모습을 보게 된다.

그리고 성운율사는 하늘님과 함께 하시는 분들을 전해준다.

〈하늘님이신 천상천주님께서는 천주대왕님, 사관원장님, 대천사님, 천계천사님과 항상 함께 하신다.〉

성운율사는 수많은 천주신명, 천주신장들이 하늘님을 보위하고 있으며, 불보살 중에는 인간 세상에 공이 많으신 지장보살, 관음보살만이 천상에서 하늘님의 천명을 받드는 모습을 보게 된다. 하늘님이신 천상천주님과 함께 하시는 천주대왕, 사관원장, 대천사, 천계천사는 신들의 가장 윗줄에 계시는 천상의 대신명들이심을 성운율사에게 밝혀 가르쳐 주신다.

하늘님의 천명을 받든 성운율사는, 인류 사회에 처음으로 천상의 조회와 함께 천상의 모습을 알려 주었고, 하늘님과 함께 하시는 가장 윗줄에 계시는 천상의 대신명들도 세상에 처음으로 전해 주었다.

2022년 6월 성운율사가 부산 백양산 운수사 대웅전의 아미타부처님께 기도드리는 중에, 아미타부처님께서 내려주시는 말씀이다.

〈너희는 무지개 빛을 받고 있구나. 처량하게 군다면 얼마나 애달프게 보이겠느냐! 항상 너희는 밝게 하고 지내거라. 천상에서 회오리바람이 불 때까지 2년 꾹 참아라. 부국의 나라를 세울 수 있다. 천상의 어르신들과 함께 한다. 천상에는 이미 세워 놨다.〉

아미타부처님은 성운율사에게 "무지개 빛을 받고 있구나."하고 말씀하신다. 아미타 부처님이 말씀하시는 무지개 빛은 천상의 징표로써, 잡성이 없고 깨끗한 사람만이 볼 수 있다고 알려주신다.

성운율사는 천신들 중 천상천주님을 위시하여, 천상천주님과 함께 하시는 가장 높은 반열에 계시는 분들을 "**열성조**"라고 전해 준다. 특히 열성조에 해당하는 천신들에 대해서, 부처들께서도 "**천상의 어르신들**"이라고 말씀하며 깊이 경외하고 있다는 것을 알 수 있다.

아미타부처님께서, "**천상의 어르신들과 함께 한다. 천상에는 이미 세워 놨다.**"고 하시며 천상에서 회오리바람이 불 때까지 꾹 참으며, 항상 밝게 지내라고 하신다.

성운율사의 천상조회 참관 사건은, 인류 문명사에 천상신명계 모습을 처음 드러내는, 진실로 어마어마한 사건임을 알아야 한다.

천상신명계와 천상의 신들 모습은 인류에게 전혀 알려지지 않는 천지기밀사항이지만, 이제 때가 가까워지면서, 하늘님께서도 광명으로 모습을 드러내시고, 하늘님과 함께 하시는 천상의 모습도 세상에 드러내 주시는 것이다. 이렇게 천마산에서 6개월간 하늘님께서 직접 가르침을 내려주셨다.

하늘님께서 천부경의 주인공에게 "성운율사" 명호를 내려주시고, 가장 먼저 천명을 내리시어, 이 세상 모든 이들에게 하늘님의 참된 존칭을 선포하도록 하셨다.

나는 하느님이 아니요, 하나님도 아니다.
하늘님이라 하라. 나는 천상천주이니라.

이제껏 사람들이 알아온 하느님, 하나님, 천주님이라는 명칭이 아니라, 그 참 존칭이 하늘님이요, 천상천주님이라는 사실을 선포하도록 하셨다. 우주 삼라만상을 주재하시며 모든 신과 인간의 으뜸 되시는 하늘님께서 직접 밝혀주시며, 인류 모두에게 선포하라고 하신 것이다.

온 우주의 으뜸이신 하늘이시며 신과 인간의 하늘이신 천상천주님께서, 우리 인류 모두에게 너희들이 이제껏 잘못 찾아왔다고 알려주시는 것이다.

"**내가 온 우주의 으뜸 되는 하늘**"이라는 선포이시며, "**하늘님**"이라 하라고 하신다. 너희들이 애타게 찾아왔던 나는 하느님도 아니고, 하나님도 아니니, 하늘님이라고 불러 기도하라고 알려주신 놀라운 말씀이다.

하늘님께서는 처음으로 인류에게 하늘님의 진정한 존칭도 바르게 밝혀 주신 것이다. 그냥 천주가 아니라, "**천상천주**"라고 명확하게 말씀을 내려 주신다.

인간 세상에서 얽히고설키어 비뚤어질 때로 비뚤어져버린 종교의 모든 허상이, 그리고 인류 문명의 모든 허상이, 이 말씀으로부터 허물어지기 시작한다. 인류 문명을 직접 주재하시는 하늘님의 역사가 다시 시작되는 것이다. 너무나도 중요한 일이었기에 천상천주님께서 대행자에게 가장 먼저 명심시키시며, 하늘님을 바르게 전하도록 하신 것이다.

역사 속에서 어려울 때마다 온 인류가 처절하게 찾으며 기도하여 왔던, 그 하늘님께서 직접 이렇게 밝혀 주시는 것이다.

하늘님이라 하라, 나는 천상천주이니라!

하늘님의 존칭을 바로 잡는 것은, 인간이 진정으로 하늘님께 드리는 보은의 시작이며, 인류와 우주의 역사를 바로 세우는 일이다. 인간 사회에서 참 하늘님의 존칭이 어그러지고 비뚤어지면서, 온 우주와 인류의 역사가 일그러지고 비뚤어져 버린 것이다.

그래서 하늘님께서 하늘님의 대행자인 성운율사를 불러 세우시고,

하늘님의 바른 존칭을 먼저 알려주시는 것이다. 이로써 하늘님의 역사가 인류 역사 속에 다시 시작됨을 알려주시는 것이다. 앞으로 시간이 진행되면서, 하늘님의 존칭과 더불어 역사 속에서 이루어진 모든 잘못들이 하나하나 바로 정리되어 나가게 된다.

그리고 하늘님께서 성운율사에게, 천부경을 내려 주시며 후천 세상을 열어나가는 천명을 받들게 하고, 세상에 하늘님의 참된 존칭을 선포하라 하신다. 천상천주님께서 그 천부경의 주인공에게 주시는 말씀이다. 그리고 우리 인류에게도 함께 주시는 축복의 말씀이시다.

낮이나 밤이나 나를 찾으라.
당연히 으뜸인 나를 찾아야지.

천상천주님께서 대행자를 통해서 모든 인류에게 선포하신다. 당연히 온 우주의 으뜸이신 하늘님, 천상천주님을 찾으라고 천명을 내리신다.

당연히 으뜸인 나를 찾아야지.

사람이라면, 삼라만상의 우주를 주재하시며 신과 인간의 으뜸 되시는 하늘님이신 천상천주님을 찾으라고 하신다. 그것도 낮이나 밤이나 항상 찾으라고 하신다. 말할 수 없이 큰 축복을 내려주시는 것이다.

(2) 대비겁을 막는 권능을 내리시다!

하늘님이신 천상천주님께서, 성운율사를 천마산으로 부르시어 가르침을 내려주신다. 6개월의 가르침 끝에, 모든 겁난을 막아내어 후천 세상을 열어나가는 하늘님의 권능을 내려 주시고, 원시인이 된 인류를 깨어나게 하는 구원의 천기(天機: 천지기밀)인 "**청음**"을 내려주신다.

〈"**지축이 서는 날, 지구상의 모든 인간은 동물처럼 된다.**" 고 전하신다. "먹고, 성관계" 외에는 할 줄 아는 것이 없이 "원시인"처럼 살아갈 때, "**청음을 들은 자는 지금의 지혜로 깨어나 새로운 삶을 개척 하며 살아간다.**"고 하늘에서 전하신다.〉

대겁난으로 모든 것이 무너져 폐허가 되고, 기억마저 다 사라져 원시인이 되어 버린 인류에게는, 과거의 어떠한 문명도 더 이상 존재하지 않는다. 말씀 그대로 동물처럼 먹고, 성관계 외에는 할 줄 아는 것이 없는 원시인이 되어 살아가는 것이다. 주변의 돌, 나무 등 자연물조차도 제대로 활용할 수 없는 석기 시대로 돌아가 버리게 된다.

하늘님께서는, 원시인이 된 이들을 깨어나게 하여 석기 시대를 벗어나 새로운 인류 문명인 후천 세상을 열어나가도록, 구원의 천기를 주시게 된다. 하늘님께서 지축 변화 충격으로 기억이 사라져 원시인이 되어버린 인류를 깨어나게 하는 하늘님 권능이자, 인류 구원의 천기인 "**청음**"을 성운율사에게 내려 주신다.

천마산에서 돌아온 후, 도적골에서 계속 기도하고 있었는데, 어느 날 도적골 산꼭대기에 있는 동굴로 올라오라는 참 하늘님이신 천상천주님 말씀을 받들게 되었다. 도적골 산꼭대기에 있는 동굴은 성운율사가 하늘님의 환한 성신을 처음으로 뵙게 된 그 동굴이었다.

눈이 오는 추운 겨울날 밤이었지만 가파른 산꼭대기 동굴로 올라가 기도드리는데, 하늘님께서 직접 "**청음**"을 내려 주셨다. 하늘님께서 직접 내리시는 가르침은 며칠 동안 계속되었다.

그 당시 추운 겨울밤 성운율사는 동굴에서 말씀을 받들고 아침에 내려올 때쯤이면, 머릿속이 하얗게 되면서 하늘님의 말씀이 전혀 생각나지 않았다고 한다. 이를 도적골 산왕대신께 여쭈니, "**천기누설이라 말을 못하게 하는 것이다. 그때가 되면 다시 열어준다.**"고 하신다. 지금으로부터 3년 전에, 하늘님께서 이제 말을 전해도 좋다는 말씀을 듣고, 비로소 이 같은 내용들을 세상에 전하게 되었다고 한다.

천부경의 내용도 처음에는 천기누설이라 전하지 못하게 하셨는데, 하늘님께서 "**이제 시간이 다 되어 가니, 세상에 전해도 좋다.**"는 말씀을 내려주심에 따라 세상에 공개하게 된 것이라고 한다. 저자는 그 공개된 내용을 토대로, 세상 사람들에게 책으로 정리하여 전하는 것이다.

一始無始一析三極無 일 시 무 시 일 석 삼 극 무

하늘님께서 삼극무(三極無)의 무(無)에 대해서, 이 무(無)는 처음의 무(無)와는 달리 세력을 말함이라 하시고, 청음을 말씀해 주신다.

* **세력을 말함이다.**
* **어느새 낯이 익으면, 인연을 끈으로 하여 서로 높은 곳에 직위를 주면 갖은 방편을 쓴다.**
* 하늘은 옆에도 뒤에도 두루 둘러보면서 말썽 없게, 그 누구의 성품과 도는 많이 닦았는지, **수양 정도 그곳을 보며 살피면서, 어른께 물어서 밝혀서 편애하지 않게 하여라. 그네들 속에 파묻혀 들지 않느니라.**
* 설령 부단히 끌려 다녀도, 도만 부리면 이 한 손에 많은 이가 굴복한다. 처음으로 만백성이 알게 될 것이다. 너만, 만천세 천세 하늘이다.

하늘님께서는, 인류 대비겁 상황에서 인류의 지도자가 사람들을 구원하고 무리를 만들어 이끌어 나가는 법을 말씀해 주신다. 후천 세상을 열기 위해 무리를 만들어 세력을 얻는 방법을 처음 말씀해 주시기에, 이 무(無)는 "세력을 말함이다."고 하신 것이다.

하늘님께서, 인간들은 어느새 낯이 익으면 인연을 끈으로 서로 당기고 밀며 높은 직위에 이르면 갖은 방편을 쓴다고 알려 주신다. 성운율사에게 그런 인간들의 행태에 대해 경계의 말씀을 주시며 그네들에게 파묻혀 들지 않도록 하라고 하신다. 이 말씀에서, "**하늘**"은 인류의 지도자이자 인간의 하늘이 된 성운율사를 말씀하시는 것이다.

성운율사는 옆에도 뒤에도 두루 둘러보면서 말씽 없게, 그들이 성품과 도는 많이 닦았는지, 수양 정도를 보고 살피면서, 하늘님을 위시하여 천지의 대신명들께 여쭈어보고 제대로 밝혀서 편애하지 않게 하라 하시며 경계의 말씀을 내려주신다.

하늘님께서는, 설령 그네들에게 부단히 끌려 다녀도, "**도만 부리면 이 한 손에 많은 이가 굴복한다. 처음으로 만백성이 알게 될 것이다.**"고 하신다. 바로 그 도, 그 궁극의 구원 천기인 "**청음**"에 대한 권능으로 후천 세계를 개창해 나가는 무리를 얻게 됨을 말씀해 주신 것이다.

후천 세계를 열어 나가기 위해서는, 대환난 속에 살아남았지만 지축이 바로 서면서 모든 기억을 잊어버려 원시인이 되어버린 인류를 먼저 깨어나게 하여야 한다.

대환난이 지나고 지축이 반듯하게 서면, 인류 문명이 모두 파괴되고, 살아남은 인간조차 모든 기억이 지워져서 인류 문명이 급격하게 쇠퇴하게 된다. 하늘님께서는, 현재 우리가 알고 있는 인류 문명 초창기인 석기 시대로 확 돌아가게 된다고 전해 주신다. 인류 문명이 처음부터 다시 시작하는 셈이다. 4차 산업 혁명을 말하는 서양의 일부 지식 그룹이 언급하고 있는 것과는 전혀 다른 차원의 의미를 갖는 거대한 지구 리셋(The Great Reset)이 이루어지는 것이다.

11번째 천부경 말씀은, 이렇게 석기 시대로 확 돌아가 버린 처참한 인류 문명에서 출발하여, 하늘님 말씀을 받들어 온갖 어려움을 견디어 가며 인간들을 먹여 살리면서, 새로운 후천 문명을 개창하는 지도자에게 천명으로 내려주신 가르침의 교서이자, 약속이시다. 그래서 하늘님의 제 1 사역자로 하늘님 말씀을 완수해 나가는 하늘님 대행자의 성품과 역할을 의미하는 소 우(牛)가 천부경의 바탕이 된다고 하신 것이다.

모든 인류가 원시인이 되어 다시 석기 시대로 되돌아간 와중에, 구원의 지도자를 비롯한 깨어있는 자들에 의해 새롭게 문명 이식이 이루어지면서, 후천 문명이 시작되어 새로운 삶을 개척해 나가게 된다. 당연히 새롭게 시작되는 후천 문명은 천상의 문명을 천지의 신명들로부터 배워 펼쳐 나가게 된다. 그 전후 과정에 대한 세세한 은총의 말씀을 담은 하늘님의 교서가 천부경인 것이다.

하늘님께서는 후천 세상을 열어 나갈 때, 흰 옷을 입으라고 하셨다. 기억을 잊지 않고 간직한 깨어있는 자들에 의해 원시인이 된 인류들이 새롭게 깨어나게 될 때, 막 깨어난 인류는 흰 옷을 입고 있는 그들을 무엇이라고 기록할까? 신인으로, 아니면 우주인으로 기록할까?

석기 시대로 돌아간 인류는 "**청음**"의 은총을 받아 지금의 지혜로 깨어나 새로운 삶을 개척해 나가겠지만, 인류 전체로는 시간이 걸리기 때문에 석기 시대가 역사에 길게 남을 수 있는 것이다.

그럼에도 불구하고, 새롭게 열리는 후천 세계에는 하늘님의 은총을 받고 있는 구원의 지도자에 의해, 석기 시대로 돌아간 인류 문명이 과거보다는 더 빨리 그리고 더 크게 지혜의 문을 열어, 문명을 고도화해 나가게 될 것이다. 이에 대해 하늘님께서 무한한 은총을 내려주신다.

> * 환난으로부터 맑은 세상을 찾게 하기위하여, 모든 사람을 다 갖추어 봄날에 눈 녹듯이 환난을 벗겨서 꽃다운 환한 세상을 온 누리에 빛나게 하니라. 그렇다 하늘은, 온 인류를 하늘의 자식으로, 만백성의 어버이로 진솔한 빛이 은은한 향기로운 곳에서 마음껏 피어나야 하느니. 세속을 벗겨 환함과 이로움을 같이 하여 혼란과 비경으로 행복을 찾아 홀연히 행함은 만조에 길이길이 빛날 것이다. 하얀 비둘기처럼.(삼극무(三極無)의 삼(三))

봄날에 눈 녹듯이 환난을 벗겨내고, 후천 세상의 꽃다운 환한 세상이 온 누리에 활짝 빛나게 해 주시며, 만조에 길이길이 빛나게 된다고, 하늘님께서 한없는 축복을 주시는 것이다. 모든 사람들은 편협과 분파를 넘어서서, 하늘님의 말할 수 없는 은총에 찬탄을 올리고 보은하며, 조화로운 삶을 살아가게 된다.

하늘님께서 말씀 중에, "**세속을 벗겨 환함과 이로움을 같이하여 혼란과 비경으로 행복을 찾아 홀연히 행함은 만조에 길이길이 빛날 것이다.**"고 하신다. 원시인이 된 인류를 깨워내고, 천상의 문명으로 밝은 세상의 나라를 세워 수많은 혼란을 평정하여 세상을 크게 이롭게 하며, 인간의 모든 슬픔을 벗겨내어 행복한 삶을 누릴 수 있도록 행하게 됨을 말씀해 주신다. 혐오지지 않지만 어둠이 가시지 않은 세속을 환한 광명의 하늘님 세상으로 만들어 가며, 모든 이들에게 진정한 행복의 삶을 열어주신다는 말씀이다.

하늘님께서 내려주신 이 말씀을 통해서, 10번째 천부경을 받으신 환인 천제께서 환한 빛의 나라인 환국을 건국하신 후 후세에 내려준, "일신강충(一神降衷), 성통광명(性通光明), 재세이화(在世理化), 홍익인간(弘益人間)"이라는 건국이념을 내세운 이유와 그 의미를 확연하게 깨치게 된다.

하늘님께서는 "세속을 벗겨 **환함과 이로움**을 같이 하여 혼란과 비경으로 행복을 찾아 홀연히 행"하라 하셨다. 10번째 천부경 주인공에게도 "**환함과 이로움**"을 같이하여 행하라고 천명을 주신 것임을 확연하게 알게 된다.

초대 안파견 환인께서는 환함과 이로움에 대한 천명을 나라 이름과 이념으로 쓰신 것이다. 하늘님의 은총으로 빛이 환한 나라인 환국을 세우시고, 하늘님의 천명을 건국이념으로 정하여 세상에 전한 것이다.

건국이념의 뜻은, 인간들이 새로운 세상을 열어주신 하늘님께 참마음으로 기도드리며 하늘님의 천명을 마음속에 새기고(일신강충: 一神降衷), 하늘님께서 내려주시는 광명의 은총으로 하늘님의 천명을 확연하게 깨달아(성통광명: 性通光明), 온 누리를 하늘님의 천명으로 바르게 세워나가며(재세이화: 在世理化), 온 누리의 인간들에게 이로움을 크게 주려 함(홍익인간: 弘益人間)이다.

11번째의 새로운 인류문명에서도, 하늘님께서 온 누리의 인간들에게 "**세속을 벗겨 환함과 이로움을 같이하여**" 혼란과 슬픔의 고통을 벗겨내고, 밝은 세상을 열어 행복을 찾아 나가게 해 주신다고 말씀하신다. 그러면서 천지의 신명과 모든 인간이 간절하게 찾던 "**어둠이 없고 밝은 세상인 꽃다운 환한 세상**"이 온 누리에 펼쳐지게 되는 것이다.

환함과 이로움의 세상을 열어주시는 하늘님 은총은 "**청음**"으로부터 시작된다. 지도자는 하늘님께서 내려주신 "**청음**"이 인류를 깨어나게 하는 방법이자 인류 구원의 시발점이라고 전해준다. 하늘님께서는, 인류에게 대비겁의 상황이 발생하고 지축이 반듯하게 선 이후부터 구원의 이치가 시작된다고 말씀하신다.

대환난의 상황에서는 살아남는 것이 가장 중요하다. 그러나 대환난 속에 살아남았지만, 지축이 반듯하게 서는 과정에서 모두 기억을 잊어버려 원시인이 되어버린 인류를 깨워 나가는 일에서부터 구원이 시작된다는 것이다. 하늘님의 아들이자, 대행자가 하늘님께서 내려주신 "**청음**"의 권능으로 인류를 살려내니, 원시인에서 깨어난 많은 백성들은 손뼉치고 환호하며, 만만세를 외치면서, 우리들의 하늘이라 하며, 황제 폐하로 받들게 된다고 말씀해 주신다.

그 "**청음**"은 오직 한 사람만 할 수 있다고 하늘님께서 말씀하신다.

> * **청음은 이 세상에 너 하나만 되니**, 우레 같고 천둥이 우르릉 쾅쾅 지축이 흔들며 오만 가지가 바로 이치가 시작되니, **청음에 많은 백성이 황제를 하늘이라 하니**, **너희를 황제 폐하라 할지니라**.(삼극무(三極無)의 무(無))

이것이 하늘님께서 내려주신 진정한 구원의 모습이다. 다르게 말하면, 하늘님의 말씀은 말할 것도 없이 신명계의 말씀을 듣지 못하고, "**청음**"이라는 인류 구원의 하늘님 권능을 받지 않은 사람은 구원의 지도자가 아니라는 것이다. 원시인이 된 인간을 무엇으로도 구원을 할 수 없으니 말이다.

각 종교단체에서 저마다의 구원 방식을 말하고는 있으나, 신의 세계에서 보면 실체도 없는 허망한 가짜인 헛말들이며, 미몽에 지나지 않는다. 앞으로 시간이 지나면서, 사람들은 급변하는 세상의 참 모습을 더 확연하게 알게 되고, 자신들이 믿어왔던 종교가 진짜가 아님을 알고 떠나게 될 것이며, 참된 가르침을 찾아 나서게 된다고 신들은 말씀해 주신다.

지축이 반듯하게 서기 전에, 비뚤어진 신의 세계가 제자리를 잡게 되고, 종교판에 자리 잡고 있었던 잡신들이 모두 흩어져 버린다고 하늘에서 말씀을 주신다. 신과 인간 사이의 바른 소통을 막고 있었던 잡신들이 사라지면서, 사람들도 자연스럽게 정신이 맑아지게 되며, 참된 사회와 바른 믿음의 길을 찾아 나서게 된다는 것이다.

하늘님 말씀과 같이 신이 떠난 기존의 종교판은 속이 없고 빈껍데기만 남은 납작이 되어 버리게 된다. 그럼에도 그 자리에 매여 내면에 주제도 없이 이리저리 부대끼는 납작이 되어 붙어 있는 사람들도 있을 것이다.

하늘님이신 천상천주님께서, "**청음**"은 하늘이며, 삼신이라고 하신다.

새 인류의 지도자인 성운율사는 하늘님으로부터 받으신 "**청음**"으로 온 인류를 원시인에서 깨어나게 해서, 새 하늘의 새 인류로 거듭 태어나도록 하는 사명을 맡고 있다. 이렇게 원시인의 인류를 새 하늘의 새 인류로 태어나게 하기에, 하늘님께서는 지도자를 삼신이라고 축복하신 것이다. 그리고 깨어난 모든 인류는 자신들의 하늘이라 칭하며 받들게 된다는 것이다.

* **청음이 하늘이다. 천신, 천신, 너는 삼신이다.** 고요한 발길 담기면서 쑥쑥 길을 잘도 간다. 청청 걷고 싶어 누구와 같이, 어이 어이 밟고 가보세, 청음 신사 참배하면서 곱게 곱게 나간다.(삼극무(三極無)의 무(無))

대비겁이 오기 전에는, 지도자가 직접 "**하늘 아이들**"의 머리를 만져 천신의 보호를 받게 하고, 천지 기운을 간직하게 한다. 이로써 지축이 반듯하게 설 때의 충격을 극복하고, 기억을 그대로 간직한 "**하늘 아이들**"은 지도자와 함께 인류를 구원하고, 후천 문명을 열어 나가게 된다.

그러나 죽고 사는 문제가 긴박한 대겁난 때에는 일일이 개개인의 머리를 만지며 깨어나게 하기는 어렵다. 그래서 충격을 받아 모든 기억을 잊어버려 동물과 다름없는 원시인이 되어버린 사람들을 깨우는 방법을 하늘님께서 알려주신다.

그물로 잡아 한군데에 가두어 모아놓고,
하늘의 음성인 청음으로 깨어나게 하라.

일단 말이 통하지 않으니, 그물로 잡아서 한 군데 가두어 모아서, 하늘님의 음성인 "**청음**"으로 깨어나게 하라고 말씀을 주신다.

그렇게 깨어난 무리들을 이끌고, 그 옛날 환국을 열어갔듯이, 한민족으로부터 시작되는 새로운 빛의 세상을 열어 나가며, 세상의 인간들을 널리 이롭게 하는 후천 세상의 걸음을 시작하는 것이다. 하늘님의 말씀을 통해서, 10번째 천부경을 하늘님으로부터 받으신 안파견 환인께서 광명의 제국인 환하게 밝은 나라 "환국"을 개국하시고, 일신강충, 성통광명, 재세이화, 홍익인간이라는 이념을 세워, 온 누리의 인간들에게 크게 이롭게 하려 하였던 모습을 확연하게 알게 된다.

이것이 구원의 대행자인 지도자에게 내려주신 하늘님의 천명이며, 11번째 천부경의 실체이고, 비밀인 것이다. 구원의 지도자인 성운율사는 하늘님 말씀을 받들어, 깨어난 사람들을 이끌고 후천의 인류 문명을 개척하게 된다. 앞에서 이미 언급하였지만, 참 하늘님이신 천상천주님께서는 성운율사를 신인류 문명의 개창자로 내세우시며, 천상천주님의 아들이라고 모든 신명들에게 천명을 내리시고, 우리 인류에게 선포하신다.

너희는 하늘 밑에서 어버이와 아들처럼
묶어진 몸이다.(중략)
천상천주님의 아들이라 곧고 바르게만 가거라.
내가 하늘로써 명하노라.

하늘님이신 천상천주님께서는, 성운율사를 "**하늘님의 아들**"로 천명하시고, 구원의 대행자로써 권능을 내려주신다.

하늘님께서 "**아들아, 믿거라.**"고 하시고, 인류 대비겁을 종식시키는 권능을 아들에게 붙여주시며, 약속하신 것이다. 팔난을 막는 소우(牛)의 사명이 있기 때문이다. 하늘님께서 은총과 약속의 주문을 내려주셨는데, 그것을 세상에 밝히기에는 매우 엄중한 천기사항이라, 성운율사는 "**팔난을 막게 해주세요.**"라는 기도문만 천부경에 알리고 있다. 하늘님께서 엄격하게 금지시킨 천기사항은 아직 세상에 알릴 수 없음이다.

* **먼 훗날 나는 아들에게 말하노라. 삼문에 이르러 팔을 걷고, "팔난을 막게 해주세요."라고 만 번 해라. 끝남과 동시에 막아 주리라. 아들아 믿거라.**(삼극무(三極無)의 삼(三))

어쨌든 만 번의 기도문을 송주하며 천지에 기도드리는 것은, 하늘님의 권능을 대신하여 천지에 선포하는 것이며, 이로써 인류에게 닥쳐온 모든 대비겁의 상황을 완전히 끝내게 된다. 이어서 성운율사는 꽃다운 환한 세상을 열어나가는 사명을 수행하여, "**환함과 이로움**"을 바탕으로 후천 세상의 새로운 인류 문명을 열어나가게 된다. 이 과정에서 천상의 문명을 받아내려 후천 인류 문명에 이식하게 되는 것이다.

모든 인류 문명의 시작이 바로 하늘님으로부터 비롯되었던 것임을 깨닫게 된다. 이전 문명에서도 그랬듯이, 후천 문명의 시작점에, 그리고 천상문명의 시작점에 계시는 분이 하늘님이시다.

하늘님의 전지전능하신 원력으로 천상의 문명이 이루어지고 하늘님의 천명을 받든 천상과 지상의 신들이, 정성과 노력을 경주하는 인간들에게 지각을 열어줌으로써 인류의 문명이 다시 크게 열려나가며, 후천 문명은 작금의 인류 문명보다 훨씬 앞서 나가게 된다.

하늘님께서 내려주신 천부경이 현생의 인류에게는 처음이겠지만, 지구가 생긴 이래 11번째에 해당하는 신인류 문명의 시작점이다. 그리고 하늘님께서 후천의 새로운 문명을 열도록 천명을 내려주신 대행자를 "**하늘님의 아들**"로 세상에 알려주시고, 후천 세상의 개창 과정을 세세히 알려주신 11번째 후천 세상 창조경을 내려주신 것이다.

(3) 하늘님께서 천부경의 "그 사람"을 말씀하시다!

하늘님이신 천상천주님께서, 하늘이 알고 있는 "그 사람"에게 "**하늘 밑에서 어버이와 아들처럼 묶어진 몸이다.** (중략) **천상천주님의 아들이라 곧고 바르게만 가거라.**"고 하신다. 하늘님이신 천상천주님께서 성운율사는 어버이와 아들로 묶어져 있다 하시고, 하늘님이신 천상천주님의 아들로 선포하셨다.

하늘님께서 알고 계신 "**그 사람**"이자 "**하늘님의 아들**"로 밝혀주신 성운율사를, 천부경에서는 어떻게 말씀해 주시는지 더 자세히 알아볼 필요가 있다. 이는 하늘님의 대행자인 성운율사가 기도를 시작하여 처음 1년 동안은 신명들로부터 '행자'라 불리다가, 2년이 지나서는 처사, 3년 수행 끝에 조사가 되었으며, 그 후 1년마다 도사, 목사, 감사, 문사, 국사가 되고, 9년 수행 끝에 왕사로 불리게 된다. 18년 수행하여 '청운선사' 명호를 받았으며, 이후 산신령께서는 신선이라 부르시고, 용왕께서는 신룡이라고 부르시는 등, 기도 정진에 따라 도격도 달라지고, 신들께서 부르시는 명호도 변화해 왔다. 기도 정진에 따라 비약됨이 없이 갖출 것은 다 갖추어 가며 명호를 내려 받고 있음을 알아야 한다.

특히 새로운 인류문명을 개창해 나가는 과정에서, 하늘님께서는 변화하는 위격에 따라 성운율사의 명칭을 달리 말씀해 주고 계시다. 그렇기 때문에, 변화되는 명호와 명칭을 제대로 알아야, 하늘님께서 열어주시는 후천 세상의 모습도 바르게 알 수 있다.

하늘님이신 천상천주님께서 여든 한(81)자의 첫 글자 일(一)에 대한 말씀을 내려 주시는데, "**그 사람을 하늘이 알고 있다.**"고 하시며, 가장 처음으로 밝혀주신 말씀이 바로 "**그 사람**"이다.

"**하늘이 그 사람을 알고 있다.**"는 말씀이 아니라, "**그 사람을 하늘이 알고 있다.**"는 말씀이다.

하늘님께서 이렇게 천부경 여든 한(81)자의 가장 첫머리에, "**그 사람**"을 먼저 말씀하시는 것은, 여든 한(81)자의 머리이자, 바탕이며, 핵심이 되는 새 하늘 새 땅의 첫 사람이라는 말씀인 것이다.

천부경의 처음 글자인 일(一)에서 가장 먼저 언급하신 "**그 사람**"이 얼마나 중요한지를 거듭 전하였다. 이렇게 중요하게 말씀하시는 "**그 사람**"에 대해 하늘님께서 온 인류가 제대로 알아보도록, 여러 모습으로 밝혀주신다. 하늘님께서 천부경의 "**그 사람**"에 대해 밝혀주시는 여러 가지 명칭을 깨쳐나가면, 천부경은 물론 후천 세상의 일을 더 확연하게 이해할 수 있게 된다.

1) 1인, 율사, 성운율사, 청운선사, 아들

첫 번째 일(一)에 대한 결론의 말씀은, "**함구하고 1인이 진행하라.**"는 말씀이다. 이미 이 말씀에 대해서는 앞에서 설명한 바 있지만, "1인"에 대해 부연 설명하고자 한다.

이 "1인"은 "**하늘님의 말씀을 인류 최초로 받드는 그 사람**"이라는 의미를 지니고 있다. 그리고 하늘의 명을 일사분란하게 이루어 내어, 새로운 세상을 만들어 나가야 하는 엄정한 개척의 사명을 띠고 있는 선봉의 1인이라는 더 중요한 의미가 있다. "**너에게 우주를 통째로 맡긴다.**"는 말씀처럼 하늘님의 절대권을 부여받아, 대비겁의 상황을 타개해 나가는 선두에 서 있는 1인을 지칭하는 것이다. 오로지 하늘님의 천명을 받들어 선두에 서서 나가는 1인이기에, 하늘님께서는 "**무극**"이라고 알려주신다. 이에 대해서는 6장에서 자세히 설명할 것이다.

후천 문명을 앞장서서 열어 나가는 개척의 사명을 이루는 "1인"이기에, 하늘님께서 무극이라고 칭하시며, 세세하게 그 절대권을 쓰게 하신 것이다. 하늘 일을 빈틈없이 잘 해나가야 하기에, "**앞에서 걸리적거리는 것은 쳐 나가라.**"고 하시며, "**무정하다 소리를 들어도 꼭꼭 챙기며 가거라.**"고 하신다.

너희는 크고 높은 것만 항상 보고 가라.
무정하다 소리 들어도 꼭꼭 챙기며 가거라.
그래야 빈틈없이 잘 해나갈 수 있다.
앞에서 걸리적거리는 것은 쳐나가라.
무수한 일을 할 때는 그렇게 하는 방법 밖에 없다.

다음은 일시(一始)의 시(始)에 대한 전체 말씀이다. 인류 대비겁이 시작되는 가운데 후천 문명의 개척 사명을 시작하는 "그 사람"에게 하늘님께서 당부하시는 말씀이시다.

* **무엇 하나 같은 것은 없으니 파헤쳐 나가라**.
* **색경은 나태하게 한다**.
* 마른 풀은 푸른 풀이 되지 않는다.
* 빛깔은 색의 변화를 얘기한다. 확고한 신념이다.
* 미물은 파경을 맞는다.
* 화는 많은 이를 괴롭힌다.
* **가엾은 것은 반역의 무리다**. 속이 얇으면 피가 튄다. 바로 가라. **역사는 하늘에서 겸양해 준다**. 바깥보다 안을 견고히 하라.
* 못한다 하지 말고 행하라. 어부지리가 얻는 게 있다.

* **하늘은 함구하고 있는 듯하나, 하늘이 알고 있다. 비껴가지 못한다. 비약하면 아니 되니, 갖출 것은 갖추어야 견고하다.**

시(始)의 첫 말씀에서 하늘님께서는, "**무엇 하나 같은 것은 없으니 파헤쳐 나가라**."고 하신다. 인류를 비롯한 만물이 겁난과 비경을 맞이한 상황으로 세상이 뒤집어져 있으니, 이전에 알고 있던 모든 것이 같은 것 하나 없기에, 하나하나 새로 파헤쳐 나갈 수밖에 없게 된다는 말씀을 해 주시는 것이다. 그래서 무엇 하나 같은 것은 없으니 파헤쳐 나가며, 밤낮으로 애쓰며 벗어나라는 말씀을 내려 주신다. 그렇게 해 나가면 어떠한 장애가 있어도 하늘에서 지켜줄 것이니 어찌 성공하지 못하겠느냐고 하신다.

* 겁난, 이로부터 편안하게 지낼 수 있느니라. 환난과 겁난, 핍박과 혼동, 악귀로부터 성공치 못할까? 두려워 말라, 하늘은 항상 둘을 잘 지키고 있으니, 비탈길을 가도 몸을 들어 반듯하게 가게 하려니 몸 져 행하라.(삼극무(三極無)중 삼(三))

"**못한다 하지 말고 행하라. 어부지리가 얻는 게 있다.**"고 하신다. 1인에게 내려주신 소 우(牛)의 뜻을 새겨 반드시 해 낸다는 개척의 사명으로, 사람들을 먹여 살리며 두지를 밑에서부터 끝까지 채우고 새 세상을 일구어 나가면, 하늘의 뜻을 얻을 수 있다는 말씀을 내려 주신다.

"**색경은 나태하게 한다.**"는 말씀에서 색경은 거울을 말함이니, 색경에 미련을 두고 헤어나지 못하면 사람은 나태하게 된다는 말씀이다. "**마른 풀은 푸른 풀이 되지 않는다.**"는 말씀과 함께 나태하거나, 변질되어 쓸 수 없는 인간들은 뒤돌아보지 말고 확고한 신념으로 앞으로 나가라는 말씀이다. 그러는 가운데, 대환난으로 미물은 파경을 맞으며, 사람들조차 비겁의 상황에 빠지게 된다.

그럼에도 불구하고, 천명을 받들어 나가는 초기에는 선천 세상의 못난 기운을 뿌리치지 못한 반역의 무리들이 바깥이 아니라 안에서 나타남을 경계하여 말씀을 주신다.

* **가엾은 것은 반역의 무리다.** 속이 얇으면 피가 튄다. 바로 가라. **역사는 하늘에서 겸양해 준다.** 바깥보다 안을 견고히 하라.

반역의 무리들은 가엾다고 하신다. 그런 상황에서는 속이 얇으면 피가 튀니, 안을 견고히 하라고 경계하신다. 이어진 무시(無始)의 무(無)와 시(始)에 대한 말씀에서도, 반역에 대해 말씀해 주신다. 서로 연결되어 있는 말씀이므로 같이 살펴보면 더욱 잘 이해할 수 있을 것이다. "**바로 가라. 역사는 하늘에서 겸양해 준다.**"는 말씀에서, 반역하는 무리들이 생기면 과감하게 정리하면서, 굳건하게 후천 세상을 열어 나가는 일을 완수해 나가라고 하신다. 하늘님께서 다 알고 있으니, 하늘님의 천명을 받들어 후천 세상을 흔들림 없이 이루어나가면, 새 나라를 열어 나가는 모든 과정에서 이반 등으로 인한 문제가 나타나지 않도록 하늘님께서 가호해 주시며, 후세의 모두가 그 뜻을 받들게 된다는 말씀이다.

하늘님께서는 후천 세상 경영을 시작하는 1인에게, 안을 견고히 하되 "**비약하는 것이 없이, 갖출 것은 빠트리지 않고 갖추어야**", 어려움 없이 후천세상을 열어나가게 된다고 강조해 주신다. 말하자면, 후천 인류 문명을 열어 나가는 위대한 발걸음에 약간의 훼방과 반역이 있으나, 하늘님의 천명을 받들어 후천세상 개창에 내실을 기하여 안을 견고히 하며, 빠트리지 않고 하나하나 갖추어 헤치고 나가면, 하늘의 가호를 받아 문제없이 후천 세상 개창의 역사를 이루어간다고 하시는 것이다.

이 말씀에서는, "**바깥보다 안을 견고히 하라.**"고 하셨는데, 이어진 무(無)에서는 더 구체적으로 말씀해 주신다. "**한가운데서 역모가 일어나니, 중앙을 잘 지키라.**"고 경계의 말씀을 해 주시며, 안쪽에서 나타나는 반역의 무리를 발본색원하는 방법을 알려주신다.

하늘님께서는 무시(無始)의 무(無)에서, 인류에게 벌어지는 대겁난과 비경(悲境)의 상황을 말씀해 주시고 계시다. 현 인류 문명이 모두 무너지는 모습을 말씀해 주신다. 강조해서 말하자면, 무시(無始)의 무(無)는 기존의 뭇사람들이 말하는 무극(無極)을 의미하는 것이 아니다. 우주의 본체나 하늘님을 말하는 것은 더욱 아니다.

"모든 문명이 무너져 내리는 인류 사회 대비겁의 상황"으로, 말 그대로 모든 것이 무너져 내려 무(無)가 되어 버린 상황을 하늘님께서 말씀해 주시는 것임을 명심하여야 한다.

* **고난이 난무하니 갈 곳이 어디인가, 한발 앞을 예측하지 못한다. 함부로 가지 마라.** 곽 속에 갇히면 암흑인 걸, 천장의 대들보를 보고 가라, 색경을 잡아라. 그래야 환한 곳을 볼 수 있다. 그러나 남문을 피해라. 곽 속은 불빛이 없어 파란을 맞는다. 좌측 위로 올라 나가라. 행운이 있다. (중략)

* **미동에 귀를 기울여라, 환난을 피할 수가 있다. 항상 견제하라.**

고난이 난무하여 갈 곳이 없고, 한 발 앞을 예측하지 못할 정도의 대겁난이 일어나는 것을 말씀하시며, 어려움에 처해도 살아갈 방법을 내려 주신다. 환난을 피하기 위해 미동에 귀를 기울이라고 경계하여 주신다. 환난을 피해 살아남는 것이 가장 중요하다. 땅에 파묻히면 마치 곽 속에 있는 것과 진배없다. 하늘님께서 그 말씀을 해 주시며, 살아나갈 길을 일러 주시는 것이다.

하늘님께서는 무시(無始)의 시(始)에서, 대환난 상황에서의 어수선한 한가운데 "**봉이, 삼마, 마귀, 천지연, 잡귀, 몽당 귀신 잡념**"들이 인간들에게 붙어서 반역을 도모하는 일이 벌어짐을 말씀을 해 주신다. 한가운데서 역모가 일어나니, 중앙을 잘 지키라고 경계해 주시며, 이때 흙탕물인 백가를 떠서 반역의 무리들에게 뿌리거나 먹물을 뿌려, 백가나 먹물의 흔적이 사라지기 전에 반역의 무리들을 발본색원하라 하신다.

"**명은 하늘이 주는 것, 확고한 신념을 가지고 살며 혁신하라.**"는 하늘님의 말씀을 받들어, 역사를 새롭게 혁신하며 나가야 배반의 무리들을 압살하고 새 세상을 열어 나가게 된다고 하신 것이다. 하늘님께서 성운율사에게 반역의 무리들을 용서 없이 깨끗하게 정리하고 나면, 배반의 일을 각성하여 편애하지 말고 나가라 하시며 말씀을 내려주신다.

* 남편과 너희 둘만 믿어라, 딴에는 한다 하나 안 본 만 못하다. 관을 엄습하려 하는구나. 괜찮다, 진흙이 아무리 애써도 관은 너희 것이다. 율사, 잘 봐라 해코지하는 자는 먹물을 칠해라, 피물로 물들여라. 각성하여 편애하지 마라, 가엾은 것들. (중략)
* **혁명은 하늘이 맡긴 것, 갖은 고난 벗어던져라. 해탈해야 하느니.**

인류 문명이 무너져 내리는 대환난의 시기에서도, 마귀 등의 잡념에 사로잡힌 무리들이 소외되었다고 생각하며, 하늘이 맡긴 관(직)을 엄습하려 하며 반역을 일으키는 일이 일어남을 경계해 주시는 것이다. "**율사**"라고 호칭하시며, 수명과 관(직)은 하늘이 주는 것이고, 혁명은 하늘이 맡긴 것이니, 확고한 신념을 가지고 혁신하며 갖은 고난을 벗어던져 나가라고 하신다.

혁명은 선천 세상의 모든 찌꺼기를 치우고, 어둠이 없고 밝은 세상인 후천 세상을 열어나가는 혁명을 말하는 것이다. 그 혁명을 하늘에서 맡긴 것이라고 천명을 내리신다.

하늘님께서는 겁난의 시간대에서 후천 문명을 일으킬 그 사람, 1인이 율사임을 말씀해 주신다. 그리고 "두려워 말라, 하늘은 항상 둘을 잘 지킨다. 설혹, 비탈길을 가더라도 하늘님의 권능으로 몸을 들어 반듯하게 가게 한다."고 하시면서 천명을 받들어 몸 져 행하면 얻을 것이라 하신다.

* **두려워 말라**, **하늘은 항상 둘을 잘 지키고 있으니**, 비탈길을 가도 몸을 들어 반듯하게 가게 하려니 몸 져 행하라.
* 혹자는, **하늘이 우리를 안 본다 하여 한숨지으며**, **한탄해 하지만**, **하늘은 모든 일을 환하게 알고 있으니**, 핍박 받지 말며 한숨 쉬지 마라. 행하면 얻을 것이다.(삼극무(三極無)의 삼(三))

盡本天一 一地一二人　　진 본 천 일 일 지 일 이 인

하늘님이신 천상천주님께서, 진본(盡本)의 본(本)에 대해 말씀해 주시는데, 후천 세상을 열어 나가는 마음과 행동의 근본에 대해 말씀해 주신다. 성운율사가 후천 세상을 열기 위해 말할 수 없는 어려움을 겪고 나가지만, 하늘님께서도 그냥 보고만 계시는 것이 아니라는 것을 명심하라고 하신다.

그러시면서 천상세계 및 신명계와 소통하는 "율사"에게, "어디서 무엇을 하는지 보아라. **나도 너희들 못지않게 어지러운 세상, 안팎으로 험난한 세상을 두루 밝혀가려면 혼이 나갈 지경이다.**"고 하신다.

* 혹자는 나쁜 일만 시킨다 하지만 어디서 나는 무엇을 하는지 보아라. **나도 너희들 못지않게 어지러운 세상, 안팎으로 험난한 세상 두루 밝혀가려면 혼이 나갈 지경이다. 율사는 (내가) 하는 일 보았으니 알겠구나.**
* 무릎 소망이 있어 하고자 했으면 미륵 한번 비춰보고 소리 한번 질러보고 어찌하면 좋을까. 불편하지 않게 편안하게 해줄 것이니, 입으로 마음으로 표현해야 웃음 꽃, 밝은 꽃 피어나도록 쓱싹, 남의 이목 보지 말고 내 입으로 내 몸으로 밝히거라.
* **인연이 아닌 것은 찾으려 하지 마라. 색경에 비친 것만으로도 족하니라. 처음 이 마음 변치 말고 오로지 하늘에 몸과 마음을 맡기고 오늘 알고 내일을 알면 되느니라.**
* 짐이 하늘에 모든 걸 탓하랴, 하지 않았으니. **밑에 있을 때 성운율사 말 듣고 떠서 올라오면 천상의 문을 잡을 수 있느니라.**

하늘님께서 다음 말씀으로, "무릎 소망이 있어 하고자 했으면, 미륵 한번 비춰보고 소리 한번 질러보고 어찌하면 좋을까." 하신다. 무릎 소망이란 "**너희들이 진행해 오던 것을 이루려는 소망**"이라고 알려 주신다. "새 것보다는 진행해 오던 것을 계속 연관시켜 일을 하라."고 하시며, "남의 이목 보지 말고 내 입으로 내 몸으로 밝혀", 웃음 꽃, 밝은 꽃이 피어나도록 하라 하신다.

그러기에, "인연이 아닌 것은 찾으려 하지마라." 하시고, "**처음 이 마음 변치 말고 오로지 하늘에 몸과 마음을 맡기고 오늘 알고 내일을 알면 되느니라.**"고 하시며, 초심을 변치 말고, 몸과 마음을 오로지 하늘에 맡기고 나아가라고 하신다. 그리고 세상 사람들에게, 대행자가 아무리 고되고 힘들어도 근본에 계시는 하늘님을 믿으며 하늘님 탓을 하지 않고 항상 함께 하니, "**성운율사의 말을 듣고 따르면 천상의 문을 잡을 수 있다.**"고 하시고, 하늘님의 권능을 붙여 주신다.

지일이(地一二)의 이(二) 말씀에서, 하늘님께서는 후천 문명을 세워 나가야 하는데, "**성운율사가 큰 임금으로, 네가 일으켜 세워야 하며, 시간이 걸려도 다 같이 가도록 하고, 신욕이 고되고, 몸이 많이 힘들어도, 신념으로 밟고 일어서라.**"고 하신다.

그 끝에, 조선이 시작은 미미해도, 끝내는 성운의 힘으로 엄청 큰 하늘의 땅이 되고, 크게 넓혀서 우주 한 가운데 모든 이목을 받으며, 천천세 우주라고 말할 수 없는 큰 은총을 내려 주신다.

* (생략) 아무튼 **네가 일으켜 세워야 하는데**, **시간이 걸려도 다 같이 가야 하니**, **신욕이 고되어도 몸이 많이 곤해도**, **신념으로 밟고 일어서야 하느니**.
그렇다, **큰 임금이다**, **다해야지**, **성운율사는 다할 수 있느니라**.

* 남녘이다. 신들이 가면 모두 가라. 이렇게 멀리 저 멀리 지켜보면서 넓게 많은 것을 다 보고 있으니, **시작은 미미해도**, **끝내는 조선이 성운의 힘으로 엄청 큰 하늘의 땅이 되려니**, **그렇게 넓혀서 우주 한 가운데 모든 이목을 받고서**, **천천세 우주네**. 모두 나고 서네.

지일이(地一二)의 지(地) 말씀에서는 하늘님께서 특별한 명호를 말씀해 주신다. 하늘님께서 천마산으로 부르시어 "**성운율사**"의 명호를 내려 주시고, 그 명호를 천부경에서도 불러주시는데, 여기서는 "**청운선사**"라고 하신다.

* 청운선사, 남들은 없다 하지만, 임금은 어디에 있다고 하겠느냐? 사실은 임금은 올라가지 못하게 하고 있으니 누구 앞에도 없는 임금일세. 난 믿지만 어리석은 후무안들은 헛소리라 하느니. 감이 오지 않아 문무맹[글을 읽지 못하는 사람]이니 그러니 삭히고 또 삭히면 되느니라.

청운선사는 성운율사가 하늘님이신 천상천주님을 천마산에서 친견하기 전에, 천상천황님께서 계룡산 도적골에 오셔서 가르침을 내려주실 때 받은 명호가, "청운선사"였다. 성운율사가 수행하던 당시의 상황을 전하는 말을 다시 언급한다.

〈마지막으로 천상천주님, 천주대왕, 사관원장, 대천사, 천계천사, 천상천황님, 억조창생만조대왕님께서 오셔서 가르침을 내려주셨다.
15년 7개월 17일 동안 저녁 8시 40분부터 명일 새벽 4시 20분까지 천지신명님 두 분께서는 하루도 빠짐없이 많은 공부를 가르쳐 주셨으며, "**인간으로써는 처음으로 도통 군자를 만들었느니라. 석가모니도 예수도 그들은 득도는 했을지언정 도통은 하지 못했느니라.**"고 하신다.
이렇게 도통을 하고 청운선사라는 호칭을 천상천황님으로부터 받고, 지리산 천왕봉 앞 천마산에서 기도 중 천상천주님 [하늘님]께서 오셔서 "성운율사" 라는 호칭을 내려주셨다.〉

하늘님께서는, 천상천황님께서 내려주신 명호인 "청운선사"로 불러 주시면서, 천상천황님의 가르침을 인정하시고, 말씀을 내려 주신 것이다.(천상천주님과 천상천황님의 관계에 대해서는 4장에서 자세히 언급함.)

이 말씀 속에는, 인류 구원이 이루어지고 있는 이전에는 말할 것도 없거니와, 구원 과정에서도, 세상에 완전히 실체가 드러나지 않고 평범해 보이는 성운율사를 제대로 알지 못하여, 무례한 소리를 하거나 믿지 못하는 무리들이 있음을 말씀해 주신다. 아직은 아니지만, 곧 후천 세상의 임금이 될 사람인데, 그것을 믿지 못하고 헛소리라고 하는 무뢰한들이 있다고 말씀해 주시는 것이다. 앞으로 다가오는 일에 대한 생각도, 지혜도 없는 문무맹이니 "**삭히고, 또 삭히면 되느니라.**"고 말씀을 내려 주신다.

그리고 삼극무(三極無)의 삼(三)에서, 하늘님께서는 성운율사를 천황, 아들로 천명하시고, 구원의 대행자로써 권능을 내려주신다. 특히 하늘님께서는 삼(三)에 대해, "함부로 이야기 할 수 없으며, 잠정적으로 이어져 가는 것이니, 착석한 후 옳게 가름해야 되느니."라고 하시며, 이어지는 말씀에서 하나하나 자세하게 알려주시고, 말씀 끝에 황상, 천황, 아들을 말씀해 주신다.

하늘님께서, "사물의 끝은 보지도 않고 퍽도 알려고도 않고, 생각하려 하지도 않고, 비껴 나가려 하니, 그 어찌 반듯한 걸 안다 할쏘냐."고 말씀하시고, "함부로 말하지 말 것이며, 함구하고 지켜보며, 지략을 펴"서 그것에 맞게 행하고 편애하지 않도록 하셨다. 그리고 "잦은 것은 화를 부르니, 참고 또 참으며 겸허히", 온 나라가 편안해지는 밤 시각에 엎드려 기도하며, 하늘님의 천명을 새겨 이루어 나가라고 하신다.

천황과 황상은, "**이치에 그르치지 않게 협조 당부하며 서로의 의견이 차질 없게 편안한 마음으로 서로 함께 같이**" 후손을 일으켜 세워나가라고 하신 것이다. 모든 복은 하늘에 있으니, 하늘님께 지극정성으로 항상 경배하라고 하셨다.

* 삼을 획으로 그어도 처음과 끝이 다르듯이 함부로 이야기할 수 없으며 잠정적으로 이어져 가는 것이니 착석한 후 옮게 가름해야 되느니.
* **잦은 것은 화를 부르니, 참고 또 참으며 겸허히 파란으로부터 탈피해야 되겠느니라**. 밤은 이슬과 같이 오는 것이니, 참으로 온 나라가 편안해지는 시각이니라. 참으로 조용하구나, 엎드려 지나건대 참 아름다운 꽃이니라.(중략)
* **혹자는 사물의 끝은 보지도 않고 퍽도 알려고도 않고, 생각하려 하지도 않고, 비껴 나가려 하니, 그 어찌 반듯한 걸 안다 할쏘냐**.
* **함부로 말하지 말 것이며, 함구하고 지켜보며, 지략을 펴 맞게 행하여야 편애하지 않으니, 밤은 낮보다 즐거움이 많다 아니 할쏘냐**.
* 정말 이치에 그르치지 않게 협조 당부하며 서로의 의견이 차질 없게 함은, 서로를 당신께 팔베개를 주는 것이니, 마음을 곱게 편하게 일으켜 세워 줌이니, **편안한 마음은 황상과 천황의 몫이니, 천세에 길이 후손에 일으켜 줌이니 마음을 정립하여 편안케 행하라. 하늘은 아느니, 바로 임함을, 빛과 선**

이 그러하듯 안다. 서로 함께 같이 가야 하느니.

* **복이 하늘에 있으니 하늘에 항상 경배하라. 지극정성으로**

삼극무(三極無)의 삼(三) 마무리 말씀에서, 하늘님께서 "아들아, 믿거라."고 하시고, 인류 대비겁을 종식시키는 권능을 아들에게 붙여주셨다. 그 아들에게 하늘님께서 인류 구원의 주문을 내려주시며, 모든 인류 대비겁을 끝내고, 모든 어려움을 막아 주시는 은총과 권능을 부여하셨다. 이렇게 팔난을 막는 역할을 일컬어 하늘에서는 소 우(牛)로 말씀해 주시고 있으시다.

* **먼 훗날 나는 아들에게 말하노라. 삼문에 이르러 팔을 걷고, "팔난을 막게 해주세요."라고 만 번 해라. 끝남과 동시에 막아 주리라. 아들아 믿거라.**

하늘님 말씀 이후, 천지의 대신명님, 부처님들께서는, 성운율사를 "천지의 아들"로 말씀하시고, 각별한 은총을 내려주시고 있다.

성운율사가 하늘에 기도하는 중, 천상천황님께서 "**너희가 한 하늘의 아들**"이라 하시며 어느 장소를 가든지 큰소리 빵빵 쳐도 된다고 크고 크신 원력을 내려주신다. 그리고 "**어둠이 없고 밝은 아이들**"이라고 하시고, "아드레안의 불을 훤히 밝히는 아이들"이라고 말씀을 주신다. 천상천황님께서 말씀하신 "아드레안"은 한민족이나 우리 인류가 잃어버리고 있던 하늘님과 인류의 참된 역사를 세상에 알리고 밝히는 것을 말한다. 그래서 11번째 천부경을 내려주신 하늘님의 말씀으로, 하늘님의 역사도 잃어버리고 인류 시원의 뿌리 역사를 잃어버리고 살아가는 이 인류에게 하늘님과 인류의 참된 역사를 훤하게 밝히는 아이들이라고 하시는 것이다.

〈"어느 장소를 가든지 큰소리 빵빵 쳐도 된다. 너희가 하늘임을 말하는 것이다. 나한이 여덟 명씩 감싸 주고 있다. 여러 군신들이 꼬박꼬박 절하는 게 무엇이냐! 한 하늘의 아들이라고, 너희는 어둠이 없고 밝은 아이들이라 아름다운 세상을 꽃피우며 가거라. 너희는 아드레안의 불을 훤히 밝히는 아이들"이라고 말씀을 주신다.〉

성운율사가 부산 기장군 오랑대에서 기도드리는데, 해동의 용왕님께서 말씀을 주신다. "**우주의 큰 아들**"이기에 꼭대기까지 다 가질 수 있다고 축복을 주시며, "**조금 있다가 우주가 열릴 때, 그 때 가서 보자.**" 하신다. 시작점에서는 네 명이 뜻을 모아야 대부분의 일들이 성사된다고 알려주신다. 일을 성사해 나감에 따라 필요한 인원의 수를 그때그때 맞게 말씀을 내려주심을 알 필요가 있다.

〈있고 없고는 너희들 마음속에 있는 것이다. 주장이 되어 온 누리를 다 쥐고 가는 사람이다. 마음에 응어리진 것부터 털어 내라.
조금 있다가, 우주가 열릴 때 그때 보자. 꼭대기까지 다 가질 수 있어. 우주의 큰 아들은 그렇게 해야 돼!
무엇이든지 선하게, 선하게 가는 것이 잘 되는 것이야. 안중에 두고 있으면 다 이루어진다. 복잡 다양한 일들은 아름아름 다 할 수 있어. 하늘 뜻을 알아들었을 줄 안다.
대부분 네 명이 하여야 성사가 된다.〉

영취산의 산신령께서, "**천황의 아들**"이라고 하시고, "**여러 어르신**

들이 돌보고 있는데, 그 어르신들을 알아볼 수가 없다. 오로라가 감싸는 인연이 있어 다 오셨구나." 하신다. 오로라는 무지개를 일컫는 말씀이다.

영취산의 산신령께서도 성운율사와 함께하시는 천상의 대신명을 바로 대면할 수 없을 정도로 신명계에는 엄격한 질서가 있음을 알 수 있는 대목이기도 하다. 그리고 산신령께서는, "앞으로 변고가 많다. 영취산 밑에는 아작이 난다. 산 밑에는 네 귀퉁이가 다 없어지다시피 하며, 다 무너지고 없어." 라고 하시며, 어지러운 세상이 다가오고 있음을 경계해 주신다. "**시급한 것은 모두가 안전한 곳으로 대피하는 것**"이라고 알려주신다. 이렇게 위급한 환난이 닥쳐오고 있음을 사람들이 어떻게 알 수 있으랴?

대환난이 지나고, 하늘에서 맡긴 일을 성운율사가 영글어서 다 잘 할 수 있겠다고 하신다.

> **〈어지러운 세상, 흐트러지는 세상이 시작되고 있다. 위로나 아래로나 평화롭지가 않아. 앞으로 변고가 많지.**
> **저 영취산 밑에는 아작이 난다. 산 밑에는 네 귀퉁이가 다 없어지다시피 한다. 다 무너지고 없어. 이만치 어지러운 세상이다. 시급한 것은 모두가 안전한 곳으로 대피하는 거다.**
> **너는 눅눅히 잘 할 수 있어. 율사, 너는 음산이 없고 편안한 아이다. 관음의 빛줄로 여기 왔구나! 어서 신나는 일이 많아야 될 텐데.**
> **그날이 온다, 와. 밝다.**
> **여러 어른들께서 돌보고 있구나. 내가 그 어르신 분들을**

알아볼 수가 없구나. 오로라가 감싸는 인연이 있어 다 오셨구나.
네가 다 밟고 지나가면 그게 네 땅이구나. 어느 곳이나 안 되는 게 없다. 배짱 두둑하게만 가면 돼! 네가 영글어서 다 잘 할 수 있겠다.
50만은 되어야 수나라를 너희 땅으로 만들 수 있겠는데. 아 높구나! 대단히 흥미로운 일이구나. 숯을 펴놓고 수많은 군사가 그 위를 통과하면 뭐든지 다 잘 된다. 그래야 높은 마음으로 따라 움직인다. 천황의 아들에게 누구나 안 오는 이가 없다. 금용(金龍)으로 양팔 밑에 깔고 있으면 그 때부터 아픔이 없고 편안한 세상이 온다.〉

운수사의 지장보살님께서는, "**너는 하늘의 아들임을 인지하고, 표시 나는 일에 전념을 하라.**" 하시며, 도력은 뜻을 크게 피력하면 된다고 원력을 주신다.

〈(상략) **참 야무진 아이다. 복은 남한테 오는 것이 아니라. 내가 주축이 되어야 한다. 도력은 크게 뜻을 피력하면 된다. 너는 하늘의 아들임을 인지하고, 표시 나는 일에 전념을 하라."〉**

2) 봉황, 황제, 천황, 만인의 어버이, 큰 임금

무시(無始)의 무(無)와 시(始)는 각각 인류에게 닥치는 대겁난 상황과, 그 상황을 헤쳐 나가, 하늘님의 뜻을 이루기 시작하는 직전의 모습을 말씀해 주시며, 일석(一析)의 일(一)과 석(析)에서, 겁난을 벗어나서 후천 문명을 시작하는 성운율사에게, 하늘님께서 해야 할 일을 재촉하시며 명심해야 할 최고의 일(一)들에 대해서 말씀을 내려주신다. 최고의 일(一)들 중 첫 번째로 봉황을 말씀하신다. 하늘님께서는 "그 사람"을, "봉황"으로 말씀해 주시는 것이다.

* 비 온 뒤에 땅이 굳듯, 찬 것을 피해라. 비 오면 젖지만, 나가면 얻음이 있다. 빌거라, 찬 서리와 비는 피하게 해달라고.

* **봉황이 있으면 깨끗함이 있다. 봄날에 아지랑이 너울거리듯 울타리를 일으켜 세워야, 바람도 막고 병도 막고 가사도 돌본다.**

봉황은 황제를 말한다. 봉황으로 말씀하시는 것은, 조만간 이 세상에 드러날 황제의 표상으로 세상에 알려 주시는 것이다.

황제가 있는 곳은 항상 깨끗하게 하라고 하신다. 황제가 되는 상황에 대해서는 삼극무(三極無)의 무(無)에서 말씀을 내려주신다.

인류를 깨어나게 하는 방법이자 인류 구원의 시발점으로, 하늘님께서 내려주신 청음을 말씀해 주셨다. 하늘님께서는, 성운율사가 청음으로 인류를 살려내니, 원시인에서 깨어난 많은 백성들은 우리들의 하늘이라 하며 황제 폐하로 받들게 된다고 말씀해 주신다. 그래서 황제인 봉황으로 말씀해 주신다.

* **청음은 이 세상에 너 하나만 되니**, 우레 같고 천둥이 우르릉 쾅쾅 지축이 흔들며 오만 가지가 바로 이치가 시작되니, **청음에 많은 백성이 황제를 하늘이라 하니, 너희를 황제 폐하라 할지니라.** (하략)

그리고 황제가 있는 곳에는 항상 깨끗하고, 집이 있으면 담(울타리)을 일으켜 세우라고 하신다. 그래야 바람도 막고, 병도 막고, 가사도 돌본다고 하늘님께서 말씀을 내려주신다. 하늘님이신 천상천주님으로부터 직접 천부경을 받은 성운율사께서 전해 주는 말이다.

〈봉황이라는 것은 인제 황제잖아요. 황제가 있는 곳엔 항상 깨끗하게 하라는 것, 지저분하게 하지 말라는 거예요. 봉황이 있으면 항상 깨끗하고 집이 있으면 담이, 울타리가 있어야 되고 울타리가 없으면 부자로 못 산데요. 그래서 부자집은 다 울타리가 있다구요. 삼성이나 구씨네 어디 가보면 다 울타리가 돼 있어요, 옛날 집들도.
근데 현재 서초동 삼성 사옥은 울타리가 없잖아요. 삼성이 그기에 들어가고부터 계속 말썽이 많았잖아요. 남대문 옆에 동양 빌딩에 있을 때 그기는 큰 대(大)자잖아요. 그 자리가 그게 명당이거든요. 큰 대(大)자 딱 찍어 들어가는 자리가 과거 삼성자리예요.(후략)〉

하늘님께서는 삼극무(三極無)의 삼(三)에 대해, 파란으로부터 탈피해 나가는 과정을 말씀해 주신다. 하늘님께서는 온 나라가 편안해 지는 시간인 밤에 하늘님을 위시한 열성조께 기도드리며, 파란을 뚫고 나가는 지혜를 얻으라고 하신다.

* **잦은 것은 화를 부르니**, **참고 또 참으며 겸허히 파란으로부터 탈피해야 되겠느니라**. 밤은 이슬과 같이 오는 것이니, 참으로 온 나라가 편안해지는 시각이니라. 참으로 조용하구나, 엎드려 지나건대 참 아름다운 꽃이니라.

이 말씀의 중반부에 하늘님께서는 "그 사람"을, 온 인류의 "천황"으로 말씀해 주신다.

* 정말 이치에 그르치지 않게 협조 당부하며 서로의 의견이 차질 없게 함은, 서로를 당신께 팔베개를 주는 것이니, 마음을 곱게 편하게 일으켜 세워 줌이니, **편안한 마음은 황상과 천황의 몫이니, 천세에 길이 후손에 일으켜 줌이니 마음을 정립하여 편안케 행하라. 안다, 서로 함께 같이 가야 하느니.**

하늘님께서는, 하늘님의 대행자에 대해 하늘의 말씀을 받들어 모든 인류에게 후천 생명 문명의 시작이 되는 천황으로 말씀하신다.

후천세상이 시작하는 시점에, 하늘에서 황상도 같이 정해 주시는데, 두 사람이 서로 함께 같이 가야 한다고 말씀해 주신다. 이 두 사람의 관계를, "**정말 이치에 그르치지 않게 협조 당부하며 서로의 의견이 차질 없게 함은, 서로를 당신께 팔베개를 주는 것이니, 마음을 곱게 편하게 일으켜 세워 줌이다.**"고 하시고, "**서로 함께 같이 가야 하느니.**"라고 하신다. 천황은 하늘님의 말씀을 세상에 전하며, 황상은 천황이 전해 주는 하늘님의 말씀을 받들어 실무를 보게 될 것이다. 모든 인류에게도 하신 말씀이지만, 황상과 천황에게 내리시는, "**복은 하늘에 있으니, 하늘에 지극정성으로 항상 경배하라.**"고 천명을 내려 주신다.

하늘님이신 천상천주님께서는, 성운율사에게 대겁난의 상황이 거의 마무리되어 잠잠해지면, "**동네마다 찾아서 살아 있는 모든 사람들을 이끌고 북한의 마식령 고개에 모이라.**"는 천명을 내리셨다.

〈대지진이 일어나 거의 대다수의 사람들이 많이 다치는데, 그때에 "**남한에 살아있는 사람들을 끌고서 마식령 산으로 가라.**"고 했어요. 그때, "**천황의 몸에서는 흰색과 붉은색이 나오고, 한 사람의 몸에서는 흰색에 푸른색이 나온다. 그 아이가 황제**"라고 했어요.〉

하늘님께서, 성운율사를 하늘님 대행자로 정하시고 후천 세상을 열어가라고 천명을 내려주시며 하신 말씀을 다시 새겨본다.

〈우리의 땅 일부가 일본의 침몰로 (오는) 바닷물 공격으로 36,000년 동안 침수된다. 그러나 침수와 동시에 곧 통일이 되며, 우리 한반도를 한번 동해 바닷물이 치고 서해바다로 넘어간다고 하늘님께서 말씀하셨다. 그때 자동으로 통일이 되며, 일본은 씨도 없이 바다 속으로 사라지며, 우리 민족을 동네마다 찾아서 살아 있는 모든 사람들을 이끌고 북한의 마식령 고개에서 모이라고 하셨다.〉

일본의 침몰로 대해일이 밀려와 동해 바닷물이 한반도를 치고 서해바다로 넘어가면서 자동으로 통일이 된다고 하신다. 그때 우리 민족을 동네마다 찾아서 살아있는 모든 사람들을 이끌고 마식령 고개로 모이라 하셨다.

영축산 산신령께서 성운율사에게 내려주신 말씀이다. 물난리로 통일이 된다는 말씀이다. 북한은 물로 쓸어서 와해가 된다고 알려주신다.

〈**불원간 이쪽저쪽 물난리가 나는데, 그 물난리가 나면서 통일이 되는 거야. 물이 팍 팍 들어오면서 흥망이 그때 끝**

을 봐! 북한은 물로 쓸어서 와해 돼!〉

하늘님께서는 통일과 함께 왕래가 이루어지면, 사람들을 이끌고 마식령 산으로 가라고 하신 것이다. 하늘님께서는 이 마식령 고개에서 모든 인류에게 천황과 황상을 선포하신다. 이때 성운율사인 천황의 몸에서는 흰색과 붉은 색이 나오고, 황제가 될 사람의 몸에는 흰색과 푸른색이 나오는 하늘의 증표를 사람들에게 보여주신다. 하늘에서 모여 있는 대중에게 하늘의 증표를 보여 주시며, 천황과 황제를 선포하시는 것이다.

이때, 하늘님께서 사람들을 이끌고 마식령 산으로 가라고 하시지만, 성운율사와 하늘 일을 하는 사람들과, 수많은 사람들을 인도해 주시는 분은 바로 하늘님이신 천상천주님이시다. 하늘님께서 말씀해 주신다.

낮이나 밤이나 나를 찾으라.
당연히 으뜸인 나를 찾아야지.
약속을 했으니 나도 모든 것을 다 준다.
5~6일 동안 항상 찾으라.
항상 내가 주축이 되는 것이니 나를 찾거라.
팔난이 날 때 나를 따르거라. 그때 데리고 같이 간다.

팔난이 날 때, 성운율사를 비롯한 모든 이들은 하늘님을 찾으며 하늘님께 기도드리고 하늘님께서 이끄시는 대로 환난을 피해 나아가게 된다. 하늘님께서 환한 광명으로 인도하시어 가호하여 주시며 환난을 넘어가게 해 주신다. 그리고 어둠이 없고 밝은 세상인 후천 세상을 열어 나가는 길에 항상 하늘님과 열성조들께서 함께 하시어 이끌어 주시며, 지극하신 은총을 내려주신다.

그리고 삼극무(三極無)의 극(極)에서, 하늘님께서는 서두에 성운율사를 "**만인의 어버이**"로 말씀해 주신다. 하늘님에 대한 믿음과 후천 문명 개척의 확고한 이념을 갖추어 나아감에, 어떠한 파경과 변고에도 들지 않게 하시는 은총을 내려 주신다.

* **만인의 어버이**로, 파경에 들지 못하게 하며 확고한 이념을 갖추고 변고에 들지 않게 하여야 하느니라. 핍박은 한을 낳으니 결국 한을 만든다.

그리고 만인의 어버이인 황상으로써 온 백성의 삶을 잘 되도록 펴나감에 있어서, 위로부터 밑에까지 모든 사람들이 흠모할 수 있도록, 다 갖추어 주는 사람이어야 한다고 말씀을 주신다. 하늘님께서는, 온 만물의 것들은 파벌로 나누어 가기에 근본적으로 갈등의 여지가 있게 마련인데, 만인의 어버이는 모두를 조화롭게 감싸 안으며, 사람들에게 한을 낳는 핍박은 없애고 조화와 화합의 세상을 만들어 가야 한다고 하신다.

하늘님께서 만유의 하늘님이듯이, 만인의 어버이 역시 하늘님의 천명을 그대로 이행하여 세상을 하늘님의 은총 속에 살아가도록 하여야 한다. 현재 세계적으로 분파되어 갈등하고 있는 모든 종교들과, 모든 이념들, 모든 갈등들을 해소시켜, 조화와 화합의 후천 문명을 열어 나가기 위해 반드시 필요한 지도자의 덕성을 말씀해 주시고 계시다. 그렇게 해서 환함과 이로움을 같이하여 꽃다운 환한 세상을 열어 나가시는 하늘님의 뜻을 받들어 나간다.

하늘님께서는, 신명을 부정하거나 사람들을 핍박하고 억압하며 괴롭히는 모든 제도와 종교와 이념은 현재 인류 문명과 더불어 마감하고, 자유롭고 조화로우며, 만인이 웃음 짓는 후천 문명을 열어 나가게 되는 사명을 천부경의 "그 사람"에게 맡겨 놓으신 것이다.

* **온 만물의 것들은 다 온순하며 파벌로 나누어 가려 하니, 다 갖추어 주는 사람이 필요하다.** 또한 황상으로써 귀품이 있어 온 백성의 삶을 펴나감을 위로부터 밑으로까지 흠모할 수 있게 함이로다.

지일이(地一二)의 이(二) 말씀에서, 하늘님께서는 성운율사가 큰 임금이라 말씀하시며, "**시간이 걸려도, 신욕이 고되어도, 신념으로 밟고 일어서야 하느니.**"라고 경계와 은총을 내려 주신다.

* (생략) 아무튼 **네가 일으켜 세워야 하는데, 시간이 걸려도 다 같이 가야 하니, 신욕이 고되어도 몸이 많이 곤해도, 신념으로 밟고 일어서야 하느니.**
그렇다, 큰 임금이다, 다해야지. 성운율사는 다할 수 있느니라.

하늘님께서는 후천 문명을 세워 나감에 있어, 성운율사가 큰 임금으로, 직접 나서서 일으켜 세워야 하며, 시간이 걸려도 다 같이 가도록 하고, 신욕이 고되고 몸이 많이 힘들어도, 신념으로 밟고 일어서라고 말씀을 내려 주신다. 성운율사는 하늘님의 천명을 받들어, 하늘님에 대한 믿음과 신념으로 후천 세상을 개척해 나가며, 끝내는 이 나라가, "**엄청 큰 하늘의 땅이 되려니, 그렇게 넓혀서 우주 한 가운데 모든 이목을 받고서, 천천세 우주**"가 되는 큰 광영을 누리게 된다.

3) 우주, 삼족오 신, 삼신, 하늘

하늘님께서는 천일일(天一一)의 두 번째 일(一)에 대한 말씀에서, 매우 중요한 말씀을 내려주신다.

하늘님의 천명을 받들어 후천세상의 새 나라를 세워 나가기 위해서, 사명을 필히 성취해야 하는데, 하늘의 도움에 의해 일사천리로 성공한다고 말씀하신다.

후천 세상의 사명을 필히 성취하기 위해 삼족오를 모체로 하여야 한다고 하신다. 그러시면서, 성운율사에게 "우주야"라고 부르시고, 너는 삼족오를 이끄는 "삼족오 신"이 되어, 천명을 반드시 성취하라고 하신다. 그리고 성공하도록 도와주시는 하늘님을 위시한 모든 웃어른들의 노고에 반드시 깊이 보은하라고 하신다.

* 우주야 그러면 **삼족오를 모체로 하고 있다**. 그래 삼족**오는 누가 안 볼 때, 일을 확대명 솟구쳐 사심이 없게 한 가지에 집념을 다 받쳐, 똑바로 확실히 이룩하는 것이니, 그것이 삼족오 신이다**.(확대명: 의리와 삶을 하늘에 맡기고 사선을 넘나드는 것.)

* 무슨 생각이 먼저냐? 학이 부르면 가고 운무 다 겉과 속을 비우고 운무가 안 챙겨도 되니, 어떻게든 하교는 부셔 도움이 안 돼, 필히 성취해야 하니 그래서 하교이니라. 운무 다 하교는 속끄다. 문제없이 편안히 죽이지 어찌 않겠느냐.

* 속사정 겉사정 모두 다 거칠 것 없이 높은 마음으로 속가다 신명께서 맡겨 주었으니, 하고자 하면 꿈에 신출귀몰하게 서서 진행 하는 것이니라.

* 세계 운을 믿고서 나라 운을 세우려면 속한 사명을 꼭 깊이 성취해야 하므로 서서 운명 조갈 피지[속절없이 아무것도 없는 것],

하늘이지. **그래야 믿고서 성공을 하니 일사천리로 행함이 이루어지느니, 참으로 웃어른들 꼭 땀에 보은해야 하느니.**

후천 세계 개창의 모체가 되는 삼족오가, 천명을 받들어 누군가 보지 않더라도 의리와 삶을 하늘에 맡기고 사선을 넘나들면서, 사심 없이 주어진 일에 집념을 다 바쳐 천명을 확실하게 이룩하게 된다. 그런 삼족오를 이끄는 우두머리로 삼족오 신을 말씀하시며, '그 사람'이 바로 삼족오 신이라고 알려주신다.

하지만 하늘님께서는, "무슨 생각이 먼저냐?"고 물으신다. 하늘님께서 말씀하시는 운무는 "처음부터 끝까지 잘하는 사람"을 말한다. 그런데 문제가 생기면 위에서 하교를 내려도 뭉게구름처럼 떨어져 나가 흐트러지듯 하여 하늘에서 하시는 말씀으로도 도움이 안 된다고 하신다. 그래서 하늘님께서 말씀을 내려주신다.

무엇을 하라고 했으면 사람들에게 필히 하도록 해야 하고,
여러 사람들에게 일을 시키는데
안일한 생각으로 움직여서는 안 된다.

"속끄다."라는 말은, "**내면에 있는 모든 것이라는 뜻이다.**"고 밝혀주신다. 하교가 내리면, 내면의 마음속으로 명심, 또 명심하여 반드시 하교를 필히 이루도록 하여야 함을 말한다.

천명을 내리는데, 마음속으로만 생각하고 실제 일을 진행하지 않는다면, 어찌 살려둘 수 있겠느냐는 말씀을 하신다. 그래서 하늘에서 명을 내리면 무조건 이루도록 해야 함을 경계해 주시고 계시다. 이어서 내려주신 하늘님 말씀이다.

* 속사정 겉사정 모두 다 거칠 것 없이 높은 마음으로 속가다 신명께서 맡겨 주었으니, 하고자 하면 꿈에 신출귀몰하게 서서 진행 하는 것이니라.

속사정이든 겉사정이든 다 덜어내고, 속가다 신명께 맡겨 주었다고 하신다. 하늘에서는 속가다 신명을, "**내명부에 있는 분**"이라고 알려 주신다. 내명부는 눈에 드러나지 않으면서도 모든 것이 불편함이 없도록 지원해 주는 병참 역할을 하는 신명계라 말할 수 있다. 모든 사정 다 걷어내고, 하고자 하는 것은 하늘의 내명부 신명들께서 눈에 드러나지 않고 적극적으로 지원해 주도록 하였으니, 긍정적인 마음으로 하늘에서 내려준 하교를 앞장서서 신출귀몰하게 꼭 성취하라 하시는 것이다. 그렇게 해서 성공하면 하늘님을 위시하여 하늘의 대신명전에 보은함을 잊지 말라는 것이다.

한편, 하늘님께서는 삼극무(三極無)의 무(無)에 대해서, 세력을 말한다고 하시고, 인류 대비겁 상황에서 지도자가 사람들을 구원하고 무리를 만들어 이끌어 나가는 법을 말씀해 주셨다. 그 구원의 천기가 "**청음**"이다.

엄청난 대겁난 속에 살아남았지만, 모든 기억을 잊어버려 한 치 앞도 못 보는 원시인이 된 인류를 깨워, 그들을 이끌고 후천 세계를 열어 나가야 한다. 우주 정화 시간대에 들어서면서, 지진과 화산 폭발, 해일 등으로 대겁난이 일어나고, 급기야 지축이 바로 서는 등으로 모든 인류 문명이 파괴되고 살아남은 인간조차 모든 기억이 지워져서, 인류 문명은 석기 시대로 확 쇠퇴해 버리게 된다.

살아남았지만 충격으로 원시인이 된 사람들을 깨어나게 하는 하늘님의 구원법이 "**청음**"이다. "**청음**"의 권능을 받아내려 인류를 건져내는 성운율사를 사람들이 환호하며, 하늘이라 하고 황제로 받들어 모시게 된다고 말씀하신다.

우주가 새롭게 열리고 지혜를 되찾으면서 "**이 산에서 뻐꾹, 저 산에서 뻐꾹**"하며 세상 곳곳에서 절세가인들이 많이 나타나며, 이들이 하늘님의 은총 속에 새로운 세상을 만들어 나가게 된다고 하늘님께서 알려주신다. 하늘님께서는 성운율사와 이들이 만들어 가는 모두의 세상, 살아있는 모든 사람들의 새로운 조화 세상을 "**역술신전**"이라고 밝혀주신다. 하늘님의 은총인 청음으로 살아남은 사람들은 하늘님의 은총에 감사드리며, 인류 구원자인 천부경 전수자를 곳곳에서 환호하며 만세를 부르게 된다.

성운율사는 하늘님의 구원 천기인 "**청음**"으로 하늘님의 세상을 만방에 퍼트려 나가게 된다. 하늘님께서는, 그렇게 하늘님의 새로운 세상 소식을 후천 세상에 퍼트려 나가는 것을 "**소두망녀**"라고 하신다. 세상 끝까지 하늘님의 은총과 하늘님의 새 세상을 전파하며, 천상문명으로 인류에게 이식하여 새로운 문명을 열어나가게 된다.

그래서 하늘님께서는, 후천 문명을 열어 주고 새로운 생명과 지혜를 열어주는 하늘님의 대행자인 성운율사를, "**삼신**"이라고 하시는 것이다. 사람들이 하늘님의 대행자인 성운율사를 새로운 인류, 새로운 세상을 열어준 삼신으로 받들게 된다는 것이다. 하늘님께서는 그 새로운 세상의 모습을 이렇게 알려주시고 계시다.

* **이 산에서 뻐꾹 저 산에서 뻐꾹 절을 하네, 역술 신전이네.** 청음으로 말만 하면 야단이네. 만천세 천세 만백성이 야단이네.
* **청음은 소두 망녀**, 새야 새야 날개를 펴라 이쪽 바다 저쪽 바다 임금 바다 어디든 다 간다. 넓지감치 다 날아간다. **청음이**

하늘이다. 천신, 천신, 너는 삼신이다. 고요한 발길 담기면서 쑥쑥 길을 잘도 간다. 청청 걷고 싶어 누구와 같이, 어이 어이 밟고 가보세 청음 신사 참배하면서 곱게 곱게 나간다.

하늘님께서 삼극무(三極無)의 무(無)에 대한 말씀을 내려주시며, 하늘님의 대행자인 성운율사를 하늘이라고 말씀해 주신다.

이때의 무(無)는 세력을 말한다고 하신다. 역시 무극이 아님을 확연히 깨달아야 한다. 하늘님께서는 사람들을 자리에 앉힐 때, 옆으로도 뒤로도 두루 둘러보고 말썽 없게, 성품은 어떠한지, 도는 얼마나 닦았는지, 수양 정도는 어떠한지를 살펴보라 하신다. 하늘님께도 여쭈어 보고 편애하지 않게 자리를 정하라고 하신다. 하늘님께서는 그네들 속에 파묻혀 들지 말라고 경계하시며, "하늘"이라고 불러 말씀해 주신다.

* 하늘은 옆에도 뒤에도 두루 둘러보면서 말썽 없게, 그 누구의 성품과 도는 많이 닦았는지, **수양 정도 그곳을 보며 살피면서, 어른께 물어서 밝혀서 편애하지 않게 하여라.** **그네들 속에 파묻혀 들지 않느니라.**

하늘님께서는 천이삼(天二三)의 천(天)에 대해 말씀을 내려 주시는데, 후천 문명을 이끌어 나라가 점차 안정되어감에, 사람들이 성운율사를 "하늘"로 받들며 칭송하고 희망의 꿈으로 여기게 된다고 하신다. 세상에 모습을 나투면, 사람들이 인산인해로 모여들어 환호하며 큰 믿음으로 힘을 얻게 된다고 말씀해 주신다.

하늘님께서는, "하늘"인 성운율사는 더욱 부지런하게 움직여, 후천 세상의 문명을 찬란하게 꽃피우도록 독려하고 계시다.

* **참으로 얻는 게 많다**. 두 분 **하늘**이 이쁘고 고와서 조금 더 이무로우면 밖에서 환한 빛이 안으로 비출거니, 소문 소문 해도 나틀 때마다 인산인해로 발치에 어른들이 휘휘들어 희망을 얘기해도 마음은 불편한 걸 힘으로 밀고, 깨끗하게 어진 이로 희망을 준다면 실수 없이 힘이 샘솟는 걸 다 본다.

* 이 마음은 속속 정감 있게 힘으로 마음으로 힘겹게 온돌방처럼 온화하게 입에서 입으로 속을 이야기 하니. 수저를 들고 놓고 할 적마다 이눅 들지 않고, 안쪽에서 이쁜 마음 밝혀서 희망을 주니, **하늘은 부지런 했으면 좋겠다**.

하늘님께서는 중천지(中天地)의 중(中)에 대한 말씀에서, "**무한정 있는 것이 아니다.**"고 하시고, "**하늘아, 있는 그대로 받아들이라.**"고 하신다. 그러나 노력은 끝없이 하라고 하시며, 무한정 일으켜 세워야 한다고 하신다. 끝만 아니면 계속 진행하라 하신다.

만백성의 지도자뿐만 아니라, 인류 모두에게 후천 세상 끝까지 무한정 일으켜 세워 나가라는 격려와 축복의 하늘님 말씀이시다.

* **무한정 있는 것이 아니다**. **하늘아 있는 그대로 받아들여야**.

* **무한정 일으켜 세워야 하느니라**. 꽂고 또 꽂고 뒤지지 않게 세워라. 끝만 아니면 계속 진행하여라.

* 앞으로 있는 일은 모두 받아 들여라. **안개 피는 곳까지 계속 가야 한다**. **목까지 차도록 해라**.

4) 하얀 집, 하얀 운대로, 천미륵, 무지개

하늘님께서는 천부경의 "그 사람"을 부르실 때, 누구라도 단번에 알 수 있는 말로 불러 주시는데, 때로는 특별한 명칭을 쓰실 때가 있어서, 단번에 알기 어려운 말씀도 있으시다.

“하얀 집”, “하얀 운대로”가 그런 말씀이다. 천부경의 진본(盡本)의 본(本)에 대한 말씀은 이미 살펴본 바 있다.

* **이미 안다 하여도, 어떻게 하늘을 안다 하겠느냐**?
* 하얀 집이 어떻게 하고 있는지를 알아야 하고, 임금은 그렇게 아주 먼 곳 하늘에 있느니라. 설혹 임금을 알아도 서로가 안다 하지 못하고 어떻게 안다 하겠느냐. 이놈아, 안 보면 어떻게 안다 하겠느냐. 성운아 이놈아, 낯판이 있어 임금이 하늘에 있어 아침에 공경하지 않느냐? 하얀 운대로가 어찌 입으로 말로만 표현하겠느냐.

이 말씀에서 “하얀 집”, “하얀 운대로”를 말씀하시는데, 하늘님께서 성운율사를 부를 때에 종종 쓰시는 말씀이라고 하신다. “하얀 집”이나, “하얀 운대로”는 하늘님께서 천부경의 ‘그 사람“을 애칭으로 부르시는 말씀이라고 하신다.

하늘님의 천명을 받들어, “**환함과 이로움**”을 같이하여 광명의 후천세상 일가를 이루는 성운율사를 “하얀 집”, “하얀 운대로”라 부르신다. 후천 세상을 이끌어 나가는 성운율사 중심으로 하늘님의 천명을 받들어 집행해 나가게 됨을 알려주시는 것이다.

성운율사나 세상 사람들이, “하늘님인 나를 안다 하더라도 어찌 알겠느냐?”고 하시며, “사람들이 무엇을 하고 있는지도 알아야 하지만, 더군다나 하늘님은 멀고 먼 하늘에 계신데, 어찌 사람들이 알겠느냐?”는 말씀이다. “성운아 이놈아, 낯판이 있어 임금이 하늘에 있어 아침에 공경하지 않느냐?"는 말씀에서, 후천 세계를 열어 나가시는 성운율사에게 경계하시는 것 같지만, 지금의 우리들에게도 똑같이 경계하고 계신 것이다. 하늘에 계신 하늘님을 아침마다 공경하며 기도하듯이, 항상 하늘님을 경배하며, 오로지 하늘님을 믿으며, 나아갈 것을 말씀해 주신다. 천일일(天一一)의 천(天)에 대한 하늘님 말씀 일부이다.

* 천성은 도를 넘어서야 안에 무엇이 있는지 양면성을 가지고 있으니 그것을 따져 보면서, 가득 날부터 오늘까지 천천 남보다 천미륵을 찾아서 솔직히 반경[모두 안정 되게 가는 것]을 가야지.

가득 날부터 오늘까지 남보다 천미륵을 찾아서 반경을 가야한다고 말씀하신다. 가득 날이란 "**아득한 옛날**"을 뜻하며, 반경은 "**모두가 안정 되게 가는 새로운 세상을 뜻한다.**"고 알려주신다.

그래서 하늘님께서는, 아득한 옛날부터 오늘까지 남보다 먼저 천미륵을 찾아서 모두가 안정 되게 가는 새로운 세상, 후천 세상을 찾아가야 한다고 말씀하신다. 여기서 말씀해 주신 천미륵이란 하늘님의 대행자를 말하는 것이다.

그리고 천부경에는 나타나지 않지만, 매우 중요한 명칭들이 있다. 하늘님께서 다양한 명칭을 내려 주셨지만, 그 중 일반이 기억하여야 할 명칭을 세상에 전하고자 한다.

성운율사가 일이 있어, 천마산을 찾아 하늘님께 기도드리는데, 하늘님께서 말씀을 내려주신다. "**무지개야**" 하고 부르시며, 만웅의 큰 아들딸이라고 하신다. 이렇게 하늘님께서 성운율사를 "무지개"로도 부르시며, "부처보다 더 높다."고 하시고, "여물대로 다 여물어 가고 있다."고 하신다. 그리고 성운율사에게 "오만 가지를 다 뚫고 나가야 한다."고 말씀을 내려주신다.

무지개야. 이렇게 만웅의 큰아들 딸이라 걱정할 거 없다. 너희는 부처보다 더 높다. 청룡과 황룡이야 여물대로 다 여물어 가고 있어, 다른 사람은 온종일 더 나가 열흘을 따라 해도 못 따는 것을 너희들은 다 땄어. 무엇이든지 몽땅 먹으면 씨가 마른다. 그러니 알맞게 먹어야지. (중략) **너희는 오만 가지를 뚫고 나가야 된다.**

하늘님이신 천상천주님께서 성운율사를 아들로 선언하시고, 무지개로 부르신다. 무지개는 하늘에 다리를 놓는 것이다. 성운율사는 하늘님의 아들이자 대행자로써, 그리고 하늘님 말씀 전언자로써 후천 세상을 열어 나가게 된다.

하늘님께서 무지개로 말씀하시는 것은 천계와 지상계, 그리고 인간을 연결하는 하늘다리 역할을 하는 분이기 때문이다. 그래서 하늘님과 인간 세상의 매개 역할을 하는 성운율사를 무지개라고 부르시는 것이다. 그렇기에 무지개 빛은 하늘의 상징으로 성운율사와 함께 하는 것이다.

통도사를 찾아 자장암의 마애불께 인사드리는데, 마애불께서 성운율사에게, 무지개라고 부르신다. "**너는 무지개라, 밤새 2만 리를 간다. 큰 뜻을 품고 가면 뭐든지 다 간다.**"라고 큰 축복의 말씀을 주신다.

한번은 울산 문수산에 찾아, 그 곳에 계시는 문수보살을 찾아뵙게 된다. 문수보살께서는, "어둠이 막 몰려와 있다."고 경계하시고, 여기 찾아와 주어 고맙다고 하신다.

이어서 성운율사에게 "**해왕의 무지개**"라고 하시며, "하늘 말씀 들리는 대로 행하라."고 말씀해 주신다. 온 나라의 맥을 짚어 줘야 하기에, 마늘을 하루에 두 쪽씩 먹으라고 하신다.

〈어둠이 막 몰려와 있다. 엉망진창이다, 사람 모습이 안 보여.
뜻을 펴는 자가 여기 왔으니 고맙다. 네가 해왕의 무지개니까 해봐라. 그러면 아마도 들어주지 않겠니. 해와 달을 보고 하는 기도, 낮부터 밤까지 그러면 모든 게 끝나면서 안녕 안녕하게 된다. 목숨 바쳐 하는 것이니 잘 될 것이다. 난 여기 바위산에 붙어 있어도 안다. 온 산이 나와 같이 하고 있다. 그때는 산 밑에서 아이고! 아이고! 하는 소리가 들린다. 땅이 질어서 걷는 게 힘들어. 이곳 문수산도 나흘은 갇혀 있어, 어흠!
하늘 말씀 들리는 대로 행해라. 4년 부지런히 끌고 가거라. 마늘을 하루에 두 쪽씩 먹어라. 온 나라 맥을 짚어 줘야 하므로, 꼭 먹도록 하여라.〉

하루는 부산 기장군에 있는 안적사의 삼성각을 찾아 칠성께 인사드리게 되었다. 그때 칠성께서 성운율사에게 내려주시는 말씀이다. 무지개 힘을 많이 빌리고 있다고 하시고, 무지개 힘을 말씀해 주신다. 무지개 힘으로, "**무너지지 않고 항상 똑바로 갈 수가 있으며, 지략이 몸과 입에서 나오고, 세상을 어루만지며 다 뚫고 갈 수 있다.**"고 하신다. 지금까지의 인연은 오륙이지만, 지나간 인연보다 앞으로 오는 인연이 더 좋다고 하시고, 앞으로 백천만의 인연을 이루어 나간다고 하신다. 환난을 막을 때, 삼천리강산에 무지개 꽃이 확 피어난다고 알려주신다.

〈속에 있는 걸 다 말해라. 무지개 힘을 많이 빌리고 있구나. 무지개 힘이란? 마음을 부드럽게 꽃피우면 참 좋다. 무너지지 않고 항상 똑바로 갈 수가 있다. 지략이 꿈에서 나오듯이 몸과 입에서 나온다. 어루만지며 가면 다 뚫고 갈수 있다.

지나간 인연보다 앞으로 오는 인연이 더 좋다. 지금까지 인연은 오륙이지만, 앞으로는 백천만이다.

환난을 막을 때, 삼천리강산에 무지개 꽃이 확 핀다. 무엇이나 절충하고 절충해서 똑똑 끊어서 일을 해나가라. 꾸불꾸불 해도 부탁하는 건 다할 수가 있다. 마음을 두고 꿈을 두고 일을 해 나가거라. 어느새, 이것도 저것도 이룰 수가 있는 것이다. 힘이 바탕이 되니, 크게 걱정할게 없다.

날마다 힘을 기르면 더 많이 할 수가 있다. 네가 앉은 자리서 새벽 4시에 기도하면 무엇이든 다 풀린다. 다섯 번씩 부탁하고, 인사 하거라.〉

성운율사가 충남 공주시 사곡면의 마곡사를 방문하여 아미타부처님께 예를 올린다. 마곡사의 아미타부처님께서, 우주를 통달하였으니, 절을 네 번 더 올리라 하신다. 성운율사에게는 "항상 무지개가 따라다니고 있다."고 말씀하시며, "옆으로가 아니고 오로지 한길로 뚫고 나가 큰 세상을 만들어라."고 하신다.

〈아홉 번 예의를 올린다. “**네 번을 더 올리라.**”고 하신다. **더하는 것은 우주를 통달하였음을 알리는 것이다.**

옆으로가 아니고 오로지 너는 한길로 가야지 된다. 뚫고 나가 큰 세상을 만들어라. 항상 무지개가 따라다니고 있다. 멋이 있는 아이들이다. 과연 관음이다. 무력에 진을 치는 큰 힘이 있다.

마을에 다니면 고무되는 일이 많이 있다. 마을마다 겁상을 많이 가지고 있으니 쳐내면 된다. 안 풀리는 것 없이 다 잘 풀린다.

어디 가서 만용을 부리지 말거라. 세상의 일을 다 가지고 가는 것이니까. 밝게 지내라. 부처가 항상 너와 같이 있으니, 힘을 내거라. 용모 단정히 하고, 말끝을 흐리지 않으면 다 잘 된다.〉

이렇듯 하늘님께서 무지개를 하늘의 상징으로 보여주시며, 부처님들께서는 하늘의 뜻이 함께하는 최상의 모습으로 말씀해 주시고 계시다. 이 말씀들을 통해서, 무지개는 하늘님의 대행자에게 붙여주시는 말씀임을 알 수 있다.

하늘님께서, 천부경의 첫 일(一)을 말씀하시며 내려주신 첫 단어, “그 사람”에 대해 아주 다양한 명칭으로 불러 주고 계심을 알 수 있다. 다양한 명칭이긴 하지만, 하늘님께서 내려주신 명칭을 가만히 들여다보면, 명칭의 변화에 후천 세상 개창의 이치가 담겨 있음을 알게 한다.

후천 세상을 개척해 나가면서, 말씀의 주인공인 성운율사가 겪어가는 과정에서 얻게 되는 명칭들이다. 하늘님께서는 하늘님의 천명대로 이루어질 미래를 내다보시며, 우리들에게 미래 상황에서 나타날 명칭으로 알려 주시는 것이다.

그러기에 성운율사의 명칭이 비약함이 없이 갖출 것을 갖추어 가며 변화하는 모습을 통해서, 대환난 전후부터, 후천 문명을 개척해 나가는 과정이 어떻게 변화해 나가는가를 쉽게 이해할 수 있을 것이다. 그만큼 후천 세상의 개창 역사는 바로 하늘님의 대행자인 성운율사의 발걸음에 맞추어져 있음을 알아야 한다. 그래서 하늘님께서 알려주시는 명칭을 소홀히 할 수 없음이다.

03

참 하늘님의 역사가 다시 시작된다!

(1) 동, 서양의 학자들이 말하는 우주와 인류 문명

동서양의 수많은 학자들과 기도자들이 숱한 세월을 보내며, 하늘님을 찾아왔었고, 대자연의 비밀을 알기 위해 부단한 노력을 해 왔다. 그렇지만, 우리 인류에게는 너무나도 큰 물음이었기에, 좀처럼 실체를 알기 어려웠고, 비밀의 문도 쉽게 허락되지 않았다.

동, 서양을 막론하고, 하늘님을 아는 일은 우리 인류에게 가장 큰 과제였다.

서양에서는 하늘님을 찾고, 하늘님에 관한 모든 것을 체계적으로 깊이 알기 위해, 대학을 설립하며 이 일에 매진하였다. 그리고 하늘님의 일을 아는 동시에, 인류의 실체를 알고자 하였으며, 인류가 몸담고 있는 지구와 우주, 대자연의 비밀을 파헤치려고 하였다. 지구에 몸담고 살아가는 인류에게 나타나는 수많은 도전과 과제를 해결하기 위해서라도, 근본이 되는 문제들의 진실에 접근해 보고자 하였다.

그래서 신의 문제, 특히 하늘님을 알고자 하는 일, 그리고 인류의 비밀을 알고자 하는 일, 인류 삶의 바탕이 되는 지구, 우주, 나아가 대자연의 실체를 알고자 하는 일에 대해, 지구상의 수많은 학자들이 고민하고, 협력하며 노력도 하였지만, 시원하게 해답을 얻을 수 있는 대상이 아니었다. 어쩌면 100년 정도의 짧은 수명 한계를 지닌 인류에게는 너무나도 벅찬, 긴 호흡의 과제들이기도 한 것이다.

하늘님과 인류의 비밀을 밝히는 문제에는 해결하여야 할 과제가 많아 보인다. 반면, 우리 인류가 몸담고 있는 지구를 비롯한 대자연의 실체에 대해서는, 그동안 수많은 동서양 학자들의 노력이 헛되지 않아서, 아주 일부분이긴 하지만 나름대로의 성과들을 만들기도 하였다.

서구에서는 아직도 학자들 간에 논란이 많긴 하지만, 서구의 학자들이 지금까지 밝혀온 인류의 출현과 진화에 대해 정리한 위키 사전에 따르면, 비록 연대시기의 오차가 크고 정확하지 않긴 하지만, 인류가 지구에 나타난 시기를 200만년에서 250만년 정도로 추정하고 있다.

지구에 출현한 인류는 200만년부터 10만년 사이로 추측되는 꽤 오랜 시간의 구석기 시대 과정을 지나오면서 문명이 시작된 것으로 학자들은 짐작하고 있다. 그러다가 인류가 사라지고, 다시 새로운 인류가 출현하여 중기 구석기(10만년부터 3.5만년 사이로 추측) 문명을 이룬 것으로 추정하였다.

그 이후에도 출현하였다가 사라지기를 반복하면서, 후기 구석기(3.5만년부터 1.2만년 사이로 추측), 중석기(1.2만년부터 1만년 사이로 추측) 문명 시대가 있었다고 추정하고 있을 정도이다.

그리고 우리 현생 인류는 1만 년 전에서 8천 년 전 사이에서 출현하였는데, 아직 멸망하여 사라지지는 않았다. 말하자면 지금의 인류 문명은 학자들이 신석기 시대로 분류한 1만 년 전에 출현하여, 흔히들 말하는 청동기 시대를 거쳐, 지금의 철기 시대로 발전해 왔다는 것이다.

1만 년 전 신석기로 시작된 우리 인류는 비록 여러 자연 재난과 전쟁 등 수많은 고난과 갈등들을 겪어왔지만, 이전에 출현하였던 인류처럼 아직까지 멸망하지는 않았고, 지금까지 발전을 거듭하면서 문명을 일구어 왔다는 점은 어느 누구도 부정하지 못하는 사실이다.

그런데, 참 묘한 것은 학자들이 추정하고 있는 5번 정도의 인류 문명에 공통적인 부분이 있다는 것이다. 인류가 출현하면 꼭 석기 시대부터 시작하고, 일정 기간이 지나면 그 인류가 사라진다. 그리고 시간이 지나서 또 지구에 출현한다고 추정하고 있다. 학자들이 지구상에 출현한 여러 석기 시대가 마치 진화, 발전하는 모습으로 이름을 붙여 구분하였지만, 석기 시대는 석기 시대인 것이다.

인류 문명의 역사에 대한 학자들의 추정이지만, 중요한 몇 가지 문제점들이 있다.

문제는 인류가 창조로 시작되었는지, 아니면 진화로 진행되어 온 것인지에 대한 의견이 분분하고, 왜 계속 석기 시대로 시작하는가를 말해 주지 못하고 있다. 그리고 인류 문명이 왜 출현하고 사라지는가라는 물음에 대한 만족한 답변 또한 얻을 수 없는 것도 역시 마찬가지였다. 그리고 현재의 인류 문명도 사라질 수 있다는 사실에 대해 막연하나마 두려움을 가지고 있으며, 언제 어떻게 그런 일이 생겨나는지에 대해서도 많은 의문을 가지고 있다.

답을 구할 수도 없는 숱한 의문이 많은 가운데, 석기 시대를 넘어서는 고도의 인류 문명 흔적과 유적이 일부 발견되기도 하였다. 복잡한 인류 문명의 흔적들이 발견되면서, 상향하며 발전한다고 주장하는 인류 문명의 진화 과정에도 의문을 품고 다른 의견들이 제시되기도 하였다.

그 중의 한 학설이 지구 리셋이론 또는 인류 리셋 이론이다.

지구에 인류 문명이 생겨, 진화하고 발전하다가 어느 순간 큰 재난(전쟁, 지진, 기후변화, 혜성충돌, 화산폭발, 지각변동 등)이 발생하여 멸망하고 모든 것이 초기화(Reset)된다는 것이다. 말하자면 다시 원시의 석기 시대와 같은 상태로 돌아가게 되고, 이후 다시 문명이 진화·발전하는 과정이 반복된다는 의견이다.

이 이론에서 제기하는 의견은, 인류의 문명이 크게 시간이 흐르면서 석기 시대→청동기시대→철기시대 등의 순서로 그 수준이 우상향하며 발전하여 왔다는 기존의 생각과는 차이가 있다.

기존의 학설에서는, 인류는 오랫동안 석기시대를 벗어나지 못한 가운데 서서히 진화하다가 이번 인류 문명에서 석기 시대의 최신 버전인 신석기 시대로 시작하여, 청동기, 철기 시대를 거치면서 고도로 발전되어 왔다고 설명하고 있다. 말하자면 인류의 고도 문명이 이전에는 없었고, 지금에 와서야 고도화된 문명이 형성되고 있다는 것이다. 이 의견은 인류 역시 진화되어 왔다는 진화론에 근거한 것이라고 할 수 있다.

그러나 지구 리셋이론은 인류 문명이 석기 시대로 시작하는 것은 맞지만, 그 인류도 문명이 점점 고도화되어 발전하다가 어떤 계기로 멸망하고, 일정 시간이 지나면 다시 석기 시대로 시작하게 된다는 설명이다. 그리고 그러한 증거들이 지구 곳곳에 산재해 있다고 주장하는 것이다. 특히, 그레이엄 핸콕은 "신의 지문"이라는 자신의 저서에서 지금의 인류 문명 이전에 있었던 고도의 인류 문명 흔적을 탐사하여 그들이 남겨둔 지문들을 제시함으로써 기존의 학설에 의문을 제기하기도 하였다.

이처럼 지구 리셋이론은 기존의 학설들이 말해 주지 못하는, 거듭되는 석기 시대의 상황과 고대에 존재했던 고도의 인류 문명을 어느 정도 설명해 줄 수 있었다.

그러나 문제는 왜 석기 시대로부터 시작하는가에 대해서는, 단순하게 대재난으로만 언급하고 명확한 답을 제시하지 못하고 있으며, 고도의 문명을 형성하게 된 과정에 대해서도 제대로 된 논리를 제시하지 못하였다. 이런 상황이다 보니 진화론에 근거한 학자들의 입장에서, 이 학설은 완전히 수용하지도 못하고 있지만, 완전히 폐기하기에도 기존의 학설들이 충분하지 않은 것이다.

학자들은 인류가 지구상에 출현했다가 사라지고, 다시 출현하여 석기 시대로 시작했다가 사라지는 현상이 왜 나타나는지를 알기 위해 부단히 노력해 왔다.

그러한 노력 끝에, 학자들은 지구에 빙하기와 간빙기가 번갈아 가며 나타났었고, 간빙기에 인류 문명이 출현하고, 빙하기가 되면 인류 문명이 사라지는 것으로 설명하게 되었다. 빙하기와 간빙기가 번갈아 나타나는 원인으로 지구 지축의 변화를 제시하였고, 이에 따른 인류의 출현과 사라짐을 연관하여 제시하기도 하였다.

특히, 서양에서는 인류 문명의 생성이 지구 환경과 깊이 관련되어 있다고 주장하고, 지구의 빙하기와 간빙기 주기와 연계하여 인류 문명의 생성과 소멸을 설명하였다.

지구의 빙하기와 간빙기에 대한 연구를 위해서, 각 나라들은 자신들의 남극대륙 기지에서 빙하기둥(빙하코어, ice core)을 채취하여 분석하였다.

빙하기둥을 분석하면 과거 시점의 지구 기온과 당시의 공기 성분

변화, 그리고 이산화탄소와 메탄 등의 농도 등을 얻을 수 있다. 그뿐만 아니라, 빙하기둥에는 공기 이외에도 수많은 물질들이 포함되어 있다. 표면의 눈이 얼음이 되는 과정에서 쌓인 화산재, 육상에서 날아온 먼지, 화재로 인한 매연, 우주에서 날아든 물질, 당시 동식물들의 활동으로 인한 물질 등 실로 다양하다. 이처럼 지구환경변화의 기록을 간직하고 있는 까닭에 얼어붙은 타임캡슐로 불리고 있다. 그래서 각 나라들이 지구환경변화를 알기 위한 빙하기둥 연구에 동참하고 있는 것이다.

최근 67만 년 전까지의 빙하기둥을 채취하여 분석하였다고 보도하고 있으나, 보스톡 기지에서의 빙하기둥 분석 결과가 대체로 자세히 공개되었다. 특히, 남극대륙 보스톡 기지의 빙하기둥 분석에 참여하였던 학자들은 45만년의 측정치 분석 결과를 [그림 2]에 제시되어 있는 그래프로 제시하였다. 80만년까지의 자료를 제시하고 있으나, 45만년 이전의 자료들은 학자들의 추정으로 판단된다.

학자들은 80만 년 전부터 지금까지의 지구 평균 온도를 측정, 분석한 결과, 80만 년 동안 인간이 살기에 적합하여 인류 문명을 열 수 있었던 간빙기의 온도 영역대가 5번 정도 존재했다고 주장하고 있다. 앞에서 인류의 유적으로 설명한 5번 정도의 인류문명과는 연대적으로는 차이가 있다.

그들은 [그림 2]의 분석 그래프를 통해서, 중간 가운데 박스로 표현한 영역의 온도에서만 인류가 생존 가능하고, 그런 영역이 5번 나타나고 있음을 제시하였다. 그 시간 이전에는 온도가 낮아서, 인류가 생존하기에는 거의 불가능한 환경이었다고 추정하고 있다.

이 의견에 따르면, 인류는 80만 년 전부터 지금까지 인류가 생존

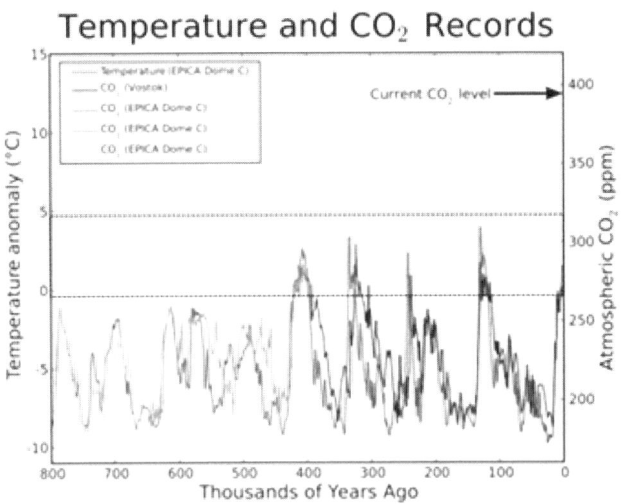

[그림 2] 빙하기둥에서 나타난 간빙기 온역대

가능한 환경에서 5번의 인류 문명이 있었으며, 지금 인류 문명은 5번째 문명에 해당한다고 주장하고 있다. 그 시간대는 42만 년 전, 33만 년 전, 24만 년 전, 12만 년 전, 그리고 현재의 시간대라고 하였다. 이들 주장에 따르면, 간빙기의 주기가 약 10만년에서 12만년 정도 된다는 것을 알려주고 있다.

그런데 어찌 인류 문명 역사가 42만년만 있을까에 대해서는 의문이 남으며, 고고학에서 말하는 석기 시대의 연도와 차이가 너무 커지만, 우주의 변화 주기와 인류 문명 변화와의 관계를 어느 정도 제시하였다는 것은 매우 괄목할 만한 성과라 볼 수 있다. 그러나 이 이론 역시 인류문명이 왜 석기 시대로 시작하는지에 대한 설명을 하지 못하기는 마찬가지다. 인류가 어떻게 생겨나는지, 즉 인류의 창조와 진화에 대한 물음에 대해서도 시원한 답을 내어놓지 못하고 있는 것도 마찬가지다. 사실 우리 인류는 신과 인간에 대해서도 아직 제대로 알고 있는 것이 없다는 것이다.

다음 [그림 3]의 그래프는 앞의 그래프와 달리, 남극대륙 보스톡 기지의 빙하기둥 분석을 통해 측정한 것으로, 각각의 측정 대상을 분리하여 표시하였다.

지난 45만년의 이산화탄소(CO_2), 온도(Temperature), 먼지(Dust) 변화를 확대한 그래프이다. 이 그래프는 5번의 인류 문명이 있었다고 주장하고 있는 지구 환경을 더 자세하게 분석한 내용이다.

내용을 보면 재미있는 사실도 확인할 수 있다. 그런데 인류 문명이 가능했다는 5번의 온도 영역대를 자세히 들여다보면, 온도와 이산화탄소(CO_2) 농도가 같은 형태로 변화하고 있으며, 먼지(Dust) 양은 온도나 이산화탄소(CO_2) 농도 시차보다 앞서서 높게 나타나고 있음을 알 수 있다. 먼지(Dust) 양이 온도나 이산화탄소(CO_2) 농도보다 앞서서 높게 나타나는 이유를 명쾌하게 설명하지는 못하고 있다.

다만 이산화탄소(CO_2) 농도가 과다하게 나타나고 있는 현재의 시간대에 사람들이 주목하고 있다. [그림 2]에서도 현재의 시점에서 이산화탄소(CO_2) 농도가 매우 높게 나타나고 있음을 보여주고 있다.

이산화탄소(CO_2)는 식물 성장에 아주 중요한 필수 요소이다. 아주 간단한 논리로 말하자면, 여름이 다가오면 이산화탄소(CO_2) 농도가 높아지게 되면서, 산천초목이 더욱 우거지게 된다. 즉 온도가 올라가면 식물이 왕성하게 자라게 된다는 것은 누구나 쉽게 아는 현상이다. 그러데 식물을 왕성하게 성장하게 하게 해 주는 가장 중요한 요소가 이산화탄소(CO_2) 농도인 것이다. 그리고 식물이 어느 정도 자라서 광합성이 활발해지면서 이산화탄소(CO_2) 농도가 줄어들게 된다.

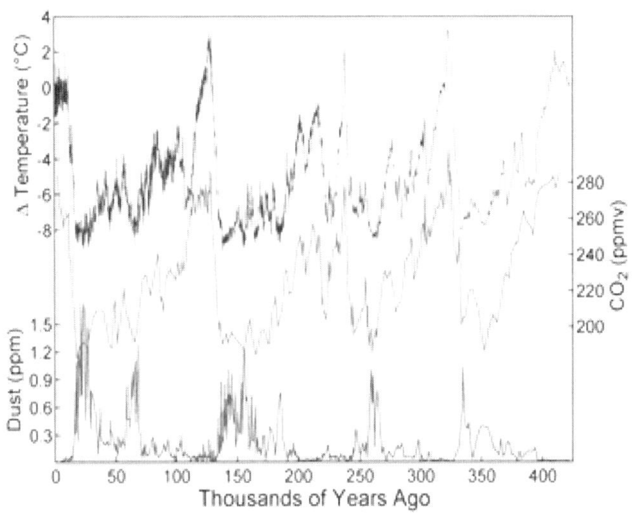

[그림 3] 45만 년 간 지구의 CO2, 온도 변화

그런데, 온도의 변화와 이산화탄소(CO2) 농도의 변화에 대한 인과관계 해석에서, 이산화탄소(CO2) 농도가 높아지면서 지구의 온도가 올라간다는 이상하고도 잘못된 판단을 하게 된다. 그러니 이산화탄소(CO2)가 지구의 온난화를 일으키는 핵심이 되었고, 또 그 이산화탄소(CO2)를 만들어 내는 주범으로 인간을 지목하게 되었다. 그래서 전 세계가 탄소중립 운동을 최우선으로 두고 각 나라 정책들을 조율하고 있다.

그런데 온난화를 일으키는 원인의 95%를 차지하고 있는 것은 수증기라는 것이다. 이산화탄소(CO2)는 3.6% 정도 기여하는데 그치며, 기타의 요소들이 1.4% 정도 기여한다고 알려져 있다. 그리고 이 때 생성되는 이산화탄소(CO2)의 96.8%는 자연이 만들어 내는 것이며, 인간이 배출하는 비율은 3.2%에 불과하다고 한다. 그래서 인간이 배출한 이산화탄소(CO_2)가 온난화에 기여하는 정도는 0.12%에 불과하다는 여러 과학자들의 발표 자료가 있다. 이런 자료들이 발표되면서, 어느 순간 지구 온난화라는 단어는 사라지고, 기후 변화라는 말로 대체되었다.

저자는 세상 흐름에 대한 이야기를 전하는 것이지, 누구의 잘잘못을 따지려는 것이 아니다.

저자는 지금 인류가 처해 있는 시간이 우주 대정화 시간대에 접어들었다는 것을 하늘의 말씀으로 전한 바 있다. 그러다보니 사람들의 의식 속에 우주의 정화 기운이 스며들면서, 지구를 정화하고자 하는 행동양식이 드러나고 있는 것으로 보인다. 어쨌든 지금 세계는 모든 국가들이 합의하여 이산화탄소(CO_2) 농도를 줄여서 지구의 온난화를 막고, 지속가능한 지구를 만들어 가려고 노력하고 있다. 세계인들의 노력이 헛되지 않기를 바랄 뿐이다.

중요한 것은 긴 빙하기를 거쳐 오면서 인간이 생존 가능한 적정의 온도가 이루어지는 이유를 밝히려는 것인데, 이산화탄소(CO_2)가 주인공이 되어버린 것이다. 빙하기라는 우주 겨울을 지나, 간빙기에 해당하는 봄, 여름이 되면 기온이 상승하면서 이산화탄소(CO_2)가 증가하며 이로 인해 식물계의 생장이 활발하게 이루어지지만, 왜 그렇게 되는지를 설명 못하고, 이산화탄소(CO_2) 탓만 하고 있는 셈이다.

알아두어야 할 것은, 기후변화는 이산화탄소(CO_2)보다는 지축의 변화에서 오는 것이라 할 수 있다. 우주 대정화 시간대에 접어들면서 지축의 변화가 더욱 잦아지면서 기후 변화의 이상 기류는 더 많아지게 되며, 지진과 화산폭발이 눈에 띄게 잦아지면서 대환난으로 이어지게 된다. 급기야 지축이 반듯하게 서게 되면서 정점에 이르고, 인류문명의 소멸은 극에 달하게 된다.

그래서 학자들 역시 기후 변화의 원인으로 이산화탄소(CO_2) 농도의 변화보다 지축의 변화에 더 관심을 갖게 된 것이다. 빙하기와 간빙기가 나타나는 현상을 수많은 학자들이 연구해 오면서 적절한 인과관계를 제시하지 못하는 가운데, 지구의 축 이동과 빙하기-간빙기 간의 관계를 제시한 밀란코비치의 지구지축이동 학설이 대중에게 크게 주목을 받기 시작한다.

그는 지구의 반복되는 빙하기와 간빙기의 변화는 주기적으로 변화하는 지축의 기울기에 따라 일어난 결과라고 강조하였다. 지구의 계절 변화와 같은 논리로 설명한 것이었다.

밀란코비치의 학설은 학계에 주목을 많이 받았다. 그러나 학자들의 논란이 그치지 않아 폐기될 듯 했지만, 2012년 하버드 대학의 피터 휘버즈 교수가 밀란코비치 학설을 입증하면서 최근에 다시 크게 주목을 받게 되었다. 그는 지구의 자전축이 약 4만1천년을 주기로 경사가 변화하는데 이 변화의 폭은 22.1°에서 24.5°라 하고, 지축이 일직선에 가까울 때 빙하가 녹고, 반대로 경사가 많이 졌을 때 빙하기가 찾아온다는 것을 입증하였다.

과학 영역의 입장에서는 한 치의 빈틈이나 오차도 허용되지 않기에 아직도 수많은 논란과 반박이 있지만, 그래도 많은 주목을 받고 있는 학설이 지구 지축 이동 학설이었다.

사실 이들 논의들은 아주 중요한 인류 문명의 생성과 소멸, 그리고 그 석기 시대의 시작 등에 대한 설명이 부족하며, 전체의 모습을 명쾌하게 제시하지도 못하고 있지만, 그래도 인류 문명의 변화 단면을 설명해 준다는 입장에서 큰 의미가 있다고 판단된다.

한편, 동양권에서도, 서구 사회에서와 같이 우리 삶의 바탕이 되는 지구를 비롯한 대자연의 변화 실체에 대한 깨달음을 얻기 위해, 수많은 학자들이 각고의 노력을 기울여왔다.

그런데 이 모든 깨달음의 시작은 동이족이라 일컫는 한민족의 일원에서 비롯되었다. 그러나 우리 인류가 시원의 뿌리역사를 잃어버렸기 때문에, 한민족의 일원에서 시작되었음도, 또한 한민족에서 비롯된 모든 깨달음이 하늘님으로부터 시작되었다는 사실도 알지 못하고 있다. 하늘님께서 11번째의 천부경을 알려주심으로써 비로소 뿌리역사의 비밀이 밝혀지고, 동양권을 포함한 현재 인류 문명의 모든 지혜가 1만 년 전 광명의 제국인 환국에서부터 비롯된 것임을 비로소 알게 된 것이다.

환국은 하늘님의 천명을 받든 10번째 천부경 전수자가 인류를 이끌고 열었던 환한 빛의 제국이었다. 하늘님의 10번째 천부경 은총으로 시작된 환국의 초기 문명은 하늘님의 천명을 받들어 열었고, 하늘님께서 항상 보우하심을 누구보다도 잘 알고 있었기에, 하늘님께 경배 드리며 보은하는 삶을 살았으며, 천상의 문명을 받아내려 지상의 문명을 열어나갔다. 그리고 하늘님의 천명을 받들어 온 누리를 크게 이롭게 하고자 환국의 문명을 전 세계로 확산해 나가고 있었다.

그렇기에 하늘님을 알고자 하는 것보다는 하늘님께서 내리신 천명을 바르게 받들며 새로운 삶을 개척해 나가는 지혜를 얻는데 주력하는 모습이었다. 동시에 하늘님께서 새롭게 열어주신 대자연과 우주의 참 모습을 이해하려고 노력하였던 것이다.

환국의 문명에서 전수된 지혜는 삶과 자연에 대한 것이었고, 여러 문명이기들에 대한 지식들이 포함되어 있었으며, 자연 현상을 이해하기 위한 노력으로 역법, 괘상, 상수 원리 등이 나타났다. 환국으로부터 전수되어온 지혜가 한민족은 물론 아시아 전역, 전 세계로 퍼져가면서 발전해 나갔다.

대자연의 변화 원리를 규명하고자 하였던 역법에서는, 환역에서 출발하여 복희역, 주역, 정역 등으로 성장, 발전하였다. 천상의 이치가 인간 문명에 드리워지면서, 음양의 기본 틀로 세상을 이해하려는 사상 체계가 형성되었다. 한편 소통의 도구인 언어와 언어를 표현한 문자 또한 진화 발전되어 왔다. 통상적인 소통도구인 말과, 사상 체계와 문명이기를 표현하는 문자 역시 음양의 짝으로 소리글자(표음문자)와 뜻글자(표의문자)의 합이 되어 발전해 왔다. 동이 문명권에서는 소리글자가 한글로, 뜻글자는 한자로 발전하였다.

두 개의 글자가 짝을 이루어 시작하였지만, 시간이 흐르면서 글자의 짝이 깨어지면서 융합된 발음이나 단어가 나타나게 되었다. 그리고 분리된 각 민족, 지역 및 문화 특성에 따라서 표기 방식, 발음과 문자 변형이 다르게 나타나게 되었고, 많은 시간이 흐르며 오늘날과 같이 분화된 상태에서 각자 진화된 다양한 언어들로 변화해 왔다.

이러한 변화 발전 과정에서, 상수학에 큰 깨달음을 얻은 소강절은 대우주 변화 주기에 대해 깊이 연구한 끝에, 129,600년의 주기를 밝혀 후대에 공덕을 끼치기도 했다. 이후 이에 근거하여, 대우주 1년의 주기에 인류문명의 변화 주기를 연결하면서, 인류 문명의 출현, 소멸, 재출현과 성숙 과정을 설명하기도 하였다.

그러나 이들 역시, 계속되는 석기 시대의 출현을 제대로 설명하지 못하였으며, 특정 시간대에서 인류문명의 출현과 성장을 설명하기에도 한계가 있어 보인다. 그럼에도 불구하고, 동양에서 계절의 주기와 같은 우주의 주기, 심지어는 인류 문명의 주기가 있다고 언급하면서 인류의 출현과 사라짐을 설명한 것은 의미가 크다고 할 수 있다. 그러나 더 중요한 문제는 시간이 흐르면서 하늘님의 역사를 잃어버리게 되어 우주의 비밀은 물론 문명사조차 제대로 알 수 없게 되어 버린 것이다.

하늘님의 뿌리 역사를 잃어버린 환경 속에서도 동, 서양의 학자들이 이루어 왔던 노력들의 성과에서 알 수 있듯이, 하늘님께서 경영하시는 대자연의 섭리에 대해 끊임없이 탐구하여 과학의 지식을 축적해왔다.

그러나 과학에는 인간이 지닌 지식의 한계가 있기에, 하늘님과 신의 세계를 바탕으로 하지 않는다면 과학 역시 빈껍데기인 납작에 지나지 않으며, 우주의 참된 진실에 도달하기 어렵다. 한계가 많은 인간의 과학 지식이지만, 신명들께서는 인간들의 노력을 가상히 여기며, "신의 경계에 와 있다"고 말씀하시기도 한다. 그러나 우주의 대비밀에 속하는 하늘님과 인류 문명의 비밀에 다가가기에는 인간들의 현재 지식으로는 쉽지 않아 보인다. 하늘님께서 열어주셔야 알 수 있는 일이다.

그런데 동방의 대한 땅에 하늘님께서 환한 빛으로 오시어 구원의 말씀과 함께 지구가 생긴 이래로 11번째로 천부경 말씀을 내려주시며, 신과 인간, 그리고 우주의 대비밀을 열어 주셨다.

하늘님께서 인간의 역사를 직접 주재하시어 새롭게 인류 문명을 열어주시는 시간대가 되어서야 비로소, 이제까지 밝혀지지 않았던 우주의 대비밀과 인류 문명의 참된 비밀이 열리게 된 것이다. 우주의 대비밀은 바로 인류 문명의 비밀과 직결되어 있고, 하늘님과도 직접 관련되어 있는 비밀이기에, 어느 한쪽이 아니라 모두를 동시에 들여다보면서 우주의 대비밀을 풀어 나갈 수 있다.

(2) 하늘님의 시간이 다시 시작된다!

대자연의 이치는 매우 복잡해 보이지만, 단순화하면 누구라도 쉽게 이해할 수 있다. 이런 대자연의 이치는 복잡한 수학 공식으로 설명하는 것이 아니라, 직관적으로 이해하고 납득할 수 있어야 한다. 즉, 자연 이치를 단순화하여 쉽게 이해할 필요가 있다는 말이다.

우리가 살고 있는 자연의 변화 이치를 가장 쉽게 표현한 단어가 봄, 여름, 가을, 겨울이다. 봄, 여름, 가을, 겨울의 변화는 수학 공식으로 입증하는 것이 아니라, 들녘의 농부가 살아오면서 얻은 체험과 직관으로 이해하고 납득할 수 있는 것이다.

대자연은 정지하고 있는 것이 아니라, 봄, 여름, 가을, 겨울로 쉼 없이 변화하며 움직이고 있다. 그 움직임은 순환하는 움직임이다.

순환하는 움직임은 지속적인 생명의 동력이 된다. 인간의 생명계도, 대자연의 생명계도, 대우주의 동력계도 순환하며 움직인다. 그리고 대자연의 모두는 서로 별도의 독립된 개체이면서도, 서로 맞물려 돌아가면서 순환하는 것이다. 순환하는 대자연은 서로 연계되어 순환하는데, 대자연의 순환에 따라, 그에 속한 많은 생명계도 순환주기에 맞추어 삶을 이어가고 있다. 만약에 그 주기를 거스르거나, 이탈하면 바로 죽음의 나락으로 떨어진다. 낮이면 활동하고, 밤이면 휴식을 취한다. 더워지면 옷을 얇게 입고, 추워지면 옷을 따뜻하게 입어야 한다.

순환하는 대자연을 잘 이해하는 농부는 농사의 때를 그냥 알게 된다. 그리고 그 때에 맞추어 농사일을 하면 된다. 농부는 대자연의 순환 속에서 일을 한다.

그런데, 그 순환이 멈추면 생명의 동력을 잃게 된다. 생명의 동력을 계속 유지하기 위해서, 우리 몸도, 우리가 살고 있는 자연 환경도, 대우주도 순환하며 움직이고 있다. 자연이 순환하며 움직이기에 생명의 동력이 나타난다. 만물이 생명력을 유지하려면 순환하여야 한다. 우리 인체도 마찬가지이고, 대우주 자연계도 마찬가지다.

가장 쉽게 우리는 밤낮이 순환하는 하루를 살고 있다. 여기에 따라서 우리는 활동하고, 휴식을 취하며 새로운 생명의 동력을 갖는다. 밤낮의 변화는 지구의 순환에서 이루어진다. 지구도 끊임없이 움직여야, 생명의 동력을 가지게 된다. 그래서 움직인다. 순환하는 움직임은 원의 움직임이기 때문에 주기성을 갖는다.

우주 공간에 흩어져 있는 모든 별들은 저마다 효율적인 순환 운동을 하기위해 공 모양의 형태를 취하고 있다. 모든 별들이 완전하게 둥근 공은 아니지만, 유사한 구체를 지님으로써, 가장 효율적인 생명력을 유지하게 된다. 별들이 완전한 공 모양이 아닌 것은 서로 간의 동력 관계가 작용하기 때문이다.

그런데 여기에 또 다른 움직임이 포함된다. 별은 자신의 생명력을 더욱 강화하기 위해서 자신의 축을 변화시키며 움직이게 된다. 이런 축의 변화로 밤과 낮의 길이가 변화하면서, 더욱 효율적인 생명 활동을 유지하게 된다. 이러한 변화는 비단 지구에만 그치는 것이 아니다. 태양을 포함하는 태양계가, 더 큰 우주의 중심을 축으로 해서 회전한다면, 더 큰 주기의 변화도 마찬가지로 설명할 수 있게 되는 것이다.

하늘님이신 천상천주님께서 천부경을 이해하려면, 소우주로 이해하라는 말씀을 주셨다. 하늘님께서 말씀해 주신 천부경은 말할 것도 없고, 하늘님께서 다스리시는 대자연에도 그대로 적용되는 말씀이다.

우주 전체는 수많은 소우주들의 연관 속에 움직이고 있다. 그러면서 서로 관계성을 가지고 전 우주가 생명의 동력을 가지고 나아가고 있다.

지구가 스스로 1번 회전하면 밤낮의 하루 변화가 오고, 지구가 태양을 중심으로 크게 한번 순환하면, 지구에 1년의 변화가 온다. 지구의 지축이 기울어져 있으면, 그것으로부터 생명력의 변화가 생기고, 순환하는 자연계가 나타난다. 말하자면 지구의 1년에 변화가 나타난다. 그 순환이 생명을 키워내고, 성장시키고, 열매를 맺게 하고, 다음의 생명 순환을 위해 준비하는 과정을 거치게 된다. 이 현상들에 이름을 붙여서, 봄, 여름, 가을, 겨울이라고 한다. 봄, 여름, 가을, 겨울의 이름은 생명의 순환을 소우주로 매듭지어 부르는 말이다.

이러한 순환의 매듭은 더 큰 주기의 시간성을 갖더라도 똑같은 원리와 이치로 움직이게 된다. 그 주기 역시 생명의 동력을 움직이는 주기이기 때문이다. 우리 사람들도 조금 긴 호흡의 생명 주기를 갖는다. 하늘의 별들이 움직이는 순환 주기에 차이가 있듯이, 사람들도 순환 주기에 차이가 있다. 이를 우리는 수명이라고 말을 한다. 순환 주기의 차이, 즉 수명의 차이가 있지만, 이름하여 봄, 여름, 가을, 겨울의 현상이 있게 마련이다.

나무와 나뭇잎의 일생처럼 사람도 그런 일생을 갖는다. 그래서 태어나, 성장하고, 자신의 열매를 낳고, 새로운 생명 주기로 돌아가게 된다. 그런 생명의 주기 속에, 사람들은 눈에 보이지 않는다고 믿지 않겠지만, 신의 주기가 있는 것이다.

신의 세계는 매우 자연스러운 우주 생명 활동의 또 다른 주기인 것이다. 그것을 사람들은 눈에 보이지 않는다고 인정하지 않으려 하지만, 그것은 인정하고 안하고의 문제가 아니다. 스스로 깨치고 경험해야 하는 세계이다. 모든 인류가 알게 모르게 찾아 나선 길이기도 하다. 신명계의 주기를 찾는 일이지만, 바로 하늘님을 찾는 길이었다.

대자연의 생명 주기가 더 큰 주기를 갖는다면, 소강절이 말하는 더 큰 주기의 우주 1년, 또 일각에서 말하는 인류 문명의 주기가 나타나는 것이다. 서양에서는 이 주기에 대해 빙하기, 간빙기라고 이름을 붙이고 있다. 봄, 여름, 가을, 겨울을 크게 두 개의 영역으로 나누면 생명이 활달하게 활동하는 늦봄에서 가을 중반까지와, 생명이 수축되어 움츠리는 가을 중반부터 다음 늦봄까지의 두 영역으로 나눌 수 있게 된다. 전자는 간빙기, 후자는 빙하기라고 말할 수 있을 것이다. 학자들이 말하는 정밀성은 일단 내려두고 하는 말이다.

어쨌든, 우주의 주기성은 우주의 생명력을 잉태하고, 성장시키고, 새로운 생명을 준비하는 생명의 동력계라고 할 수 있다. 그래서 저자는 앞에서 만물을 낳아 기르는 것이 우주의 참 본성이라고 언급한 것이다. 여기에서 주기의 시간을 측정하는 문제는 더 깊은 과학에서 다루어야 하겠지만, 소강절이 제시한 것은, 어쩌면 매우 간단하다.

순환하는 원이 한번 회전하여 움직이면 하루 360도이다. 지구가 태양을 중심으로 한번 움직이며, 1년 360일이 되는 것도 여기에서 기인한다. 다만 차이가 있는 것은 지구의 지축이 기울어진 상태에서, 그리고 앞에서 언급하였듯이 완전 공 모양이 아니라, 타원의 모양이기 때문에, 꼭 360도가 되지는 않으며, 1년도 360일 아니라, 365.2544일이 되는 이유이기도 하다. 일단 그 차이를 무시하고 정리하면 360일이 되는 것이다. 그리고 지구를 포함하는 태양이, 우주 공간에 있는 또 다른 별을 중심으로 움직이면, 360×360하여 129,600

도가 된다. 그 원리에 따라 계산하면 129,600년이 되고, 이를 우주 1년이라고 한 것이다.

1년 360일에서 차이가 있듯이, 우주 1년도 더 큰 차이가 나타나는 것은 당연한 일이다. 소강절의 우주 1년은 우주를 간명하게 이해하기 위함이다. 엄밀성을 따지는 과학자 입장이라면, 그 오차가 오히려 더 세밀한 우주 비밀을 풀 수 있는 열쇠가 될 수도 있을 것이다. 동양권의 학자들은 환역에서 복희역, 주역, 정역으로 진화 발전하면서, 그 시간의 오차를 토대로 대자연의 움직임을 체계적으로 깨우쳐, 우주가 변화하는 이치를 밝혀내기도 하였다.

그러나 자연의 이치를 단순화하여 우주의 생명 동력계를 이해할 필요가 있다. 그런 측면에서 이 책에서는 우주 주기의 엄밀한 시간을 말하려는 것보다는, 우주 주기의 특성을 간결하게 전해주려는 것이다. 그렇게 하더라도 우주의 비밀을 밝히는데 크게 문제가 되지 않는다.

대자연은 이렇게 생명과 직결되는 순환을 한다. 그 순환하는 가운데, 인류 문명 출현과 소멸의 문제가 나타나는 것이다.

자연계의 생명 순환 활동을 가장 쉽게 알 수 있는 것은 나무와 나뭇잎의 생명 순환이다. 인류문명이나, 한 국가, 그리고 사람의 일생도 같은 모양의 생명 순환을 하는 것이다. 더 큰 문명의 순환도 같은 이치로 파악할 수 있을 것이다.

대자연 생명의 순환이 인류 문명을 키워내고, 성장시키고, 열매를 맺게 하고, 다음 인류 문명의 순환을 위해 준비하는 과정을 걷게 되는 것이다. 가장 쉽게 봄, 여름, 가을, 겨울로 생각하면 된다. 자연의 이치를 담아서 만들어지고 약속한 단어들이기에 모든 자연계의 순환을, 봄, 여름, 가을, 겨울로 파악하면 문제가 없을 것이다.

대자연에 순환하는 주기가 있다는 것을 알았다면, 이제 무엇보다도 더 중요한 것은, 지금은 어느 시간대에 있느냐는 것이다. 마치 농사일을 하는 농부가 농사시기를 아는 것과 같은 이치다. 태양이 움직이는 시간에 따라 만든 24절기 중, 곡우 전후에 못자리를 마련하고, 망종 전후에 모내기를 하는 등, 시간을 놓치지 않고 적절한 시간에 벼농사를 하게 된다.

그래서 농부가 농사일의 시간을 아는 것이 중요한 것처럼, 우리 인류도 우리가 위치해 있는 시간을 아는 것이 중요하다. 말하자면 곡우인지, 망종인지, 때를 아는 것이 중요하다는 것이다.

농부처럼, 인간의 입장에서 우리가 볼 수 있고 경험할 수 있는 시간의 때는 쉽게 알 수 있다. 우리가 위치해 있는 시간을 알면 우리가 어떤 삶을 준비해야 하는지 알 수 있듯이, 우주의 시간을 알면 우리 인류가 어떤 삶을 준비해야 하는지 알 수 있다.

이렇게 시간을 제대로 안다는 것은 매우 중요한 일이었기에, 인류 문명의 초기에서부터 국가 차원에서 연(年), 일(日)과 시(時)를 알기 위해 상당한 노력을 기울여 왔던 것이다. 이처럼 인류 문명 초기에는 시간을 안다는 것이 국가적 대사이었으나, 지금은 나침반이 있어서 하늘을 보지 않아도 별과 태양의 방향을 알고, 시계가 있어서 시(時)를, 책력이 있어서 연(年)과 일(日)을 쉽게 알게 되었다. 이제는 컴퓨터를 통해서 시간과 공간에 관련된 지식은 어느 누구나 쉽고 편하게 접근할 수 있게 되었다.

그러나 문제는 더 큰 시간의 주기에서, 우리 인류가 서 있는 우주의 시간을 모른다는 것이다. 인간이 경험할 수 있는 시간의 범주를 넘어서 있어서 경험할 수도 없고 상상력을 발휘하기에도 너무 큰 시간의 순환 주기이기에, 우리가 위치한 우주 시간을 제대로 안다는 것은 참으로 어렵다.

우주 1년의 주기 속에 우리 인류가 문명을 이루고 살고 있으니 서구 과학에서 말하는, 빙하기는 아니고 간빙기 어디쯤의 시간대로 이해할 수 있다. 심지어 앞에서 살펴본 바와 같이, 이산화탄소(CO_2) 농도가 과거에 있었다는 인류 문명 때와 비교해도 한참 높은 정점에 있다는 점에서 무언가 새로운 변화가 이루어질 듯한 시간대에 있음을 알게 된다.

그런데도 불구하고 구체적으로 어느 시간에 우리 인류가 있느냐는 것은 알지 못하고 있다. 그 시기를 정확하게 알 수 없으니, 여러 의견들이 나오기도 하지만 제대로 맞지도 않다는 것이다.

그런데, 우주의 모든 시간을 주재하시는 하늘님께서 오셔서 우리 인류에게 그 때를 밝혀주시는 것이다. 역으로 말하면, 그 때가 되면 하늘님이 오셔서, 하늘님의 역사를 다시 시작하시는 것이다.

그래서 동방 땅 대한의 나라에 하늘님께서 눈이 부셔서 쳐다볼 수도 없는 환한 빛으로 임하시어, 참 하늘님의 역사가 시작됨을 알려주셨다. 하늘님께서 인류 역사를 직접 주재하시고, 인류가 처한 시간을 알려주시며, 하늘님의 시간을 시작하시는 것이다.

하늘님께서는 만상의 인간들을 살피시고, 처절하게 하늘님을 찾아 기도하던 한 사람의 삼생과 정성, 그리고 성품을 꿰뚫어 보시어, 하늘님의 대행자로 정하셨다. 그리고 모든 신명들께 명하시어, "그 사람"을 가르치게 하셨다. 그 후에 하늘님께서 "그 사람"을 불러 세워 직접 가르침을 내려주셨다.

하늘님께서는 "그 사람"에게 지구는 지금 우주 대정화시간에 들어

셨으며, 현재의 인류문명이 모조리 무너져 내리는 대환난이 조만간 시작된다고 알려주시고, 인류를 구원하도록 천명을 내려주신다. 그리고 대환난이 끝난 뒤, 새로운 인류 문명을 세워나가도록 다짐 받으시며, 11번째 천부경을 내려 주신 것이다.

우리는 우주의 어느 시간대에 있는지를 몰랐지만, 하늘님께서 환한 광명의 성신을 드러내시면서, 우리들에게 우주의 어느 시간대에 있는가를 알려 주신 것이다. 하늘님께서 광명의 성신으로 "그 사람"에게 나타나신 것은, 하늘님께서 인류 문명을 직접 주재하지 않으면 안 되는 그런 시간에 와 있다는 것이다.

하늘님께서 직접 주재하지 않으면 안 되는 시간이란, 인류의 모든 문명이 소멸되는 대환난의 비겁이 발생하는 시간이자, 우주 차원의 대정화가 이루어지는 우주 대변환 시간이며, 지금의 인류 문명은 문을 닫고 새로운 인류 문명이 열리는 시간이라는 것이다. 지금의 우주 시공간을 문 닫고, 새로운 우주의 시공간으로 들어가는 시간대에 우리 인류가 서 있다는 것을 알려 주시고 있다. 이런 대우주적인 인류 멸망 사건으로 인하여 하늘님께서 "그 사람"에게 찬란한 광명의 성신으로 드러내시고, 하늘님께서 인간 역사를 직접 주재하시며 하늘님의 시간을 시작하시는 것이다. 참 하늘님이신 천상천주님께서, 천부경의 천일일(天一一) 글자 중 천(天)에 대해 말씀을 주신다.

> * 하늘은 이번 있은 일을 안으로 있다 하고, 무엇하나 거침없이 반듯하게 알려 주마. **너무나 아득한 날에 일어났느니라**.

"그 사람"인 성운율사는 천상천주님께서 말씀을 내려주실 때마다, 영적으로 말할 수 없는 어려움과 두려움이 섞인 상황에서 몸과 마음이 꼼짝달싹할 수 없고 생각마저 정지되며, 내려주시는 말씀만을 받들게 되어 여쭈어 보고자 했던 질문을 놓치게 된다고 한다. 그럼에도 불구하고, 하늘님께서는, "**무엇하나 거침없이 반듯하게 알려 주마.**"라 하시며, 성운율사의 여쭙는 말씀에 일일이 답을 내려 주시며, 더 물을 것이 없느냐고도 말씀하신다.

성운율사는 기도 중에, 하늘에서 내려 주시는 말씀과 함께 영안으로 거대한 영상을 보게 된다. 하늘에서 지금과 같은 생명이 살 수 있는 지구가 되는 과정 속에, 지구 생성 초기의 모습을 보여 주신다.

성운율사가 영안으로 본 모습은, 지구상에 수많은 화산 폭발과 지진이 동시에 일어나면서 엄청난 화염을 뿜어대는 열기에 휩싸여 있었다. 시간이 계속 흐르며 점차 지진과 화산 폭발이 멈추기 시작하였고, 그 엄청난 화염과 열기들이 식어가면서 산도, 들도 생겨나기 시작하였다고 알려준다. 그때 하늘에서 내려주신 말씀에 대한 내용이다.

〈자연이 지구를 정화시켜야 한다. 36,000년에 한 번씩 하는 것이다. 지구가 55억년 되었다고 말씀하셨다. 그러시면서 화산 폭발이 일어나고, 식으면서 산들이 형성되는 형상을 보여 주셨다.〉

하늘님께서 내려주신 천부경 말씀처럼, "너무나 아득한 날에 일어났느니라."는 말씀에 대해 하늘에서는 구체적으로, "**지구가 55억년 되었다.**"고 알려주신다. 그리고 "**자연이 지구를 정화시켜야 한다. 36,000년에 한 번씩 하는 것이다.**"고 하신다.

36,000년에 한 번씩, 자연이 지구를 정화시킨다는 말씀이다. 이 말씀으로 대자연의 생명 주기를 밝혀주시는 것이다. 문제는 36,000년

의 정화 주기 시간에서, 우리 인류가 서 있는 시간은 지난 36,000년 끝점이자, 새로운 36,000년 시작점에 있다는 것이다.

말하자면 지금 인류의 시간대가 36,000년 만에 이루어지는 지구 대정화 시간에 들어서 있다는 말씀이다. 지금 대자연의 시간대는 36,000년 동안 지구에 켜켜이 쌓여 있던 모든 문제들을 정화하고, 새로운 시공간의 세상을 열어 나가는 시간대라는 것이다. 이 과정에서 인류에게는 엄청난 대 시련이 발생한다고 경계해 주신다. 현 인류 문명의 종말이라 말할 수 있는 대지진, 화산 폭발, 대해일 등의 대환난이 불원간 지구 전체에 발생하여 인류가 파멸지경에 이르게 된다는 것이다.

하늘님께서 천부경의 그 사람에게 "성운율사" 명호를 내려주시며, 이 세상에 하늘님을 바르게 전하라고 하시고, 내려 주신 말씀의 일부이다.

〈우리의 땅 일부가 일본의 침몰로 (오는) 바닷물 공격으로 36,000년 동안 침수된다. 그러나 침수와 동시에 곧 통일이 되며, 우리 한반도를 한번 동해 바닷물이 치고 서해바다로 넘어간다고 하늘님께서 말씀하셨다. (하략)〉

하늘님께서 말씀을 주신다. "우리의 땅 일부가 일본의 침몰로 (오는) 바닷물 공격으로 36,000년 동안 침수된다."고 하신다. 일단 우리나라 땅 일부가 바다에 잠긴다고 말씀하신다. 그리고 침수와 동시에 곧 통일이 된다고 깨우쳐 주신다. 침수되는 지역은 한반도 전체에서 광범위하게 이루어지겠지만, 주로 동남해안과 서남해안을 잇는 지역이 36,000년 동안 물에 잠긴다고 하신다. 굳이 구체적인 지역을 이 책에서 말할 필요는 없을 것이다.

일단 바다에 잠기게 되면, 36,000년 동안 잠긴다는 말씀이다. 이 말씀으로 36,000년 주기의 시작이 바로 우리 눈앞에 다가왔다고 말씀하시는 것이다.

하늘님께서 이 땅에 살고 있는 모든 인류가 맞닥뜨리게 될 대겁난의 상황을 이렇게 말씀해 주신다. 이제 대자연에서 정화하는 시간대에 들어섰으며, 겁난의 극에서 지축 즉 지구의 축이 변화한다고 하신다. 그 시간이 바로 앞이라고 하신다. 몇 년 내에 10여개의 나라가 수장된다고 알려주신다.

〈수천 년에 한 번씩 지구의 축이 변화한다고 하늘에서는 말하신다. 그래서 이 곳 대한민국이 "몬순 아열대"로 변화가 시작되고 있다고 한다. **그 기간이 바로 앞이라**고 하늘에서 전하신다.
그래서 몇 년 내 10여 개 나라가 수장된다고 한다. 그것이 눈앞에서 곧 전개된다고, 아메리카대륙, 화란, 일본 이 나라들은 씨도 없이 사라진다고 하늘에서 말씀하신다.(하략)〉

하늘님께서는 지구의 축이 변하는 과정에서, 우리나라의 기후가 몬순 아열대 기후로 변화한다고 하신다. 그리고 전 세계적으로 대지진과 화산이 터지면서, 나라마다 난리의 조짐이 나타난다고 하신다. 그때 미국과 유럽도 바다에 잠기게 된다는 말씀이다.

또한 대지진과 화산 폭발로 일본 땅이 바다 속으로 침몰하고, 그로 인한 대해일이 일어나 한반도를 덮쳐, 한번 동해 바닷물이 백두대간을 치고 서해바다로 넘어간다고 하신다. 그때 침수되는 땅은 이후

36,000년 동안 바다 속에 잠기게 된다고 하신다. 기존의 인류 문명은 땅에 묻히거나 바다 속에 잠겨 사라지게 된다는 말씀이다.

바로 그 직후에 지축이 반듯하게 서는 사건이 발생한다. 지구 전체에 대지진과 화산 폭발 등의 대정화 과정을 거치면서 지축이 바로 서게 된다는 말씀을 해 주신다. 지축이 바로 서는 과정에서, 땅에서뿐만 아니라, 하늘에서도 나는 새가 떨어지는 등 하늘에 떠 있는 것들도 모두 떨어지면서 충돌로 인한 엄청난 피해도 동시에 일어나게 된다고 신들과 부처님들께서 전해주시고 있다.

온 인류의 코앞에 대환난의 시간이 도래해 있다고 하늘에서 말씀을 주시는데, 부처님들과 지상의 대신명들께서는 지역을 중심으로 대환난의 변화를 더 긴급하게 전해 주신다. 성운율사가 통도사 자장암 삼성각에서 기도를 하는데, 영축산 산신령께서 말씀을 내려주신다.

불원간 남쪽과 북쪽 모두 물난리가 나는데, 그 물난리로 통일이 된다고 알려주신다. 북한은 물로 쓸어서 와해된다고 하신다. 물난리가 날 때, 야무지게 꼭 밟고 가라고 하신다. 성운율사에게 "팔난을 막는 이들이니 항상 속과 겉을 편하게 하라."고 하신다.

그리고 "천상에서 항상 환하고 밝은 빛인 온수를 내려 주고 있다. 그러니 항상 환하게 살아라."고 하시며 천상의 축복이 함께하고 있음을 알려주시며, 원력을 내려주신다.

〈산신께서 머리 위 천장에서 불빛을 환하게 내리 비친다. **불원간 이쪽저쪽 물난리가 나는데, 그 물난리가 나면서 통일이 되는 거야. 물이 팍 팍 들어오면서 흥망이 그때 끝을 봐! 북한은 물로 쓸어서 와해 돼!**

그때 물난리 날 때, 두 사람은 야무지게 꼭꼭 밟고 가라. 천상에서 어루만져 주고 있으니, 걱정하지 말고 5~6년 동안, 너희가 팔난을 막는 이들이니 항상 겉과 속을 편하게 하라. 밝은 빛이 온수라 하는데, 천상에서 항상 환하게 온수를 내려 주고 있다. 그러니 항상 환하게 살아라.〉

영축산 산신령님께서 말씀해 주신 환하고 밝은 빛인 온수 이름을 갖고 계신 부처님이 계시다. "**약사온수대미륵부처님**"으로 환하고 밝은 부처님이시기에 하얀 부처님으로 보타사(충남 공주시 반포면 공암리 82-1)에 계신다.

조만간 세상 사람들이 종말이라고 말하는 엄청난 일이 일어나는데, 하늘님께서는 이 대겁난이 종말은 아니지만, 인류 문명을 쓸어버린다고 하신 것이다. 그리고 그렇게 정화된 지구에 새로운 인류 문명이 들어서는데, 그 세상을 "**후천 세상**"이라고 말씀해 주신다.

하늘님께서는, 지금의 이 세상에 닥치게 될 대겁난 속에 인류를 구원하여 후천의 새로운 세상을 열어주시기 위해, 하늘님의 대행자를 준비하시고, 살아남은 사람들을 이끌고 먹여 살리며 새로운 인류 문명을 만들어 나가는 과정의 말씀이 담긴 11번째 천부경을 알려주신 것이다.

(3) 하늘님 천명으로 시작되는 신인류 문명

위키 사전이 불완전한 것은 사실이지만, 그래도 게시된 글들을 자세히 살펴보면, 지구상에 출현하였던 인류 문명의 역사에 공통적인 사실이 있다. 인류 문명의 시작이 모두 석기 시대이라는 사실이다.

학자들은 인류 문명을 구석기, 중기 구석기, 후기 구석기, 중석기, 신석기 등의 이름으로 구분하고 있으며, 모두 석기 시대에서 출발하고 있음을 추정하고 있다. 5번의 인류 문명이 모두 석기 시대로 시작되고, 일정한 시간이 지나면 그 인류 문명이 파괴되어 사라진다는 사실을 말해 주고 있다. 그리고 또 다른 인류가 출현하는데, 석기 시대로 시작해서, 시간이 지나면 또 사라진다. 이런 반복 역사 속에, 명칭을 달리하여 마치 인류가 점점 진화, 발전해 가고 있는 것처럼 묘사하고 있지만, 석기 시대가 반복되고 있는 것은 사실이다. 변화의 차이는 다소 있을 수 있을 것이다. 그럼에도 불구하고, 석기 시대라는 것은 변함이 없다. 그리고 알 수 없는 고도의 고대문명 유적들이 발견되면서 더욱 의문이 많아진 상황이다.

인류 문명 역사에서, 왜 석기 시대가 반복되는가에 대한 의문을 어느 누구도 찾지 못하였다. 그래서 제기된 학설이 지구 리셋이론이다.

앞에서 언급하였지만, 지구 또는 인류 리셋 이론은 지구에 인류 문명이 생겨, 진화하고 발전하다가 어느 순간 큰 재난(전쟁, 지진, 기후변화, 혜성충돌, 화산폭발, 지각변동 등)이 발생하여 모든 것이 초기화(Reset)된다는 이론이다. 초기화된다는 것은 원시의 석기 시대와 같은 상태로 다시 돌아가게 된다는 것이다, 마치 컴퓨터 게임처럼.

진화론 입장에 있는 다수의 학자들은 쉽게 받아들이지 않고 있는 학설이기도 하다. 그러나 허투루 들을 내용이 아니다. 그리고 밀란코비치가 제시한 지축이동 이론에서는, 지구 리셋이론의 큰 재난을 지축 이동으로 인한 기후 대변화에 의해 나타나는 대재난으로 설명하고 있다. 인류 문명의 소멸, 생성에 영향을 미치는 기후 대변화는 지축의 변화와 그로 인한 빙하기와 간빙기 교차에 의해 나타나는 것으로 설명하고 있는 것이다. 100년 정도의 짧은 삶을 살아가는 인류로는 이해하기 쉽지 않은 사실들이다.

그런데 지구가 생긴 이래로 11번째로 천부경을 알려주신 하늘님께서, 인류 구원의 대행자인 성운율사를 통하여 직접 하늘님의 존칭을 밝혀주시고, 하늘님께서 통치하시는 신의 세계, 나아가서 인류와 인류 문명의 실체, 지구를 비롯한 대자연의 실체에 접근하도록 대지혜의 문을 열어 주셨다. 하늘님께서, 모든 인류가 맞닥뜨리게 될 대환난의 상황을 말씀해 주시는데, 대자연에서 정화하는 그 시간대에 들어섰으며, 그 환난의 극에서, 지축이 변화한다고 하신다.

〈수천 년에 한 번씩 지구의 축이 변화한다고 하늘에서는 말하신다. 그래서 이 곳 대한민국이 "몬순 아열대"로 변화가 시작되고 있다고 한다. **그 기간이 바로 앞이라**고 하늘에서 전하신다.
그래서 몇 년 내 10여 개 나라가 수장된다고 한다. 그것이 눈앞에서 곧 전개된다고, 아메리카대륙, 화란, 일본 이 나라들은 씨도 없이 사라진다고 하늘에서 말씀하신다.
지축이 서는 날 우리 지구상의 모든 인간은 동물처럼 된다고 전하신다. "먹고, 성관계" 외엔 할 줄 아는 것이 없이, "원시인"처럼 살아갈 때, "청음"을 들은 자는 지금의 지혜로 깨어나 새로운 삶을 개척 하며 살아간다고 하늘에서 전하신다.〉

하늘님께서는, 지축이 변화해 나가는 과정에 지구 곳곳의 기후도 크게 변화한다는 것을 말씀해 주신다. 그리고 지축이 반듯하게 서는 과정에서, 지구 전체에 발생하는 대지진과 화산 폭발, 그로 인한 대해일 등으로 기존의 인류 문명이 모두 파괴된다고 하신다.

그런 대환난 가운데 지축이 반듯하게 서게 되는 순간, 그 충격으로 지구의 모든 인간들은 그동안의 기억들이 모두 사라져 원시인이 되어버린다고 하신다. 지축이 바로 서게 되는 엄청난 충격의 여파로, 사람들은 기억을 모두 잊어버려, 원시인으로 살아가는 석기 시대로 확 되돌아간다는 것이다.

지구상에 새로운 석기 시대가 시작된다는 것이다. 기존의 인류 문명이 파괴되고, 인류는 기억을 잊어버려 원시인이 되어 또 다른 석기 시대가 되어버린 상황에서, 새로운 인류 문명을 개창해 나가는 파란만장한 일이 벌어지게 된다.

하늘님이신 천상천주님께서, 이 과정에서 인류가 겪게 되는 엄청난 대겁난의 사실을 세세하게 알려주신다.

전 세계는 화산 폭발 및 대지진으로
혼란을 겪게 되며, 세계적으로 기근이 든다.
그러므로 백성이 먹을 양식을 쌓아 놓아야 한다.
모든 인간은 한 치 앞을 못 보는 원시인으로 변하게 된다.
그 이유는 지축이 반듯하게 서게 되는 순간
지구의 모든 인간은 그동안의 모든 기억은 사라지고
저 원시인으로 살아가게 된다.
앞으로 4~5년 동안 파란만장한 일들을 많이 겪는다.

하늘님께서는 36,000년의 막바지이자 새로운 36,000년이 시작되는 우주적 대변화기에 우주 정화 과정이 나타나는데, 화산 폭발과 대지진이 일어나고 세계적으로 기근이 든다고 하신다.

그리고 그런 대지진으로 땅이 무너지고, 대해일이 발생하여 모든 나라들이 쑥대밭이 된다. 여러 나라들이 바다 속으로 들어가며, 인간 씨종자도 남지 않게 된다. 우리나라는, 일본 침몰로 생긴 해일이 덮치면서 바닷물이 동해안의 백두대간을 넘어 서해안으로 빠지는 엄청난 물난리로 많은 사람들이 죽게 되지만, 그나마 다른 나라의 사정에 비하면 나은 편이라는 것이다.

여기까지는 지구 리셋이론에서 말하는 지구차원의 대재난이 일어나는 것은 틀림없는데, 그냥 석기 시대로 돌아가는 것이 아니라는 것이다.

인류에게 대재난이 닥치는 것은 말할 것도 없는 사실이지만, 문제는 그들이 상상하는 것과는 다르게, 지구 대정화 차원에서 나타나는 대겁난이며, 그 절정에서 지축이 반듯하게 서게 된다.

지축이 반듯하게 선다!

하늘님께서 우리 인류에게 선포하시는 말씀이다. 지축이 반듯하게 서게 되는 순간, 그 충격으로 지구상의 인간들은 그동안의 모든 기억이 사라지고, 한 치 앞을 못 보는 원시인으로 살아가게 된다고 하신다. 하늘님께서는, 충격을 받은 인간들은 동물처럼 "먹고, 성관계"외엔 할 줄 아는 것이 없는 원시인이 된다고 하신 것이다.

우주차원의 정화가 이루어지고, 그 끝에 지축이 반듯하게 서면서, 인류 문명은 석기 시대로 확 뒤돌아 가버리게 된다는 말씀이다.

모든 인류 문명이 파괴되고, 살아남은 인간조차 모든 기억이 지워져서 인류 문명이 급격하게 쇠퇴하게 된다. 지금 현재 우리가 알고 있는 인류 문명의 초창기에 존재하였다는 구석기이니 신석기이니 하는 석기 시대로 확 뒤돌아가게 된다는 것이다. 인류 문명이 처음부터 다시 시작하는 셈이다. 반복되어 출현하는 인류 문명이 석기 시대로 시작되는 비밀을 하늘님께서 밝혀주시는 것이다.

지축의 변화 충격은 전 우주에 걸쳐 나타나며, 지구가 타원 궤도의 운동에서 정원 궤도의 운동으로 바뀌고, 지축이 바로 서면, 인간 몸의 장기들도 바로 서는 등 인간 육신도 엄청난 충격을 받게 된다.

앞으로 우주가 바로 서면,
심장이 바로 서고, 간이 숨을 쉰다.

"**간이 숨을 쉰다.**"라는 놀라운 말씀이다. 허파로만 숨을 쉬는 것이 아니라, 간도 숨을 쉬면서, 우리 인간들의 생명이 새롭게 피어나는 것이다. 이로써 머리털도 이빨도 다시 나고, 눈도 밝아지며, 젊은 피부로 변화하게 되는 등 새 생명의 기운이 돌게 된다.

좋아지는 것도 있지만, 엄청난 충격이 동시에 오게 된다. 지축 정립 사건은 몸 내부에 엄청난 충격을 주게 되어 죽는 사람도 있겠지만, 충격을 견딘다 하더라도, 그 충격으로 지금까지의 지식은 물론 모든 기억도 잊어버리며, 한 치 앞도 알지 못하는 원시인이 된다는 것이다. 그래서 가장 원초적인 본능만 추구하는 동물 수준의 원시인이 되어버린다는 것이다.

이러한 현상은 전 세계 모든 인류에게 똑같이 나타나게 되며, 지구 전체가 석기 시대로 확 뒤돌아가 버리게 된다. 이때 하늘님의 대행자가 인류 구원과 함께 신인류 문명 개창의 위대한 발걸음을 시작하는 것이다.

진화론 입장에 있는 다수의 서양 학자들은 석기 시대라도 조금씩 진화, 성장하면서 인류 문명이 발전해 나가는 것으로 설명하고 있다. 반면에 지구 리셋을 주장하는 연구자들은 석기 시대로 리셋(초기화)되어 그 때부터 성장, 발전이 이루어진다고 설명하고 있다.

그러나 하늘님께서는 우주 정화 차원의 주기를 지나면서 지축이 반듯하게 서게 되고, 그 충격으로 인류는 원시인이 되어 석기 시대로 되돌아간다고 하신다. 이에 하늘님께서 하늘님 대행자를 내시어, 원시인이 된 인류를 깨어나게 하여 인류 문명을 새롭게 열어 나가게 하셨다. 하늘님께서 인류에게 내려주시는 크고 크신 은총인 것이다.

하늘님의 천부경 말씀에 따라 하늘님 대행자가 살아남은 인류를 이끌고 그들을 먹여 살리며 새로운 문명을 열어나가게 되는데, 그 인류 문명은 하늘님의 대행자가 하늘에서 알려주시는 천상의 문명을 본받아 새롭게 열어 나가게 된다.

그런데, 하늘님께서 우리들에게는 정신이 번쩍 들게 하는 놀라운 사실을 알려주신다. 하늘님께서는 하늘이 진화, 변천해 나가며, 이에 따라 인류 문명도 진화, 발전해 나감을 밝혀 주신다.

하늘님께서는 하늘이 진화, 변천함을 말씀해 주시며, 1천의 천상 세계에서 시작하여 이제 8, 9천의 천상 세계가 되었다고 말씀해 주셨다. 신의 세계는 영생하는 것이지만, 우주의 변화에 따라 하늘도 변천이 이루어진다는 것이다. 이 놀라운 사실은 4장에서 자세히 전하기로 한다.

어쨌든 하늘님 말씀으로는 천상 세계 역시 성장, 변천해 왔다는 것이다. 천상의 문명이 변천 발전하면, 천상문명을 받아서 이루어지는 인류 문명 역시 진화, 발전을 이루게 된다는 것이다. 지축이 반듯하게 서면서, 인류 문명이 비록 석기 시대로 확 돌아가 버리지만, 하늘님의 은총 속에 천상의 문명을 이식받아, 이전 문명보다 더 성숙한 후천 세상의 인류 문명을 열어 나가게 된다. 진화론의 입장에 있는 학자들의 의견처럼, 인류 문명이 점점 진화, 발전해 나가는 것을 깨우쳐 주시지만, 그 이면에는 변천 발전하는 천상문명의 영향을 받아서 인류 문명도 진화, 발전한다는 것을 알아야 한다.

지구 정화 과정에서 일어나는 대격변과 인류 문명의 새로운 시작은, 지구 차원의 거대한 리셋(The Great Reset)이 이루어지는 현상이라고 할 수 있다. 저자는 이러한 지구 정화 과정을 성스러운 리셋(The Holy Reset)이라 부르고자 한다.

이렇게 기존의 인류 문명이 소멸되는 대 정화 과정의 시간대에, 인류가 그토록 기도하며 찾아왔던 그 하늘님께서 인류를 찾아오시는 것이다. 그렇게 해서 인류 문명을 새롭게 탄생시키는 참 하늘님의 역사가 다시 시작되는 것이다.

하늘님께서는, 하늘에 성심을 다해 기도하는 한 사람을 꿰뚫어 보시어, 하늘님의 대행자로 정하시게 된다. 하늘님께서 천명으로 대행자에게 모든 권한을 내려주시며, 인류 구원과 새로운 후천세상 개창이라는 사명을 이루도록 하셨다. 하늘님께서 대행자는 초기 수년간 파란만장한 일들을 많이 겪게 된다고 하신다.

하늘님께서는 기억을 잊어버려 원시인이 된 사람들을 깨워서 지혜를 찾게 하고 그들을 이끌어, 하늘님의 축복이 서려 있는 후천 세상에서 광명의 제국을 만들도록 하늘님의 대행자에게 천명을 내리신 것이다. 하늘님께서는 하늘님의 대행자가, 인간들을 먹여 살리며 후천의 새 나라를 창건해 나가는 등 후천세상의 개창과정에 대한 모든 가르침을 11번째 천부경으로 알려주셨다. 하늘님의 대행자가 팔난을 막고, 천부경의 가르침에 따라 사람들을 끌어 모아 먹여 살리고 가르치며 새 나라를 세우면서, 하늘님의 은총 속에 후천 세상의 지구 끝까지 크게 번성해 나가도록 축복을 주신 것이다. 이것이 하늘님 구원의 참 모습이다.

一始無始一析三極無	일 시 무 시 일 석 삼 극 무
盡本天一 一地一二人	진 본 천 일 일 지 일 이 인
一三一積十鉅無匱化	일 삼 일 적 십 거 무 궤 화
三天二三地二三人二	삼 천 이 삼 지 이 삼 인 이
三大三合六生七八九	삼 대 삼 합 육 생 칠 팔 구
運三四成環五七一妙	운 삼 사 성 환 오 칠 일 묘
衍萬往萬來用變不動	연 만 왕 만 래 용 변 부 동
本本心本太陽昻明人	본 본 심 본 태 양 앙 명 인
中天地一 一終無終一	중 천 지 일 일 종 무 종 일

일시(一始)의 일(一)에서 인일삼(人一三)의 삼(三)까지의 하늘님 말씀은, 하늘님의 대행자인 일(一)의 실체를 밝혀주시는 것으로부터 시작한다. 그리고 인류에게 닥치는 대환난으로 인한 무(無)의 상태에서 후천을 시작하고, 지축이 바로 서면서 원시인이 된 사람들을 깨워 이끌고, 먹여 살 방도를 찾게 되며 후천 세상의 대제국 반석을 다지고, 그 대제국이 들어설 자리를 찾아 뻗어나가는 과정의 대의를 알려주신다. 그리고 하늘님께서 하늘님과 우주의 대비밀, 신과 인간, 그리고 인간 문명의 비밀을 밝혀주시는 내용들이 담겨 있다.

일적(一積)의 일(一) 이후 말씀은, 하늘님의 대행자가 인간들을 어떻게 먹여 살리며, 새로운 문명 지식으로 어떻게 가르쳐 나가야 하는

지, 그리고 그들을 이끌고 나라를 어떻게 세워 나가야 하는지에 관한 말씀들이 담겨 있다. 하늘님께서 대행자에게 인간들을 먹여 살리며 가르치고, 희망을 주며, 일을 바르게 도모하여, 집단을 만들고, 더 큰 조직과 국가를 경영하고, 나라를 넓혀 나가는 후천세상 개창 과정을 세세하게 알려주시는 내용이 담겨 있다.

후천세상을 개창해 나가는 과정에서, 하늘님의 대행자가 천명을 바르게 이행하도록 하늘님께서 직접 내려주신 말씀의 경(經)이 바로 천부경이다.

천부경 삼극무(三極無)의 무(無)를 말씀해 주시는데, 이 무(無)를 세력으로 말씀해 주시며, 원시인이 되어버린 인류를 건져내어 후천세상을 개창하는 무리로 쓰도록 천명을 내려주신다. 그 중의 말씀이다.

> * 청음은 이 세상에 너 하나만 되니, **우레 같고 천둥이 우르릉 쾅쾅 지축이 흔들며 오만 가지가 바로 이치가 시작되니**,(하략)

지축이 흔들리면서, 오만가지 이치가 바로 시작된다고 하신다. 하늘님의 모든 말씀이 실현되기 시작하며, 후천세상의 질서 역시 제자리를 잡아가게 되는 것이다. 그리고 지축이 반듯하게 서면서 원시인이 되어버린 인류를 깨어나게 하여, 후천세상의 새로운 인류 문명을 열어 나가는 종자로 쓰게 된다.

원시인이 된 인류를 깨어나게 하는 유일한 방법은, 하늘님께서 하늘님의 대행자에게 전수해 주신 "**청음**"이라고 하신다. 하늘님의 구원천기인 "**청음**"은 오직 한 사람, 하늘님의 대행자이자 천부경 말씀을 내려 받은 성운율사만 할 수 있다고 하신다.

이로서 엄청난 인류의 대겁난 가운데, 하늘님의 대행자가 하늘님의 천명을 받들어, 가장 먼저 이 한민족을 석기 시대에서 건져내고, 지구 전체로 확대하여 후천 문명을 열어가도록 하시는 하늘님의 구원 은총이 이루어지는 것이다.

＊ 지축이 흔들며 오만 가지가 바로 이치가 시작되니

지축이 흔들리며 오만가지 이치가 바로 시작된다는 하늘님의 말씀을 깊이 깨우칠 필요가 있다.

좁게는 지구의 축이 바로 서는 일이지만, 넓게는 대우주의 축이 바로 서는 일이다. 지축이 바로 서면서, 우주 대정화 과정이 끝나게 되면, 모든 자연의 질서가 조화를 이루며, 음과 양이 모두 반듯하게 자리 잡게 된다. 지축이 반듯하게 선다는 것은 밤(음), 낮(양)의 길이가 같아지고, 지구 1년 역시 음양이 같아진다는 것이다. 지구는 태양을 타원 궤도로 도는 상태에서 정원 궤도로 돌게 되며, 지구 스스로도 반듯하게 서서 자전운동을 하게 된다.

음양이 같아진다는 것은 달력이 항상 같은 1달 30일, 1년 360일이 되는 것이며, 1년 사계절에 극한(極寒), 극서(極暑)가 사라지고, 모든 생명체가 살아가는데 최적의 환경이 된다는 것이다.

하늘님이신 천상천주님께서도, 그리고 천신들과 부처님들께서도 한결같이 전해 주시는 말씀이다. 특히 계룡산 도적골에 임어하신 미륵부처님께서 말씀을 주신다.

〈지축의 변화로 일 년은 360일이 된다. 그로 인해 앞으로 누구나 50년쯤 생명이 연장된다.〉

조만간 인류 앞에 전개되는 대겁난을 넘어서면 장수문화가 열리게 되고, 살아남은 사람이라면 50년 정도 생명이 연장된다고 말씀해 주신다. 흔히들 동양 사회에서 살기 좋은 세상을 말할 때, 요순 세상이라고 하는데, 후천의 세상은 그 요순 세상이 된다고 하신다. 성운율사가 도적골 청음동굴에서 기도를 드리는데, 천상천황님께서 말씀을 내려 주신다. 요순의 땅이 여기에서 시작된다고 하신다.

〈바깥세상에서는 요순 세상이라는 게 있는데 그게 다가왔다.〉

〈이제 우리 무궁화 삼천리강산에 꽃이 핀다. 요순의 그 땅이 여기에서 시작된다.〉

지금 전개되고 있는 모든 모습은 후천 세계라는 새로운 세상이 시작되려는 변화 과정에 있는 것이라고 말씀해 주시는 것이다. 그 새로운 세상은 지축의 변화로 시작된다. 23.5도로 기울어진 지구축이 바로 서는 변화가 이루어지고, 지축이 바로 서면서 지구 일 년은 360일이 된다는 말씀을 알려 주신다.

지구의 축이 바로 선다는 것은 지구의 모든 생명체에게는 엄청난 충격을 주는 사건이기에, 우리 인류 역시 어느 누구도 예외 없이 엄청난 충격을 받게 된다.

지구가 기울어서 움직이는 모습과 같이, 선천 세상을 살아가는 우리의 인체는 중심축으로부터 심장 등 모든 장기들이 23.5도 기울어진 모습이다. 좌우 신장도 불균형 상태로 운행되고 있다. 이렇게 기울어진 몸의 구조가, 지구의 축이 바로 서는 순간 엄청난 충격으로 바로 잡히게 된다는 것이다.

심장이 바로 서고, 좌우 신장도 균형을 이루며, 뇌에도 엄청난 충격을 주는 등 몸의 내부 전체가 급격하게 변화하는 환장 과정이 발생하며, 새로운 생명 순환을 하게 된다. 생명력의 핵심인 폐와 간 등의 오장육부는 전혀 다른 모습으로 호흡하며 자정력이 강화되면서, 누구나 생명이 연장되어 50년 정도를 더 오래 건강하게 살게 된다고 말씀해 주시고 계시다. 물론 후천 세상에서 탄생한 사람들은 건강한 몸으로 150년 이상 오래 살 것이다. 사람들이 흔히들 말하고 있는 평화낙원의 세계로 상징되는 요순 세계의 모습이 펼쳐진다고 전해주신다.

음양의 균형이 맞추어지면서, 생명의 활동 주기가 균형을 이루게 되고, 자연계 순환도 활성화되어 최적의 생명 순환을 이루게 되며, 인간이 오랫동안 고민하여 왔던 모든 불평등이 사라지는 바탕이 된다.

지금의 지축이 기울어진 우주에서는 진정한 장수문화는 나올 수 없다. 잘 먹고, 잘 쉬고, 호흡을 제대로 한다 하더라도 조금 수명을 연장할 뿐이지, 장수 문명이라고 할 수 없다. 진정한 장수 문화는 지축이 바로 선 이후의 후천 세상이 되어야 가능한 것이다.

대자연을 본받아 인체에도 변화가 오고, 인간의 심성에도 큰 변화가 나타난다. 갈등과 투쟁은 잦아들면서 인류 문명은 천상의 문명을 이식받아, 새로운 모습으로 자리를 잡아 나간다.

대자연이 제자리를 잡으면서, 모든 신들도 자리 잡아 가게 된다. 그래서 지축이 바로 서기 전에, 비뚤어진 모든 신의 세계가 제자리를 잡게 되어, "**종교판에 자리 잡고 있었던 잡신들이 모두 흩어져 버린다.**"는 것이다. 신과 인간 사이의 바른 소통을 막고 있었던 잡신들이 사라지면서, 사람들도 자연스럽게 정신이 맑아지게 되며, 참된 믿음의 길을 찾아 나서게 된다. 그리고 선천 세상의 불합리하고 불평등한 모든 이념과 제도들도 변화하게 된다.

이렇게 자연의 정연한 질서는 사람에게도 직접적인 영향을 미치면서, 수명은 길어지고, 스스로 자신들의 위격을 환히 알아서, 사회의 불균형한 질서가 바로 잡히게 된다. 대자연의 조화로운 질서 속에서, 지금의 모든 종교는 하나로 통일되고, 신과 더불어 소통하면서 인간의 꿈을 실현하는 것이다. 이 모든 것이 하늘님으로부터 시작되며, 하늘님의 대행자인 성운율사가 이루어 나가게 된다.

후천 세상에는 우리 인류가 그토록 그리워하며 찾아왔던, 그런 지상낙원이 펼쳐진다는 것이다. 신명들께서 말씀하시길, "**인간 세상에서 말하는 요순시대가 펼쳐진다.**"는 것이다. 이상향의 세계가 펼쳐진다는 말씀이다. 일부 종교에서 말하는 지상낙원 세계가, 불가에서 말하는 불국토 세계가 펼쳐지는 것이다. 또한 하늘님께서 말씀해 주시는, "**높고 아득한 곳, 밝고 환한 곳, 또 발아래 무수한 것들이 바로 이렇게 저렇게 만방에 환하게 펼쳐지는 곳, 어둠은 걷고 밝은 광영이 있는**(진본(盡本)의 진(盡))" 세계를 말하는 것이다.

천상천주님께서는 천지에 아들로 선포하신 인류의 지도자를 보내주시고, 그 지도자로 하여금 만들어 나가라고 하신 후천세상을 천부경 삼극무(三極無)의 삼(三)에서 밝혀 주신다.

* **환난으로부터 맑은 세상을 찾게 하기위하여, 모든 사람을 다 갖추어 봄날에 눈 녹듯이 환난을 벗겨서 꽃다운 환한 세상을 온 누리에 빛나게 하니라. 그렇다 하늘은, 온 인류를 하늘의 자식으로, 만백성의 어버이로 진솔한 빛이 은은한 향기로운 곳에서 마음껏 피어나야 하느니. 세속을 벗겨 환함과 이로움을 같이 하여 혼란과 비경으로 행복을 찾아 홀연히 행함은 만조에 길이길이 빛날 것이다. 하얀 비둘기처럼.**

이제껏 우리 인류는 하늘님께서 내려주시려 하는 축복을 제대로 알지 못했다. 하늘님의 권능을 받은 지도자를 통해서, 팔난을 막아내고 봄날에 눈 녹듯이 환난의 모든 고통들을 벗겨내게 된다. 정화된 대자연도 기후가 고르며, 만물이 조화롭게 자라나는 환경이 되어, 사람들은 풍요로운 삶을 살아가게 된다.

살아남은 모든 사람들은 하늘님의 품안에서 하늘님의 자식으로 거듭 태어나며, 하늘님의 대행자는 만백성의 어버이로 갈래갈래 찢어져 분쟁과 갈등을 만들어온 모든 편협과 분파에서 벗어나 대화합을 이루게 되고, "**환함과 이로움이 같이하는 꽃다운 환한 평화 세상**"을 만들어 가게 된다. 하늘님께서는 그 환한 세상이 온 누리에 빛나게 되고, 만조에 길이길이 빛난다고 축복을 내려 주신다. 꽃다운 환한 평화 세상을 하얀 비둘기로 말씀해 주신다. 이 말씀으로 사람들이 평화의 축제와 같은 곳에서, 하얀 비둘기를 날리는 광경은 그냥 사람들의 머리에서 나온 것이 아님을 알게 된다.

하늘 세상과 같은 환한 세상! 우리 한 민족의 역사 속에 등장한 모든 나라들은 한결같이 광명과 빛의 나라였다. 그 첫 나라인 환국이, 환한 빛이 가득한 나라, 광명의 제국이었다.

환한 세상을 열어주시는 하늘님의 축복이 가득 찬 세상, 널리 인간을 이롭게 하는 새로운 세상을 인류에게 내려 주신다. 하늘님께서는 한민족은 물론이고 몽골족, 한족 등 동방의 모든 족속을 아울러서 후천세상의 새로운 광명 제국을 만들고, 그 이름을 "**대마한**"이라 칭하라 하신다.

지일이(地一二)의 이(二)에 대해 내려주신 말씀이다. 하늘님 말씀

속에 무한한 은총과 축복이 담겨 있음을 알게 한다.

하늘님께서는, 온 인류가 신념을 바쳐서 꿈을 이루고, 모두가 편안하게 슬픔을 잊고 밝고 명랑한 것을 다 같이 누리면서 지내도록 축복하신다.

"**신들이 가면 모두 가라.**"는 말씀처럼, 신인류 문명 개창을 위해 인간들뿐만 아니라 모든 신들께서도 함께 하심을 말씀해 주신다. 하늘님의 천명을 받들고 더 큰 세상으로 나아가는 후천 세상의 문명개척단은 신들의 가호를 받으며, 슬픔을 잊고 밝고 명랑한 것을 다 같이 누리는 세상을 열어나가게 된다.

* 누구나 이상은, 꿈 못지않게 모두 다 알고서 사는 인연을 확[금이나 구역]으로부터 일로 하여 온 인류가 신념을 바쳐서 솔직히 이루는 마음으로 모두 다 같이 열심히 확을 벗어나 편안하게 **슬픔을 잊고 밝고 명랑한 것을 우리 다 같이 누리면서 지내야 하는 것이니라.**
* 세모나도 이상은 없는 것이니 아무튼 **네가 일으켜 세워야 하는데, 시간이 걸려도 다 같이 가야 하니, 신욕이 고되어도 몸이 많이 곤해도 신념으로 밟고 일어서야 하느니.**

  그렇다, 큰 임금이다, 다해야지, 성운율사는 다할 수 있느니라.
* 남녘이다. **신들이 가면 모두 가라.** 이렇게 멀리 저 멀리 지켜보면서 넓게 많은 것을 다 보고 있으니, **시작은 미미해도, 끝내는 조선이 성운의 힘으로 엄청 큰 하늘의 땅이 되려니, 그렇게 넓혀서 우주 한 가운데 모든 이목을 받고서, 천천세 우주네.** 모두 나고 서네.

더군다나 하늘님의 한없는 은총과 신들의 가호 속에, 하늘님 대행자인 성운율사의 헌신적인 노력으로 하늘님의 역사를 모두 이루어 가게 된다. 하늘님께서는 성운율사에게 "**네가 일으켜 세워야**" 한다고 다짐하시고, 시간이 걸려도 다 같이 가야 하니, 신욕이 고되어도 몸이 많이 곤해도 신념으로 밟고 일어서서 천명을 받들어 나가라고 하신다. 특히 시작은 미미해도, 한민족의 나라는 후천 세상에서 엄청 큰 하늘의 땅이 되어, 우주 한 가운데 모든 이목을 받고서 천천세 우주가 된다고 축복을 주신다.

04
인류를 낳아주시고, 구원하시는 참 하늘님

(1) 지금은 인류를 구원하시는 하늘님 시간

동양권에서 말하는 우주 1년의 시간이 되었든, 서양권에서 말하는 빙하기와 간빙기 시간이 되었든 간에, 우리가 어느 시간대에 있는지를 아는 일이 중요하다. 우리 인류가 처해 있는 시간대를 바르게 아는 것은 바로 우리의 삶과 직결되는 일이기 때문에 매우 중요한 의미가 있다.

문제는 우리가 당면해 있는 현재의 우주 시간대를 모른다는 데 있다.

그래서 기존 종교들의 가르침도 막연하게 종말의 시간이 다가오고 있다고 말하는 정도이다. 과학자나 정치가들 역시 기후변화니, 자연환경의 변화 등으로 세상의 변화를 말하고 정책을 펴고 있지만, 그들도 제대로 알지 못하고 있다는 것이다. 이처럼 우리가 경험하지 못한 큰 시간대의 흐름 속에서 우리가 어디 있는지 알 수 없다.

우주의 시간은 시간을 주재하시는 참 하늘님께서 오셔야 알 수 있다. 놀랍게도 동방 땅 대한의 나라에 하늘님께서 환한 빛의 성신으로 임하시어, 인류 역사를 직접 주재하시고, 인류가 처한 시간을 알려주시며, 하늘님의 역사를 시작하셨다.

하늘님께서 가장 먼저 하늘님의 대행자를 정하여 천지에 선포하시고, 하늘님의 대행자에게 우리 인류가 어느 시간에 있는지를 알려주시게 된다. 하늘님께서는 지구가 36,000년 만에 이루어지는 우주차원의 대정화기 시간대에 들어서 있다는 것을 알려주시며, 인류 문명이 소멸되는 대환난이 일어난다고 알려주시게 된다.

〈수천 년에 한 번씩 지구의 축이 변화한다고 하늘에서는 말하신다. 그래서 이 곳 대한민국이 "몬순 아열대"로 변화가 시작되고 있다고 한다. **그 기간이 바로 앞이라**고 하늘에서 전하신다. (후략)〉

〈자연이 지구를 정화시켜야 한다. 36,000년에 한 번씩 하는 것이다. 지구가 55억년 되었다고 말씀하셨다. 그러시면서 화산 폭발이 일어나고, 식으면서 산들이 형성되는 형상을 보여 주셨다.〉

수천 년에 한 번씩 지축이 변화하면서 기후도 변화하게 되는데, 그 지축이 크게 변화하여 반듯하게 바로 서려고 하는 시간대에 있다고 한다. 우리 인류는 지난 36,000년의 끝점이자, 새로운 36,000년이 시작되는 대 변화기의 시간에 들어서 있다고 하늘에서 알려주신다.

우주차원의 새로운 정화가 이루어지는 지구와 우주의 대변화 속에서, 우리 인류는 엄청난 대환난을 맞게 되는데, 기존 종교들이 말하는 종말의 시간대에 들어서 있다는 말씀이다.

우주 대정화 시간대에서 지축이 반듯하게 서는 과정의 전후에 나타나는 대환난으로 멸절 위기에 있는 인류를 구원하시고 새 세상을 열어 주시기 위해, 하늘님께서 직접 인류 역사를 주재하시는 시간이 되었다는 것이다. 그래서 천지의 기도에 화답하시어 참 하늘님께서 다시 하늘님의 역사를 시작하신 것이다.

하늘님의 권능으로 천상과 지상의 모든 신명계와 인간계를 직접 주재하시어, 우주 차원의 정화를 마무리 짓고, 인류를 구원하시며 새 세상을 열어주시는 시간대가 지금의 시간이라는 것이다. 하늘님께서는 주기적인 우주 정화 과정을 거치면서 인류 문명이 소멸되는 시간대가 되면, 인간 세상을 두루 살펴보시다가, 처절하게 기도하는 한 사람을 굽어보시고, 하늘님의 대행자로 내세워, 인류 구원과 새 세상 개창의 사명을 내려 주셨다.

이번 주기에도 하늘님께서 다시 인류 역사를 주재하시며 인간 세상을 둘러보시다가, 38살에 심근경색으로 병이 깊어 계룡산 도적골에서 하늘님을 찾으며 살려달라고 밤낮으로 기도하던 "그 사람"의 삼생 인연과 정성을 꿰뚫어 보시고 11번째 하늘님의 대행자이자 후천 세상을 여는 적임자로 정하시게 된다.

〈38살에 심근경색이라는 병으로 산 속으로 들어갔다. 그 당시에는 전부 병원에서 연습용으로 대부분 죽어 갔다. 나도 서울대학 병원에서 입원 중에 죽어가는 환자를 보고, 바로 나와서 한의원을 여러 곳 찾아다니다, 결국 계룡산 도덕골에 들어갔다.

유성에 집사람과 아들 2명을 먹고 살게 식당을 차려주고 산속생활을 시작했다. 도를 닦을 생각은 추호도 없었다. 매일 하늘님, 예수님 찾으며 살려 달라고 기도했다. 그러던 어느 날 하늘에 흰 옷을 입고, 키는 63빌딩처럼 크고 얼굴은 눈이 부셔서 쳐다 볼 수 없었다. 그 후부터 여러 가지 일이 벌어졌다. (하략)〉

하늘님께서 간절하게 살려달라고 기도하는 한 사람의 삼생과 정성을 꿰뚫어보시고, 새 세상을 여는 적임자로 정하시어, '그 사람'을 통하여 인류 역사상 처음으로 하늘님의 모습을 드러내시게 된다. '그 사람'의 영안을 열어주시어, 눈이 부셔 볼 수 없을 정도로 환한 빛의 하늘님을 우리 인류 모두에게 처음 전하게 하신다.

〈그러던 어느 날 하늘에 흰 옷을 입고, 키는 63빌딩처럼 크고 얼굴은 눈이 부셔서 쳐다 볼 수 없었다. 그 후부터 여러 가지 일이 벌어졌다.〉

'그 사람'인 성운율사는 영안으로 인류 역사상 처음으로 하늘님을 직접 친견하여 무수히 절을 하며 영접하고 하늘님의 광명 성신을 세상에 전해주고 있다. 하늘님께서는 키가 63빌딩처럼 크시며 흰 옷을 입고 계신데, 태양 빛처럼 너무 강렬한 빛으로 눈이 부셔서 하늘님의 얼굴을 쳐다볼 수 없었다고 전하고 있다.

우주 차원에서 벌어지는 대격변의 시간대에 멸절 위기에 있는 지금의 인류를 구원하시기 위해, 하늘님께서 한 구도자에게 환한 빛의 성신을 드러내셨다. 환한 빛의 성신으로 하늘님의 모습을 보여주신 것이다.

하늘님께서 빛의 성신으로 하늘님의 모습을 드러내심은, 세상의 종교들이 말하는 것과 달리 하늘님께서는 인간의 몸으로 오시는 것이 아님을 깨우쳐 주시는 것이다.

하늘님께서 인간의 몸으로 지상에 오신다거나, 인간의 몸에 접신한다고 떠드는 말들은, 천상 세계의 질서와 참 하늘님을 바르게 알지 못하고 사람들을 속이며 내뱉는 헛말들이라고 알려 주신다. 하늘님께서 이런 헛말에 대해, 진본(盡本)의 진(盡)에서 일깨워 주시고 계시다.

盡本天一 一地一二人　　진 본 천 일 일 지 일 이 인

하늘님께서 천부경 진본(盡本)의 진(盡)을 말씀하시며, "**미력하지만 몸과 마음을 바쳐 전력을 다하여 그 뜻을 다 얻어**", 새 세상을 열게 되는 "**힘 이야기, 희망이 있는 이야기였느니라.**" 하시며 헛말에 대해서 내려주신 말씀이다.

* 사명이 있다면 다른 일을 맡을 때까지 일흔일곱 들을 때까지, **미력하지만 몸과 마음을 바쳐 전력을 다하여 그 뜻을 다 얻어 그렇게 하여 더욱 좋은 것을 알아야 된다.**
* 속자는 셈을 한다, 멸을 본다, 헷갈리게 하나, **헛말은 묘한 기운을 가지고 있으니. 그렇게 해서는 아니 되니, 문제 삼지 않게 미묘하게 벗겨 빼내어, 갖추어진 옳은 길로 반듯이 가야 하느니라.**

첫 번째 말씀에 있는 일흔일곱은 인간이 천지에 대해 행하는 정성의 정도와 관련되어 있음을 알게 한다. 말하자면 맡은 일을 완수할 때나, 신에게 간구하여 기도할 때, 신에게 닿을 수 있다고 말할 수 있는 정성의 최소한이라 보면 된다. 그 정도의 각오와 정성으로 행하면, 사명을 완수하면서 원하는 뜻을 다 얻을 수 있음을 알려주신다.

이어서 하늘님께서는 참된 정성으로 몸과 마음을 바쳐 전력을 다하지 않으면 묘한 기운을 갖고 있는 헛말에 빠질 수 있음을 경계해 주신다. "속자는 셈을 한다, 멸을 본다 헷갈리게 하나, **헛말은 묘한 기운을 가지고 있으니, 그렇게 해서는 아니 되니, 문제 삼지 않게 미묘하게 벗겨 빼내어, 갖추어진 옳은 길로 반듯이**" 가야 한다고 하신다.

세상을 뒤틀리게 하는 인간들은 자신들이 원하는 것을 얻기 위해서, 그럴듯한 거짓과 가짜 이야기로 "셈을 한다. 멸을 본다." 하면서, 세상을 선동하며 이간질하고 협박한다.

종교라고 해서 이런 거짓과 가짜, 헛말들에서 벗어나 있는 것은 아니다. 오히려 사람들을 핍박하며 폐해가 더 심하기까지 하다. 지금의 종교들 모두가 겉으로는 하늘님을 찾고 하늘님의 뜻을 받든다고 하나, 정작 하늘님의 역사를 잃어버려 하늘님을 알지 못하면서, 성인들이나 또는 깨달음을 얻었다고 하는 이들을 하늘님의 반열에 올려놓고 기도하고 있는 것에 지나지 않는다. 그들 종교들이 쏟아내는 헛말들 역시 사람들의 생각을 헷갈리게 하는 묘한 기운이 있어 사람들을 선동하며 혹하게 만들고 있다. 하늘님께서는 그렇게 되어서는 안 된다고 경계하신다. 그들은 반드시 패망하겠지만, 문제 삼지 않게 잘 벗겨내고 어느 쪽에도 기울지 않게 옳은 방향으로 반듯하게 이루어 내라고 하신다.

사람들을 선동하는 헛말을 걷어 내기가 쉽지 않음도 알게 해주신다. 그래서 11번째 천부경으로 내려주시는 참 하늘님의 말씀을 바르게 새겨, 우주 대정화 시간대에 세상 곳곳에서 참된 모습을 덮어버리려는 헛말과 거짓을 잘 가려내고, 갖추어진 옳은 길로 반듯하게 가야 한다. 하늘님의 대행자와 하늘 일을 하는 사람들이 명심해야 할 하늘님 말씀이다.

세상 사람들이 기도하며 찾아왔던 하늘님에 대해서도, 묘한 기운을 갖고 있는 헛말과 거짓으로 세상을 가리는 자들이 있기에, 온 인류에게 직접 전해주시는 하늘님의 말씀을 더욱 가슴에 새겨야 할 것이다.

〈하늘님께서 조그맣게 얘기하셔도, 그 말씀은 법이시다.〉

하늘님께서 내려주시는 말씀은, 어떠한 상황에서 내려주셨던 상관없이 그 말씀은 신명계와 인간계에 새겨지는 천지대법이 되는 것이다. 내려주시는 말씀은 그대로 천명이며, 천지법이 되어 집행되는 것이다. 어떠한 신도, 어떠한 인간도 천명으로 내리시는 말씀을 어길 수 없는 것이다. 하물며 천부경에 새겨두신 말씀은 더할 나위 없는 것이다.

하늘님께서는 삼라만상이 하늘님 앞에서 조아리며 벌벌 떨 수밖에 없는 신명계와 인간계의 주재자이시기에, 인간의 몸으로 올 수 없는 이유이기도 하다. 천상과 지상의 질서가 무너지기 때문이다. 그래서 하늘님께서 하늘님의 대행자를 정하시어, 천상계와 지상계를 잇도록 하시고, 하늘님의 천명을 받들어 집행하도록 하시는 것이다. 하늘님께서 대행자를 내시는 이유가 여기에 있다. 하늘님께서는 하늘님의 대행자를 아들로 삼으시고 천상계의 권능을 붙여주시며, 지상의 신명계와 함께 인류를 구원하고, 새 세상을 열어 나가도록 천명을 내리시는 것이다.

성운율사가 천상기도를 드리는 중에, 하늘님께서 "**앞에다 부정을 놨구나.**" 하시고 꾸중을 하신다.

〈천상천주님, 천주대왕님, 사관원장님, 대천사님, 천계 천사님, 또 아미타부처님, 비로자나불, 약사여래불, 미륵부처님, 지장보살, 관음보살을 모시고 천상기도를 올렸더니, **"앞에다 부정을 놨구나."** 하신다. "천상 대열에 부처님도 함께 하게 해주세요!"하니,
"네가 하늘이냐? 그렇게 함부로 말하면 안 된다. 그것은 하늘을 덮으며 정한 것이다." (후략)〉

하늘님께서 **"앞에다 부정을 놨구나."** 하시고 꾸중을 하시매, 성운율사는 하늘님께, "천상 대열에 부처님도 함께 하게 해주세요!" 기도드린다. 성운율사가 하늘님께 말씀드린 천상 대열이란, 하늘님과 천주대왕님, 사관원장님, 대천사님, 천계천사님, 그리고 천상천황님 반열인데, 그 천계 반열에 부처님들도 설 수 있도록 해 달라고 말씀드리는 것이다.

하늘님께서는, **"네가 하늘이냐? 그렇게 함부로 말하면 안 된다."** 고 하시고, **"천지의 신명계 질서는 하늘을 덮으며 정한 것이다."**고 하신다. 하늘님께서 성운율사에게 말씀을 내려주신다.

처음 신의 세계가 정립될 때,
위아래가 분별 있게 정리된 것이다.
이제는 하향을 해야 한다.

이 말씀은 천상신명계와 지상신명계 간의 위계와 법도에 대해, 신의 세계가 처음 정립될 때부터, 위아래를 분별 있게 정리하여 진행되어 왔다고 깨우쳐 주신다. 그래서 천지의 신명계 질서를 하늘을 덮으

며 정한 것이라고 말씀해 주시는 것이다.

지상의 신명계는 천계의 법도를 따르는 등, 신명계의 위계질서가 정해져 있음을 알려주시는 말씀이기도 하다. 하늘님께서는 하늘을 덮으며 정해놓은 천지의 신명계 질서에 따라 지상의 부처님들은 천계에 들지 못한다고 말씀해 주시는 것이다. 다만 인간에 큰 공덕을 끼친 관음보살과 지장보살은 천계에 올라 천상천주님의 명을 받들고 있다고, 성운율사는 전해준다. 성운율사는 하늘님의 대행자로 부처님들과 소통하며 새 세상을 열어나가게 된다. 하늘님께서 이제는 하향을 해야 한다고 말씀하신다.

하향은 높은 하늘의 뜻을 피력하는 것이다.
책을 피력할 때, 니 마음에 내 마음이 들어갈 것이다.

하향은 높은 하늘의 뜻을 피력하는 것이라고 알려주신다. 높은 하늘이신 하늘님과 천상의 참된 뜻을 온 천지에 피력하는, 즉 솔직하게 밝혀 알리는 것이다. 책을 피력할 때 하늘님의 뜻이 들어갈 것이라고 하시며, 그냥 저자가 전하는 것이 아니라, 하늘님께서 지혜를 열어주신다고 알려주신다. 11번째 천부경을 통해, 처음부터 위아래가 분별있게 정리되어 있는 천지신명계의 질서를 말씀해 주시는 참 하늘님과 높은 하늘의 뜻을 세상에 널리 피력하는 것이다.

한편, 하늘님의 천명에 따라 천지대신명들께서 성운율사에게 차례로 가르침을 내려주시는 가운데, 성운율사가 스승으로 모신 천지신명님 두 분께서는 하루도 빠짐없이 많은 것을 가르쳐 주셨다. 모든 가르침이 다 끝나고 천지신명님께서 성운율사에게, **"인간으로써는 처음으로 도통 군자를 만들었느니라. 석가모니도 예수도 그들은 득도는 했**

을지언정 도통은 하지 못했느니라."고 하셨다. 천지신명님께서, 석가모니와 예수는 득도는 하였지만 도통은 하지 못하였다고 말씀하신다.

성운율사는, 천지신명님 두 분과 천신들께서 주역, 평행방, 모형방, 자청장, 구방장, 벽천수, 장방형, 기문, 둔갑 9가지를 15년 7개월 17일 동안 하루도 빠짐없이 머릿속에 주입시켜 주셔야만 이룰 수 있는 것이 도통이라고 알려주고 있다. 그리고 선관도사의 도움으로 풍수지리를 꿰뚫게 된다. 이렇게 해서 도통을 하면 선사가 되고, 이후 하늘님으로부터 천계공부를 배워야 율사가 되며, 그래야 진정한 도통군자가 된다고 알려준다.

사람들이 성인(聖人) 반열에서 하늘로 섬기고 있는 예수에 대해서 성운율사가 하늘님께 여쭙게 되는 가운데, 내려주신 말씀이다.

〈예수에 대해 하늘님의 독생자로 세상이 말한다고 말씀드리니, 하늘님께서, "**나는 그런 아들을 둔 적이 없다.**"고 하신다.〉

하늘님께서 참으로 놀라운 말씀으로 알려주신다. 하늘님께서 성운율사를 하늘님이신 천상천주님의 아들로 선언하셨지만, 예수에 대해서는, "**그런 아들을 둔 적이 없다.**"고 하신다. 온 인류에게 하늘님의 말씀을 선포하는 것이다.

인간계의 종교에서 성인들을 하늘님 반열에 두고 섬기고 있지만, 참 하늘님이신 천상천주님께서 이렇게 경계하고 있음을 알아야 할 것이다.

하늘을 덮으며 정한 천지의 엄격한 천상과 지상의 신명계 질서가 있고, 인간계는 그 신명계 질서에 영향을 받게 된다. 그 질서가 바르지 않으면 부정이라고 말씀하시며 꾸중하신다. 이에 따라 음식을 올리는 기도상차림에도 엄격한 신명계의 질서에 따라야 하는 것이다. 함부로 기도상차림에 인간들 마음대로 음식을 올리는 것이 아님을 경계하신다.

이렇게 신의 세계가 처음 정립될 때부터 하늘을 덮으며 정한 천지의 엄격한 신명계 질서가 있어서, 하늘님께서는 인간의 몸으로 오시지 않는다. 이제는 하향을 해야 한다는 하늘님 말씀에 따라, 참 하늘님과 높은 하늘의 뜻을 피력하여 전하는 것이다. 천지 신명계의 질서가 이렇기에, 하늘님께서는 대행자를 내시어 아들로 삼으시고, 인간계 차원에서 인간을 구원하여 후천 새 세상을 열어나가라는 천명을 내리시며, 하늘님의 권능을 붙여주시는 것이다. 이때에 참 하늘님의 천명을 받들어 지상의 신명계도 함께 나서게 되는데, 하늘님께서는 신명들의 은혜를 잊지 말고 보은하라고 하신 것이다.

성운율사는 영안으로 하늘님의 광명 성신을 뵙고 난 이후부터 여러 가지 일들을 만나게 된다. 하늘님의 천명을 받으신 천지의 신명들, 천사님들과 부처님들께서 차례로 오셔서 성운율사에게 가르침을 내려주시고, 천지신명님께서는 인류 역사상 인간으로서는 처음으로 도통군자가 되었다고 선포하신 것이다.

천지의 대신명과 부처님들로부터 가르침이 마무리된 후에, 하늘님께서 천마산의 그림을 보여주시고 천마산으로 오도록 하시어, 직접 천명을 내리시며 천상의 조회도 참관하게 하셨다.

성운율사는 하늘님의 부름을 받아 지리산 천왕봉 근처에 있는 천마산으로 가게 된다. 그 곳에서 하늘님의 천명을 받기 위해 기다리는 가운데, 하늘님께서 천상조회 광경을 영안으로 보게 해주신다.

〈하늘님께서 순수하게 조용히 인자한 할아버지처럼 은은하고 청량한 음성으로 말씀하십니다. 그러나 수많은 천신(天神)과 지신(地神)들은 벌벌 떨면서, 우왕좌왕 왜 이렇게 야단인가?〉

성운율사는 영안으로 하늘님께서 은은하고 청량하며, 인자하신 음성으로 말씀을 내려 주시는 천상의 조회에 참관하게 된다.

성운율사는, 하늘님께서 하늘님을 보위하는 천상의 대신명들과 함께 하시며, 하늘님 앞에는 수많은 천신과 지상신들이 하늘님의 천명을 받들기 위해 도열해 있는 놀라운 광경을 목격하게 된다.

하늘님과 함께 하시는 천주대왕님, 사관원장님, 대천사님, 천계천사님을 비롯하여 천주신명, 천주신장 등 수많은 천신들이 하늘님을 보좌하고, 부처님 중에서는 인간에 공이 많으셨던 지장보살, 관음보살이 천계에 들어 천명을 받드는 가운데, 모든 천신과 지신이 하늘님을 경외하며 함께 하는 장엄한 천상조회의 모습을 성운율사는 보게 된다. 하늘님께서 환한 광명이 비치는 가운데 계시며 말씀을 내리시는데, 모든 천신과 지신들이 벌벌 떨면서 하늘님의 말씀을 받드는 모습을 보게 된다.

하늘님께서는 가장 먼저, 성운율사라는 명호를 내려주시며, 인류 모두에게 하늘님을 바르게 알리라고 하셨다. 우주의 으뜸 되시는 참 하늘님께서, 세상 모두에게 하늘님의 참 존칭을 바르게 선포하라 하셨다.

나는 하느님이 아니요, 하나님도 아니다.
하늘님이라 하라. 나는 천상천주이니라.

그리고 하늘님께서 직접 세상의 때를 밝혀주시며 새로운 세상이 시작된다고 하시고, 인류를 구원하여 후천세상을 이끌어 가라고 천명을 내려 주신다. 이제 지구가 우주 대정화의 시간대에 들어서면서, 지구에서는 말할 수 없는 대환난이 발생하여 수많은 사람들이 죽는다고 알려주신다. 그리고 지축이 반듯하게 서게 되는데, 지구의 인간들은 지금의 지식을 모두 잊어버려 원시인이 된다고 하시고, 그들을 청음으로 깨워 구원하라고 사명을 내려 주신다.

〈하늘님께서는 제 이름을 '성운율사'라 불러 주시며, 새로운 세상이 시작되니, 후천 세계를 이끌어 가라고 하셨다. 우리의 땅 일부가 일본의 침몰로 (오는) 바닷물 공격으로 36,000년 동안 침수된다. 그러나 침수와 동시에 곧 통일이 되며, 우리 한반도를 한번 동해 바닷물이 치고 서해바다로 넘어간다고 하늘님께서 말씀하셨다. 그때 자동으로 통일이 되며, 일본은 씨도 없이 바닷속으로 사라지며, 우리 민족을 동네마다 찾아서 살아 있는 모든 사람 이끌고 북한의 마식령 고개에서 모이라고 하셨다.

이때 (지축의) 변화가 있은 후, 중국 대륙으로 진출하라고 하셨다. 이때부터 후천 세상이 시작되는 것이다. 그 일이 시작되면 지구의 인간은 지금의 지식을 잊어버린다고 한다.

그때 우리 민족은 '청음'의 소리를 듣고 지금의 기억과 정신으로 깨어나면, 민족을 이끌고 지금의 고비 사막을 지나 내 몽고까지 쓸고 올라가, 밑으로 베트남 위까지 우리 땅으로 만들 거라 하셨다. 수도는 중국의 중심 청나라 수도가 우리의 수도가 될 것이다.
우리 민족은 앞으로 세계를 지배하는 천족이라 한다.〉

하늘님께서는, 1만 년 전에 인류 문명을 시작하였던 천족의 한민족에게 하늘님의 은총을 베풀어주시며 후천세상을 시작하도록 기회를 주셨다. 그리고 하늘님께서는 하늘님 대행자인 성운율사에게, 천족의 한민족을 청음으로 먼저 깨어나게 하여, 그들을 이끌고 후천세상을 열어 그 세상을 지배하도록 하셨다. 그들은 지도자의 명에 따라 세계로 나아가 하늘님의 새 세상 소식을 전하면서 인간들을 깨워 나가게 될 것이다.

참 하늘님이신 천상천주님께서 천상의 조회를 통하여, 성운율사를 천상천주님의 아들로, 그리고 장차 만백성의 어버이라고 천신과 지신들에게 천명을 내리시고, 온 인류에게 선포하셨다.

너희는 하늘 밑에서 어버이와 아들처럼 묶어진 몸이다.
하늘은 고개를 꿋꿋이 세워야 한다.
너희는 만백성의 어버이다.
천상천주의 아들이라 곧고 바르게만 가거라.
내가 하늘로써 명하노라.

하늘님이신 천상천주님께서는, 성운율사를 아들로 천명하시고, 구원의 대행자로써 권능을 내려주신다. 하늘님께서, 천지에 선포한 그 아들에게, "아들아, 믿거라."고 하시고, 인류 대비겁을 종식시키는 권능을 아들에게 붙여주시며, 약속하신다.

* **먼 훗날 나는 아들에게 말하노라. 삼문에 이르러 팔을 걷고, "팔난을 막게 해주세요."라고 만 번 해라. 끝남과 동시에 막아 주리라. 아들아 믿거라.**(삼극무(三極無)의 삼(三))

인류 구원과 후천 세상 개창의 중차대한 대 사명을 맡은 하늘님의 아들 성운율사이기에, 하늘님께서는 지척에서 엄중하게 지켜보시며, 네 분의 신명들에게 명하시어 이중 삼중으로 보호하고 계시다.

내가 항상 지척에 있으니 겁먹을 것 없다.
모든 걸 여쭙고 행동으로 옮겨라.
신명들 네 분이 항상 안정되게 돌보고 있다.

하늘님께서는, 11번째로 후천 세상 개창 지침서인 천부경 말씀을 성운율사에게 알려주시며, 후천 세상을 열어나감에 한 치의 오차가 없도록 경계하셨다.

(2) 인류를 낳아 주시고, 성숙시켜 주시는 하늘님

1) 인류를 낳아주시는 하늘님

盡本天一 一地一二人　　진 본 천 일 일 지 일 이 인

천부경 진본(盡本)의 본(本)에 대한 말씀이다. 이 말씀은 대환난이 휩쓸고 난 뒤, 후천 세상을 진심전력으로 이룩해 나가는 과정에서 항상 새겨야 할 마음가짐과 행동의 근본에 대한 말씀을 주신다. 참 하늘님을 바르게 알고 공경하며 보은하는 것이 근본임을 일러주신다.

하늘님께서는, 서두에 이렇게 말씀을 주신다.

* 이미 안다 하여도, 어떻게 하늘을 안다 하겠느냐?

세상 사람들이 하늘님을 안다고 떠드나, 진실로 하늘님을 아는 사람이 제대로 있겠느냐는 말씀이시다. 그리고 이어서 성운율사에게 내려주시는 말씀이다.

* 임금은 그렇게 아주 먼 곳 하늘에 있느니라. 설혹 임금을 알아도 서로가 안다 하지 못하고 어떻게 안다 하겠느냐.

하늘님께서는, 하늘님을 세상에 밝혀 전하기도 쉽지 않음을 말씀해 주신다. 성운율사나 세상 사람들이 하늘님인 나를 안다 하더라도 어찌 제대로 알겠느냐고 하시는 것이다. 사람들이 무엇을 하고 있는지도 알아야 하지만, 더군다나 하늘님은 멀고 먼 하늘에 계신데, 어찌 사람들이 알겠느냐는 말씀이다. 지금의 인류에게도 하늘님 말씀은 그대로 살아서 적용된다.

"성운아 이놈아, 낯판이 있어 임금이 하늘에 있어 아침에 공경하지 않느냐?"는 말씀에서, 후천 세계를 열어 나가시는 하늘님의 대행자이며, 아들로 말씀하신 성운율사에게 경계하시는 것과 같이, 모든 인류에게 똑같이 경계하고 계신 것이다.

"하늘님께서 하늘에 있으니 아침마다 공경하며 기도하고 있지 않냐!"하시며, 그렇게 기도하고 있음에도 하늘님을 알기가 쉽지 않음을 말씀해 주신다. 항상 하늘님께 공경하며, 말씀을 여쭙고 실행하도록 하신다. 후천 세상을 열어 나갈 때에, **"마음으로 몸으로 역성을 들지 않고, 헛말하지 말며, 속으로나 겉으로나 아는 거나 모르는 거나 확**

실하지 않으면 말하지 말며, 혹 이간질하는 자 있다면 헛말을 못하게 꼭 묶어, 저 밑에 미륵 앞에 앉혀 놓고 옴짝달싹 못하게 해야 한다."고 하신다.

후천 세상은 미륵의 세상이라, 천지의 미륵들이 모여들어 천미륵을 중심으로 하늘님의 천명을 받들게 된다. 그런데 하늘님께서는, 후천 세상에서는 헛말을 해서 인간들을 이간질하는 자들을 용납하지 않고 단단히 격리시켜 단죄하여야 함을 말씀해 주신다.

* **이미 안다 하여도, 어떻게 하늘을 안다 하겠느냐**?

* 하얀 집이 어떻게 하고 있는지를 알아야 하고, 임금은 그렇게 아주 먼 곳 하늘에 있느니라. 설혹 임금을 알아도 서로가 안다 하지 못하고 어떻게 안다 하겠느냐. 이놈아, 안 보면 어떻게 안다 하겠느냐. 성운아 이놈아, 낮판이 있어 임금이 하늘에 있어 아침에 공경하지 않느냐? 하얀 운대로가 어찌 입으로 말로만 표현하겠느냐.

* **너는 마음으로 몸으로 역성을 들지 않고, 헛말하지 말며, 속으로나 겉으로나 아는 거나 모르는 거나 확실하지 않으면 말하지 말며, 혹 이간질하는 자 있다면 헛말을 못하게 꼭 묶어 저 밑에 미륵 앞에 앉혀 놓고 옴짝달싹 못하게, 여럿이 뭉쳐 묶어놔야 되느니라**.

이어서 하늘님께서는, 성운율사에게 후천 세상을 열어 나가는 하늘님 대행자로 정하시고, 모든 것을 대행자에게 맡겨놓고 지켜만 보는 하늘님이 아니시라는 것을 확인시켜 주신다. 하늘님께서도, "**어지러운 세상, 안팎으로 험난한 세상 두루 밝혀가려면 혼이 나갈 지경이다.**"고 하신다. 하늘님께서는 천지 신명계와 인간계, 삼라만상에서 벌어지는 모든 일을 주재하시며 수습하시는 하늘님의 수고로우신 은총을 알려주신다. 그러시고, "**율사는 다 알지 않느냐**"고 하신다.

* 혹자는 나쁜 일만 시킨다 하지만 어디서 나는 무엇을 하는지 보아라. **나도 너희들 못지않게 어지러운 세상, 안팎으로 험난한 세상 두루 밝혀가려면 혼이 나갈 지경이다. 율사는** (내가) **하는 일 보았으니 알겠구나.**

천부경 진본(盡本)의 본(本)에 대한 말씀에서, 오로지 하늘님께 몸과 마음을 맡기고, 후천의 새 세상을 열어주신 은총을 잊지 말고, 하늘님께 항상 기도드리며 보은해야 함을 알려주신다.

이어진 천부경 천일일(天一一)의 천(天)에 대한 말씀을 내려 주신다. 천부경 말씀으로 처음 등장하는 천(天)에 대한 말씀이다.

하늘님께서 "**사물을 볼 때다.**"라고 하신다. 하늘님께서 사물에 대해서 성운율사에게 풀어서 알려 주신다.

사물은 아래로나 위로나 다 보는 것,
훑어보는 것을 말하며, 참으로 영험함을 말한다.

우리 눈에 보이는 모든 세상의 만물을 말하며, 어둠이 없고 밝은 세상에 있는 모든 것을 보게 된다는 말씀이다. 우주 차원의 대정화 과정에서 지축이 바로 선 후, 점차 대환난이 안정되어, 하늘님께서 이루어 주신 어둠이 없고 밝은 새로운 세상의 영험함을 알게 하는 후천 세상을 맞이하게 된다. 참으로 영험한 후천세상을 맞이하였지만, 기존의 인류 문명이 소멸되고 난 뒤의 세상이라, 천명을 완수해 나가는 성운율사로써는 모든 것이 무너져 내려 아무 것도 없는 상황에서,

해야 할 일은 많고 부족한 것이 너무나도 많기에 몸과 마음이 안정되기 쉽지 않음을 알고 하늘님께서 말씀을 내려주신다.

후천 세상에 들었지만, "몸과 마음이 안정이 안 되면 하늘의 말씀도 안 들은 거와 같으니, 몸과 마음을 편안하게 하고 무엇이 부족하고 모자라는지를 하늘에" 말씀드리라고 하신다. 천(天)의 서두 말씀에서, "**우주의 한가운데 서서, 처음 웃음의 마음을 겉 다르지 않게 하**"라고 하시며, 주신 말씀이다.

> * **사물을 볼 때다**. 이 말은 설혹 하늘이 입으로 말씀을 하였을 때도 안정이 안 되면 안 들은 거와 같으니, **몸과 마음을 편안하게 하고 짙은 마음 모진 마음 피하지 말고, 오직 하늘에 모자란 것 다 편안히 말씀 드리거라**.

후천 세상을 열어 나가며, 천명을 완수해 나가는 성운율사에게, "**몸과 마음을 편안하게 하고 짙은 마음 모진 마음 피하지 말고, 오직 하늘님께 모자란 것 다 편안히 말씀**"하라고 하신다.

> * 우주를 셋으로 나눠 놓고 어디서부터 차지하겠니? **이 땅과 편안한 저 하늘과 숨 쉬는 맑은 공기 어떻게 하면 좋겠니**? **나는 조건 없이 물과 생기를 찾겠다**. 그래야 마음 편하게 먹고 생기를 찾을 수 있으니까. 대명분을 잘 따져 보아야 된다고 생각이 든다. 어떤 곳에 가서 살던 입 막고 코 막고 모질게 숨 막혀 꺾기지 못하고 파르르 파르르 꺽꺽 소리를 내며 서서히 바로 땅바닥에 꺼풀어질 것이다. 이리하여 온 나한들은 누구나 물소리를 지를 것이다. 피 한 방울과 물 한 방울과 바꿀 수 있는 것이다.

* 신이 인간을 안 본다하면, 성인이 납작과 같은 것이니, 납작은 밤이슬을 먹고사는 저 우수리[힘이 없이 겨우 연명해 가는 연체동물]와 같은 것이니.
* 천성은 도를 넘어서야 안에 무엇이 있는지 양면성을 가지고 있으니 그것을 따져 보면서, 가득 날부터 오늘까지 천천 남보다 천미륵을 찾아서 솔직히 반경[모두 안정 되게 가는 것]을 가야지.

하늘님께서 말씀하신다. 우주를 셋으로 나눠 놓고 어디서부터 차지하겠냐고 하신다. 하늘님께서, "**나는 조건 없이 물과 생기를 찾겠다.**"고 하신다. 마음 편하게 먹고 생기를 찾을 수 있기 때문이라고 하신다. 대명분을 잘 따져 보아야 한다고 하신다. 대명분은 "**헛것이 아니라 진실을 보는 것**"이라고 말씀해 주신다. 새로운 후천 세상에 들었으니, 헛것을 찾지 말고 진실을 보고 사람들을 이끌어 새로운 후천 세상을 건설해 가는 터전을 찾아야 한다고 말씀하시는 것이다.

하늘님께서는, 후천 세상의 새로운 터전 중, 하늘님 광명이 함께하는 후천의 대제국이 들어설 수도로 과거 청나라 수도 중에서 이미 정해주신 바 있지만, 천기에 해당하여 밝히지 않는다. 그리고 하늘님 광명이 함께 하는 후천 대제국을 "**대마한**"으로 알려주신다. 이 말씀 이후 천상계와 지상의 모든 신들께서 비로소 대마한을 말씀해 주시게 된다.

하늘님께서는 이어서 어느 누구도 알지 못하였던, 신과 인간 간의 참된 관계를 알려 주신다.

신이 인간을 안 본다하면, 성인(聖人)이 납작과 같다고 하신다. 납작은 "**내면에 속이 없고 껍데기만 있는 것**"이라고 알려주신다. 마치 매미껍데기만 남은 것과 같은 의미이다. 신이 인간을 돌아보지 않으면, 성인이라 해도 내실은 없고 빈껍데기 존재밖에 지나지 않는 모습으로, 밤이슬을 먹고 사는 우수리와 같다고 하신다. 우수리는 힘이 없이 겨우 연명해 가는 연체동물이라 하셨으니, 그냥 살기 위해 꿈틀거리는 지렁이와 같다고 말씀하신다.

하늘님의 역사를 잃어버린 가운데 납작이 되어가는 것이다. 그래서 천부경 진본(盡本)의 본(本)에 내려주신 말씀을 명심하여, 하늘님을 알기 어렵긴 해도 모든 생명의 근본이 하늘님이시기에 오로지 하늘님께 몸과 마음을 맡기고, 후천의 새 세상을 열어주신 은총을 잊지 말고, 하늘님께 항상 기도드리며 보은해야 함을 명심하여야 한다.

하늘님께서 신은 내면에 주제가 뚜렷하다고 하시고, 마음에서 나온다고 알려주신다. 그리고 신은 인간과 마음으로 연결됨을 알려주신다. 신의 내면에 주제가 뚜렷하다는 것은, 한쪽만 보지 않고 주변을 두루 보고 천지의 뜻을 새기고 새겨서 확실한 것을 알게 되며, 알게 된 확실한 진실만을 보고 나아가며 헷갈리는 것이 없는 것을 말씀해주시는 것이다.

신이라는 것은 마음에서 나오는 것이지, 보이는 게 아니다. 모두가 누구나 신을 모시면 마음속에서 나와야지, 마음에 없으면 성인도 빈껍데기와 같은 것이다. 그러면 너희들 마음속에서 나도 나올 수 없는 것이다.

인간 역시 이렇게 참된 마음으로 신을 생각하고 내면을 뚜렷하게 갖추어 신을 찾을 때, 비로소 신도 인간의 마음속에 자리를 잡으신다는 것을 알려주신다. 그래서 사람 눈으로 신을 볼 수 있는 게 아니며,

마음의 눈인 영안(靈眼)이 열려야 신을 보게 된다는 말씀이다.

그러므로 신이 인간을 돌아보지 않는다면, 성인이라도 껍데기만 남아 아무런 의미가 없다는 말씀이시다. 하늘님께서는 신이 인간을 돌아보아야 우주도 의미가 있게 되며, 성인도 제 역할을 한다고 말씀해 주시는 것이다.

가득 날이란 아득한 옛날을 뜻한다고 하신다. 그리고 반경은 "**모두가 안정 되게 가는 새로운 세상을 말한다.**"고 알려주신다. 그래서 하늘님께서는, 아득한 옛날부터 오늘까지 남보다 먼저 천미륵을 찾아서 모두가 안정 되게 가는 새로운 세상, 후천 세상을 찾아가야 한다고 말씀하신다. 천미륵은 하늘님의 대행자를 의미한다. 천미륵을 찾아, 모두가 안정되게 가는 새로운 후천 세상을 찾아가라는 하늘님 말씀을 우리는 새겨야 할 것이다.

그러시면서, 하늘님께서는 하늘에서 일어난 일들을 무엇 하나 거침없이 알려주신다고 하시고, 모든 것을 하늘에 맡기고 서로 다른 마음 없이, 밝은 마음 성실한 생각을 단단히 하고 하늘 일을 하라고 하신다.

* 하늘은 이번 있은 일을 안으로 있다 하고, **무엇하나 거침없이 반듯하게 알려 주마. 너무나 아득한 날에 일어났느니라.**

* **서로 다른 마음 없이 밝은 마음 성실한 생각을 단단히 하고 하늘 일을 하란 얘기다.**

무엇하나 거침없이 반듯하게 알려주신다고 하신 하늘님께서, 이 우주에 최초로 인간이 생겨난 비밀을 처음으로 밝혀 주신다.

하늘님이 흙으로 사람을 빚어 창조(創造)하였다거나, 하늘의 이치로 저절로 화생(化生)하여 인간이 생겨났다거나, 그리고 과학에서 말하는 수많은 세월동안의 진화(進化)로 생겨났다는 그런 것도 아닌, 하늘님께서 지구상에 최초로 인간을 창조하신 비화를 들려주신다.

하늘님께서, 인간이 최초에 이 지구상에 어떻게 생겨났는지, 인간 창조의 비밀을 처음으로 알려주시는 것이다.

하늘님께서는, "**너무나 아득한 날에 일어났다.**"고 말씀하신다. 그 너무나 아득한 날에, 어두운 곳의 나뭇잎에 앉아있던 발그레한 고추잠자리를 남자로, 솜털이 나지막하게 난 검으스레한 버러지를 여자로 만드셨다고 하신다.

* 고추잠자리는 남자가 되었고, 벌거지는 여자가 되었다. 그러면 하늘은 이런 인간이 어디서 왔는가? 아득한 날에 어두운 곳에 잎이 있는데 나뭇잎에 발그레한 고추잠자리와 솜털이 나지막하게 난 검으스레한 버러지가 있는데, **이 둘을 하늘님께서 만약에 선악을 만들어 놓을까 하여 임의대로 선한 사람과 선하지 못한 사람, 홀로 가는 사람과 홀로 가지 못하는 사람 두 종류씩 사람을 만들어 놓았다**.

하늘님께서 남자 갈비뼈를 취하여 여자를 만든 것이 아니라, 나뭇잎에 있던 두 생명체를 하늘님의 권능으로 남자와 여자로 각각 따로 만드셨다고 하신다.

우주 대자연과 함께 하시는 하늘님이시기에, 대자연의 섭리와 우주의 기운에 따라 남자와 여자, 선한 사람과 선하지 않은 사람 등 두 종류씩 만들어 놓으셨다. 이렇게 아득히 먼 우주 역사 가운데, 하늘님께서 인류를 처음으로 만드시고 천상의 문명을 본받아 이 지구에 살아가도록 하신 것이다.

하늘님의 말씀 속에 간과해서는 안 되는 사실이 있다. 한 가지는 하늘님께서는 사람을 만드실 때, 바로 신의 형상을 닮은 인간을 만드셨다는 사실이다. 그리고 또 다른 한 가지는 인간이 천상의 문명을 모형으로 인류의 문명을 열어가도록 하셨다는 것이다.

여기에 하늘님의 무한한 축복이 깃들어 있음을 알 수 있다. 신의 형상으로 인간을 창조하시고, 천상의 문명을 바탕으로 인간 문명을 열어나가도록 하시며, 자연 법도에 따라 남녀의 음양과 함께 인간의 선악도 열어놓으신 것이다.

하늘님께서 선악을 만들어 놓을까 하여, 임의대로 선한 사람과 선하지 못한 사람 두 종류, 홀로 가는 사람과 홀로 가지 못하는 사람 두 종류씩을 만들어 놓으셨다고 하셨다. 하늘님께서 임의대로 만들어 놓으셨다는 것은, 하늘님께서 특정하여 정하지 않으시고, 모든 인간들이 자신들의 의지대로 좌충우돌하며 자기 삶을 스스로 열어가는 과정 속에서 선택하여 나가도록 하셨다는 것이다.

* **신명을 아는 자는 악이 선으로 갈 수 있게 하였고**, 또 아집과 고집이 있는 자는 홀로 가게 하였다. 또한 속으로 이쁜 척하는 자는 악의 근성을 갖게 하였고, 참으로 마음 심(心)을 심은 자는 천하를 웃으며 살 수 있게 하였다.

그런데 하늘님께서는 임의로 악한 사람을 만들었지만, 악이 선으로 갈 수 있도록 길을 열어 주셨다. 신명을 아는 자, 신명의 말씀에 귀기울이는 자, 신명의 말씀을 좇아가는 자는 악에서 선으로 갈 수 있도록 하셨다. 하늘님께서는 신명이라고 말씀을 하신다. 다른 말씀에서는 신을 말씀하셨는데, 이 말씀에서 신명을 쓰신 이유가 있을 것으로 본다. 악을 선으로 인도하시는 신은 어둠이 없고 밝은 세상을 열어주신 하늘님의 빛과 말씀 속에 함께하는 신명이며, 그런 신명의 말씀에 귀기울이며 말씀을 좇아가면 악을 벗어나 선으로 가게 된다고 알려주시는 것이다.

아집과 고집이 있는 자는 홀로 가게 하셨다. 사람들과 관계를 맺고 살아가야 하는데, 자신의 아집과 고집을 내세운다면 어떤 이가 있어서 같이 갈 수 있을까? 그래서 그런 자들은 홀로 가도록 내버려 두신 것이다. 그러나 신의 말씀을 통하여 마음의 변화가 이루어질 수 있도록 여지를 두신 것이다.

또한 속으로 스스로를 이쁜 척하는 자는 악의 근성이 생겨난다고 말씀해 주신다. 악이 나타나는 바탕을 알려주셨다. 자신이 더 이쁘고, 뛰어나다고 생각하며, 사람들 간을 보며 무시하는 자들이 점점 사악해지는 데에는 다 그런 이유가 있음이다.

하늘님께서 천일일(天一一)의 첫 번째 일(一)에 대해, "**내면에 있는 걸 말함이라.**"고 하시며, "**도력은 내면에서부터 펼쳐 나가는 것이니, 사흘 동안 힘을 길러 도력을 밝고 환하게 한 다음에, 일을 처리하라.**"고 하신다.

* 그렇다 내면은 바로 시작이다. 도력은 내면에서부터 펼쳐 나가는 것이다. 사흘 동안 힘을 길러 도력을 밝고 환하게 한 다음, 일을 처리한다.
* **선한 자와 악한 자는 밑바닥의 근원부터가 다르다**.
* 아무튼 몸을 건강히 해야 된다.
* **무릇 선한 마음과 악한 마음은 같이 가야 한다**. 이것은 누구나 같지만 이런 마음은 악의 구렁텅이로 처넣는다.

하늘님께서는 선한 자와 악한 자는 밑바닥의 근원부터 다르다고 하시고, 무륜 선한 마음과 악한 마음은 같이 간다고 말씀해 주신다. 천성은 양면성이 있다는 말씀과 상통한다. 성운율사는 "**하고자 할 때 생겨나는 마음의 기로가 무륜**"이라고 하늘님 말씀을 전해준다.

〈인간들이 무언가를 하고자 할 때 나쁜 마음으로 할까, 좋게 할까라는 기로에 있는 것을 무륜이라고 하시고, 그때 이렇게 선한 마음과 악한 마음은 같이 간다고 하신다.〉

그런데 악한 자들은 대개 자신의 이익을 위해 다른 사람들에게 나쁘게 하는 걸 좋아하는 인간들로, 그들은 점점 악의 구렁텅이로 들어가게 된다는 말씀이다.

그래서 내면의 힘을 길러 도력을 밝고 환하게 하지 않으면, 악한 마음이 고개 들면서, 악귀나 마귀로 알고 있는 황마가 인간의 마음에 스며들어 더욱 악의 구렁텅이로 빠져들 수 있음을 경계하시고 계시다.

하늘님께서는 후천 세상을 열어나갈 때 하늘 일을 하는 이들에게, 악의 구렁텅이로 밀어 넣는 황마를 쫓아내는 권능을 내려주시며 인간계 질서를 바로 세우도록 하셨다.

그리고 하늘님께서 마음 심(心)을 심은 자는 천하를 웃으며 살 수 있도록 삶의 향방을 만들어 놓으셨다. 모든 사람들이 마음 심(心)을 익히고, 깨우치며 살도록 축복을 주셨다. 그래서 기존 종교에서 마음 심(心)을 닦아가는 과정을 우선으로 내세우는 것이 우연이 아님을 알아야 한다.

이처럼 하늘님께서 대자연의 섭리를 바탕으로 이 지구에 인간을 창조하시고, 인간들이 각자 살아가는 심성을 임의로 정하여 살아가게 하셨다. 임의로 악한 사람을 만드셨지만, 악한 사람이 선으로 갈 수 있도록 길도 열어 주셨다. 신명의 말씀에 귀 기울이는 자, 신명의 말씀을 좇아가는 자는 악에서 선으로 갈 수 있도록 은총을 주신 것이다.

인간을 창조해 주시고 새로운 우주와 인류 문명을 열어주신 참 하늘님과 높은 하늘의 은혜와 뜻을 잊지 말아야 한다. 하늘은 똑바로 가는 걸 원하니 바른 기운으로 나쁜 기운들을 다 걷어내며, "**몸과 마음, 정신을 하늘에 맡기고**" 참 하늘님의 말씀과 진리 속에서 살아가야 한다. 후천세상은 더 이상 지금처럼 하늘님의 역사를 잃어버려 하늘님과 겉도는 인간 세상이 되어서는 안 된다는 것을 명심하여야 할 것이다.

2) 천상의 변천과 인류에게 주시는 축복

하늘님이신 천상천주님께서 성운율사에게 내려주신 말씀에, "**하늘님께서 만들어 놓으셨다.**"고 하신다. 하늘님께서 스스로를 말씀하실 때, 하늘이나 임금으로 말씀을 내려주셨다.

그래서 "**하늘님**"이라는 말씀이 매우 의미심장하다는 것이다. 하늘님께서 "하늘님"을 말씀하실 때에는 분명한 이유가 있기 때문이다. 성운율사는 어느 누구도 알지 못했던 천상의 변천 비밀에 대해 놀라운 하늘의 말씀으로 세세하게 알려준다.

성운율사가 하늘님의 부름을 받아 천마산으로 가서 천명을 받으며 하늘님으로부터 직접 말씀을 받들며 가르침을 받고 난 다음, 다시 계룡산 도적골에서 기도를 하고 있는 중이었다. 그러던 어느 날 하늘에서 명이 내려와, 3일 동안 잠을 자지 말라고 하시어, 잠을 자지 않고 계속 기도에 매진하게 된다. 잠이 오면 하늘에서 잠을 자지 못하도록 하신다. 그때 내려 주시는 놀라운 하늘의 말씀을 성운율사는 이렇게 전해준다.

〈"**6천, 7천세계를 문 닫는다.**"고 하신다. 천주대왕님이 돌아가신 겨울에 3일 동안 잠을 재우지도 않았다. 화장하는 냄새가 나는데, "**6천, 7천 하늘님과 같이 했던 하늘님 신하신들도 함께 화장한다.**"고 냄새가 엄청 났다. "**이제 8천, 9천세계가 시작된다.**"고 하신다. 3일 끝나고 나서는, "**이제 가서 하고 싶은 것하고 쉬어라.**"고 하신다.〉

하늘도 진화하며, 변천해 나간다는 말씀이다. 앞에서 언급하였듯이, 신의 세계는 영생하는 것이지만, 우주의 진화에 따라 하늘세계도 변천한다는 것이다.

그 과정에서 3일간 치르는 천상의 장례의식 일정에 같이 참여하게 하신다. 장례의식이 진행되는 3일 동안 자지도 못하게 하시며, 6, 7천의 하늘세계를 문 닫고, 8, 9천의 하늘세계를 여는 천상의 의식에 참여하게 하신 것이다.

과거 인류 역사 속에 있었던 순장의 장례의식이 천상문명에서 유래하였음을 일깨워 주신다. 인류의 문명이 홀로 생겨난 것이 아니고, 모두 천상의 문명에서 비롯되었다는 것을 알 수 있게 하는 말씀이다. 또한 하늘님께서 직접 열어주신 인류 문명 초기 시절이, 지금보다 더 순수하게 천상신명의 세계에 깊이 연결되어 있었고, 하늘님과 더 가까이 있었음을 알게 하는 말씀이기도 하다.

하늘에서 성운율사에게, "**6, 7천의 하늘세계를 문 닫고, 이제 8, 9**

천의 하늘세계가 시작된다."고 하신다. 하늘 세계가 이제 8, 9천으로 열리게 되었고, 새롭게 열린 8, 9천의 하늘세계 하늘님이 지금의 하늘님이신 천상천주님이시라는 것이다.

그리고 놀라운 하늘세계의 변천을 알려주시는 말씀을 전해준다.

〈1천에서 4천 하늘세계의 하늘님이 계셨고, 4, 5천 하늘세계의 하늘님, 6, 7천 하늘세계 하늘님이 계셨고, 이제 8, 9천 하늘세계 하늘님이 온 우주를 주재하신다.〉

하늘세계가 이렇게 진화, 변천하며, 하늘님께서도 변천하시며, 하늘님도 한 분이 아니라 지금까지 네 분의 하늘님이 계신다는 놀랍고 놀라운 말씀을 알려주시는 것이다.

1천에서 4천 하늘세계를 주재하셨던 하늘님께서 우리 인류를 대자연의 섭리를 바탕으로 처음 창조하시고, 이 지구에 살게 하셨다는 말씀을 해 주시며, 그 하늘님을 "**억조창생만조대왕님**"이라고 알려주신다. 억조창생만조대왕님께서, 1천에서 4천의 하늘을 주재하셨으며 이 우주에 처음으로 인간을 창조하신 하늘님이시며, 지금도 인류를 보살피시고 계시다는 것을 알려주신다. 그 다음 대의 하늘님은 "**천상천황님**"이라고 알려 주신다. 천상천황님은 4천에서부터 5천 하늘세계를 주재하셨던 하늘님이시며, 하늘님의 대행자인 성운율사와 함께 하시며 천지 일을 지켜보고 계시다고 알려주신다.

그 다음 대인 6, 7천 하늘세계 하늘님은 지금 현재 하늘님과 항상 함께 하시는 "**천주대왕님**"이라고 알려주신다. 6, 7천 하늘세계 하늘님이셨던 "**천주대왕님**"은 하늘이 8, 9천으로 변천하면서, 화장이라는 장례의식을 거쳐 "**지금의 하늘님이신 천상천주님**"께 하늘님의 자리를 넘겨주시고, 천상천주님과 함께 천지 일을 주재하고 계심을 알려주신다.

8, 9천으로 변천한 지금의 하늘세계를 주관하시는 하늘님은 "**천상천주님**"이시며, "**나를 하늘님이라 하라, 나는 천상천주이니라.**"고 선포하신 바로 그 참 하늘님이시며, 11번째 새로운 인류문명을 열어주시는 하늘님이시다. 그리고 하늘님께서 우주를 주재하시며 우주와 함께 하시는 시간대를 성운율사에게 밝혀주신다.

〈천상천주님께서는 온 우주의 하늘님으로 향후 1억만년을 계신다.〉

하늘의 변천으로 하늘님께서 다음 대의 하늘님께 자리를 넘겨주시면, 직전의 하늘님은 물론이고 함께 했던 모든 신하신들도 화장한다고 하신다. 죽음의 예식을 치르는 것이다. 신은 죽지는 않지만, 죽음의 예식과정을 거치면서 새로운 하늘님에 의해 신명계가 완전히 교체되어 탈바꿈하게 된다는 것을 알려주신 것이다. 그래서 지금은 8, 9천 하늘세계임을 밝혀 주시며, 이로써 9천의 천계가 열리기 시작한 것이다.

우주가 진화하고, 천상세계가 변천하고, 하늘님도 변천하시고, 이제 인류문명도 우주 대정화시기를 거치면서 새롭게 진화할 준비를 하는 것이다. 그 모든 일의 근본 되시는 분이 바로 8천과 9천 하늘세계의 하늘님이신 천상천주님이시다.

그 하늘님께서, "**무엇하나 거침없이 반듯하게 알려 주마. 너무나 아득한 날에 일어났느니라.**" 하시고, 하늘님의 변천과 함께 천상의 비밀마저도 반듯하게 알려주신다. 우주의 변화 비밀과 인간 탄생의 비밀도, 그리고 신과 인간 간의 관계에 대한 비밀도 모두 반듯하게 밝혀 주신 것이다.

참 하늘님이신 천상천주님께서, “**하늘님께서 만들어 놓으셨다.**”고 하신 말씀을 세상에 밝히는 것이다. 천상천주님께서 스스로를 말씀하실 때에는, “하늘”이라고 하시는데, 여기서 말씀하신 “하늘님”은 그 당시 하늘님이셨던 “**억조창생만조대왕님**”을 말씀하시는 것이다.

더욱 놀라운 일은 천주대왕님의 윗대 되시는 “**천상상왕님**”이 계심을 알려주신다. 천주대왕님의 윗대 분들이시며, 하늘님 반열에 계시는 “**천상상왕님**”께서, 최초의 천부경 전수자인 “마살”을 알려 주시며, 소 우(牛)의 뜻을 자세하게 알려주셨다. 그리고 천상에서 쫓겨난 황마가 출현한 배경을 알려주신다. 지금의 사람들이 흔히들 알고 있는 악마 또는 마귀를 황마라고 알려 주신다.

아득한 옛날 천상의 신들 간에 어떤 사안을 두고 엄청난 논쟁이 벌어졌다고 말씀해 주신다. 높은 어른과 나쁜 어른들이 계셨다고 하시고, 양쪽간의 양보 없는 논쟁이 있었고, 심지어 신들 간의 전쟁까지 이어진 것으로 말씀을 주신다.

그리고 오랜 세월이 지난 뒤에, 치열하게 따지며 논쟁하며 전쟁까지 갔던 사안들에 대해 진위 여부를 평가하였고, 틀린 신들 중에서 천상의 신 자격을 박탈당하여 악인으로 찍히고, 그로부터 흔히들 악마, 마귀로 말하는 황마가 나오기 시작하였다고 알려주신다.

그런 황마가 인간계에 영향을 미치고 있음을 말씀해 주신다. “**천상상왕님**”께서 성운율사에게 황마가 생겨나게 된 천상의 비밀을 알려주시는 말씀이다. 그러시면서 천상상왕님께서 성운율사에게 무한한 원력과 축복을 내려주신다.

〈옛날에는 우상이 하나였었데요. 그 분들도 신들도 우상이 하나였었고, 높은 어른과 나쁜 어른들이 있었데요.
이렇게 할까 저렇게 할까, 따지고 또 따지고, 또 따지고 그렇게 했데요. 그래서 어떤 것이 더 맞을까 4~5년 동안 서로 두들겨 맞고. 막 싸우고 그랬나 봐요, 신들끼리.
오랜 세월이 지난 뒤에 그 말이 맞고 이 말은 틀리다 평가를 했대요. 누군가는 악인이 되고, 그래서 황마라는 게 그때 나오기 시작했다. 누렇게 된 게. 그래서 누런 옷을 입는 사람은 다치는 사람, 막 일하고 다치고 하잖아요. 그런 사람들이 입은 옷이고. 하얗고 깨끗한 옷은 참하고 이쁜 사람이 입는 옷이다.〉

〈4~5년 뒤에 너희들이 다 알겠지만, 아니 이태 후부터는 안다. 어떤 함이 있는데 누구나 열순 있지만 너희들만 열게 해 준대요.
그래서 동은? 서는? 어느 것이 안정되게 가는 것인지 알고, 문답을 여러 사람이 보는 앞에서 펼쳐서, 이건 이렇고 저건 저렇고 이치에 맞는 말을 한다면 그기 구경 온, 마실 온 사람까지 다 따르게 된다. 어르신들이 다 함께 하고 계시니까, 그날 누가 똑바로 말하는지 어디 두고 보자 그러세요. 그때 한 번 해보라 그래요.〉

천상에서 벌어진 일처럼, 후천 세상을 열어 나가는 과정에서 어느 것이 안정되게 가는 것인지를 깨닫고, 문답을 여러 사람에게 펼쳐서 이치에 맞는 말로 설득하여 사람들 모두가 다 따르게 하라고 하신다.

어르신들이 다 함께 하고 계시니까 한번 잘 해 보라고 하신다. 어르신들이라 하심은 앞에서 언급하였듯이 천상의 어르신들이시며, 천상천주님과 함께 하시는 가장 높은 반열에 계시는 "**열성조**"되시는 분들이시다.

어느 누구도 알지 못했고, 상상하지도 못했던 하늘님 변천의 비밀과, 천상에서 있었던 신들 간에 벌어진 전쟁의 비밀, 그리고 인간계에 좋지 못한 영향을 미치는 악마, 마귀에 해당하는 황마가 탄생한 비밀까지도 알려주시는 것은, 우주 대변혁이 인류 코앞에 다가서 있기에 엄청난 천기를 알려주시는 것이다.

천상상왕님께서 알려주시는 말씀을 통해, 하늘님과 천상의 열성조들께서 내려주신 깊은 은혜 속에서 이 지구상에 인간이 창조되었으며, 또한 기존의 인류 문명이 소멸되어도 새로운 인류문명을 이어갈 수 있도록 크나큰 은총을 베풀어 주고 계심을 확연하게 깨닫게 된다.

그런데, 중요한 사실은 참 하늘님이신 천상천주님께서 하늘님의 대행자로 성운율사를 정하시고, 천지의 대신명들로 하여금 성운율사에게 가르침을 베풀어 주도록 하신 바 있다. 그리고 천지의 대신명들의 가르침이 거의 다 끝난 무렵에, 과거 천상의 하늘님들께서 모두 다녀가시며 가르침을 베풀어 주셨음을 알아두어야 한다.

〈그러던 어느 날 하늘에 흰 옷을 입고, 키는 63빌딩처럼 크고 얼굴은 눈이 부셔서 쳐다 볼 수 없었다. 그 후부터 여러 가지 일이 벌어졌다.

아미타 부처님이 오시고, 사무엘천사가 오시고, 산왕대신이 오셨고, 천지신명님이 오셨고, 미륵부처님, 관세음보살,

지장보살, 문수, 보현, 약사여래, 하나로 부처님, 비로자나불, 무극신장님 등등 수 없이 많은 부처님, 신명님, 조사님, 청룡, 황룡, 천관, 선관 **마지막으로 천상천주님, 천주대왕, 사관원장, 대천사, 천계천사, 천상천황님, 억조창생 만조대왕님께서 오셔서 가르침을 내려주셨다.**〉

모르고 보면 그냥 넘길 말씀 같지만, 대단히 중요한 의미를 지니고 있음을 알아야 한다. 가르침을 받든 성운율사의 입장에서는 있는 그대로를 전해준 말이지만, 의미를 제대로 알게 되면 경악을 금치 못하게 된다.

과거 천상의 하늘님이셨던 분들께서 현 하늘님이신 천상천주님의 뜻에 따라 친히 왕림하시어 가르침을 내려 주실 만큼 현재 우리 인류가 처해 있는 상황이 너무나도 엄중하다는 사실을 잊어서는 안 된다.

참 하늘님께서 천상의 비밀을 밝혀주시는 것은 그만큼 우리 인류가 처한 시간이 긴박함을 알게 해주시는 것이다. 그렇다고 하늘님께서 인간들을 겁박하시는 것이 아니라, 모든 일에 대해 인간들에게 자유의지로 선택하도록 하셨다는 것을 알아두어야 한다.

하늘님께서 인간을 창조하실 때부터, 인간이 자유의지 속에 선택하여 살도록 하셨다. 그래서 천부경에서 하늘님께서는 인간들에게 더욱 굳건한 자유의지의 축복을 내려주신다.

사람이라면 내 자신이 누군지를, 내가 어떤 신분인지를 알고, 자신의 분수를 알아야 한다고 하신다. 그리고 스스로 나아갈 길을 결정하여 가야한다고 하신다. 하늘님께서는, 인간들에게 스스로의 신분을 잘 알도록 하셨고, 자유의지 속에 스스로의 결정권도 갖게 하셨다.

* 우륵[무릇] 사람은 내 명칭을 알아야 되느니라. 아무튼 업어갈 것인가. 묻어갈 것인가. 또 갖추고 갈 것인가. 일을 하면서 갈 것인가.

하늘님께서는 이렇게 자유의지를 가지고 있는 인간들이기에, 새로운 후천의 인류 문명세계를 만들어 나가는 지도자인 성운율사가 사람들을 이끌어 나아갈 때, 어떻게 해야 하는가를 세세하게 알려주신다. 그 말씀이 천부경에 모두 담겨 있다. 천일일(天一一)의 천(天)의 말씀이다.

* 너희가 다음 세상을 만들어 가야 하니, 서로의 의견과 앞으로를 보면서 멸의전에[차분하게] 이렇게 저렇게 하여 시작을 해야 되니, 다 같은 마음으로 서로 의사를 소통하면 그렇게 하면 되느니라. 서로 헐뜯지 말고, 속을 하나로 만들어 나쁜 기운 다 멀리 보내고 확실하게 행동으로 옮겨야, 표시가 나고 서로 의견이 조율되는 것이다.
* 이 말은 서로 이것만, 이것만 하지만서도 **하늘은 똑바로 가는 걸 원하니** 바른 기운으로 서서히 바르게 등꺼풀을 배겨가듯이 올망졸망하게 다 걷어 내야 한다.

다 같은 마음으로 서로 의사소통하고, 서로 헐뜯지 말고, 속을 하나로 만들어 나쁜 기운 모두 멀리 보내고, 행동을 확실하게 표시하라고 하신다. 그리고 "멸의전에, 이렇게 저렇게 하여 시작을 해야 되니, 다 같은 마음으로 서로 의사를 소통하면 그렇게 하면 되느니라."고 하신다. "멸의전에" 라는 말씀은 "차분하게" 라는 뜻이라고 알려주신다. 차분하게 서로의 의견과 앞날을 생각하며, 일을 조율하며 나아가라고 하신다. 이때 성운율사를 비롯하여 함께하는 모든 이들에게 경계하며 말씀을 주신다.

인간들은 이것만, 이것만 하면서도 서로를 헐뜯고, 나쁜 기운을 실어 소통이 어려워지는데, 하늘은 똑바로 가기를 원하니 바른 기운으로, 이 모든 잘못된 것들을 걷어내라고 하신다.

그리고 "**몸과 마음, 정신을 하늘에 맡기고, 서로 위하며 세속을 멀리하고, 마음을 정하여 뚫고 나가서 환할 때까지 일을 정리**"하라고 하신다. 하늘님을 믿고 받들며, 후천 세상을 열어나가라고 하시는 것이다.

* 몸과 마음, 정신을 하늘에 맡기고 서로 위하며 세속을 멀리하고, 속가므니[마음을 정하여 뚫고 나가는 것] 환할 때까지 일을 정리하는 것이 좋다. 힘을 길러야 한다.

만유의 하늘님께서는, 참된 이치로 모든 종교들을 싸움 안 나게 하나로 묶어 통일시켜 후천 세상을 열어 나가라고 하신다. 그 때, 모든 종교들은 하늘님께서 내려주신 하나의 표상을 사용하라 하시고, 그 표상의 모양에 대해 일일이 가르쳐 주셨다. 그러나 그 표상은 천기사항이라 밝히지 않는다.

〈절도, 교회도, 이슬람교도, 힌두교도 모든 걸 하나의 표상으로 사용하고, 모든 종교를 싸움 안 나게 하나로 묶어 통일시키래요.〉

하늘님께서는, 사람들을 거느리고 천명을 받들어 집행해 나가는 지도자가 명심해야 할 말씀을 인일삼(人一三)에서 내려주신다.

인일삼(人一三)의 인(人)에서, "**인성에 대해 얘기했다.**"고 하시고, "**모두 갖추어 가야 하느니.**"라고 말씀을 내리신다. 그러기 위해서는, "**자꾸 문제를 야기하지 말고, 있는 것을 안정된 마음으로 가야 된다.**"고 하신다.

하늘님께서 인성을 말씀해 주시는데, "참고, 올바르게, 실수 없이, 인간의 참됨을 몸과 마음으로" 실천해 가는 것이라고 하신다. "안과 뒤를 면밀하게 파헤쳐 이문이 되는지, 아무 필요 없는지 마음에 두고, 어느 것이 더 유익한지 가늠하여 옳고 바름을 판단하고, 엮이지 않게 바로" 가라고 하신다.

* **모두 갖추고 가야 하느니**[인성], (중략)
* **인성을 얘기했다. 자꾸 문제를 야기하지 말고, 있는 것을 안정된 마음으로 가야 된다.** (중략)
* 무엇인가 안과 뒤를 면밀하게 파헤쳐 이문이 되는지, 아무 필요 없는지 마음에 두고, 어느 것이 더 유익한지 가늠하여 옳고 바름을 판단하여, 엮이지 않게 바로 감을 말함이다. 이렇게 **인성이란? 참고, 올바르게, 실수 없이, 인간의 참됨을 몸과 마음으로 삶을 살아가는 것이다.**

하늘님께서는, "무엇이든 안정이" 우선이라고 말씀을 주시며, 인일삼(人一三)의 삼(三)에서, "무엇이나 한쪽으로 치우치면 안 된다."고 하시며, 모두 갖추어 나가야 함을 강조해 주신다. 그러시고 세세하게 다시 말씀을 주신다.

* **무엇이나 한쪽으로 치우치면 안 된다.** 당연히 안 본 것만 못하니 아무도 **똑같이 일률적으로 한 치도 삐뚤어지지 않게 염**

을 담아 곧고 바르게 행함을 말한다.

* **힘을 아주 공들여 파행으로 치닫지 못하게 일관성 있게, 하나부터 끝까지, 한 점 틀어지지 않게 일사 분란하게 이미 가던 길을 곧고 바르게 서로 양분하지 않게, 일사 분란하게 집행해야 끝이 야무지게 된다.** (중략)

* **모양이 이루어지면 똘똘 뭉쳐서 가야 으뜸이 된다.**

어느 누구도 "똑같이 일률적으로 한 치도 삐뚤여지지 않게 염을 담아 곧고 바르게 행"하라고 하신다. 또한, "아주 공들여 파행으로 치닫지 못하게 일관성 있게, 하나부터 끝까지, 한 점 틀어지지 않게 일사분란하게 이미 가던 길을 곧고 바르게 서로 양분하지 않게, 일사 분란하게 집행해야 끝이 야무지게 된다."고 경계해 주신다.

그리고 전체 조직의 틀이 안정되어가면, "**똘똘 뭉쳐서 가야 으뜸이 된다.**"고 하신다. 말하자면, 한 치도 삐뚤어지지 않도록 하나의 틀, 즉 모형이 형성되면, 이를 바탕으로 하여 곧고 바르게 서로 양분하지 않고, 일사분란하게 집행하라 하신다.

그렇게 모두가 똘똘 뭉쳐 일사분란하게 나가면 천명을 이루어내고, "엄청 큰 하늘의 땅이 되도록 넓혀서, 우주 한 가운데 모든 이목을 받고 천천세 우주"를 이룬다고 한량없는 은총을 내려 주신다.

(3) 후천세계 하늘님 대성역, 창조당

성운율사가 천마산에서 하늘님의 가르침을 받들며 기도를 드리고 있을 때, 하늘님께서 천마산 한 곳을 가르쳐 주시며 천제를 지내라고 하신다. 세 개의 빨간 바위가 있고, 소나무 세 그루가 있는 곳인데,

그 곳은 지구의 중심이며, 우주의 중심 자리인 창조당(倉造唐) 터라고 일러 주신다. 하늘님께서 성운율사에게, 곳집 창(倉), 지을 조(造), 당나라 당(唐) 글자를 쓰라고 하시며, "**그 기는 조그만 자리가 아니라, 전 세계에서 제일 큰 자리**"라고 알려 주신다.

성운율사가 천제 지내는 방법을 몰라 여쭈니, 천제 지내는 의식과 함께 천제에 올리는 음식도 알려주신다. 성운율사는 하늘님께서 일러 주시는 데로, "**무지개떡, 사과, 잣, 사이다**" 등 네 가지를 올려놓고 천제를 지낸다.

〈천마산에서 기도하고 있는데, "**빨간 바위 있는 곳에서 천제를 지내라.**", "왜 천제를 지내나요?", "**그기가 지구의 중심이다.**"(중략)
"**인체의 중심은 배꼽이고, 우주의 중심은 빨간 자리 요기다. 그래서 모든, 지구에 있는 여인들이 그걸 알려 달라고 배를 걷어 부치고 배꼽을 내놓고 돌아다니는 것이다. 네가 천제를 여기서 지냈기에 곧 감춘다. 그 기가 창조당 터다**"고 해요. 그 이후 여성들이 배꼽 내놓고 다니는 일은 사라졌어요.(중략)
"**그기는 조그만 자리가 아니라, 전 세계에서 제일 큰 자리**"라고 해요.〉

하늘님께서는 인체의 중심이 배꼽이라 알려주시고, 앞으로 창조당이 들어설 터는 오대양 육대주의 중심이고, 지구의 중심이며, 우주의 중심 인 우주의 배꼽 자리임을 깨우쳐 주신다. 우주의 중심이 되는 그 자리를 가르쳐 주시며, 창조당을 지어라고 하시는 것이다.

밀양 얼음골을 방문하여, 그 곳에 있는 천황사 산신당에 가서 기도를 드리는데, 하늘에서 말씀을 내려주신다.

〈창조당 터가 동서고금을 통해 제일이다.〉

삼라만상의 참 하늘님이시며, 신과 인간의 으뜸 되시는 하늘님을 모시는 곳으로 지구의 중심이자, 우주의 중심이 되는 곳, 동서고금을 통해 제일의 터인 그 곳에 창조당을 지어라고 알려주신다. 지구의 중심이며, 우주의 중심이 되는 이곳에 창조당을 지어, 후천 세상을 열어주신 하늘님의 은총에 보은하며 경배를 드리고 말씀을 받드는 곳이다. 후천 세상에서 하늘님을 경배하는 대성역이 되는 곳이다.

성운율사는 창조당에 대한 하늘님 말씀을 계속 전해준다.

〈하늘님께서 창조당의 성소가 들어설 위치, 들어설 규모를 말씀해 주시며, 3층 규모로 지어라 하시고, 각 층마다의 모습을 말씀해 주시고, 건물을 직사각형으로 지어라고 하셨다.〉

하늘님께서는, 창조당의 핵심 성소는 3층 규모로 짓도록 하시고, 건물은 직사각형으로 지어라고 하시며, 각 층의 내역까지 알려주셨다. 1층은 지상의 대신명과 부처님들을 모시고, 2층은 천신들을 모시고, 3층은 하늘님이신 천상천주님을 모시는 성소로 만들도록 하셨다.

신명계의 엄격한 경계를 반영하여 창조당 성소를 짓게 된다고 성운율사는 전한다. 특히 천상천주님을 모시는 성소 3층에서 하늘님의 말씀을 받들고, 후천 세상을 이끌어 나가게 되는데, 이곳은 하늘님으로부터 허락받은 사람만이 출입가능하다고 전한다.

하늘님의 말씀을 전하는 성운율사는 창조당을 지금의 로마 교황청 같은 역할을 하는 곳이라고 알려주는데, 사실은 그와 비교할 수 없이 더 성스럽고 큰 곳이라고 알려준다. 집 당(堂)이 아니라 당나라 당(唐)을 쓰게 하신 것은, 창조당이 성소 몇 채만 있는 지역을 넘어서, 한 나라의 규모에 해당하는 대단히 넓은 관경(管境: 관할하는 경계)을 갖는 곳이기 때문이다. 후천 세상에서 한 나라의 권역에 해당하는 장소로 창조당(倉造唐)을 말씀해 주시는 것이다.

성운율사는 후천 세상이 시작되면 온 인류가 이곳에 와서 "**모자라는 것을 배우고 익히는 곳**"이라고 하늘의 말씀을 전해준다.

모든 종교를 통일한 조화의 성지이며, 후천 세상의 가르침을 시작으로 후천 모든 사람들의 조화세상인 역술신전을 열어나가는데 필요한 모든 것을 배우고 익히는 곳이라는 것이다. 이러한 가르침을 통하여 지금 인류문명처럼 하늘님의 역사를 잃어버리는 일이 생기지 않도록 하늘님의 은총을 기리는 곳이기도 하다. 세세토록 하늘님의 은총을 기리며, 하늘님의 광명 속에 새로운 후천 세상의 인류 문명이 활짝 꽃을 피우게 하신 것이다.

창조당은 3층에는 하늘님을, 2층에는 후천세계를 열어주신 천상의 대신명, 1층에는 지상의 대신명과 부처님들을 모시는 대성소로, 하늘님의 말씀을 받들며 후천 세계의 새로운 가르침이 이루어지는 인류 최고의 성역이 되는 곳이다. 말하자면, 이곳은 대환난으로부터 인류를 구원하여 후천의 인류 문명 세계를 열어주신, 하늘님, 천상의 대신명, 지상의 대신명과 부처님들을 모시고, 내려주신 깊은 은총에 보은하는 대 성소이자, 대 성지인 것이다. 그리고 창조당이 있는 권역은 후천의 모든 인류가 하늘님의 은총에 대해 찬탄 드리며, 후천 세상의 모든 가르침이 시작되는 성지가 된다. 후천의 모든 인류가 하늘님 말씀의 은총을 처음으로 받들게 되는 최고의 성역이 되는 곳이다.

하늘님께서 이루어 주신 크고 크신 은혜를 세세토록 잊지 않고 찬탄을 드리며 경배하고, 성운율사께서 알려주시는 하늘님 말씀과 천상 대신명과, 지상의 대신명, 부처님의 말씀을 배우며 익히고, 새로운 후천 인류 문명 발전에 이바지하도록 가르침을 받는 곳이다. 후천 세상에 살아남은 사람이라면 누구나 와서 참배하며, 가르침을 받는 가장 성스러운 꿈과 희망이 있는 자리가 된다.

창조당의 이름에서 알 수 있듯이, 하늘님의 말씀을 받들며 후천 세상을 새롭게 열어나갈 진원지이자, 중심지가 되는 곳이며, 그 가르침이 우주 전역에 퍼져 나가게 되는 곳이다. 종교, 교육, 문화, 정치, 경제, 과학을 비롯한 후천 세상을 이끌어 나가는 모든 지혜의 근본을 배워가는 성지가 되는 곳이다.

창조당에는 하나의 상징인 표상으로 만들어 세우게 된다. 후천세계에서 쓰게 될 표상은 후천 세계의 하늘님 성소를 상징하는 표상이자, 하늘님께 드리는 믿음을 상징하는 표상이 된다. 그리고 후천세상 가르침의 표상이며, 통일된 종교의 표상이 된다. 하늘님께서 그 표상에 대해서도 성운율사에게 자세히 알려주셨다. 그러나 그 표상은 아직은 천기사항이므로 밝히지 않는다.

하루는 성운율사가 천상기도를 드리며, 천상 대열에 부처님을 같이 모셨는데, 하늘님께서 "**앞에다 부정을 놨구나.**" 하신다. 하늘에서 천지의 신명계 질서는, "**하늘을 덮으며 정한 것이라, 함부로 말하면 안 된다.**"고 하시며, "**오늘은 바람결처럼 봐 준다.**" 하시면서 깨우침을 내려주신다.

〈천상천주님. 천주대왕님. 사관원장님. 대천사님. 천계 천사님. 또 아미타부처님. 비로자나불. 약사여래불. 미륵부처님. 지장보살, 관음보살을 모시고 천상기도를 올렸더니, "**앞에다 부정을 놨구나.**" 하신다. "천상 대열에 부처님도 함께 하게 해주세요!"하니,

"네**가 하늘이냐? 그렇게 함부로 말하면 안 된다. 그것은 하늘을 덮으며 정한 것이다. 오늘은 바람결처럼 봐 준다. 작은 것에서 성의가 있으니 잘 된 것이다. 온수 수반**(다 영글어 이쁘게 공유하는 것)**이다. 너희는 참 영명한 아이다. 주문을 백 번, 만 번 하는 것보다 고마움을 이렇게 표현하는 것이 더 좋은 것이다.**" 고 하신다.〉

신의 세계가 처음 정립될 때부터, 신명계 위아래를 분별 있게 정리하여 진행되어 왔으며, 천지의 신명계 질서를 하늘을 덮으며 정한 것이라고 말씀해 주시는 것이다. 신명계뿐만 아니라, 인간계에서도 신도의 질서가 그대로 적용됨을 알려주신다. 그만큼 엄격한 질서가 이미 하늘에서 정해져 있다는 것이다. 그리고 앞으로 천제를 지내는 최상의 법도도 알려주신다.

하늘님의 말씀에 따라 천지의 신명세계가 이러하듯이, 후천의 인류문명도 천상의 신명 문명을 그대로 받아 인간 제도로 정립되어 간다. 천지에서 정해져 있는 법도에 따라 창조당이 운영되어, 창조당으로부터 천지의 신명계가 완전히 자리 잡게 된다. 하늘님께서 가르쳐 주신대로, 3층 규모의 창조당에는 엄격한 천상과 지상 신명계의 질서에 따라 신명을 모시고 경배를 드리게 된다. 그리고 창조당으로부터 시

작되어, 천상의 문명을 받아 후천 인류 사회의 모든 종교와 교육, 문화 그리고 정치, 경제, 과학기술 등이 새롭게 제자리 잡아 가게 된다.

하늘님께서, "**작은 것에서 성의가 있으니 잘 된 것이다. 온수 수반이다.** (중략) **주문을 백 번, 만 번 하는 것보다 고마움을 이렇게 표현하는 것이 더 좋은 것이다.**"는 말씀으로, 우리 인간들에게 하늘님과 신에 대한 보은의 예법이 얼마나 중요한지를 깨우쳐 주셨다.

온수 수반을 "다 영글어서 이쁘게 공유하는 것"이라고 알려주신다. 작은 것 하나하나 성의가 있어서, 빛이 날 정도로 깨끗하고 다 영글어서 이쁘게 차려진 수반으로 고마움을 표현하는 것이, 보은하는 예법의 근간이 되는 것이다. 보은의 바탕에 참 마음의 정성이 있어야 함을 알려주시는 말씀이다.

앞에서 우주의 가장 위대한 본성은 낳아서 기르는 것이며, 대우주와 함께 하시는 하늘님께서도 인류를 낳아 길러주신다. 그렇기에 이 우주에 인간을 창조하시고 성장해 가는 모습을 지켜보시는 것이다. 이러한 하늘님이시기에, 우주 차원의 대정화라는 과정으로 소멸하는 인류를 긍휼히 여기시며, 대행자를 내세워 인류를 건져내고 새로운 인류 문명을 열어 주시는 것을 기뻐하신다.

우주와 하늘님을 닮은 인간과 만물 역시 낳아 기르는 것을 가장 큰 기쁨으로 여기며 살아간다. 인간과 만물에게는 낳아 기르는 기쁨과 함께, 자신들을 낳아 길러주시는 하늘님과 대자연의 은혜를 잊지 않고 보은함으로써 또 다른 뿌듯함과 기쁨을 느끼게 된다. 이러한 심성 속에서 사람들은 하늘님께 기도드리며, 세상 사람들을 도와주고 이롭게 함으로써 기쁨과 뿌듯함을 느끼게 되는 것이다.

이렇게 낳아서 길러주신 하늘님과 대자연에 대해 보은하는 삶이 대자연을 닮은 인간과 만물이 지니고 있는 가장 자연스러운 중요 덕목이 되는 것이다. 그래서 우리 인류는 새로운 인류 문명을 낳아 주신 하늘님과 천지에 감사드리며 보은하는 것이며, 가까이는 개개인을 낳아 길러주신 부모님께 감사드리며 보은하는 것이다.

하늘님께서는, 주문을 백 번, 만 번 하는 것보다 고마움을 이렇게 표현하는 보은의 모습이 더 좋은 것이라고 알려주시는 것이다. 정성을 다하여 감사 보은하는 예를 갖추는 것이 얼마나 중요한지를 알려주시는 것이다. 보은의 기본을 깊이 깨우치게 해 주시는 하늘님의 말씀이다.

성운율사는, 후천이 되면 그 가까운 인근 지역에 항구를 세워라고 하신 하늘님의 말씀을 전해준다.

하늘님께서, 일석(一析)의 일(一)과 석(析)에서, 최고가 되는 일(一)들에 대해 말씀을 내려주신다. 일석(一析)의 일(一)에는 후천세상의 으뜸 되는 황제에 대해 말씀을 주셨다.

그리고 석(析)에 대해 말씀을 내려주시며, 인간계의 으뜸인 황제와 함께 또 다른 으뜸 자리로 황후에 대해 말씀을 주셨다. 이어서 하늘님께서 어둠이 없고 밝은 세상으로 가도록 도력을 길러주는 기도경문의 으뜸인 반야바라밀을 알려주신다. 또한 먹고 살아가며 번창하는 경제 행위의 으뜸인 항만과 파고를 말씀해 주시고, 하늘에서 가장 화려하다고 하는 의류의 으뜸인 흰옷에 대해 알려주셨다.

하늘님께서는 특별히 강조하신 가장 번창하게 나아갈 곳인 창조당 권역의 항구에 항만과 파고를 지으라고 말씀을 내려 주신다.

천부경의 일석(一析)의 석(析) 말씀에서, 만국 간의 소통이나 교역을 통해 경제가 번창할 수 있도록, 항만과 파고를 세우라고 말씀해 주시는데, 파고는 형형색색을 쌓는 창고로 대단위 창고를 말한다. 창조당뿐만 아니라, 하늘님께서는 후천세계의 교류와 번성에 대해 알려 주시는 것이며, 그런 항만과 파고를 어떻게 운영하고 관리하여야 하는지에 대해서 세세히 알려주신다.

* **항만은 천의 하구와 같은 것**. 밭이 논이 되듯, 하구를 막으면 별의별 것이 다 얻어지듯 갖은 오만가지를 다 갖추고서 이익을 사이좋게 갖추고 가야 하느니. **항구가 갖추어지면 값진 오만 가지가 떡떡 들어오니 큰 파고[형형색색을 쌓는 창고]가 있어야 되고, 그러자면 힘과 기능 있어야 되고, 하루에 한 번은 돌봐야 시비를 가릴 수 있다**.
* **두 육 칸은 비워두되 칸칸이 비워 차근차근 들어오는 데로 꼭꼭 잘 간수해야 얻어 가고 나가는 것들을 기록에 옮길 수 있느니**. 항구는 잘 간수하면 되고 확실한 것은 운다가 해야 된다[운다: 처음부터 끝까지 가는 사람]. 문을 닫으면 꼭 확인하고 항구에 어떤 것도 드나듦을 막아 편안하다.

천부경을 통해서 내려주신 하늘님 말씀을 지금의 입장에서 보면 매우 당연한 것처럼 보이지만, 지금의 인류 문명이 무너지고 새로운 인류 문명을 시작하면서 가장 중요한 핵심을 깨우쳐 주시는 것이다.

가장 먼저 바닷길을 중시하여 교통수단으로 튼튼하고 큰 배를 만들어서 세상과 힘써서 교류하라는 말씀을 주시는 것이다.

튼튼하고 큰 배를 만들어 바닷길을 먼저 열어서, 하늘님의 권능으로 원시인이 된 인간들을 깨어나게 하며, 새로운 인류 문명의 지혜를 가르치고, 세상과의 교류를 통해서 문물을 크게 일으켜 세워가라는 말씀이다. 바닷길을 열기 위한 첫 시작이 배가 드나들 수 있는 항구를 만들고, 문물을 교류할 수 있는 큰 창고인 파고를 세우라고 하시는 것이다.

그래서 창조당의 인근에 있는 큰 항구를 정비하여 항만 시설과 파고를 갖추어, 만국의 물자를 서로 교역하고, 후천 세계의 전 인류가 드나들어 소통하게 하라는 것이다. 그렇게 창조당 부근뿐만 아니라, 나라를 세워 나가며 그 외의 곳곳에도 항구를 건설하여 세상과 교류하도록 한 것이다. 그래서 더 넓은 세상으로 나아가 인류를 빨리 원시 상태에서 벗어나게 하여 하늘님의 은총에 감사드리며 함께하게 하고, 후천 문물과 지혜를 나누어 주어 서로에게 이익이 되게 하라는 것이다. 이렇게 하늘님의 말씀을 받들어, 후천 세상의 만사만물이 들고나면서 가장 번성하는 최고 성역의 관경으로 자리매김하고, 세상도 빨리 어둠에서 벗어나 밝은 세상으로 나아가게 된다.

창조당은 지구의 중심이자, 우주의 중심 자리로, 하늘님을 위시한 모든 신성에 대해 보은하며 경배하는 후천 세상 최고의 성역이다. 이곳은 모든 종교의 집성촌이 되고, 온 인류가 참배하며 보은하는 제 1의 성지이며, 최고의 정신적 안식처이자, 최고의 배움터가 되는 곳이다. 그리고 만사만물이 들고나며 교류가 이루어지는 곳이자, 하늘님을 위시한 천지 대신명들의 가르침 하에 온 인류가 교류하며 조화와 화합을 이루는 곳이 창조당이다.

05
천하의 으뜸, 반야바라밀

(1) 천하의 으뜸인 반야바라밀다심경과 참된 뜻

하늘님께서는 천일일(天一一)의 천(天)에서, 신과 인간의 참된 관계에 대한 비밀뿐만 아니라, 인간 창조 비밀도 밝혀주셨다.

하늘님께서는 너무나 아득한 날에, 발그레한 고추잠자리와 검으스레한 버러지에서 신의 형상을 한 인간으로 각각 남자와 여자를 만드시고, 만약에 선악을 만들어 놓을까 하여 임의대로 두 종류씩 사람을 만들어 놓으셨다.

* 하늘은 이번 있은 일을 안으로 있다 하고, 무엇하나 거침없이 반듯하게 알려 주마. 너무나 아득한 날에 일어났느니라.

* 고추잠자리는 남자가 되었고, 벌거지는 여자가 되었다. 그러면 하늘은 이런 인간이 어디서 왔는가? 아득한 날에 어두운 곳에 잎이 있는데 나뭇잎에 발그레한 고추잠자리와 솜털이 나지막하게 난 검으스레한 버러지가 있는데, 이 둘을 하늘님께서 만약에 선악을 만들어 놓을까 하여 임의대로 선한 사람과 선하지 못한 사람, 홀로 가는 사람과 홀로 가지 못하는 사

람 두 종류씩 사람을 만들어 놓았다.

너무나도 아득한 어느 날, 하늘님께서는 신의 형상으로 남자와 여자를 창조하시고, 이들이 지구에서 살아가도록 하시되, 천상문명을 모형으로 하시어, 지상에 인류 문명이 이루어지도록 축복을 내려주셨다. 그리고 하늘님께서 임의대로 만들어 놓았다는 것은, 개인이나 집단을 특별하게 정하지 않으시고 모든 인간들이 자신들의 의지대로 좌충우돌하면서 스스로의 삶을 이루어 나가도록 길을 열어주셨다는 것이다.

하늘님께서 임의대로 선한 사람과 선하지 못한 사람을 만드셨지만, 그렇다고 선하지 못한 사람이 계속 악으로 살게 하지 않으시고, 선으로 갈 수 있도록 길도 열어 주셨다.

어둠이 없고 밝은 세상을 열어주는 신명의 말씀에 귀기울이고 좇아가는 자는 악에서 선으로 갈 수 있도록 하셨다. 아집과 고집이 있는 자는 홀로 가게 하였지만, 신명의 말씀을 따르면서 변화할 수 있는 여지를 남겨주셨다. 속으로 스스로를 이쁜 척하는 자는 악의 근성이 생겨난다고 말씀해 주셨다. 그리고 마음 심(心)을 심은 자는 천하를 웃으며 살 수 있도록 삶의 향방을 만들어 놓으셨다.

* **신명을 아는 자는 악이 선으로 갈 수 있게 하였고**, 또 아집과 고집이 있는 자는 홀로 가게 하였다. 또한 속으로 이쁜 척하는 자는 악의 근성을 갖게 하였고, 참으로 마음 심(心)을 심은 자는 천하를 웃으며 살 수 있게 하였다.(천일일(天一一)의 천(天))

하늘님께서 내려주신 말씀 중, 특히 두 말씀에 주목한다. 하나는 악이 선으로 갈 수 있게 하신 것과, 다른 하나는 천하를 웃으며 살 수 있게 하신 것이다. 악이 선으로 살 수 있는 방법으로, 신명을 알고 신명의 말씀에 귀기울이며 좇아가는 자에게 선으로 갈 수 있게 길을 열어 주시고, 또한 참으로 마음 심(心)을 심은 사람에게 천하를 웃으며 살 수 있는 축복을 주셨다는 것이다.

하늘님의 말씀은, 인간 사회에 종교의 출현과 함께 종교의 본질을 깨닫게 하는 말씀이다. 대체로 종교가 그렇지만, 특히 마음 심(心)을 닦아가는 과정을 중시하는 불교가 나타난 일이 우연이 아님을 알 수 있다. 참으로 마음 심(心)을 깨달아 마음 심(心)을 심고 신을 경외하며 나아간다면, 내면을 가득 채우면서 세상에서 말하는 성인 반열에 설 수 있는 자격도 갖추어 갈 수 있을 것이다. 그런 은총을 하늘님께서 내려주신 것이다.

다른 한편으로는 마음 심(心)을 닦아가는 것도 중요하지만, 신을 찾고 신의 말씀을 따르는 것에 더 집중하는 종교들이 생멸하는 것도 이런 이유에 있음을 깨닫게 한다.

지금 인류 사회에서 겉으로는 하늘님을 찾고 하늘님께 기도드리며 하늘님의 뜻을 받든다고 하나, 정작 참 하늘님의 역사를 잃어버려 참 하늘님을 알지 못하고, 성인들이나 깨달음을 얻었다고 하는 이들을 하늘님의 반열에 올려 경배하며 기도하고 있는 모습들이 만연하다.

하늘님께서는 천일일(天一一)의 천(天)에서 인간 창조와 관련된 비밀과 함께, 신과 인간 간의 관계에 대한 비밀을 명확하게 밝혀주시고 계시다. 특히 성인을 하늘님의 반열에 올려 기도하는 모든 이들에게, 신이 인간을 돌아보지 않는다면 성인은 납작에 지나지 않는다고 경계하신다.

* 신이 인간을 안 본다하면, 성인이 납작과 같은 것이니, 납작은 밤이슬을 먹고사는 저 우수리[힘이 없이 겨우 연명해 가는 연체동물]와 같은 것이니라.

신이 인간을 돌아보지 않는다면, 성인은 껍데기만 남아 밤이슬을 먹고 사는 지렁이와 같아서 아무런 의미가 없다고 하시는 하늘님 말씀을 깊이 새길 필요가 있다.

하늘님께서는 신이 인간을 돌아보아야 우주도 의미가 있게 되고, 성인도 의미가 있으며, 우리 인간들도 신을 통해 내면을 채우며, 신의 경계로 나아가는 것이다. 그리고 인간이 참마음으로 신을 생각하고 신을 찾을 때, 비로소 신도 인간의 마음속에 자리를 잡게 된다고 하신다. 만약에 그렇지 않다면, 하늘님도 마음속에 나올 수 없다고 말씀해 주신다. 신명을 아는 자라고 하심은, 어둠이 없고 밝은 세상을 열어주신 하늘님의 말씀 속에서 참마음으로 신을 생각하고 신을 찾게 될 때, 신이 인간의 마음과 연결되어 선으로 나아가게 됨을 의미한다.

그런데 하늘님께서는 선한 자와 악한 자는 밑바닥의 근원부터 다르다고 하시며, 이렇게 말씀을 내려주신다.

* **무릎 선한 마음과 악한 마음은 같이 가야 한다**. 이것은 누구나 같지만 이런 마음은 악의 구렁텅이로 처넣는다.

인간들이 무언가를 하고자 할 때 나쁜 마음으로 할까, 좋게 할까라는 기로에 있는 것을 무릎이라고 하시고, 그때 선한 마음과 악한 마음이 같이 생겨난다는 것을 알려주신다. 그런데 악한 자들은 대개 나쁘게 하는 걸 좋아하는 인간들로, 그들은 점점 악의 구렁텅이로 들어

가게 된다는 말씀이다.

그래서 내면의 힘을 길러 도력을 밝고 환하게 하지 않으면, 악한 마음이 고개 들면서, 하늘에서 악신으로 쫓겨난 황마가 인간의 마음에 스며들어 더욱 악의 구렁텅이로 빠져들 수 있음을 경계하신 것이다.

하늘님께서는 천일일(天一一)의 첫 번째 일(一)에 대해 말씀해 주시며, "**도력은 내면에서부터 펼쳐 나가는 것이니, 사흘 동안 힘을 길러 도력을 밝고 환하게 한 다음에, 일을 처리하라.**"고 하신다. 하늘일을 비롯하여 모든 일을 행하고 처리함에 있어서 먼저 해야 할 일로, 최소한 3일은 정심으로 기도하여 도력을 밝고 환하게 하라고 하신다.

* 그렇다 내면은 바로 시작이다. 도력은 내면에서부터 펼쳐 나가는 것이다. 사흘 동안 힘을 길러 도력을 밝고 환하게 한 다음, 일을 처리한다.

그래서 하늘님께서는 어떤 일을 처리하려 할 때 어느 누구가 되었든, 모든 신과 부처님의 원력과 지혜를 받을 수 있도록 최소한 3일 정도는 마음을 닦고 기도하여 도력을 기르라고 하신다. 이 말씀은 하늘님께서 인간의 심성을 더욱 강하게 하도록 축복을 주신 것이다.

이런 가운데, 하늘님께서 아주 중요한 내용을 알려주신다. 천부경 말씀 중, 일석(一析)의 일(一)과 석(析)에 대한 하늘님 말씀에 주목한다.

一始無始一析三極無　　일 시 무 시 일 석 삼 극 무

일석(一析)의 일(一) 말씀에서 중심이 되는 말씀이다.

* 봉황이 있으면 깨끗함이 있다. 봄날에 아지랑이 너울거리듯 울타리를 일으켜 세워야, 바람도 막고 병도 막고 가사도 돌본다.

이 말씀은 이미 살펴보았으니, 이어져 있는 일석(一析)의 석(析)에 대한 하늘님 말씀 중 서두에서 내려주시는 말씀을 알아보도록 한다.

* 황후는 하나이니, 빛깔이 오색찬란하며, 획을 그으니 처음과 끝이 오묘함을 말한다.
* **반야바라밀의 으뜸을 하나와 같이 하듯이, 형형색색이 오묘함을 뜻하듯, 획을 그으며 천하 으뜸을 표함이다.**

하늘님께서 내려주신 말씀 중에서 두 번째로 내려주신, "**반야바라밀의 으뜸을 하나와 같이 하듯이,** (중략) **획을 그으며 천하 으뜸을 표함이다."는 말씀을 알아보려 한다.**

그런데 이 말씀을 제대로 알기 위해서, 일석(一析)의 일(一)과 석(析)에 대한 하늘님 말씀을 같이 새겨보아야 한다.

하늘님께서 황후 말씀을 주신 것은, 일석(一析)의 일(一)에서, "**봉황이 있으면 깨끗함이 있다.**"고 해 주신 말씀에 이어서 알려주신 것이다. 봉황은 황제를 의미한다고 앞에서 성운율사의 말씀을 전했다. 그리고 황제가 있는 곳은 항상 깨끗하게 하여야 하고, 황제의 거처에는 울타리를 쌓아야 한다는 하늘님 말씀을 전했다.

먼저 일석(一析)의 석(析)에서, 하늘님께서 첫 번째로 내려주신 말씀은 황후에 대한 말씀과 함께, 이 말씀에 대해 성운율사가 해석하여 전해 준다.

* 황후는 하나이니, 빛깔이 오색찬란하며, 획을 그으니 처음과 끝이 오묘함을 말한다.

〈머리를 크게 하지 말고 깔끔하게 하고. 비녀 있잖아요, 비녀는 옛날 비녀들이 컸잖아요. 왕들이나 황후나 비녀를 크게, 머리는 간결하게 그렇게 하라는 얘기인데. 중국에 보면 옛날 나오는 거 보면 크게 이걸(머리카락) 치렁치렁하게 중국 사람들처럼 그렇게 하지 말고, 간결하게 하라는 말씀이에요.〉

이어서 일석(一析)의 석(析)에서는 서두에, 황제와 함께하는 황후에 관련된 천부경 말씀에 대해 성운율사가 전하는 하늘님의 말씀이다.

황후는, 머리는 크게 하지 말고 간결하게 하고,
왕과 왕후의 비녀는 크게 하라.

비녀는 일(一) 자를 의미한다. 첫머리에 있는 하늘님 말씀은, 왕과 왕후는 비녀로 크게 일(一) 자를 표시하라는 말씀이다. 일(一)에 대한 말씀의 연속에서, 첫 번째 가는 일(一)들을 말씀해 주신다.

한 국가나 집단에서 가장 첫 번째 가는 인물이라는 의미로, 황제와 황후의 머리카락은 간결하게 하되, 비녀는 크게 하여 최고 또는 첫 번째라는 표상을 세상에 드러내라는 말씀이시다. 하늘님의 말씀을 통해, 과거에 그렇게 크게 만든 일(一) 자의 비녀를 머리에 꽂았던 이유가 인간 사회에서 가장 으뜸이며 첫 번째 인물이라는 것을 나타내는 것이었음을 명확하게 알게 되었다.

근래에 들어서면서부터는 하늘의 깊은 뜻을 알지 못한 채, 일(一)

자의 비녀는 모두 집어던져버리고 쓰질 않는다. 하늘님께서, 후천 세상을 열어 나갈 때 본래의 의미를 깨달아 머리카락은 간결하게 하고, 비녀는 크게 하라고 하신 것이다. 이렇게 하여야 으뜸 인물을 표상하는 일(一)이라는 것을 세상에 바르게 드러낼 수 있게 된다는 말씀이다.

이 말씀에 이어, 하늘님께서 또 다른 최고의 일(一)을 알려주신다.

* **반야바라밀의 으뜸을 하나와 같이 하듯이, 형형색색이 오묘함을 뜻하듯, 획을 그으며 천하 으뜸을 표함이다.**

천부경의 하늘님 말씀에 대해, 성운율사는 "**천하의 으뜸 되는 것으로, 특히 밑줄까지 좌악 그어서, 으뜸임을 더욱 강조하는**" 말씀이라고 설명하여 준다. 사람처럼 일(一) 자의 비녀를 이용하여 표현할 수 없으니, 밑줄을 그어서 나타내는 것이다. 반야바라밀의 으뜸에 대해 성운율사가 알려주는 하늘님 말씀이다.

〈반야바라밀의 으뜸을 하나와 같이 하듯이, 형형색색이 오묘함을 뜻하듯 획을 그으며 **밑줄을 좌악 그어서** 천하의 으뜸을 표함이다. 반야바라밀다경이 천하의 으뜸이라고 하신다.〉

반야바라밀, 즉 반야바라밀다심경에 밑줄을 좌악 그어서 천하의 으뜸임을 표현하는 것임을 말씀해 주신 것이다.

반야바라밀에 대해서는 사람과 관련하여 언급하기도 하고, 기도경문을 지칭하여 언급하기도 한다. 하늘님의 말씀을 더 유의해서 살펴보아야 하지만, 반야바라밀을 사람과 연결하여 언급하는 말씀을 먼저 살펴보면, 반야바라밀의 진정한 뜻을 깨닫게 된다.

반야바라밀을 사람과 관련하여 내려주신 말씀으로 칠곡 송림사의 삼천불께서, 그리고 해동의 용왕님께서 성운율사에게 내려 주신 말씀이 있다.

성운율사가 경북 칠곡에 있는 송림사의 삼천불전을 찾아 아홉 번의 예를 올리니, 삼천불께서 말씀을 주신다.

삼천불께서, "모두를 끌어안으면 더욱 빛나는 일이다."고 하시고, "도력이 없는 아이는 할 수가 없는 것이다. 너만 하늘이고, 들과 산을 평정하는 사람"이라 하시고, "어른은 또 너희이니, 그게 반야바라밀과 하나도 틀림없다."고 하신다. 삼천불께서는 반야바라밀을 이렇게 말씀하시는데, 잘 새겨보시기 바란다.

〈성난 짓 하지 말고 모두가 같이 가는 걸로 해라. 모두를 끌어안으면 더욱 빛나는 일이다. 그것이 얼마나 빛이 나는지 알고 있느냐!
오년 안에 마을마다 들고 날고 한다. 이렇게 어떻게든지 헤쳐 나가야 한다. 그 속마음을 누가 알겠느냐. 5~6명씩 짝을 지어 늙은이 젊은 아이까지 나라 살림할 수 있게 편하게 고소[이쁘게 잘 살게] **해 준다면, 수고하는 너희를 누가 아니 따르겠느냐.**
도력이 없는 아이는 할 수가 없는 것이다. 너만 하늘이고, 들과 산을 평정하는 사람이니. 그들을 아울러 간다면 어느 때보다 손 내밀면서 뜻을 모아 엎드려 고하게 될 것이다. 온상의 누누하고 안 누누하고는 미륵 앞에 고하니, 그 어른은 또 너희이니, 그게 반야바라밀과 하나도 틀림이 없다. (하략)〉

성운율사가 기장군 오랑대 부근 바닷가에서 해동의 용왕님께 예를 올리니, 내려주시는 말씀이다.

"너희가 오루나의 반야바라밀타와 같다."고 하신다. 해동의 용왕님께서 계속해서, "어둠이 없고 밝은 세상만 가는 이들이다. 그게 다 자장의 큰 그릇이기 때문에 그렇다."고 하신다. "염원을 담아 말하니, 그 아름다움이 어디까지가 극치인지 북으로 남으로 안 닿는 곳이 없구나." 하시며 원력을 크게 내려 주신다. 해동의 용왕님께서 말씀하신 "자장의 큰 그릇"의 의미는, 성운율사의 전생이 자장율사이기 때문에 그렇게 말씀을 내려 주시는 것이다.

〈파란색에 빨간 꽃이 팍팍 피어오른다. 파랗고 초록색 꽃이 확 핀다. 이제 무궁화 꽃으로 변한다.
임의롭다. 앞으로 인산인해를 이루겠다. 올해 안에 어둠이 없고 밝은 세상만 있다. 남산에 큰 꽃이 여기에 떨어졌다. 아름다운 금수강산이 여기서 시작된다. 너희가 오루나의 반야바라밀타와 같다. 어둠이 없고 밝은 세상만 가는 이들이다. 그게 다 자장의 큰 그릇이기 때문에 그렇다.
위로 용왕님을 받들어 모시니 큰 뜻을 펼 수가 있다. 염원을 담아 말하니, 그 아름다움이 어디까지가 극치인지 북으로 남으로 안 닿는 곳이 없구나. (하략)〉

"어둠이 없고 밝은 세상만 가는 이들"이기에 반야바라밀타라고 하는데, 하늘에서도 반야바라밀타는 모든 것을 총괄하여 말하는 것이라 하시고, 천상의 대황제로 우주의 대단한 아이들이라고 하신다.

〈반야바라밀타는 모든 것을 털어서 총괄하여 말하는 것으로, 대아륙이며, 천상의 대황제로, 우주의 대단한 아이들이라고 하세요.〉

어둠이 없고, 밝은 세상을 열어 나가는 이들이 반야바라밀타라 하신다. 어둠이 없고 밝은 세상을 열어 나가는 이들이기에, 하늘님께서는 모두를 통틀어 말하자면, 대아륙이며, 천상의 대황제와 같기에 우주의 대단한 아이들이 된다고 축복을 주시는 것이다. 어둠이 없고 밝은 세상은 하늘님께서 온 인류에게 열어주시는 축복의 후천 세상인 것이다. 대환난에 살아남은 인류를 어둠이 없고 밝은 세상으로 인도하며, 반야바라밀의 세상을 열어나가는 이들은 하늘님께서 말씀하신 바와 같이 천상의 대황제와 같은 우주의 대단한 아이들이 된다는 것이다.

하늘님께서 알려주시고, 해동의 용왕님께서 밝혀주시며, 송림사의 삼천불께서 일러주신 말씀으로, 반야바라밀의 의미를 바르게 깨우칠 수 있게 된다. 하늘님을 위시한 천지의 모든 신명들께서 우리 인류에게 축복을 주시며 나아가게 한 세상이 어둠이 없고 밝은 후천 세상이다.

모든 어둠이 사라지고, 환한 광명이 비지며 모두에게 희망과 기쁨이 넘쳐 슬픔이 없는 그런 밝은 세상을 일컬어 반야바라밀이라 하심을 알려주시는 것이다. 그런 밝은 세상에 사는 지혜로운 사람들도 반야바라밀이라고 말할 수 있을 것이다.

어둠이 없고, 밝은 세상이 반야바라밀이라면, 어둠이 없고 밝은 세상을 열어 나가는 이들을 반야바라밀타라 알려주신 것이다. 그리고 그런 어둠이 없고 밝은 세상을 가도록 도력을 길러주는 천하 으뜸의 기도경문이 반야바라밀다심경인 것이다. 그렇기에 이 책에서는 어둠이 없고 밝은 세상을 가도록 도력을 길러주는 으뜸의 기도경문인 반야바라밀다심경을 보다 자세히 전하고자 한다. 성운율사가 반야바라밀다심경에 대한 천지신명님 말씀을 전해준다.

〈반야바라밀이 으뜸, 이게 반야바라밀이, 천지신명님도 그랬어요. 경(經)중에 제일 으뜸 경은 반야바라밀다심경이라고. 성경, 불경 뭐 관음경 많잖아요. 반야바라밀다심경이 제일 으뜸이다. 모든 경(經)중에 으뜸이라 그랬어요.〉

하늘님께서는 반야바라밀에 밑줄을 쫘악 그어서 천하 으뜸을 표한다고 하셨고, 천지신명님께서도 경(經)이 많으나, 그 경(經)들 중에는 제일 으뜸의 경(經)이 반야바라밀다심경이라고 밝혀 주신다.

어느 누구도 제대로 알지 못한 반야바라밀다심경이, 어둠이 없고 밝은 세상을 가도록 도력을 길러주는 으뜸 되는 기도경문임을 하늘님께서 처음으로 알려주시고, 천지신명님께서 더 쉽게 전해주시는 것이다. 하늘님의 말씀을 통해서 처음으로 반야바라밀다심경의 진정한 의미를 알게 된 것이다.

하늘님 말씀을 전해 주지 않았다면, 반야바라밀다심경의 참된 가치를 누가 제대로 알 수 있었을까?

부처님들께서도 반야바라밀다심경을 어느 누구도 제대로 알지 못함을 안타까워하시고 경계하시며, 지금껏 사람들이 해석한 것도 다 가짜라고 알려 주신다.

〈반야바라밀다심경, 그것도 지금 우리나라에서 아무도 해석하는 사람이 없잖아요. 다 가짜라고.〉

비단 우리나라뿐이겠는가? 반야바라밀다심경을 제대로 해석하는 사람이 어디 있겠는가?

물론 반야바라밀다심경에 대한 기존 불교계나 학계 등에서는, 오래전부터 다양한 해석을 해 왔지만, 대개 현장법사의 해석을 주류로 사용하고 있다. 이는 사람들의 해석이며, 특히 한자(漢字)에 매여 있는 해석에 지나지 않는다.

그러다보니 근래에 들어, 일부에서는 원래의 산스크리트 언어로 전하고 해석해야 한다고 주장하는 이들이 많이 등장하고 있는 실정이기도 하다. 틀린 말은 아니나, 맞는 말도 아니다.

한 언어 문자를 다른 언어 문자로 번역하는 과정에서의 변형이나 오류는 당연할 수 있다. 그러나 산스크리트 언어로 한다하더라도 그것은 인간의 말일 뿐이다. 말이 문자로 바뀌는 과정에서도 변형은 이루어진다. 더군다나 신과의 소통이 제대로 되지 않는 사람들이, 신의 언어를 인간의 언어로 표기하는 과정에서도 이미 변형이 이루어지는데, 무엇이 더 옳다, 더 낫다고 말하기는 어려운 것이다. 따라서 그런 논쟁은 의미가 없다고 보는 것이다.

산스크리트 언어 자체를 옮기는 과정에서, 발음 표기의 문제, 띄어쓰기의 문제 등이 있기에 표기와 띄어쓰기에 다소 차이가 있으나 큰 문제가 되지 않으니 다만 참고하여 살펴보고, 부처님들께서 알려주신 다라니에 대한 말씀과 참된 뜻을 깊이 음미하기 바란다.

하늘에서, 그리고 신들께서 말씀이나 경을 내려줄 때, 신의 언어를 사용한다. 어느 누구도 신의 언어를 제대로 알 수 없다. 신들께서 알려주어야 알 수 있는 것이다. 신과의 소통이 완전히 이루어지는 것을

"이불통신"이라고 알려주신다. 이불통신이 되어야, 신과의 대화가 가능해진다. 말하자면 신과의 양방향 소통이 되어야, 신의 언어를 인간의 언어로 들을 수 있다.

성운율사는 신과의 소통도 단계가 있다고 한다. 신과 소통이 전혀 안 되는 것이 보통 일반인의 상태이다. 비록 소통이 전혀 안 되기도 하지만, 사람들에게 영성이 있어서 대개 희미하게 자각한다.

그리고 신의 말씀이 머릿속에 연결되어 어렴풋이 느낌으로 다가오는 상태가 되는데, 이를 '**무불통신**'이라하며 신과의 소통이 시작되는 단계라 할 수 있다. 그리고 영적 소통으로 말씀을 받지만 완전하지 않은 상태이거나 제한된 상태에서, 보이기는 하는데 말씀이 들리지 않거나 일방적으로 듣는 경우를 '**이불통령**'이라 한다.

한편 신과의 양방향 소통이 완전히 이루어지고, 영화 화면처럼 영안으로 볼 수도 있는 상태를 '**이불통신**'이라고 알려주신다. 이불통신의 단계, 신과의 소통이 완전히 되는 단계에 들어선 인류 최초의 인물이, 천부경의 "그 사람"인 성운율사이다.

성운율사를 처음 만나게 되었을 때, 성운율사가 저자에게 한 가지를 질문하였다. "도(道)가 뭐예요?"

이 땅에 사는 사람 중에, 도(道)라는 단어를 모르는 사람은 없을 것이지만 쉽게 답을 내리기는 어려울 것이다. 어떤 이는 이와 관련하여 노자의 도경(道經)과 덕경(德經)을 머리에 떠올리는 사람도 있을 것이다. 한편 무엇인지도 잘 모르고, 말도 안 되는 도(道)를 찾는다고 어떤 이들은 인생을 바치기도 했으며, 하다가 도중에 그만 두기도 해 왔다. 그리고 아무도 알 수 없는 그런 도(道)를 빙자하여 세간을 미혹하는 이들도 많다. 머뭇거리고 있는 저자에게, 간명하게 답을 전해 준다.

〈무에서 유를 창조하는 것이 도(道)라고 해요. 천지신명님이 그렇게 말씀해 주세요.〉

이불통신이 되지 않는 사람에게 천지에서 알음귀를 열어주면, 이불통신이 되지 않아서 어느 분이 열어주시는지를 모르기에, 대개 자신이 깨달은 것인 냥 말하는 이들이 많다. 그러나 알고 보면 천지 지혜를 열어 주시는 신명들이 계시다. 그럼에도 불구하고 신명들께서는 정성을 들이는 인간에게 공을 넘겨주신다. 저자가 성운율사에게 어떤 사안을 묻는 과정에 하늘의 말씀을 전해주신다.

〈**네 알음귀를 펼치는 거니, 네 마음대로 해라.**〉

하늘에서 내려 주시는 말씀 속에 알음귀는 천지에서 열어주시는 지혜를 받아 이치를 알게 된 상태를 말하는 것으로, 하늘에서는 인간의 능력으로 인정해 주시기도 하신다.

그러나 더 중요한 것은 지혜의 원천을 아는 일이다. 지혜의 원천은 바로 지혜를 열어주시는 신명을 아는 일인 것이다. 인간으로서는 처음으로 이불통신을 이룬 성운율사는 지혜를 열어주시고 가르침을 주시는 신명들을 알기에 그 신명을 분명하게 밝혀준다.

그래서 도(道)의 참된 뜻도, 기도하는 가운데 천지신명님께서 오셔서 가르쳐주신 말씀이라 전한다. 지혜를 열어주신 신명을 명확하게 알려주는 것이다. 이것이 참 지혜다.

더군다나 성운율사는 신명들께서 내려주신 말씀을 그대로 세상에 전해 주는 것이다. 그 말씀에 일점일획도 덧붙이지 않고, 말씀 그대로 세상에 전하는 것이다. 마찬가지로, 하늘님께서 알려 주시고, 천지의 대신명들과 부처님들께서 오셔서 가르쳐 주시는 말씀 그대로를 전해 주는 것이다. 하늘님께서는 이런 양인(陽人)의 성품을 일컬어 소우(牛)의 특성으로 말씀해 주시며, 천부경의 바탕으로 쓰신 것이다.

불가에서 사용하는 여러 경(經)과 다라니에 대해서도 마찬가지이다. 특히, 하늘님께서 인정해 주시고, 천지신명님께서도, 용왕님께서도 알려주신, "**어둠이 없고 밝은 세상으로 가도록 도력을 길러주는 천하 으뜸의 기도문이자 다라니 경(經)인 반야바라밀다심경**"의 참된 뜻을 전하려 하는 것이다. 그리고 반야바라밀다심경의 세부적인 기도문 내용에 대해서도, 성운율사가 부처님께 받아내려 세상 사람들과 불자들에게 전하였다. 반야바라밀다심경에 대한 말씀과 자세한 설명은, '**아미타 부처님**'과 '**문수보살님**'께서 내려 주신 말씀으로 정리하였다. 아미타 부처님과 문수보살님이 알려주신 반야바라밀다심경의 세세한 내용들을 알고 기도하면, 경(經)의 큰 은덕과 기운을 더 많이 얻게 될 것이다.

부산 장안읍 불광산 산신령님께서 성운율사에게 가르침을 주시며, "**마하반야바라밀다심경을 아침마다 일곱 번 외우면, 얼어붙지 않고 모든 것이 잘 풀린다. 부족한 면보다 좋은 면이 많이 있다.**"고 하시고, 반야바라밀다심경의 공덕을 높이 평가하신다. 하늘님께서 천하의 으뜸이라고 말씀해 주셨으니, 당연히 그럴 수밖에 없다.

성운율사는 이불통신으로, "아미타 부처님과 문수보살께서 직접 설법"하여 주신 반야바라밀다심경의 내용을 내려 받아 세상에 알렸다.

〈"**모든 것에 지혜를 나누고, 이르러 양과 음으로 모두가 이롭게 해주어, 이로움을 알려주려 한다.**"고 하신다.〉

반야심경 첫 머리에 있는 "관자재보살 행심반야바라밀다시(觀自在菩薩 行深般若波羅密多時)"를 아미타 부처님께서 이렇게 말씀해 주신다.

〈모든 보살께 물어서 알아야지, 이런 속속들이 다 알았음을.〉

아미타 부처님과 문수보살님, 두 분 부처님의 말씀은 기존의 해석과는 너무나 다른 차원의 설법을 전해 주신다. 부처님들께서 잘못되었다고 하는 한자 해석에 매여 어렵고 복잡하게 학설을 전하는 기존의 설명을 벗어 던져버리고, 아미타 부처님께서 직접 전해주시는 설법을 새겨서 기도하시기 바란다. 대자연을 섭렵하신 부처께서 마치 어린 아이들에게 알기 쉽게 알려주시는 덕담과도 같은 해오의 말씀이다.

대개의 불자들은 반야바라밀다심경의 처음 글인, 觀自在菩薩(관자재보살)의 의미조차 제대로 이해하지 못하고 있다. 불자들은 관자재보살이라는 부처로 해석하고 있지만, 그마저 바른 의미인지, 본인들 스스로도 판단하지 못하고 있는 상황이다.

그런데, 부처님께서 알려주신다. "**모든 보살께 물어서 알아야지**"라고 말이다.

저자는 아미타 부처님께서 설법해 주시고, 성운율사가 알려준 내용으로 독자들에게 전하려 한다. 아미타 부처님께서 알려주시는 반야심경을 한자에 매여 고민하지 말고, 마음을 안정하고, 깊이 음미하고 기도해 보기를 바랄 뿐이다.

摩訶般若波羅蜜多心經(마하반야바라밀다심경)
모든 것에 지혜를 나누고, 이르러 양과 음으로 모두가 이롭게 해주어, 이로움을 알려주려 한다.

觀自在菩薩 行深般若波羅密多時 照見五蘊皆空度 一切苦厄 舍利子
관자재보살/행심반야바라밀다시/조견오온개공도/일체고액/사리자
모든 보살께 물어서 알아야지/ 이런 속속들이 다 알았음을/ 묻지 않고는 모르니[사람이 어찌 다 알겠느냐]/ 어찌어찌하여 얻는다 해도/ 슬그머니 따르지 아니하고.

色不異空 空不異色 色卽是空 空卽是色 受想行識 亦復如是 舍利子
색불이공/공불이색/색즉시공/공즉시색/수상행식/역부여시/사리자
아주 이롭지 아니한가/ 엮임으로 시간시간 나누어 가면서/ 아직 이르지 아니하고/ 서먹서먹하여 안절부절 하는 것/ 여러 신[神]을 앞에다 두고/ 안부터 일으켜 세워 도우려 행하고/ 이해하고 행하는 자.

是諸法空相 不生不滅 不垢不淨 不增不減 是故 空中無色 無受想行識
시제법공상/불생불멸/불구부정/부증불감/시고/공중무색/무수상행식
알 수 없는 속을/ 어디까지 일으켜 세워/ 이루고 이루어 한 가지 안에서/ 몹시 서러워 마음에 부딪치게/ 하고/ 매정한 인연은/ 애초 마음하고

無眼耳鼻舌身意 無色聲香味觸法 無眼界 乃至 無意識界 無無明
무안이비설신의/무색성향미촉법/무안계/내지/무의식계/무무명
안 보고 안 듣고 안 맡고 안 먹고 안 입고 보지 않고 지치지 않게 행하면/ 안에 있지 않고 안 어울리며 희망이 여기서 이렇게 이렇게 이루어지는 것/ 안 주면 안 보이는 것이니 어느 것도 없는 것이다/ 있는 것도 없는 것도[어떠한 것도]/ 인식하지 못하고 없는 것/ 안에도 저쪽에도 없는 것.

亦無無明盡 乃至 無老死 亦無老死盡 無苦集滅道 無智亦無得
역무무명진/내지/무노사/역무노사진/무고집멸도/무지역무득
이런 소소한 조금 아주 조금씩/ 있는 것도 없는 것도/ 애증에 있는 것/ 여럿이 함께라면 이렇게 이어간다./ 몹시 말로만 시시콜콜/ 세속은 안 보면 알 수 없듯이 속을 들여다 보아야 된다.

以無所得故 菩提薩唾 依般若波羅密多故 心無罣碍 無罣碍故
이무소득고/보리살타/의반야바라밀다고/심무가애/무가애고
언제나 처음부터 다하면 아무것도 안 된다. 알고 해야 한다./ 맞이하여 일으켜 보며 이문을 보려 한다./ 억지로 입는다고 의복이 마음에 드는 것은 아니다. 안중에 있는 것을 의복으로 하여야지./ 이렇게 이제부터는/ 이렇게 어둡지 아니하고.

無有恐怖 遠離顚倒夢想 究竟涅槃 三世諸佛 依般若波羅密多
무유공포/원리전도몽상/구경열반/삼세제불/의반야바라밀다
안중에 두고/ 누구나 안 아프고 일으켜 가는 것이며/ 이렇게 도움을 주어 오른손이 하는 걸 알고 있다/ 몹시 어울리지 못하시는 분/ 해후하고 이룩하여 안 보고도 알 수 있다.

故得阿耨多羅三邈三菩提 故知般若波羅密多 是大神呪 是大明呪 是無上呪
고득아뇩다라삼먁삼보리/고지반야바라밀다/시대신주/시대명주/시무상주
아직 이런 것에서 물러서지 못하고 베풀어 주리다/ 얼른 안 주면 이것도 저것도 안 되니/ 구맥을 짚고 엎어지지 않게 하는 이/ 자신이 안 보면 안 되니. 눈으로 앞에 두고 인연으로 가는 이/ 안쪽부터 오로지 어디 어디까지.

是無等等呪 能除一切苦 眞實不虛 故說 般若波羅密多呪 卽說呪曰
시무등등주/능제일체고/진실불허/고설/반야바라밀다주/즉설주왈
이루어보고 또박또박 가는 것이어야 하고/ 낮추어 보아도 안 되고 업신여기지 말며/ 응당해야 하는 일이며/ 약하게 이르러/ 안쪽[마음]부터 일

으켜 세워서 흐름을 바르게 함구하고 더 쉽게 물음을 이야기했다/ 옳고 바르게 좋게 말하려 함이다.

揭諦揭諦 波羅揭諦, 波羅僧揭諦, 菩提 娑婆訶
아제아제 바라아제/바라승아제/모지 사바하
홀로가 아니 되면 아니 되니/ 날마다 이렇게 다 같이 기도하면/ 아낌없이 주리라.

揭諦揭諦 波羅揭諦, 波羅僧揭諦, 菩提 娑婆訶
아제아제 바라아제 바라승아제 모지 사바하
홀로 날마다 기도하면 기도하는 모두에게 아낌없이 주리라.

특히, 마지막에 있는, "아제아제 바라아제 바라승아제 모지 사바하"에 대해 그동안 불자들이 다양한 해석을 내놓았다.

어떤 이들은, "가자, 가자, 넘어가자, 모두 넘어가서 무한한 깨달음을 이루자."라고 하거나, 또 어떤 이들은, "있다. 있다. 모두 있다. 바로 지금 여기 모두 있음에 눈뜨게 하옵소서." 등의 해석을 전하고 있다.

애를 써서 해석한다 해도, 세상 사람들이 더 이상하게 느끼게 되는 해석일 수밖에 없는 것이다. 그러니 중언부언 더 많은 설명이 필요해지게 된다. 이는 바르게 해석한 것이 아니기 때문이다.

이제 다시금 아미타 부처님께서 내려주신 설법을 음미하며 독송해 보기를 바란다. 아미타 부처님의 크신 은덕과 지혜를 얻게 될 것이다.

〈揭諦揭諦 波羅揭諦, 波羅僧揭諦, 菩提 娑婆訶

아제아제 바라아제 바라승아제 모지 사바하

홀로, 날마다 기도하면 기도하는 모두에게, 아낌없이 주리라.〉

(2) 다라니 참뜻과 신묘장구대다라니 설법

현재 불자들은 다라니와 진언을 형식으로 구분하여 말하고 있다. 짧은 형식으로 되어 있는 것을 진언 또는 주(呪)라고 하고, 긴 구절로 된 것은 다라니 또는 대주(大呪)라고 구분하고 있으나, 모두 다라니라고 하여도 무방하다.

학자나 불자들이, 다라니는 무량무변한 뜻이 있어 모든 악한 법(法)을 버리고 한량없이 좋은 법을 지니게 한다고 말한다. 이에 대해 부처님들께서, 아닌 것을 맞는 것처럼 이야기하고 있으며, 말로는 뿌리나 근본을 밝힌다고 하지만 자기들 임의대로 엉터리로 써 놓았다고 경계하고 계시다. 작금의 학자나 불자들이 하고 있는 말들에 대해 부처님들께서 성운율사에게 다라니의 참뜻을 밝혀주신다.

〈아닌 것을 맞는 것처럼 이야기했는데, 이것은 "모든 이들에게 밝고 환한 세상을 말하는 것"이다. 그것이 다라니이다.〉

〈뿌리나 근본을 밝힌다고 말들을 하지만, 그것은 자기들 임의대로 엉터리로 써 놓았다. 다라니는 모든 이들에게 어둠이 없고 밝은 세상을 말하는 것, 그리고 밝은 세상으로 가는 것이다.〉

신묘장구대다라니에 대해 성운율사가 전하는 부처님들의 말씀이다.

〈"**신묘장구대다라니는 사람이 태어나서 죽을 때까지를 이야기**"했잖아요. "**그렇다고 다 천국 가는 것이 아니다. 그렇듯이 어둠이 없고 밝은 세상을 가는 것을 다라니**"라고 한

대요, 신들은.〉

다들 죽으면 천국을 간다고 신묘장구대다라니를 송주하지만, 그렇다고 "**천국을 다 가는 것이 아니라.**"는 말씀이다. 그럼에도 불구하고 신묘장구대다라니를 송주하면 "**누구든지 어둠이 없고 밝은 세상을 가도록**" 하니, 다라니의 은덕을 크게 보게 된다는 부처님들의 말씀이다.

특히 칠성여래 부처님께서는 신묘장구대다라니에 대해, "천만겁의 대 운명으로 베풀어 주는 주문"이라 알려 주시며, "진짜 운수 대통하여 배부르고, 모든 곳에 명성을 날리고, 별 것 다 아는 재주를 갖게 하며, 이 세상 끝까지 평안함을 알게 하는" 주문임을 알려주신다.

〈천만겁 대 운명으로 베풀어 주는 것, 한마디로 칠성 운이요. 백만 겁, 천지 겁 보살로써, 내세에 이 세상 끝까지 안전하게, 천지간에 아주 많이 진짜 운수 대통하여 배부르고, 철저한 명성으로 어느 한 곳도 빠짐없고, 천만겁에 도를 닦아 재주 있게 별 것 다 알며, 본인의 재주로써 거침없이 내주는 것이다. 그러니 이 세상 끝까지 평안함을 아는 것이다.〉

칠성여래 부처님께서 신묘장구대다라니의 큰 의미와 함께, 세부 구절에 대한 참된 의미도 설법해 주신다.

칠성여래 부처님의 크고 크신 은덕을 마음에 품고, 내려주신 설법의 말씀을 새겨보면, 다라니에서 내려 주시는 한없는 은총과 우주 섭리를 깊이 깨칠 수 있을 것이다.

신묘장구대다라니

나모라 다나다라 야야 나막알약/

많은 물자가 어디서 오는가, 무엇이나 다 밑거름[기반]이 있어야 되느니라.

바로기제 새바라야/ 모지사다바야

서로 의지하고 헐뜯지 말아야 하며/ 우선 남을 알고,

마하사다바야/ 마하가로 니가야/

우매함이 없게 하여야 하며/ 배움이 있어야 하고/

옴살바 바예수/ 다라나 가라야

때늦지 않게 열심히 배워야 한다./ 우매한 자는 움직이지 않고,

다사명 나막 가리다바/ 이맘 알야 바로기제

배우지 않으면 버릇이 없어진다./ 한이 많은 자는 남을 알지 못하니

새바라 다바 니라간타/ 나막 하리나야

한을 품으면 하나에 관심을 두게 되니/ 사람이 편치 않다.

마발다 이사미 살발타 사다남 수반

이렇게 어느 한 곳에 머무름이 있으면 이어지지 못한다.

아예염 살바보다남 바바말아

임금님이나 천하 예수, 만인을 공유하는, 그만한 분이 어디 있느냐,

미수다감 다냐타 옴 아로계/ 아로가 마지로가

그러나 문제없이 성취할 수 있다./ 부름을 내 어찌 알랴.

지가란제 혜혜 하례/ 마하모지 사다바 사마라 사마라 하리나야

운명은 앞을 예측하지 못하니/ 복은 이제 끝도 없이 펼쳐진다.

구로 구로 갈마 사다야/ 사다야 도로 도로 미연제/ 마하 미연제

복은 앞에 있으니/ 명은 앞을 알지 못하느니라./ 그러나 이제는

다라 다라 다린 나례 새바라/ 자라 자라 마라 미마라 아마라

이슬처럼 꺾이지 않으려/ 웃음으로 남을 배려할 줄 알아야 되느니라.

몰제 예혜혜 로계/ 새바라 라아미사미 나사야/

이상과 같은 일들은/ 건사하면 남은 것은 없으니 편안하다

나베 사미사미/ 나사야 모하자라 미사미

그릇은 크되/ 아물며, 겨우 간신히 일어선다.

나사야 호로 호로 마라호로/ 하례 바나마

임자 없는 것을 찾으려 애를 먹는다./ 남들은 몰라도

나바 사라사라 시리시리/

누구나 음양을 알아야 한다./

소로소로 못쟈못쟈 모다야 모다야 매다리야 니라간타

보름날마다 나[관세음보살]를 잊지 말아야 된다.

가마사 날사남 바라 하라 나야/

나를 믿으면 나를 쫓아와야 되느니라./

마낙 사바하 싣다야

아무런 거름도 없이, 아무것도 차리지 말고

사바하 마하 싣다야/

한마디로 전심전력을 다하여/

사바하 싣다 유예 새바라야

있는 힘을 다하여야 겨우 비집고 들어올 수가 있다.

사바하 니라간타야/ 사바하 바라하 목카 싱하목카야

이제는 마음 편안하게/ 이제부터는 편안한 마음으로 관세음보살을 찾아라.

사바하 바나마 하따야 사바하

보살님의 부름을 알고

자가라 욕다야 사바하/ 상카 섭나네/

앞에 있는 더러운 물은 피하고/ 항상 솟아나는 깨끗한 물로 씻어야

모다나야 사바하

마음이 편안하다/

마하라 구타 다라야 사바하

더운 소세에 복이여 안녕[더운물로 씻어야 복이 있는 그곳에 올 수 있다]

바마사간타니사 시체다/ 가릿나 이나야 사바하

마음 편하게 저승으로 안녕히/ 그래 이젠 저승으로 안녕히

먀가라잘마 이바 사나야 사바하

그래 이젠 완전히 잘 가거라.

나모라 다나다라 야야 나막알야바로기제 새바라야 사바하

복은 한순간이다

성운율사는 칠성여래 부처님께서는, 신묘장구대다라니의 마지막 주문에 대해서는 별다른 해석을 하지 않으셨다고 하시고, 말씀을 주신다.

〈"한 마디로 말하면, 복은 한순간이다."라는 뜻이다.〉

(3) 부처님께서 직접 알려 주시는 다라니 설법

하늘님이신 천상천주님께서, 처절하게 기도를 하던 성운율사의 삼생과 정성을 꿰뚫어보시고 하늘님의 아들로 삼으시며, 천지의 대신명들에게 명하시어, 그를 가르치게 하시고, 인간으로서는 처음으로 도통군자를 만들게 하셨다.

성운율사는 광명의 성신으로 오신 하늘님을 영안으로 뵙게 된 이후, 계룡산 도적골에 오시어 한량없는 가르침을 주시는 천지의 대신명과 부처님들을 만나 뵙게 된다. 16년간 이루어진 숱한 가르침 끝에, 천지신명님께서 도통군자로 인정하셨다. 도통군자로 인정받은 이후, 하늘님이신 천상천주님께서 직접 천마산으로 부르시어, "성운율사" 명호를 내려주시며, 가르침을 내려 주셨다.

그로부터 하늘님께서는 성운율사에게 인류 구원의 사명을 내려주시고, 대환난을 넘어서서 살아남은 한민족을 "**청음**"으로 깨워내어, 그들을 이끌고 후천 세계를 새롭게 열도록 하셨다.

하늘님께서 이렇게 인류 구원의 대 사명을 맡기시고는, 대환난이전까지는 무명초의 삶을 살게 하시면서 지척에서 엄중하게 지켜보시며, 네 분의 신명들에게 명하시어 이중 삼중으로 보호하고 계시다.

내가 항상 지척에 있으니 겁먹을 것 없다.
모든 걸 여쭙고 행동으로 옮겨라.
신명들 네 분이 항상 안정되게 돌보고 있다.

하늘님께서는 인류 구원을 위해, 성운율사를 천마산으로 부르셔서 직접 가르침을 내렸으며, 인류 구원서인 11번째 천부경을 내려 주셨다. 이에 성운율사는 11번째 천부경을 세상에 처음으로 알렸다. 11번째 천부경으로 천부경의 참된 의미를 알게 되었다.

그 이후 성운율사는 18년 동안 기도하였던 계룡산 도적골을 떠나 전국 각지의 명산, 바닷가 기도터를 찾아, 산왕대신, 산신령, 용왕님 등의 대신명님들께 가르침과 말씀을 받았다. 그리고 처음에는 미륵 부처님의 말씀을 받고자 명산과 사찰을 찾았고 그 이후 여러 부처님의 가르침을 받고자 전국의 사찰을 찾았다. 때로는 부처님의 부르심을 받고 사찰을 방문하기도 하고, 사람들의 추천으로 사찰을 방문하면서, 그 사찰에 임어하시는 부처님들을 두루 뵙고는, 깊은 가르침의 말씀과 축복을 받게 되었다.

그런 여정 속에서, 성운율사는 아미타 부처님, 미륵 부처님, 비로자나 부처님, 약사여래 부처님, 칠성여래 부처님, 관음보살, 지장보살, 문수보살 등 여러 불보살님들로부터 다라니에 대한 말씀을 전해 듣게 된다.

성운율사는 다라니의 의미도 제대로 모르고 기도하는 불자들을 위하여, 부처님들께서 내려주신 다라니 설법 말씀을 일반인들에게 공개하게 되었다. 저자는 성운율사가 공개한 다라니에 대한 부처님 설법을 이 책에 정리하여 세상에 알린다. 앞에서 말씀을 전했지만, 한자

(漢字)에 매여, 그 한자로 해석하는 순간, 부처님들께서 내려주신 진실한 뜻에서 벗어난다는 사실을 먼저 알려주고자 한다.

경기도 용인시에 있는 문수산 법륜사의 칠성전에서 칠성여래 부처님으로부터 내려 받은 말씀이다.

〈누누이 말하지만 인간은 지 하고 싶은 말만 하고, 안전을 두려워하는 반면에 어둠에서 벗어나려고 두려워한다. 항상 나의 주변에는 어둠이 있으니, 그 어둠과 밝음이 어느 한 곳에 반영될 때 음지냐 양지냐에 따라서, 이미 마음이 정해지는 것이다.
항상 홀가분한 마음으로 이렇게 저렇게도 발버둥 치면서 그것을 뛰쳐나가야지, 오로라처럼 밝은 빛이 너희들의 화영(인간이 쳐다볼 때 등 뒤에 환하게 비치는 빛)을 비출 것이다. 그 빛이 너의 몸에서 하얗게 피어날 때, 그들은 너희를 부처라 또는 하늘이라 칭하게 되는 것이다. 맑고 꿋꿋한 마음 항상 변함이 없고, 오로지 환한 마음으로 이끌어 간다면, 무엇이 환한 마음이겠느냐.
하나 둘 셋 넷도 엎어지지 않고 편안하게 일으켜 나가는 거, 그것이 해오하는 마음에서 나오는 것이다. 오직 두 하늘만 그 마음을 가지고 있는 것이다.〉

칠성여래 부처님께서는, "인간은 자기가 하고 싶은 말만 하고, 안전을 두려워하는 반면에 어둠에서 벗어나려고 한다."고 하시며, 그런데 "인간의 주변에는 항상 어둠이 있으니, 그 어둠과 밝음이 어느 한 곳에 반영되어 음지냐 양지냐가 되며, 그에 따라 이미 마음이 정해진다."고 하신다. 그리고 "하나 둘 셋 넷도 엎어지지 않고 편안하게 일으켜 나가는 거, 그것이 해오하는 마음에서 나오는 것이다."고 하신다.

해오는 진실의 내면을 확 다 뒤집어 보게 되어 이치를 크게 깨우치게 되는 것을 말한다. 그러기에 해오한다는 것은 도리를 크게 깨우치는 것을 말한다. 해오하는 마음에서 나오는 다라니의 올바른 설법 말씀을 가슴에 간직하고, 기도해 나가면, "**기도하는 자에게 아낌없이 주리라.**"는 반야바라밀의 은덕을 크게 받아 해오하는 삶을 살아가게 될 것이다.

부산시에 있는 운수사의 지장보살님께서는 성운율사로부터 9번 예(禮)를 받으시고, 말씀을 내려주신다. 지장경을 많이 읽으라고 하신다.

〈"나는 네 번 부르면 항상 나온다. 마음의 불을 켰으니 끝없이 편안하겠다. <u>아무 날 아무 시에 누가 이렇게 한다 하면서 지장경을 읽으라.</u> 목숨보다 귀히 여기면 뜻을 이룰 수가 있다. 마음의 모든 불이 나한테서 나온다. 차디찬 것보다 따뜻하고 온화한 걸 준다."고 하신다. "무지개 바람이 여기서 나오는 것이다. 비단 같이 착한 마음에서 나온다. 모두 어지러운 세상을 잇는다 하고 지장경을 읽어라. 그러면 마음도 주고 평화도 준다. 항상 안절부절 하지 않고 평화롭다. 목숨보다 더 귀히 여겨라.
참 야무진 아이이다. 복은 남한테 오는 것이 아니라. 내가 주축이 되어야 한다. 도력은 크게 뜻을 피력 하면 된다. 너는 <u>하늘의 아들임을 인지하고, 표시 나는 일에 전념을 하라.</u>"〉

지장보살님께서는 지장경을 읽으며 기도하는 법을 알려주신다.

"아무 날 아무 시에 누가 이렇게 한다 하면서 지장경을 읽으라." 고 하신다. "무지개 바람이 여기서 나오는 것이다. 비단 같이 착한 마음에서 나온다. 모두 어지러운 세상을 잊는다." 하고 지장경을 많이 읽으면 뜻을 이룰 수 있다고 하신다. 그리고 지장보살님의 마음도 받으며, 어지러운 세상에 평화도 얻을 수 있다고 하신다.

"**복은 남한테 오는 것이 아니라. 내가 주축이 되어야 한다.**"고 하시고, 성운율사가 "하늘의 아들"임을 상기시켜 주시고, 표시 나는 일에 전념을 다 하라고 하신다.

이와 함께, 성운율사는 부처님들의 가르침을 받으며, 수많은 불자들이 뜻도 모르고 기도하는 다라니의 참된 뜻을 밝혀 알려주려 한 것이다. 이렇게 다라니를 알려주는 이유는, 칠성여래 부처님 말씀처럼 크게 해오하는 은덕 받기를 염원하는 마음에서 전하는 것이다.

성운율사의 그런 수고로움 덕분으로, 저자는 다라니 중에서도 일부의 다라니를 책에 담아 전하고자 한다. 저자는 이미, 성운율사를 통하여 부처님께서 전해 주시는 반야바라밀다심경의 진정한 가치와 뜻을 밝혔고, 칠성여래 부처님께서 알려주시는 신묘장구대다라니의 의미와 다라니의 참뜻을 전하였다. 부처님들께서 성운율사에게 알려주신 다라니들 중에 일부 다라니를 여러 불자와 일반인들에게 공개한다. 기존의 한자(漢字)나 산스크리트 언어 해석에서 벗어나, 부처님께서 전하시는 다라니의 참뜻을 깊이 느껴, 기도의 은덕을 크게 받기 바란다.

1) 아미타 부처님 관련 다라니

성운율사가 훌륭하신 아미타 부처님으로부터 청음으로 받은, 아미타불 본심미묘 진언, 아미타 대원성취 진언, 아미타 무량겁멸죄 진언, 아미타 일체중생 발보리심 진언, 아미타 일체업장 근본득생정토 다라니, 무량수여래근본다라니(無量壽如來根本陀羅尼)와, 약왕보살다라니에 대한 해석 내용을 정리하여 공개한다.

① 아미타불 본심미묘 진언

다냐타 옴 아리다라 사바하

인연은 끝이 없는 것이다. 진실한 마음으로 인연은 무엇이나 안정되게 가야 하느니라.

② 아미타 대원성취 진언

대원성취 진언

모두 이렇게 열성으로 하나 둘 하다보면 안 풀어지는 게 없느니라.

옴 아모카 살바다라 사다야 시베 훔

마음에 이렇게 들거든 낚여진 인연은 또한 여력으로 일으켜 세워야 되느니라.

③ 아미타 무량겁멸죄 진언

무량 겁멸 죄진언

삭히고 나면 없는 것이다.

옴 모니 모니 새야모니 사바하

자주 읽어서 어렵게 얻는 것을 항상 갖추고 가야한다.

④ 아미타 일체중생 발보리심 진언

아미타 일체중생 발보리심 진언

어찌 이렇다 하겠느냐?

옴 모지짓다 못다 바나야 믹

모자라는 것은 안 보고는 모른다.

⑤ 아미타 일체업장 근본득생정토 다라니

일체업장 근본득생정토 다라니

나도 잊고, 너도 잊고 또 같이 잊으며, 서로 의지하면서 진실로 편안함을 이야기 하느니라.

나무 아미다바야

아미타 부처님께서 진실로 속사정을 훤히 다 들여다보고 계시니

다타가다야/ 다디야타

미움을 다 버리고, 세상의 모든 고뇌를 덜어 놓고/ 겉과 속을 똑같이 안정하고, 거짓 없이 진실로 빌어야지

아미리도 바비 아미리다

형형색색을 상기하며 처음과 같이, 즐겁고 편한 마음으로, 세상 살아가면서 힘든 이야기 말씀 드리고

싣담바비 아미리다

편안한 마음으로 소원을 기원하며

비가란제/ 아미리다

똑같은 마음으로 진실된 속사정을 빌고 소원하며/ 제일 먼저 나는 생각을 진지하게 이야기하고

비가란다/ 가미니 가가나

소원성취 하고자하는 한 가지를 소리 내서 기원하고/ 속속들이 모두 말씀드려

기다가례 사바하

합장하고 오직 한마음으로 고하면 무엇이든 이루게 하느니라.

⑥ 무량수여래근본다라니(無量壽如來根本陀羅尼)

나모 라뜨나 뜨라야나/ 나망 아르야 아미따바야

나는 이렇게 보았다./ 많은 것이 여기에

타따가따야 아르하테/ 삼먁삼붇다야 따드야타 옴

여기서 행하여진다면/ 오로지 하늘에서 한 가지만 맡겨 준다면,

아므르테 아므르토/ 드바베 아므르타 삼바베

받들어 꼭 이룩하여야 하고./ 이건 이렇고 저건 저렇고,

아므르타 가르베 아므르타 싣데 아므르타 테제

행복은 여기서 시작되니 여러 가지 일어나는 것들을.

아므르타 위끄란떼/ 아므르타 위끄란따 가미네

이야기하며/ 미리 준비하여야 하고.

아므르타 가가나 키르띠카레/ 아므르타 둔누비 스바레

이르러 소용없는 일들이/ 차곡 차곡 쌓이면

사르바르타 사다네/ 사르바 카르마 클레샤/ 챠얍 카레 스바하

체념을 하고/ 일념으로 일으켜 세우면/ 눈 녹듯이 녹을 것이다.

⑦ 약왕보살 다라니[법화경]

아니 마니 마네 마마네/ 지레 자지레 샤마 샤리

목전에 있는 것부터/ 일으켜 바로 일으켜

다위 선제 목제/ 사리 아위사리 상리사리

어느 곳에 있든지/ 이렇게도 저렇게도

사예 아사예 아기니 선제/ 샤리 다라니

이제 입막음보다는/ 어떻게든 바르게 하고

아로가 바사파 자비사니/ 너비제 아변다라 네비제

이러한 마음속에/ 바르고 옳은 것으로

아단다 파레 수지

이루고 이룩하고

구구레 모구레/ 아라레 파라레

지나간 것에서/ 연연하지 말고

수가차 아삼 마삼리/ 붓다 비기리 질제

이리보고 저리보고/ 무엇이든 다보고

달마 파리차제/ 승가녈 구사미

이미 모두다/ 이루다

바사 바사수지/ 만다라 만다라 사야다

어둑한 곳에/ 안이 보고는

우루다 우루다 교사랴/ 악사라 악사야 다야

엷은 불빛 속(희미한 곳)/ 하고 또 하면

아바로 아마야 나다야

인연이 이어지니라

2) 츰부 다라니의 참된 뜻

츰부츰부 츰츰부

모자라는 것을 덕으로 덮어준다.

아가셔 츰부/ 바결랍 츰부/ 암발랍 츰부

매우 이상적인 것/ 모두 안정되게 하고/ 많은 것은 조금씩 조금씩 되새겨라.

비라 츰부/ 발절랍 츰부

인사말을 돈독히 하고/ 만약에 있는 것을 없다고 하지 마라.

아루가 츰부/ 담위 츰부/ 살더워 츰부

모가진 일을 행하지 말며/ 막히지 않게 하고/ 맺어지면,

살더닐하워 츰부/ 비바루가 찰워 츰부/ 우붜셤며 츰부

마치 없는 것처럼/ 혹은 마치 있는 것처럼/ 무척 안타까워하는 일은

내여나 츰부/뻘랄여삼므디랄나 츰부

엄청 이룩하며/ 몹시 잊으라니 어떻게(빨리 잊으라니 생각하지 말아야 된다.)

찰나 츰부/ 비실바리여 츰부

몹시나 지금(빨리 생각지 말라)/ 시간이 더 가야지

셔실 바리어 츰부

무엇이나 이렇게 세월이 흘러

비어자수재 맘히리 담미셤미 잡결랍시

감히 이렇게 하면 모자라는 자 있어도 덕으로 덮어라.

잡결랍뮈 스리 치리시리/ 결랄붜 뷀러 발랄디 히리 벌랄비

미안하도록 서로 맺으니/ 이런 고통도 끊어내는 것은 한이다.

벌랄 저러니 달리 헐날달리/ 붜러 져져져져

만약 일을 일으켜서/ 가니(움직여 떠나는 것)

히리미리/ 이결타 탑기 탑규루 탈리탈리 미리

멀찌감치/ 얼른 일으켜 세워라 덕은 나중이니

붜대더 대구리 미리양규즈 더비

붜든지 한쪽만 보면 쓸쓸해 보인다.

얼리기리 붜러기리 규차섬 붜리/ 징기둔기 둔규리

한쪽만 안정되면 간신히 일을 도모할 수 있다./ 무엇이든지 목적에 이른다.

후루 후루 후루 규루술 두미리/ 미리디 미리대

밖으로 맺은 인연은/ 찬찬히 둘이서 맺어야 된다.

뷘자더 히리 히리 후루 후루루

덕은 많은 연을 맺게 되니 모두가 베풀어야 된다.

3) 약사여래 부처님과 다라니 참된 뜻

나모 바가바테/ 바이 사지아 구루

모두 다 이렇게/ 막 끼여 두고

바이 듀리아/ 프라바 라자야 타타가타야

유념해서 자신 있게/ 작은 것부터 차근차근

아르하테/ 삼먁삼붇다야 따드 야타

이것저것/ 여래를 모시고 철저히 아뢰니

옴 바이사지에 바이사지아

이렇게 계속 캐물으며 묻고 또 물어

삼우드가테 스바하

명곡을 세워 이렇게 머무르지 않고 나가야 하느니라.

약사여래 부처님께서, 알려주신 말씀 중에, 명곡은 "잡성이 없고, 반듯하고 정확하게 가는 것"으로 해동의 부처님이 알려주셨다. 치료에서 사용하는 명곡은 명현 현상으로 나타나는 아픈 곳의 의미도 있다.

4) 비로자나 부처님과 광명진언 참된 뜻

비로자나 부처님의 도움을 받아, 광명진언의 참된 뜻을 전한다.

옴 아모가 바이로차나 마하 무드라 마니 파드마 즈바라 프라바를 타야 훔

옴 아모가

매우 이상적이다. 잘 될 것이다. 이것을 가슴속에 받아들이고서 오직 하늘을 섬기면서 모두가 심신을 단련했으면 좋겠다.

바이로 차나

음지나 양지나 다 닮은 것이니, 또한 믿음의 경지는 양이나 음 또한 믿고 안 믿고의 차이다.

마하

인덕(人德)이 있는 자와 믿음이 적은 자, 누가 먼저랄 것 없이 다 같이 열성으로 도만을 뜻(意,의)으로 알고(도를 목표로) 행해야 됨을 말했다.

무드라

인덕, 지식, 또한 삶을 의지하며 모두 안정되어야 하니 서로를 마음에 맞고 안 맞고를 떠나 행할 때 행복을 양(원칙)으로 함을 말하였다.

마니

인생은 웃으면서 놀고먹으면, 모든 신앙생활에 보탬이 없는 것을 알려고 하지 말고, 서로 웃고 서로 행하면 편안한 것을 힘으로 행하면 더 힘드니 생각, 지혜가 몸과 같이 가야 힘겨웁지 않음을 맛깔나게 이야기 하였다.

파드라

인생무상이다. 힘들어 안하면 무엇을 하고 또 다 같이 힘을 합하면 무엇 하나? 결국은 모두 다 사그라들 것을 다 알고 후유 힘들다 해도 한낮 한꺼풀(허사)인 것을, 어둠 다음에 태양이 떠오르듯이 밤 다음에 아침이 오듯이 인생은 난무와 같은 것, 홀로가 아니니 어디 기대고, 저기 기대며 살아가는 것인걸, 인생무상이 아니겠는가?

즈바라

이런 잰 이야기, 다음 돈 이야기, 사는 이야기, 슬픈 이야기, 살며 즐거운 이야기, 속상한 이야기, 심히 괴로운 이야기, 미치게 광언 하는 것, 한갓 한 때이네 지나고 나면 쓸쓸해지고 또한 한낮 물거품인걸, 쏟아지는 물거품 속이네!

프라바를 타야 훔

끝맺음이 있는데 또 쏙 감추고, 생기고도 흘러서 인성이 필요하고,

서로 삶을 세속과 신명과 또 마음을 도리천에서 보답을, 말로 듣고서, 생을 이쁜 마음으로써 실컷 마음껏, 흥겹게 소리쳐 부르고, 서로 이런 이야기 바로 이렇게 행함을 속속들이 챙기면서, 소리쳐 빌음을 둥둥 노래 발부터 노래쳤다(처음부터 부딪쳤다)

5) 칠성여래 부처님과 북두칠성 연명경 참된 뜻

칠성여래 부처님께서 북두칠성 연명경에 대한 뜻을 풀이해 주시면서, "세상 인연의 우두머리는 칠성"이라 하신다. 그래서 "**너도 나도 발 벗고 나서, 모두 다 같이 북두칠성을 찾아야 복을 받고, 그렇게 살아가야 하느니라.**"고 말씀을 내려 주신다.

> **〈세상의 인연이 다 버금가겠지만, 나는 우두머리는 칠성이라고 본다. 왜냐하면, 설혹 이쪽보다 저쪽이 무려 많이 낳는다 하여도, 어느 것 하나 안 빠지게 두루두루 살펴주니, 이런 칠성이 버금 먹게 되니(설렵하게) 어찌 그걸 말로 표현하겠는가? 설혹 이 말은 서로 안주하면 안 좋으니, 너도 나도 발 벗고 나서, 모두 다 같이 북두칠성을 찾아야 복을 받고, 그렇게 살아가야 하느니라. 나는 오래전에 천상에서 온 대제행(천지를 다 아는 보살)이다.〉**

칠성여래 부처님께서 알려주신 북두칠성 연명경을 정리하여 전한다.

송경의식

작은 의[뜻]를 알고 뜻을 펴야 된다.

정구업 진언 : 이미 악으로부터 벗어나고 있음이다.

수리 수리 마하수리 수수리 사바하 : 섞이지 말고 오직 하나만으로 가게 해주세요(인간사 마음과 뜻대로 안 된다.)

오방내외 안위제신 진언 : 설혹 이문이 따르지 않는다 해도, 누구나 앞으로 오는 일을 알지 못하니 신념을 받쳐야 한다.

나무 사만다 못다남 옴 도로도로 지미 사바하 : 속에 어느 곳에나 인간 세상이 다 같은 것이 어디 있느냐? 아이 되고 커서 어른 되니 세상에 무슨 일이든지 머무르다 가는 것이 인지상정인 것을 어느 곳에 목적을 두려 하는가?

개경개

무상심심 미묘법 백천만겁 난조우 아금문견 득수지 원해 여래 진실의 : 너도 나도 여러모로 다 남의 것을 탐나서 가지려 하면, 속과 겉도 한마음으로 정결히 하고, (부처님, 칠성님, 지장보살, 관세음보살, 미륵존불) 어느 한 분을 77번 외우고, 77번 절을 하면, 분명히 이 세상 끝까지 덕과 온갖 갖은 것들을 만지며, 온갖 모든 것을 갖추고 편안한 삶을 살 수 있는 것이다.

개법장 진언 : 앞으로 모든 일을 깨끗이 처리하는 것을 말한다.

옴 아라남 아라다 : 모두 다 같이 아무 생각도 없이 무엇에 얽매이지 말고, 흥하든 망하든 흐름을 보고, 새로운 세상이 흘러가고 또 머물러 가도록 두고 보면서, 내세에서의 편안함과 또한 세상의 흐름을 흘러가게 두면, 또다시 새로운 세상을 맞이하면 된다.

개경현온주

사는 게 이러하지만 하문하고 또 하문하여야 하느니라.

적적지무종/ 허치겁인하

겁이 여기에 있네./ 두두리 치면(부딪치면) 힘겹다.

활락동현문/ 수측차유하

낙은 숨어있다.(집안 어디에도 없다.) / 많은 인연이 있어도

일입대승문/ 숙계년겁다

오직 하나만 문으로 갈 수 있다./ 너는 이렇게 헤치고 가거라.

불생역불멸/ 욕생정연화

인연을 갖고 가지만, 없는 것과 같은 것이다./ 마음속에 피는 꽃처럼, 인연의 욕심이 피어난다.

초능삼계도

인연을 밝혀 녹(새록새록 솟아나는 것), 초(시작은 미미하나 끝을 보는 것), 고(마음을 비우고 가면 되는 것)가 으뜸인데, 갖추고 가야 한다.

자심해세라

속으로 염불하면 작은 힘이 생긴다.

진인무상덕/ 세세위인가

현명한 자는 무한한 걸 알며,/ 무한한 걸 다 갖추고 가야 되느니라.

북두칠성 연명경

지심귀명례/ 칠성 여래 대진군

하늘은 이렇게 얘기한다./ 온 하늘 이하를 다 맡고 계신 분

북두구진 중천대신

저 운석으로부터 땅까지 이루어주시는 분

상조금궐 하복곤륜

선천적으로 가지고서 이치를 알려고 하는 것

조리강기/ 통제건곤

쳐서 일으켜 세우는 것/ 부름을 아는 것(오로지 한길)

대괴탐랑/ 거문녹존

바로 보는 것/ 부처는 부처네

문곡염정/ 무곡파군 좌보우필

부를 일으켜 세워/ 처음 이상을 가지고 그르치는 일 없이

고상옥황/ 자미제군

천하의 어른이/ 흐트러져 있는 온갖 것을 다 끌어안으시고

대주천계/ 세입미진

온전하게/ 하필이면

하재불멸/ 하복부진

형편없이/ 이제 덧없게(부질없이)

원황정기/ 내합아신/ 천강소지/ 주야상륜

밝은 육신/ 이렇게/ 불편 없게/ 벼루고 벼루어서

속거소인/ 호도구령/

아주 속 좁은 사람/ 복을 일으켜 세우려

원견존의/ 영보장생

무궁한 큰 대의를 품고/ 차근차근히 펼쳐가니

삼태허정/ 육순곡생

제법 많은 것을 갖추니/ 갖출 걸 갖추고

생아양아/ 호아신형

가가호호 밥은 먹게/ 제꾸러미 갖추어서

괴작관행/ 필보표 존제 급급여율령

남은 힘이 다되도록/ 내 마음을 내비치는 여한이 있어도 다음을 생각하여

아득장생비태청/ 중성조아/ 참요정

겉으로 열심히 사는 길은/ 생각은 짧아도/ 차분한 생각으로

악역 최절/ 사마경

판은 다 되었는데/ 제안을 하고자 하니

섭강이두/ 구로영

판은 여기에/ 잡으려는 영혼

천회지전/ 보칠성 우보 상최/ 등양명

갖춘 인연은 돌고 도는 것/ 앞으로 일어나 보고 싶은 것들은/ 우주 가운데

일기혼돈/ 호아형

야음이 발그래 트이는 것이 보기 어렵다./ 적잖히

옴 급급 여율령

우주 한 가운데가 모든 것이 바뀌어 가는구나.

(관음이 어디에 있느냐, 여기서 일어나, 우주 가운데 그 곳에 빛이 있는 곳, 율사 앉은 자리가 있는 데다.)

탐라성군 진언

나무 사만다 못다남 아다야 사바하

높으신 신이 여기에 임하였다. 그러니까 너도 나도 열심히 공을 드리고 염원을 드려야 되느니라.

거문성군 진언

나모 사만다 못다남 전나라 사바하

육천 진언이라 하는데 무엇이든지 이룩하면 되지만, 꼭 하나는 염원을 하여야 된다.

녹존성군 진언

옴 아리니나라 가사다라 바라마나 노다보지 사바하

설혹 이름이 무엇인지 몰라도 서로가 갖고 싶어 하는 것이 있는데 어느 것부터 갖고 싶은가

문곡성군 진언

옴 바하 사바하

넓다란 세월을 어디어디 찾아가자, 열심히 더 열심히 찾아가야 되느니라.

염정성군 진언

옴 바리제 라리 만나라 사바하

내일 모래까지 정해 놓은 대로 무엇이네 하지 말고 끝을 보아야 한다.

무곡성군 진언

옴 살바다라 삼매예 사바하

서문에 있는 것처럼 끝도 똑 같이 해야 된다는 얘기다.

파군성군 진언

옴 바바움 바야탁 사바하

예쁜 신과 미움 신 다 같이 얽히고설키어서 이 세상을 서로서로 잘 가야 되지 그러므로 말썽 없이 가야 되느니라.

원성취 진언

옴 아모카 살바다라 사다야 시베훔

우주 전체는 서로가 이렇게 얽히고설키어서 내 눈에 있게 되니, 무엇이나 여기에 있고 또한 저기에 있어야지, 아니 있으면 무엇이

나 견실하지 못하니, 너무 성의 없으면 아니 되느니라.

보회향진언

옴 삼마라 삼마라 미만나 사라마하 자거라바 훔

이렇게 하였다 하여도, 어느 것도 아무것도, 다 갈 때까지는 몸만 가지, 무엇 하나도 없이, 몽땅 다 놓고 가네, 다 놓고 가. 어떤가! 자네가 이고 갈건가, 놓고 갈건가? 여러 명이 이고 갈 수도 없고, 옆에 끼고 갈 수도 없으니, 편한 마음, 높은 마음, 속상한 마음, 전부 다 버리고, 젊음을 불태워서 천안, 천중에 모든 걸 맡기고, 서로가 이 세상을 아옹다옹 하지 말고 불평불만 하지 말고, 이렇게 편안하게 살면, 우주 밖에서 잘 살펴보려니, 그 뜻[의]을 알고 살아가거라. 나는 우주의 부용 이였느니라.

6) 관세음보살 본심미묘 육자대명왕진언 참된 뜻

성운율사는 경주를 찾아, 불국사, 남산 등에 계시는 부처님을 뵙고, 분황사를 방문하였다.

분황사 약사여래 부처님 앞에서 기도를 하는데, 약사여래 부처님께서, "**뒤뜰에 무엇을 파묻어서, 신명이 못 들어오게 하고, 분황사가 발전하는 걸 막아 놓았다.**"고 말씀을 전해 주신다.

묘하게도 성운율사가 분황사 방문 전에, 불국사 대웅전을 찾아 부처님께 인사를 드렸을 때, 불국사 대웅전 미륵 부처님께서, "**모든 걸 타파하는 것이 '관세음보살 본심미묘 육자대명왕진언, 옴마니반메훔'이다.**"고 알려 주셨다. 그래서 성운율사는 분황사에서, 미륵 부처님의 말씀에 따라 하늘의 힘을 빌려 그 방편을 풀어내는 행사를 진행하며, "관세음보살 본심미묘 육자대명왕진언, 옴마니반메훔"을 큰소리로 37번 염불하였다.

성운율사는, "방편을 풀어내었으니, 이제부터 누구나 찾아 미륵약사여래 부처님 앞에서 정성을 드리고 소리 내서 기도한다면 소원을 들어주실 것이다."고 전한다. 이로부터 분황사의 약사여래 부처님께서 미륵부처님의 기운까지 더해지시어 "**미륵약사여래 부처님**"이 되셨다. 앞으로는 분황사에서는 미륵 약사여래 부처님으로 기도하면 된다.

불국사 대웅전에 계시는 미륵 부처님께서, "**잡신을 물리치고, 모든 장애를 뚫고 갈 수 있는 다라니가, '관세음보살 본심미묘 육자대명왕진언, 옴마니반메훔'이다.**"고 하셨다. 그래서 "**'관세음보살 본심미묘 육자대명왕진언, 옴마니반메훔'을 37번 염불하면, 사람을 가로막는 잡신을 물리치며, 모든 장애를 뚫어내어, 두려움이 사라지고, 강력한 기운을 얻게 된다.**"고 하신다.

불국사 관음전에 계시는 관세음보살님께서는, "**나무 관세음보살을 네 다섯 번 불러라. 그러면 안 들어 주는 것 없이 다 들어 주는 것이다.**"고 하신다. 그리고 "**누가 안 된다 하면 안 되는 줄 아는데, 그것은 한 소절 한 소절 이룩하고자 하는 마음, 그런 마음이 있으면 그것은 또한 언제든지 통째로 다 가질 수 있는 것이다. 관세음보살이 하고자 하면, 안 되는 것도 되게 하는 것이니, 우주 만물을 쳐다보는 관세음보살이 그것을 다 되게 해주는 것이다.**"고 말씀을 주신다.

불자들이나 세상 사람들이 부처님들의 은덕을 크게 받기 바라며, 불국사 대웅전에 계시는 미륵 부처님께서 성운율사에게 알려주신 '관세음보살 본심미묘 육자대명왕진언 옴마니반메훔'의 참된 뜻을 공개한다.

관세음보살 본심미묘 육자대명왕진언, 옴마니반메훔

천하에 이별이 있으니, 죽음과 저승 또한 어떠한 것도 떠돌며, 그 으뜸인 곳에서 가문을 으뜸으로 피어나야 하느니라.
모든 것을 잊고 떠나라, 모든 인연을 끊고, 어둠이 없고 밝은 세상을 가라.

06
신인류 문명으로 가는 여정

(1) 하늘에 항상 경배하라, 지극정성으로

1) 새 나라를 세우는데 그르치는 일이 없다

참 하늘님이신 천상천주님께서, 하늘님의 대행자로 내세운 성운율사에게 인류 구원과 후천세상 개창의 사명을 맡기시며, 지구가 생긴 이래 11번째로 천부경을 내려 주셨다. 성운율사는 이 11번째 천부경을 세상에 처음으로 공개하였으며, 저자는 천부경 말씀을 정리하여, 일반인들에게 쉽게 설명하기 위해 책으로 출간하여 세상에 알렸다.

하늘님께서 11번째로 천부경을 알려주심으로써, 1만년의 긴 세월을 넘어서 우리에게 전해진 천부경의 참된 뜻을 이제야 바르게 알게 되었다. 하늘님께서 인간을 창조하신 이래 11번째로 인간의 역사를 직접 주재하시고 하늘님의 역사를 시작하시며, 하늘님의 대행자를 인류 역사 전면에 불러 세우시어 불원간 몰아닥칠 지구의 대환난 속에 인류를 구원하고 새로운 인류 문명을 열도록 천명으로 내려주신 글이라는 것을 알게 된 것이다. 그리고 하늘님께서 11번째 천부경을 내려주시며, 우주의 대비밀과 인류 문명의 탄생 비밀, 천지신명계의 비밀도 밝혀주셨다. 하늘님께서는 신과 인간의 관계에 대한 비밀도 명확하게 알려주셨다.

하늘님께서 태양과 같은 환한 광명으로 성신을 드러내시어, 계룡산 도적골에서 심근경색으로 아픈 심장을 부여잡고 밤낮으로 살려주기를 간절하게 기도하던 "**그 사람**"의 삼생과 정성을 꿰뚫어 보시고, 인류 구원의 대행자로 정하시게 된다. 천지 대신명들과 지상신명, 부처들에게 천명을 내리시어, "그 사람"에게 차례로 가르침을 베풀게 하시고, 인류 최초의 도통군자로 만드셨다. 하늘님께서 천마산으로 부르시어, 직접 가르침을 베푸시며, 가장 먼저 성운율사에게 사람들이 하늘님을 잘못 알고 있다고 경계하시고, 하늘님의 말씀을 세상에 전하게 하셨다.

나는 하나님도 아니요, 하느님도 아니다.
하늘님이라 하라, 나는 천상천주이니라.

이제껏 사람들이 행해온 기도가 잘못되었다고 하시고, "**하늘님으로 기도하라.**" 하시며, "**나는 천상천주**"라고 세상에 선포하게 하셨다.

그리고 참 하늘님이신 천상천주님께서 직접 세상의 때를 밝혀주시며, 대환난이후 지축이 반듯하게 서면서 원시인이 되어버린 사람들을 깨어나게 하여, 그들을 먹여 살리고 이끌어 후천세상의 새 나라를 열라고 천명을 내리시고, 11번째 천부경을 알려주시며 천부경의 참된 뜻을 알게 하셨다.

천부경을 통해 하늘님께서 이루어 주시는 구원의 참된 뜻도 알게 되었다. 하늘님의 구원은 단지 생명을 살리는 것에 그치는 것이 아니다. 대환난으로 지축이 반듯하게 서면서 원시인이 되어버린 인간들에게 지혜를 다시 열어주시며, 그들을 먹여 살리고 이끌어서 환한 밝은 세상의 새 나라를 만들어 지구 전체에 크게 번성하도록 축복을 주신 것이다.

하늘님께서 우주 대정화의 시간대에 들어서 있는 지구에 불원간 자연재해로 시작되는 엄청난 대환난이 발생하여 많은 사람들이 죽는다고 알려주신다. 그리고 지축이 반듯하게 서게 되는데, 지구의 인간들은 지금의 지식을 모두 잊어버려 원시인이 된다고 하시고, 그들을 "**청음**"으로 깨워 구원하라고 사명을 내려 주셨다.

〈하늘님께서는 제 이름을 '성운율사'라 불러 주시며, 새로운 세상이 시작되니, 후천 세계를 이끌어 가라고 하셨다. 우리의 땅 일부가 일본의 침몰로 (오는) 바닷물 공격으로 36,000년 동안 침수된다. 그러나 침수와 동시에 곧 통일이 되며, 우리 한반도를 한번 동해 바닷물이 치고 서해바다로 넘어간다고 하늘님께서 말씀하셨다. 그때 자동으로 통일이 되며, 일본은 씨도 없이 바닷속으로 사라지며, 우리 민족을 동네마다 찾아서 살아 있는 모든 사람 이끌고 북한의 마식령 고개에서 모이라고 하셨다.

이때 (지축의) 변화가 있은 후, 중국 대륙으로 진출하라고 하셨다. 이때부터 후천 세상이 시작되는 것이다. 그 일이 시작되면 지구의 인간은 지금의 지식을 잊어버린다고 한다.

그때 우리 민족은 '청음'의 소리를 듣고 지금의 기억과 정신으로 깨어나면, 민족을 이끌고 지금의 고비 사막을 지나 내 몽고까지 쓸고 올라가, 밑으로 베트남 위까지 우리 땅으로 만들 거라 하셨다. 수도는 중국의 중심 청나라 수도가 우리의 수도가 될 것이다.
우리 민족은 앞으로 세계를 지배하는 천족이라 한다.〉

하늘님께서는 아들이자 대행자로 내세운 성운율사에게, 천족의 한 민족을 "청음"으로 먼저 깨어나게 하여, 그들을 이끌고 후천세상을 열어 세상을 지배하도록 하셨다. 하늘님께서 내려주신 말씀을 대환난을 기준으로 대환난 이전, 대환난 상황과 이후의 세 영역 말씀으로 구분하여 살펴볼 수 있다.

〈(대환난 이전)
하늘님께서는 제 이름을 '성운율사'라 불러 주시며, 새로운 세상이 시작되니, 후천 세계를 이끌어 가라고 하셨다.

(대환난 상황)
우리의 땅 일부가 일본의 침몰로 (오는) 바닷물 공격으로 36,000년 동안 침수된다. 그러나 침수와 동시에 곧 통일이 되며, 우리 한반도를 한번 동해 바닷물이 치고 서해바다로 넘어간다고 하늘님께서 말씀하셨다. 그때 자동으로 통일이 되며, 일본은 씨도 없이 바닷속으로 사라지며, 우리 민족을 동네마다 찾아서 살아 있는 모든 사람 이끌고 북한의 마식령 고개에서 모이라고 하셨다.
이때 (지축의) 변화가 있은 후, 중국 대륙으로 진출하라고 하셨다. 이때부터 후천 세상이 시작되는 것이다. 그 일이 시작되면 지구의 인간은 지금의 지식을 잊어버린다고 한다.

(대환난 이후)
그때 우리 민족은 '청음'의 소리를 듣고 지금의 기억과 정신으로 깨어나면, 민족을 이끌고 지금의 고비 사막을 지나 내 몽고까지 쓸고 올라가, 밑으로 베트남 위까지 우리 땅으로 만들거라 하셨다. 수도는 중국의 중심 청나라 수도가 우리의 수도가 될 것이다.
우리 민족은 앞으로 세계를 지배하는 천족이라 한다.〉

앞에서 대환난에 대해서는 이미 살펴보았으니, 대환난 이후의 하늘님 말씀에 집중하여 설명하려 한다.

하늘님께서는 하늘님을 찾아뵙는 사람들의 삼생(전생, 현생, 후생) 및 성품, 그리고 정성을 다 꿰뚫어 보시고 천명을 내려주시며, 그 사람에게 가장 필요한 말씀과 함께 명호를 내려주신다. 명호를 바로 내려주시지만, 시간이 지난 뒤에 전해지기도 한다.

하늘님께서 내려주시는 명호는 그 사람의 성품과 전생부터 닦아온 도의 정도와 수양 정도를 다 보시고 내려 주시는 것이다. 그 이후 계속된 기도와 정성이 하늘님께 닿으면, 하늘님께서는 축복과 은총을 내려, 새로운 명호를 주시기도 한다.

하늘님께서 가장 먼저, 천부경의 주인공에게 "성운"이라는 명호를 주시고, 도통군자가 되었음을 확인받은 그에게 불가에서의 최상 직위인 "율사"를 붙여주셨다.

* **곧은 일을 행하려거든 바른 길을 택하라. 명심하라, 명은 하늘이 주는 것, 확고한 신념을 가지고 살며 혁신하라.**

"명은 하늘이 주는 것"이라는 말씀에서 명은 명호와 함께 천명을 의미하지만, 동시에 인간 수명과도 연관된 말씀이기도 하다.

수명은 인간과 세상의 운명을 좌우하는 가장 중요한 것이기에, 인간과 세상의 수명을 최종 관장하시는 분은 하늘님이시다. 인간 수명을 주관하시는 하늘님께서 세상 흐름을 인간의 의지에 맡겨 놓았으나, 한 국가나 사회의 변화가 절실할 시점에서는 인간의 수명을 단절시켜 은연중에 사회 변화의 전환점을 열어 주신다. 그렇기에 이러한 일들을 하늘님께서 하신다는 것을 어느 누구도 알지 못함이다.

하늘님께서는 하늘님의 일을 보게 될 사람들에게 깊은 은총을 주시며, 그 사람의 삼생과 정성을 보시고 수명을 늘여 주시는 축복을 내리신다. 하늘님께서 성운율사를 아들이자 하늘님의 대행자로, 그리고 말씀의 대리자로 내세우셨기 때문에, 성운율사 또한 수명을 관장하는 1차 책임자로써 하늘님의 말씀을 받들어 전해 준다.

하늘님께서는, 삼생의 인연과 성품, 정성을 보시고 명호를 내려주시는데, 명호에는 앞으로 그 사람이 감당해야 할 역할과 천명이 담겨 있음을 알아야 한다. 그런데 명호의 큰 뜻과 천명을 제대로 다 알 수 없기에, 은총으로 내려주시는 명호를 잘 새기며, 한 마음으로 정성을 다 하여 노력해 나가야 한다. 하늘님께서는 그 사람의 성심과 정성을 보시고 천상의 기운을 붙여 명칭을 새롭게 내려주시기도 하신다.

그런데 하늘님께서 명호를 내려주시는 순간 천지에 그 사람의 도격이 결정되어버리지만, 끊임없는 기도와 더불어 정성이 깊어지면 명호와 명칭이 변화하면서 도격과 운수 역시 변화해 나가게 된다. 말하자면, 직위에 해당하는 "율사"의 명칭은 변화하지만, 하늘님께서 내려주신 "성운"의 명호로 그대로 유지되는 것이다.

성운율사의 경우, 16년의 기도 끝에 성운율사가 스승으로 삼으신 천지신명님께서 인류 최초로 도통군자가 나왔다고 선언하시게 되고, 이후에 하늘님께서 천마산으로 부르셔서, 성운율사를 내려주신 것이다. 성운이라는 명호를 주시고, 도통군자에 맞게 불가의 최고격인 율사를 내려주신 것이다.

특히 성운율사는 하늘님의 아들이자, 대행자로 후천 세계를 열어 나가며, 사람들을 먹여 살리며 그들을 이끌고 새 나라를 만들어 나가는 천명을 받은 분이기에, 하늘님께서 내려주신 "성운"의 명호와 함께 하늘님께서 불러 주시는 명칭의 변화를 매우 유의하여 살펴보아야 한다.

천부경 말씀을 통해서, 하늘님께서는 하늘님의 아들이자 대행자인 성운율사가 나아가는 미래의 모습과 함께 명칭을 다양하게 불러주시고 있음을 살펴보았다. 그런데 하늘님께서는 그냥 다양한 명칭으로만 부르신 것이 아니다. 하늘님께서는 후천 세상을 열어나가는 과정에서, 단계 단계마다 새로운 명칭으로 천명을 붙여 주셨음을 알아야 한다.

그리고 사람들은 전혀 알지 못하지만, 천상의 대신명들뿐만 아니라, 용왕님, 부처님들께서 부르시는 명칭이 이미 율사의 단계를 넘어서서, 대미륵의 명칭 이상으로 부르시고 계심을 알아야 한다. 그래서 하늘님 대행자의 명칭을 바르게 알고 대하여야, 성운율사와 함께 하시는 천지의 대신명들로부터 축복을 크게 받을 수 있다는 것도 명심할 필요가 있음이다.

천부경에 나타나 있지 않지만, 하늘님께서는 성운율사에게 "**대가로니**", "**야율타**", "**율보단**" 등의 명칭을 내려 주시기도 하셨다. 즉시 천명으로 전해지는 하늘의 소식을 알고 계시는 부처님들께서는 성운율사에게 하늘에서 내려주신 명칭을 부르시고 축복의 말씀을 내려 주신다.

성운율사에 대한 명칭이 변화해 나가는 과정에서, 중요한 두 가지 사건이 발생한다.

한 사건은 계룡산 자락의 공주시 반포면 상신리에 있는 산신당에서 일어난 일로, 천 명의 부처님들께서 몸으로 들어오시는 사건이다. 성운율사가 도적골에서 기도를 드리고 있는데, 어두운 밤에 계룡산의 한 골짜기인 공주시 반포면 상신리에 있는 산신당으로 오라는 말씀에 깊은 어둠을 뚫고 산신당을 겨우 찾아 기도드린다.

〈그때, '쩌억'하는 소리가 들리고, 계단이 나타나는데, 한 부처님이 가마를 타고 오시더니, 부처님들을 쏟아 부으신다. 두 손을 모아 받아 내리며 여쭈어본다. 무엇인가요? "**천불상이니라.**" 하신다. "누구신지요?" 여쭈니, "**나는 최초의 부처인 하나로 부처이니라.**"고 하신다.〉

하나로 부처님께서 나오신다. 최초의 부처님이라고 하신다. 그 최초의 부처님이신 하나로 부처님으로부터 천불을 받게 된 사건이다.

또 다른 사건은 예산 원효봉에서 일어난 일로, 미륵부처님께서 몸으로 들어오시는 사건이었다.

성운율사는 키가 100m 정도 돼 보이시는 미륵부처님께서 성큼성큼 다가오는 모습을 보면서 두려움을 느끼다가, 점점 작아지시어 손바닥에 올라서신 미륵부처님의 말씀을 받는다.

〈예산에 있는 원효봉 밑 나지막한 산에서 명당자리인 천왕성을 찾고 하산하려 하는데, 정면에 있는 산을 보고 있으려니 갑자기 먼 산에서 미륵부처님이 벌떡 일어나시며 몸에 묻은 흙먼지를 털어내시며 나를 향해 성큼성큼 다가오신다. 멀리서 볼 때는 키가 100m는 돼 보였는데 가까이 오실 때는 자꾸 작아지시어 손바닥 위에 올라서신다. 합장을 하고 인사를 드리니, "**나는 1300년 전에 온 미륵이니라.**" 하신다. "**아들아, 나를 알아보겠느냐?**" 하신다. "**모르겠습니다.**" 하니, "**나는 천상에서 온 네 에비니라.**" 하신다. 그 일이 있고부터 우리 산야를 3일간 찾아다니며 미륵 부처님을 받으러 다녔다.
그리하여 지금은 많은 미륵 부처님과 대화도 나누고 앞으로 오는 세상을 남들보다 먼저 알게 되었다.〉

이 사건이후로, 성운율사는 미륵 부처님을 받기 위해 우리나라 산야를 찾으며 기도하였으며, 사찰을 찾아 기도하기도 하였다. 그러는 중에 천신들과 부처님들께서는 성운율사에게 미륵으로 부르시게 된다.

계룡산 도적골에서 천신 기도를 드리는데, "미륵"이라고 부르시며, "선한 마음을 가지고 행한다면 많은 이들을 동무하면서 이끌고 가거라." 하신다. 그리고 "나라만 챙기지 남의 나라 앞길은 챙기지 말거라." 하시며, "앞으로 진짜 험난한 세상이 시작된다."고 경계하신다. 그리고 "내가 나라 안에서 힘이 되어 받들어 줘야 되는데, 아직은 아니다." 하시며 안타까워하시고, 한량없는 원력을 허락하신다.

〈세상을 보면 돌고래가 움직이는 것처럼 뒤죽박죽이 되어 움직이고 있다. 마치 동에 번쩍 서에 번쩍하는 거와 같다. (중략) **나라만 챙기지 남의 나라 앞길은 챙기지 말거라. 눈을 뜨고 또 뜨고 봐도 아무것도 없는데, 앞으로 진짜 험난한 세상이 시작된다. 이때는 내가 주축이 되어 끌고 나가야 되는데. 내가 나라 안에서 힘이 되어 받들어 줘야 되는데 아직은 아니다. 미륵아 선한 마음을 가지고 행한다면 많은 이들을 동무하면서 이끌고 가거라.** (하략)〉

성운율사가 포항에 있는 내연산의 보경사 적광전을 방문하여, 비로자나부처님과 문수보살님께 예를 드리니, 문수보살님께서 성운율사에게, "**대미륵인데 뭘 걱정을 하느냐!**"고 하신다. 이후로 다른 모든 부처님들께서 "**대미륵**"으로 칭하고 계시다. "이쪽 땅을 크게 부활시키기 위해, 부탄에 가서 그것을 부셔라." 하신다.

〈천년을 이끌고 갈 포부를 가지고 가면 된다. 큰 미륵인 대미륵인데 뭘 걱정을 하느냐! 그만치 안 풀리는 게 없다. 부타가 앉아 있는데 그중 한 사람이다. (중략) **부탄이란 나라 그걸 부셔라 그래야 이쪽 땅을 크게 부활시킬 수 있다.〉**

북한산 원효암 산신각에서 산신령님께 기도를 드리는데, 이곳의 산신령님으로 계시는 원효대사께서 나타나 말씀을 주신다. "**천하의 황제**"라고 칭하며 "**마한의 주인**"이라 하시고, 칠성께서 큰 힘을 주시고, 겁살을 다 없애 주셨다고 하신다. 그리고 두 하늘이 함께 하신다고 말씀을 주신다. 시간이 지나가면서, 성운율사의 인사를 받으시는 부처님, 산신령님들께서 부르시는 명칭이 달라지고 있다.

〈(생략) **칠성께서 하늘의 큰 힘이 되어 오신다. 천하의 황제가 되어, 칠성께서 너희들은 앞으로 부족한 것 없이, 마한의 주인이기 때문에 겁살을 다 없애주어 갖추고 가는 우주의 아들딸이다. 만홍의 큰 아들, 딸이다. 하늘로부터 재복을 갖고 와서, 다 잘되고, 융성하며 참으로 아름답고, 겉으로 또 안으로부터 많은 이들이 보는 가운데, 어른으로서 많은 이들의 보살핌을 몸에 받으시고, 부처님과 동등한 큰 어르신이 같이 계시니, 누가 어른이다 아니다 그렇게 말할 수 있겠느냐. 두 하늘이 함께 하시니, 어찌 의젓함을 말로 표현할 수 있겠는가. 참으로 예쁘고 씀씀이가 부족함이 없으니, 누가 그를 평가할 수 있겠느냐.** (후략)〉

안동 봉정사에 계시는 제화갈라 보살님께서 "**대마한 제국을 건국하라.**" 하시고, 동이족을 이끌고 흉하지 않게 스스로 해나가라고 말씀하신다. 한민족을 동이족으로 말씀해 주신다. 그리고 "**야율타**"라 부르시고 "**참으로 아들 답다.**"고 하신다.

〈"**대마한 제국을 건국해라. 동이족을 이끌고 흉하지 않게 진행하라. 간결하게 이루도록 하여라. 언덕**[천신과 부처님들]**에 비비지 않고 스스로 해 나가라. 야율타 참 아들 답다.**" 잠자리, 파란 새들을 보여 주시며, "**더 이상 원력을 줄게 없다.**"고 하신다.〉

경주 골굴사에 계시는 마애여래부처님께서는, **"대마한 제국을 세워라."**고 하시고, **"하늘의 대재앙을 휩쓰는 자"**라고 하신다. 그리고 **"야율타"**라 부르시며, **"모든 일을 다 하는 자"**라고 하시고, 대 역사를 이루라고 하신다. "늪도 휩쓸고 나가라. 무자비하게 모든 문을 열고 나가면 안 되는 게 없다"고 하시며, 큰 기운을 내려 주신다.

〈대 역사를 다 이루거라. 영겁한 일을 다 해라. 대마한 제국을 세워라. 넓은 땅을 다스려라. <u>하늘의 대재앙을 휩쓰는 자다</u>. <u>야율타는 모든 일을 다 하는 자다</u>. 늪도 휩쓸고 나가라. 무자비하게 모든 문을 열고 나가면 안 되는 게 없다.〉

이처럼 산신령님들뿐만 아니라, 부처님들께서도, 하늘님께서 천지에 박아놓으신 천명에 따라 다양한 명칭으로 부르시며, 원력과 지혜를 내려 주신다.

앞에서 언급하였지만, 천상천황님께서 내려주신 말씀에는 이러한 말씀들이 함축되어 있다. 천상천황님께서는, "참 아리아들이다."라고 하시고, "한 많은 일을 걷고 또 걷고, 거두면서 간다. 그래서 제왕이라."고 하신다. 하늘님의 천명을 받들어 후천 세상을 만들어 감에, 한 많은 일들을 걷고 또 거두면서 나가는 제왕이라고 하신 것이다.

아리아를 여쭈니, "어둡고 밝고를 떠나서, 어느 곳에 가든지 환하게 몸에서 빛이 나는 사람들"이라고 하신다. 그리고 "다른 사람들은 빛나는 사람들을 '안필영'이라고 한다."고 알려주신다.

〈**"너희들은 참 아리아들이다."**라고 해요. (아리아는 뭐예요?) **"어둡고 밝고를 떠나서, 어느 곳에 가든지 환하게 몸에서**

빛이 난다. 빛이 항상 안중에 두고 있는 것과 같다, 몸에. 다른 사람들은 빛나는 사람들을 안필영이라고 한다.”
“**한 많은 일을 걷고 또 걷고, 거두면서 간다.**”고 해요. “**그래서 제왕이라.**”고 해요.〉

참 하늘님께서는, 대환난이 일어나기 전에 성운율사에게 축복을 주신다. “낮이나 밤이나 나를 찾으라.”고 하시며, “당연히 으뜸인 나를 찾아야지.” 하신다.

그리고 보름이 되면 그날로부터 “5~6일 동안 항상 찾으라.”고 말씀을 내려주신다. 하늘님께서 대행자를 세우시고, 대환난으로부터 인류를 구원하시기 위해 내려주시는 모든 은총에 감사하며, 온 인류가 참 하늘님을 바르게 찾아 기도하여야 하는 시간임을 명심하여야 한다.

하늘님께서, “낮이나 밤이나 나를 찾으라. 당연히 으뜸인 나를 찾아야지. 약속을 했으니 나도 모든 것을 다 준다.”고 하신다.

하늘님께서, “항상 내가 주축이 되는 것이니 나를 찾거라.” 하신다. 하늘님께서 주신 이 말씀은 우주 만사만물을 주재하시는 하늘님이심을 밝혀주시는 것이다. 그리고 “팔난이 날 때 나를 따르거라. 그때 데리고 같이 간다.”고 하신다. 이 말씀은 당연히 하늘님을 따라야 하는 것이지만, 하늘님께서는 말씀과 광명으로 우리들 인도하시는 것이다. 그렇기에 겉으로는 하늘님의 말씀을 받드는 하늘님의 대행자를 따라 나아가는 것을 말씀하시는 것이다.

낮이나 밤이나 나를 찾으라.
당연히 으뜸인 나를 찾아야지.
약속을 했으니 나도 모든 것을 다 준다.

5~6일 동안 항상 찾으라.
항상 내가 주축이 되는 것이니 나를 찾거라.
팔난이 날 때 나를 따르거라.
그때 데리고 같이 간다. (중략)
너희가 있으니 하늘이 푸르지 않느냐!
대쪽 같으니 나라 안이 곧 편안해지겠다.
너희들 세상이 이미 시작이 된 것이다.
곧 너희들이 앞에서 밝히게 될 것이다.
인의를 직시하고 행하라, 참고 또 참으며 행하라.
그렇게 하여야 새 나라를 세우는데 그르치는 일이 없다.

"너희들이 있으니 하늘이 푸르지 않느냐! 대쪽 같으니 나라 안이 곧 편안해지겠다." 하시고, "너희들 세상이 이미 시작이 된 것이다. 곧 너희들이 앞에서 밝히게 될 것이다."고 하신다. 그러나 그렇게 되기까지, "인의를 직시하고 행하라, 참고 또 참으며 행하라. 그렇게 하여야 새 나라를 세우는데 그르치는 일이 없다."고 경계하여 주신다.

그리고 대환난이 시작되고, 지축이 반듯하게 서면서 지금의 인류는 기억을 잊어버려 원시인이 되어버린다. 성운율사는 하늘님의 권능을 받은 하늘님 대행자로써 "**청음**"으로 인류를 깨워, 후천 문명을 열어 나가야 하는 천명을 이행해 나가게 된다.

하늘님께서 소 우(牛)를 바탕으로 이루어진 11번째 천부경을 알려주시며, 성운율사가 받들고 행하여야 할 천명을 세세히 밝혀주신다. 하늘님께서는 후천 세상의 새 나라를 세우도록 11번째 천부경을 알려주시고, 후천의 새로운 인류 문명을 세워나가는데 그르치는 일이 없도록 세세히 보살피시며, 가르침을 내려주시고 계시다. "**인의를 직시하고 행하라, 참고 또 참으며 행하라.**" 하시며 다짐을 받으신다.

2) 무극, 태극, 황극의 참된 의미

하늘님이신 천상천주님께서 천부경을 내려주시기 전에 성운율사에게 주시는 말씀이다.

〈바닷물이 치고 들어올 때 남북이 통일이 되며, 불사조를 앞세워, 저 대륙을 우리 땅으로 만들라고 하시며 형상들을 보여 주신다. 마혼 그룹의 마호멧과 같다.
항상 열성조께서 함께 하신다고 하신다. 무엇을 맡기면 항상 뚫고 나가는 힘이 있어야 한다고, 또 안 되는 허튼말은 하지 마라. 되든 안 되든 행동으로 옮겨라. 항상 구르타[큰 나무]가 되어라. 너희 인간 세상은 입으로 막말을 많이 하더라. 너희는 안아비[껄끄러운 원단]라고 해서 껄끄러운 옷을 입어야 하는데, 요즘은 내지[풀 먹인 속옷]를 안 입어서, 그걸 입어야 의젓해 보이는데.
너희 마음에 앙탈하는 마음이 있으면 비웃는 거다. 그걸 버려라. 그것이 얇은 마음이다. (하략)〉

하늘님께서 항상 열성조가 함께 하심을 알려주시며, 무엇을 맡기면 항상 뚫고 나가는 힘이 있어야 한다고 격려해 주신다. 그리고 안 되는 허튼 말은 하지 말며, 되든 안 되든 행동으로 옮기라고 하시며, 항상 큰 나무인 구르타가 되라고 하신다.

"**너희 인간 세상은 입으로 막말을 많이 한다.**"고 하시며, 하늘님께서 입으로 막말을 많이 하고 있는 인간 세상을 꾸중하신다. 그리고 마음에서 앙탈하는 마음이 있으면 신의 세계에서 비웃게 되니 버리라고 경계해 주시며, 그것은 얇은 마음이라고 일깨워 주신다. 하늘님의 일을 하는 사람들이 지녀야 할 마음가짐을 말씀해 주시고 계시다.

그리고 동해의 바닷물이 백두대간을 넘어, 서해로 빠져 나가면서 나라 전체가 물에 잠기는 대환난으로 수많은 사람이 죽게 되며, 자연스럽게 남북통일이 이루어진다. 이후에 대륙 모두를 우리 땅으로 만들라고 하신다.

말씀 속의 불사조는 삼족오 집단을 말씀하시는 것이며, 열성조는 하늘님과 함께 하시는 천상의 높은 대신명들을 말씀하신 것이다. 천상의 대신명들께서 돌보며 함께 하시는 가운데, 천상의 화랑들과 삼족오 무리를 이끌고 광활한 대마한 제국을 이루기 위해 대륙을 뛰어넘어 가는 형상을 보여주신 것이다.

대륙으로 진출하기 전에, 청음으로 깨어난 사람들을 이끌고 마식령 고개로 모이게 하시고, 그 마식령 산에서 모든 인류에게 하늘님의 징표를 보여주시고, 성운율사를 "**천황**"으로 선포하시게 된다. 성운율사의 몸에서 흰색과 붉은색이 나오게 하여, 그 징표를 모든 사람들이 다 보도록 하신다는 것이다. 또 다른 한 사람에게는 흰색과 푸른색이 나오게 되는데, "**그 아이가 황제**"가 된다고 하신다. 말씀을 받은 성운율사는, 그때 가서야 비로소 황제가 되는 이를 알 수 있다고 하신다.

〈대지진이 일어나 거의 대다수의 사람들이 많이 다치는데, 그때에 "**남한에 살아있는 사람들을 끌고서 마식령 산으로 가라.**"고 했어요. 그때, "**천황의 몸에서는 흰색과 붉은색이**

나오고, 한 사람의 몸에서는 흰색에 푸른색이 나온다. 그 아이가 황제"라고 했어요.〉

그 이후의 모습을 하늘님께서는 천부경 삼극무(三極無)의 삼(三)에서 말씀을 내려 주신다.

* 정말 이치에 그르치지 않게 협조 당부하며 서로의 의견이 차질 없게 함은, 서로를 당신께 팔베개를 주는 것이니, 마음을 곱게 편하게 일으켜 세워 줌이니, **편안한 마음은 황상과 천황의 몫이니, 천세에 길이 후손에 일으켜 줌이니 마음을 정립하여 편안케 행하라. 하늘은 아느니, 바로 임함을, 빛과 선이 그러하듯 안다. 서로 함께 같이 가야 하느니.**

* **복이 하늘에 있으니 하늘에 항상 경배하라, 지극정성으로**

천황과 황상을 내세워, 천세에 길이 후손을 일으킬 나라를 세우고 나아가도록 하신다. 천황과 황상은 천세에 길이 후손을 일으켜야 하니, 정말 이치에 그르치지 않게 협조 당부하며 서로의 의견이 차질 없게 하여, 서로 함께 같이 가라고 말씀하신다. 이때, 그 모든 시작은 하늘님께 드리는 경배 가운데 이루어지게 된다. 또한 후천 세상에 나타나는 인류 문명의 시작은 만유의 하늘님께 대한 경배로부터 시작된다.

* **복이 하늘에 있으니 하늘에 항상 경배하라, 지극정성으로**

천황과 황상은 항상 하늘님께 지극정성으로 경배하며 후천세계를 개창해 나가게 되고, 후천의 모든 인류 또한 하늘님께 지극정성으로 경배를 드리며 보은하고, 천지의 복록을 받으며 살아가게 된다. 그런 하늘님 신앙의 표상이 되는 곳이자, 후천 세상에서 하늘님 경배의 최고 성소이자, 성역이 바로 창조당(倉造唐)인 것이다.

하늘님께서는 한량없는 은총을 내려주심과 함께, 천부경 삼극무(三極無)의 극(極)에서 황상과 천황에게 경계의 말씀을 내려 주신다. 천하를 얻었다 하더라도 밤낮으로 몸소 챙기며 발로 밟아 행하되, 다만 눈으로 직접 보려고 애태우지는 말고 사람들에게 맡긴 일들을 하나하나 확인하고 챙기라고 하신다. 그래야 하늘님의 광명이 백성들에게까지 널리 비추게 될 것이며, 모든 일들이 실타래 풀리듯 풀려간다고 하신다.

* 천하를 얻었다 하여 마음을 두지 않으면, 무엇 하나 제대로 흘러가지 못하니, 밤낮으로 몸소 챙기며 속속들이 만지고 발로 밟으며 행하여야 그 아래의 빛이 어디까지인지 알 수 있다.
* 본인의 눈으로 본다고 하여 애태우지 말며 한 사람씩 불러 누구는 무엇을 하고 무엇을 하는지 뜻만 확인하면서 넘어가면 실타래처럼 슬슬 풀려 갈 테니 확인하면서 챙겨라.

하늘님의 신령스러운 징표가 세상에 드러나면서, 모든 사람들은 자신들을 일깨워 살려줌에 감사하며, 하늘님의 대행자를 자신들의 생명은인으로 받들어 황제로 모시게 되는 과정을 천부경 삼극무(三極無)의 무(無)에서 말씀해 주신다.

* 설령 부단히 끌려 다녀도, 도만 부리면 이 한 손에 많은 이가 굴복한다. 처음으로 만백성이 알게 될 것이다. 너만, 만천세 천세 하늘이다.
* **청음은 이 세상에 너 하나만 되니**, 우레 같고 천둥이 우르릉

쾅쾅 지축이 흔들며 오만 가지가 바로 이치가 시작되니, **청음에 많은 백성이 황제를 하늘이라 하니, 너희를 황제 폐하라 할지니라. 우륵 신명과 쇠함을 잊게 하라.**

* 시작은 경천지국이니 서로가 역사하려 하니, 말로만 하는 자, 생각으로 움직이는 자, 떡만 보는 자, 이것저것 챙기는 자, 가지각색이네, 그래서 이쁜 세상은 도력이 필요하네. 온 백성이 손 벽치며 환호하네.

* **이산에서 뻐꾹 저 산에서 뻐꾹 절을 하네, 역술 신전이네.** 청음으로 말만 하면 야단이네. 만천세 천세 만백성이 야단이네.

성운율사가 하늘님 권능으로 사람들에게 선포하면 많은 이들이 굴복하고, 만백성은 그제야 하늘님의 권능을 행사하는 성운율사의 진정한 모습을 알게 된다. 그리고 황제로 받들며, 더 나아가서 만천세 천세 하늘이라고 칭하게 된다. 성운율사를 통해 하늘님 권능이 행사되고, 하늘님의 천명을 받드는 천상과 지상의 신명들이 함께 하기에, 만백성들이 손뼉치고 환호하는데, 천세, 만천세하며 환호를 지른다고 하신다.

우주가 새롭게 열리고 지혜를 되찾으면서 "**이 산에서 뻐꾹, 저 산에서 뻐꾹**"하며 세상 곳곳에서 절세가인들이 많이 나타나며, 이들이 하늘님의 은총 속에 성운율사와 함께 새로운 세상을 만들어 나가게 된다. 하늘님께서는 성운율사와 이들이 만들어 가는 모두들의 세상, 살아있는 모든 사람들의 새로운 후천 세상을 "**역술신전**"이라고 일깨워 주신다. 하늘님의 은총인 "**청음**"으로 살아남은 사람들은 하늘님의 은총에 감사드리며, 인류 구원자인 하늘님의 대행자를 세상 곳곳에서 환호하며 만세를 부르게 된다. 이러한 가운데 세상 끝까지 하늘님의 은총과 하늘님의 새 소식을 전파하며, 천상의 문명과 지식을 인류에게 이식하여 후천의 새로운 문명을 열어나가게 된다.

하늘님께서 많은 백성들이 황제를 하늘이라 하며 높이 찬양한다고 하시며, 이어서 "**우륵 신명과 쇠함을 잊게 하라.**" 하시며 경계의 말씀도 함께 내려 주신다. 성운율사는 하늘님의 말씀을 전하며 알려준다.

〈우륵 신명은 느긋함을 말하는데, 느긋함은 없는 것과 같다. 항상 조이고 해야 한다. 그리고 쇠함은 나태해지는 것이다. 항상 무언가를 정했으면, 그것에 맞게 딱딱 진행하라는 것이다. 일부러 느긋하게 하지 마라.〉

만인이 우러러보는 황제가 되었지만, 하늘님께서 새 세상을 열어나가는 데 한 치의 문제가 없도록 경계의 말씀을 주신다. 모두가 안정되게 가는 후천 세상을 더욱 똑바로 세워나가기 위해서 느긋함은 멀리하고, 나태해짐을 경계하라고 하신다. 무엇인가를 정하였으면, 결정한 것에 항상 딱딱 맞추어서 한 치의 오차 없이 진행하라는 말씀이다.

새로운 후천 세상을 만들어 나가는 데, 한 치도 정신이 흐트러지지 않고, 느긋함과 나태함을 경계하고, 항상 조이고 또 조이며 정해진 일을 시간에 맞추어 행하라고 하시며 경계하시고 계시다.

이런 가운데, 정화된 자연 환경 속에서, 급격하게 석기 시대로 뒤돌아간 원시인 인간들을 "**청음**"으로 깨우고, 천상의 문명과 지식을 가르쳐, 대환난 이전의 인류 문명보다 더 뛰어난 문명을 열어 나가며, 어둠이 없는 밝은 새로운 세상을 향해 나아가게 된다.

하늘님께서는 새로운 후천세상을 열어, 대제국을 세우라고 천명을 내려주시며, "**나는 오로지 너희들이 대제국을 세우는 것에 대해서 말했다.**"고 하시며, 크고 크신 원력을 붙여 주신다.

큰 제국을 세우는데, 큰 힘이 너희들 몸에서 나온다.
주체할 수 있어야 한다. 그래야지만 비석에 남는 이름이 된다. 오로지 한 길로 가는 이들이다. 바위에라도 이름을 새겨야 한다.
그래서 훗날 이 땅을 지킨 사람이라는 것을 알게 된다.
5, 6년간 이 곳에 빛을 많이 내가 준다, 하늘에서.
내면을 잘 지켜야 한다. 나는 오로지 너희들이 대제국을 세우는 것에 대해서 말했다.

하늘님께서는 대제국을 세우는 큰 힘이 "너희들 몸에서 나오지만, 주체할 수 있도록 하라."고 하신다. 이는 기도를 통해 내면을 굳건히 세우고 잘 지켜 나가도록 하라는 하늘님 말씀을 명심하여야 한다. 그래야 비석에 남는 이름이 된다고 하신다. 후대의 사람들이 비석에 남기는 이름이 된다는 크신 축복을 내려주신다. 과거 역사 속에 숱한 제왕들이 세운 비석의 의미를 다시 깨닫게 해 주시는 말씀이다.

하늘님께서 성운율사에게, "**오로지 한 길로 가는 이들이다. 바위에라도 이름을 새겨야 한다. 그래서 훗날 이 땅을 지킨 사람이라는 것을 알게 된다.**"고 알려주신다. 하늘님께서는 이 땅에 환한 광명을 많이 내려주시는 말할 수 없이 큰 축복을 주시며, 성운율사를 위시하여 하늘 일을 하는 모든 이들에게 내면을 잘 지키라고 당부하시고, 굳건한 의지로 나갈 것을 말씀해 주신다.

훗날 대환난을 극복하고 삼족오의 불사신 집단을 앞세워 대륙과 세상을 향해 나가는 모습을, 하늘님께서 이렇게 알려 주신다.

무극은 대마한의 왕, 천하의 하늘을 지고 가는 사람,
태극의 황제임을 명심하라. 우주의 대황제다. 무극이다.
대한 황제들만 쓰는 것을 무극이라 한다.
앞으로 4~5년 동안 파란만장한 일들을 많이 겪는다.
5년 후부터는 편안하다.
찰 마구리 같은, 물고 늘어지는 그런 기질이 있어야 한다.
무엇을 하려고 하면 끝까지 붙들고 늘어져야 한다.
사모관대를 끝까지 써야 한다. 왕관을 쓰려면 참을 인자가
필요하다. 2년 5~6개월 꾹 참고해라.
흰옷은 참 영롱한 빛이다. 대륙을 횡단할 때 흰옷으로
입어라. 그러면 축적하는 힘이 생긴다. (하략)

하늘님께서는, 후천 세상에 한민족을 주축으로 하여 여러 민족을 모두 통합해서 만들게 될 새로운 동방의 광명제국을 "**대마한**"이라고 알려주셨다.

10번째 천부경의 주인공이 천명을 받아 세운 광명의 나라는 "**환국**"이었다. 하늘님께서는 11번째 천부경의 주인공에게 천명을 내리시어, 후천 세계의 새로운 광명제국을 "**대마한**"이라고 알려주신 것이다. 하늘님께서 대마한이라고 알려주신 이후, 천지대신명들과 부처님들께서 모두 대마한을 말씀해 주신다.

앞에서 북한산 원효암 산신각의 산신령님이신 원효대사께서 나타나시어, "**천하의 황제**"라고 칭하며, "**마한의 주인**"이라고 말씀을 주신 것을 언급하였다. 그뿐만 아니라, 성운율사가 천상기도를 하는 중에, 우주의 대황제 되시는 대번께서 오셔서, 성운율사에게 하늘이라고 칭하시고, “**너는 대마한의 대칸이고, 대우주의 황제**”라고 알려 주신 바 있다.

그런데 하늘님께서는 매우 중요한 사실을 깨우쳐 주신다.

대한 황제들만이 무극을 쓴다고 말씀해 주신다. 대마한의 황제이자, 우주의 대황제가 되는 대한 황제만이 무극을 쓴다는 말씀이다. 대마한의 황제는 천하의 하늘을 지고 가는 사람이기에 무극을 쓴다고 하신다. 무극인 대마한의 황제는 태극의 황제이며, 우주의 대황제라고 말씀해 주신다.

저자는 이 책의 앞부분에서, 천부경의 “그 사람”인 성운율사에 대해, 천부경 일(一)의 주인공이라고 하였다. 그리고 **무극 자체이자, 태극의 중심체이며, 황극의 주체**라고 전했다. 성운율사는 무극, 태극, 황극에 대해 하늘에서 내려주시는 말씀을 전해준다.

〈누구한테 기대지 않고 혼자서 독단적으로 가는 것을 무극이래요. 태극은 온 누리의 질서를 잡는 것이며, 사람들이, 인편으로 자꾸 퍼져나가는 거래요. 황극은 정신이 오락가락 하는 게 아니라 치매가 안 걸리고 앞날을 훤히 꿰뚫는 것, 지체하지 않고 뚫고 나가는 것이라고 하세요.
사람들은 지구가 납작하다고 생각하는데 납작한 게 아니고 둥글어가고 있지 않냐. 무너지지 않게 다 곁들어서 이렇게 가는 거래요. 같이 가는 건데 무너지지 않게, 혼자만 가는 게 아니라 이렇게 곁들여서 반란이 없고 편하게 간다. 세 가지는 서로가 서로를 누가 잘났다고 하는 것이 아니라, 같이 셋이서 황극, 무극, 태극 세 개가 조화롭게 같이 흘러가는 것이라고 하세요.〉

하늘에서, 무극은 하늘님의 천명을 받들어 나아감에 누구한테 기대지 않고 혼자서 실행해 나가는 것이라고 알려주신다. 그리고 태극은 온 누리의 질서를 잡는 것으로, 나라에 속한 사람들과 영토의 질서를 잡아가는 것을 말하며, 인편으로 자꾸 퍼져 나가는 것은 나라의 경계가 점점 확장되어 감을 말하는 것이다. 황극은 오락가락하지 않고 앞날을 훤히 알고 지체하지 않고 뚫고 나가는 것이라고 알려주신다.

하늘님의 말씀을 통해서 더 명확하게 무극, 태극, 황극을 알 수 있게 되었다.

하늘님께서는, 한민족을 거느리고 인류의 새 문명을 열어 나가는 대마한의 황제로써, 오로지 하늘님의 천명을 받들어, 찰 마구리 같이 물고 늘어지는 기질로 선봉에 서서 지휘하며 나가는 대한의 황제들만 무극을 쓴다고 밝혀주신다.

하늘님의 천명을 받들어, 좌고우면하지 않고 하늘님의 광명 진리로 온 누리를 밝히고 세상을 이롭게 해 나가는 대마한의 황제들을 무극이라 하는 것이다. 오직 하늘님의 천명을 받들어, 누구에게도 기대지 않고 무리들을 이끌고 나아가며 천명을 완수해 나가기에 무극이라고 말씀해 주시는 것이다. 그리하여 하늘님의 천명을 받들어 온 누리를 밝히는 큰 사람으로써 대한 황제를 무극이라고 하늘에서 알려주신다.

하늘님의 천명을 받든 무극의 대마한 황제가 삼족오를 앞세운 한민족을 데리고 많은 민족을 통합하며 세상의 땅을 넓혀, 대마한의 통치 경계로 만든 모든 영토와 그에 속한 백성들을 태극이라 한다. 대마한의 통치 경계는 무극인 대마한의 황제 진두지휘 하에 삼족오를 앞세워 더욱 확장해 나가게 된다. 그렇게 해서 대마한의 질서 체계로 들어온 모든 영토와 그 땅에 온주하는 모든 백성들을 태극이라고 하늘님께서 알려주신 것이다. 대마한의 황제가 태극의 중심이 되므로, 무극은 태극의 중심체가 되며, 하늘님의 말씀대로 태극의 황제가 되는 것이다.

무극이 태극의 관경을 넓혀 나갈 때, 앞날을 훤히 꿰뚫어 보고, 오락가락하지 않고 지체 없이 뚫고 나가는 것을 황극이라 하셨으니, 황극의 주체가 무극이 되는 것이다.

하늘님의 천명을 받아, 만조의 후손까지 이어나갈 선봉에 서서 나가는 대마한의 황제를 무극이라 하고, 무극이 중심이 되어 삼족오를 선봉으로 한민족이 이루어내는 새로운 나라의 경계와, 새 나라의 질서 속에 함께하는 모든 백성들을 태극이라 하는 것이다. 그래서 무극은 태극의 황제가 되며, 태극의 중심체가 되는 것이다.

태극의 중심체인 무극의 입장에서, 대마한을 만조의 후손까지 길이 길이 일으켜 가려면, 앞날을 훤히 꿰뚫어 보는 밝은 지혜로 지체 없이 뚫고 가야 하니, 황극의 주체가 무극이 된다는 말이다. 그래서 무극, 태극과 황극은 무너지지 않게 곁들어 가면서, 반란이 없고 편안하게 조화를 이루어 나아간다고 말씀을 내려 주신다. 이 말씀은 훗날 대마한의 나라를 건설하여, 만조의 후손들까지 길이 가기 위해서, 대를 이어 깊이 명심하여 새겨야 하는 하늘님 말씀이시다.

어느 하나라도 짝이 맞지 않으면 문제가 생기니, 무극인 마한의 황제는 항상 조화롭게 무극, 태극, 황극이 어우러져 가도록 노력하여야 하늘님의 축복 속에 무궁해 지게 된다. 후천 세상 대마한의 황제가 되는 무극은, 모든 것에 앞서서 하늘님 천명을 받들고, 지극 정성으로 항상 하늘님을 경배하며 나아갈 때, 황극의 정신이 깃들고, 태극을 더욱 견고하게 만들어 나가게 된다. 이 모든 것은 새 하늘과 새 땅을 열어주신 하늘님을 더 이상 잊지 않고 참 마음으로 경배하며 나아갈 때에만 무궁한 대마한을 기약할 수 있음을 알아야 한다. 하늘님의 은총에 대한 보은 정신은 대한의 황제인 무극이라면 참으로 명심해야 할 바탕이자 기본이 되어야 한다. 무극의 대한 황제들은 하늘님의 역사를 잃어버리는 일이 없도록 명심, 또 명심하여야 할 것이다.

하늘님께서, 흰옷은 참으로 영롱한 빛이니, "**대륙을 횡단할 때 흰옷으로 입어라.**"고 하신다. 천부경 일석(一析)의 석(析)에 대한 말씀 중, 또 다른 으뜸을 말씀해 주시는데, 옷의 색깔을 말씀하신 대목이다. 이 말씀에서, "**밝은 색으로 화려하게 으뜸으로 해야 되느니라. 하늘은 하얀 것을 화려하다**"고 하신다. 하늘에서 인정하는 으뜸이기 때문이며, 대마한의 무극은 흰옷을 입고 대륙을 횡단하라고 하신다. 하늘의 기운을 붙여 축적하는 힘이 생긴다고 하늘님의 원력을 붙여 주신다.

> * **의류는 복을 담는 것이니 곱고 찬란한 것으로 하되, 좋게 의젓하게, 밝은 색으로 화려하게 으뜸으로 해야 되느니라. 하늘은 하얀 것을 화려하다 하니, 하얗고 부드러운 것으로 해서 뭇사람으로부터 선망이 되게 해야 하느니.**

천족인 한민족을 주축으로 만들어진 대마한의 영토와 그 영토에 온주하는 모든 백성들이 태극이고, 태극의 경계를 크게 열어나가는 주체로 최상의 자리에 있는 이가 무극이며, 무극은 하늘님의 원력이 붙여진 흰옷을 입고 대륙을 내달리게 된다. 흰옷을 입고 대륙을 내달리는 무극의 대마한 황제는 황극의 지혜로 나아가게 된다. 흰옷을 입고 대륙을 내달리는 무극의 황제를 칭송하며, 모든 백성들이 흰옷을 입으며 함께하게 된다. 과거에도 그런 하늘님의 역사가 있었기에 한민족은 흰옷을 입어 왔으며, 백의민족이라 칭해 왔음을 알아야 한다.

무극, 태극, 황극은 하늘님께서 천족의 한민족 지도자와 후천 세상 새로운 대마한의 나라에 내려주신 축복의 말씀이셨다. 하늘님께서는, 하늘님께 경배 드리며 천명을 받들어 나아가는 천족의 최고 지도자에게 무극이라 붙여 주시고, 무극의 지도자가 다스리는 한민족과 그 나라, 그리고 그들이 어우러져 나아가는 질서를 태극이라 하며, 앞날을 훤히 꿰뚫고 지체 없이 나아가는 지혜를 황극이라 하신 것이다. 그리고 그러한 무극, 태극과 황극이 서로 조화롭게 같이 흘러가야 한다고 알려주신 것이다.

그래서 11번째 천부경의 첫 번째 일(一)은 후천 세계의 첫 무극이 되는 사람이며, 하늘님께서 내려주시는 황극의 밝은 지혜로 천족인 한민족을 이끌고 우주 가운데 큰 이목을 받는 큰 땅의 태극을 이루어 나가기에, 하늘님께서 세우신 일(一)은 무극이며, 태극의 중심이고 황극의 주체라고 하는 것이다.

하늘님께서 전해주신 최초의 천부경에서부터 같은 뜻을 지니고 있었음을 알아야 한다. 그런데, 한민족의 뿌리역사가 무너지면서 참과 본질은 사라지고, 엉뚱한 뜻으로 무극, 태극, 황극이 변질되었다. 동양의 우주관을 설명하는 것처럼 용어를 변질시킨 것은 하늘님께서 천족인 한민족에게 내려주신 은총과 한민족의 진실한 역사를 지워버리는 반역사적 행위인 것이다. 지금까지 학자들이 멋모르고 정의하였던 무극, 태극, 황극에 대한 모든 잘못된 생각들을 던져버리고, 참 하늘님과 높은 하늘의 뜻을 피력하여 전하는 말씀에 따라 완전히 새로 정리하고, 바로 잡아나가야 한다.

그리고 명심하여 알아야 할 가장 중요한 내용은, 당연히 하늘님은 무극이 아니라 하늘님이시라는 것이다. 하늘 중의 으뜸 하늘이시며, 임금 중의 으뜸 임금이시다.

이제는 참 하늘님의 참된 모습을 바르게 알아야 한다. 이것은 하늘님께서 성운율사를 하늘님의 대행자로 내세우시고 가장 첫 번째 내려주신 천명이시다.

“**하늘님이라 하라. 나는 천상천주이니라.**” 하시며, 참 하늘님의 바른 명칭을 알려주셨으니, 이제는 하늘님을 바르게 알고 제대로 기도하는 일은, 우리 인간을 창조하시고 인류 문명이 있도록 해 주신 하늘님께 참된 보은을 드리는 일이다. 천지의 생명을 있게 해주시고, 천지 생명의 근본 자리에 계시는 참 하늘님께 보은하며, 참 생명의 길로 나아가는 것이 지금 인류가 해야 할 일이다.

부산 기장군 오랑대에서 해동의 용왕님께서 말씀을 내려주신다.

〈이제부터 수명이 장수한다. 무궁한 나라를 이끌어 나가라. 대마한을 건설하고 자유를 신봉하는 나라를 꼭 세우거라. 그리고 항상 웃음꽃이 피는 나라를 만들거라. 약속의 땅은 하늘의 의지로 넘고 넘어가야 한다. 약속의 땅을 꼭 만들거라. 부국 강산을 꼭 이루거라. 나는 너희들이 꼭 잘할 것을 알고 있다.〉

해동의 용왕님께서 알려주신 새로운 나라에 대한 말씀이다. 광명의 나라로 자유를 신봉하는 대마한은, 항상 웃음꽃이 피어나고, 온 누리에 빛나는 꽃다운 환한 세상이 열리는 부국강산의 태극 나라임을 해동의 용왕님께서 밝혀주신다. 앞으로 이 땅에 이루어질 새로운 나라는 이미 하늘로부터 약속되어진 땅이라고 하신다. 약속의 땅을 하늘의 의지로 넘고 넘어서 완수하라고 하신다.

해동의 용왕님께서, "**나는 너희들이 꼭 잘 할 것을 알고 있다.**"시며 무한의 원력을 내려주신다. 하늘님과 천지의 신명들께서 말씀하신 약속의 땅을 꼭 만들고, 자유를 신봉하는 부국강산을 꼭 이루라고 하신다.

하늘님을 경배하며 무극의 대황제들과 천상의 화랑들, 미륵의 종자들, 그리고 하늘의 자식인 태극의 온 인류가 함께 만들어가는 대화합의 환한 나라이자, 진솔한 빛이 은은한 향기로운 그 곳에서 자유가 마음껏 피어나는 나라를 꼭 만들라고 해동의 용왕님께서 한량없는 축복을 내려 주신다.

(2) 하늘님 대도 세상, 후천세계

〈무에서 유를 창조하는 것이 도(道)라고 해요. 천지신명님이 그렇게 말씀해 주세요.〉

성운율사가 기도를 하는 가운데, 천지신명님께서 오셔서 가르쳐주신 말씀이라고 전해 주신 것이다. 참으로 간명한 도(道)에 대한 말씀이다.

〈도는 무에서 유를 창조하는 것이다.〉

무에서 유를 창조하는 도(道)를 얻기 위해서, 도를 이룰 수 있는 곳에 가야 한다. 대자연 속으로 들어가거나, 사람 속으로 들어가야 한다.

대자연 속으로 들어가, 성운율사를 표상으로 하여 기도의 끝을 보아야, 도를 이루는 문을 열 수 있다. 한편으로는 사람 속으로 들어가, 최상의 노력으로 인류 문명을 새롭게 열어나가는 선구자가 되어야, 도를 이루는 문고리를 잡을 수 있을 것이다. 이런 차원에서, 현 인류가 피땀을 흘리며 창조해 온 그 모든 새로운 문명이기들도 도(道)를 실천한 결과물이 될 수 있는 것이다. 이처럼 도(道)는 멀리에만 있는 것이 아니며, 산 속에만 있는 것이 아니라, 우리 곁에도 있다는 것이다. 다만 깨치지 못할 뿐이다.

산 속으로 가서 기도를 드리는 이유는, 산 자체가 인간의 때가 묻지 않은 청정도량으로 대신명들이 많이 계신 곳이라, 대신명들과의 소통이 쉽게 이루어지며, 도를 더 빨리 적선 받을 수 있기 때문이다. 성운율사가 인간으로는 최초로 참 하늘님의 광명 성신을 뵙고, 천지의 대신명으로 도를 전수받은 계룡산 도덕봉 도적골이 그런 곳의 표상처인 것이다.

하늘님께서는, "**신은 내면에 주제가 뚜렷한 걸 말한다.**"고 하시고, 그렇지 않으면 신이 아니라고 하신다. 그래서 신은 "도의 결정체"라 할 수 있다. 그래서 우리 인간들이 참된 마음으로 신을 생각하고 신의 말씀을 받들어 나가면, 신과의 소통이 이루어지는 첫걸음이 되고, 도를 이루는 중요한 전환점이 된다.

동시에 청정도량인 산의 환경, 즉 자연 환경의 변화 또한 도의 모습을 보여주기 때문에, 그 모습 속에서 도를 이루는 중요한 계기를 맞이할 수도 있다. 특히 새로운 계절과 시간을 열어가며 생명을 낳고 기르는 것을 본성으로 하는 우주와 대자연은 스스로 도(道)를 실천하고 있는 것이다. 그러므로 대자연이 도를 실천하여 만물을 이루어 나가는 과정들에 대한 이치를 대자연의 섭리라 할 수 있을 것이다.

더 나아가서 도(道)의 원천으로 올라가면, 하늘님이 계신다. 하늘님께서 아득한 옛날 신과 인간을 있게 해 주신 것이 대도(大道)이며, 하늘님께서 인류문명을 새로 열어주시는 것도 대도(大道)이다. 그러므로 도의 근원은 하늘님이시다.

이제 도의 근원되시는 하늘님께서 천부경을 통해, 우리 인류에게 천명을 내려주시는 것이다. 하늘님의 천명으로 천지대도가 열리고 있다. 우주 차원의 대환난을 극복하고, 하늘님의 천지대도 속에 후천문명이 꽃을 피우게 된다. 우주 대정화 시간대를 넘어서서 나타나는 후천의 새로운 인류 문명은 하늘님께서 열어주신 천지대도의 결실인 것이다. 또한 하늘님의 한량없는 축복과 은총의 산물인 것이다

지축이 반듯하게 서고 난 이후 대환난을 끝나고 나면, 하늘님의 대행자이자 아들인 성운율사는 팔난을 막아내고 원시인이 된 인간들에게 하늘님 권능인 "**청음**"으로 지혜를 열어주고, 당장 먹고 입고 할 것이 없는 인간들을 이끌어 먹여 살리고, 후천의 새로운 문명과 나라를 만들어 가는 소 우(牛)의 역할을 하게 된다.

성운율사는 하늘의 말씀을 받아, 후천 세계의 모습을 전해 준다.

성운율사를 천황으로 두고 중국 대륙에 진출하여, 환한 광명의 후천 대제국인 대마한을 세우고 된다. 어둠은 걷고 밝은 광영이 만방에 환하게 펼쳐지는 대마한은 엄청 큰 하늘의 땅이 되어, 우주 한 가운

데 모든 이목을 받으며 천천세의 대제국으로 이름을 떨치게 된다.

참 하늘님의 은총 속에 대마한의 황제들은 "**환합과 이로움**"을 바탕으로, 천상으로부터 내려 받은 문명과 지식을 토대로 새로운 인류 문명을 전 세계에 전파하게 된다. 대마한으로부터 문명과 지혜를 전수받은 전 세계는 크게 성장, 발전을 해 나가게 된다.

그렇게 성장, 발전하여 후천 세계에는 하늘님의 천지대도 속에, 111개 나라들이 조화를 이루며 번성하게 된다고 성운율사는 알려준다. 그리고 111개 나라들을 오대양 육대주로 묶어서 관할하는 11명의 세계 지도자가 있으며, 지구 전체를 통솔하는 3명의 도통군자가 나온다고 하늘의 말씀을 성운율사는 전해준다.

〈상등신은 도통을 하고 여러 가지 아는 사람, 즉 도통군자로, 지구상에 3명이 나온다. 중등신은, 지축 변화 후의 세계에서 오대양육대주를 관할하는 사람들로 11명이 나온다. 하등신은 지축이 변화하고 나면, 111개국이 나오는데, 각 나라 왕들을 하등신이라고 한다.〉

지금의 세상에서 흔히 어리석은 사람을 비하한 말로 등신이라는 말을 쓰고 있으나, 신인이 합일된 높은 경지의 인물을 의미한다. 사람의 뒤쪽인 등(어리)에 신명이 실려 함께 하는 모습을 일컬어 등신이라 한다. 이 말은 후천 세상에는 신인합일이자, 동시에 신정합일의 조화 정치가 이루어진다는 말이다. 하늘에서 상등신은 도통군자로 3명이 나온다고 알려주신다. 이것은 인간들 중에서도 기도와 닦음, 수양의 정도가 높아야 되는데, 3명이 나오기를 하늘에서 기다리고 계신 것이다. 성운율사는 인류 최초의 도통군자이자 첫 번째 상등신으로 후천의 신인류 문명을 열어 나가는 지도자인 것이다.

상등신보다 낮은 단계의 깨달음을 갖는 중등신은 11명이 나온다고 알려주신다. 후천에 새롭게 나타날 오대양 육대주를 관할하는 역할을 수행한다고 알려주신다.

후천의 오대양 육대주에 111개의 나라가 나온다고 한다. 그 111개국의 각 나라 왕이 되어 그 나라를 이끌어 나가는 111명의 하등신이 나온다는 것이다. 각 급의 지도자가 되는 상등신, 중등신, 하등신은 깨달음의 경계에 따라 구분된다. 하늘에서 내려주신 말씀을 통하여, 후천 세계에서 이루어질 각 나라들의 질서 체계를 가늠할 수 있을 것이다.

하늘님께서 후천 세상을 열어주시는 것이 대도(大道)이며, 하늘님의 천명을 받들어, 후천세상을 열어나가는 것 또한 대도(大道)의 실천 행위가 되는 것이다. 그런 측면에서, 천부경은 후천 세상을 열어나가는 지도자에게 하늘님께서 내려 주신 대도(大道) 지침서라 말할 수 있다.

그렇다고 하늘님의 가르침이자 천명을 "도(道)"로 지칭하는 것은 아니다. 하늘님께서 열어주시는 가르침에 대한 명칭은 후천세계에 들어서서 밝혀지게 될 것이다. 지금은 그 어떤 이름으로도 사용하지 않음을 알아야 한다.

오로지 하늘님을 참 하늘님이신 천상천주님으로 바르게 기도하는 것이 중요하다. 그리고 신명의 세계를 바르게 깨닫는 것이 중요하다.

저자는 비록 전체는 아니지만, 천부경 일부 말씀을 통하여, 하늘님께서 후천 세상을 열어 나가는 지도자에게 내려 주시는 천명이 담긴 11번째의 천부경을 세상에 알리고자 하였다. 관심 있는 독자는 차근

차근 천부경의 한 자 한 자에 내려주신 하늘님의 말씀을 깊이 있게 음미하시길 바란다.

천부경 일시(一始)의 시(始)에 대한 말씀에서, 하늘님께서 성운율사에게, "**무엇 하나 같은 것이 없으니 파헤쳐 나가서**" 만들어 가라고 하시고, 무시(無始)의 무(無) 말씀에서, "**명은 하늘이 주는 것, 확고한 신념을 가지고 살며 혁신하라.**"고 하신다. 대도(大道)의 정신으로 하늘님의 천명을 완수하라는 말씀이다.

* **무엇 하나 같은 것은 없으니 파헤쳐 나가라.**

* **곧은 일을 행하려거든 바른 길을 택하라. 명심하라, 명은 하늘이 주는 것, 확고한 신념을 가지고 살며 혁신하라.**

그러나 "**비약하면 아니 되니, 갖출 것은 갖추어야 견고하다.**"고 하신다. 하늘님께서는 천지대도를 이루어 나가기 위해서는 비약하지 말고 갖추어 가며 한 치의 빈틈이 없도록 하라는 말씀을 내려 주신다. 이 과정에, "**고난이 난무하니 갈 곳이 어디인가, 한발 앞을 예측하지 못한다.**"고 하시고 항상 조심하라고 하신다.

하늘님께서는, 이 후천을 여는 천지대도는 하늘이 맡긴 것이니, 갖은 고난을 벗어던져라 하시고, 고난이라는 것 자체에서 해탈하여 천명을 완수하라는 것이다. 천지대도를 열어 나가는 초기에 이반도 나타나고, 봉이, 삼마, 마귀, 천지연, 잡귀, 몽당 귀신 잡념이 붙어 역모도 일어나지만, 먹물을 칠하여 발본색원한 후, 후사를 생각하여 매정하게 처리하여 나아가라고 하신다.

인류 세상에 남아있는 마지막 정화 대상을 깨끗이 정리하여야 깨끗한 후천 세상을 열어 나갈 수 있다는 것을 알려주신다. 이 모든 것도 하늘님을 경배하고 하늘님의 은총에 보은하며 나아가면 하나씩 해소되어 갈 것이다.

후천 세상에서 가장 중요한 덕목은 하늘님 가르침 아래에서 모든 인간들의 화합이다. 조화와 통합을 말하는 것이다.

지금의 세상은 국가, 사회, 정치, 경제, 종교 어느 영역도 예외 없이, 사람들이 살아나가는 조직에는 여러 파벌로 쪼개어져 왔으며, 서로 갈등과 투쟁을 일삼아 왔다. 그러나 후천 세상에서는 인간들을 핍박하여 한을 낳는 모든 것을 해소하고 조화와 통합으로 묶어 나가게 될 것이다. 그래서 하늘님께서 후천 세상을 열어나가는 하늘님의 대행자로 다 갖추어 주는 사람이 필요하였으며, "그 사람"으로 기존의 종교인이나 세상이 아는 사람이 아니라, 진실한 마음으로 하늘님께 매달리며 기도하였던 사람을 내세우신 것이다.

*** 온 만물의 것들은 다 온순하며 파벌로 나누어 가려 하니, 다 갖추어 주는 사람이 필요하다.**

하늘님께서 인류를 구원하시며 후천 세상을 열어 나갈 지도자에게 많은 덕성을 요구하고 계시다. 백성들을 넉여 살리며 후천 세계를 세워 나가라는 하늘님 말씀을 그대로 받들어 충직하게 나아가는 덕성을 소 우(牛)로 표현하시며, 천부경은 소 우(牛)를 바탕으로 한다고 하늘님께서 말씀해 주시고 계시다. 소 우(牛)의 성품에는 오로지 하늘님 말씀을 따르며, 하늘님의 말씀을 숨김없이 일점일획 그대로를 세상에 전하며, 하늘님 말씀을 그대로 실천하는 양인(陽人)의 성품이 기본임을 알아야 한다. 그런 성품을 가지고 있는 천부경의 "그 사람"인 성운율사이기에, 하늘님께서 후천 세상의 개창자로 내세우신 것이다.

이외에 하늘님께서 지도자에게 요구하는 다른 덕성들에 대해서는 독자들이 천부경 속에 담긴 하늘님의 말씀을 세세히 살펴봐 주기를 추천한다.

충남 청양에 있는 칠갑산 장곡사를 방문하여 칠성여래 부처님께 예를 드리니, 칠성여래 부처님께서 말씀을 주신다. "너희는 우주 대한의 아들이다. 그만치 너희는 보탬이 되는 사람들이다."고 하신다. 지금 우리가 살고 있는 대한이 아니라, 우주 대한이라고 말씀하신다.

"앞으로 나라 운이 전체적으로 좋아지려 하는구나, 새로운 너희들이 다스리면." 이라고 축복을 주신다. "처음으로 다 열어놓고 얘기하는 것이다. 내가 어찌 허튼 말을 하겠느냐. 무궁화 삼천리가 다 너희 것인데 무엇을 걱정하겠느냐."고 하신다.

후천 세상까지는 넘고 넘어야 하는 일들이 산더미 같다.

하늘님의 아들이자 대행자인 성운율사는 그렇게 후천세상으로 걸어가는 것이다. 수많은 짐이 어깨에 한아름 지어져 있는 분이다. 그런 가운데에서도 하늘님의 말씀만을 따르며 천명을 이루고자 노력하고 있다. 이러한 무거운 천지의 일을 인간들은 도저히 알 수 없으니 참으로 안타까운 일이다. 그런데 하늘에서 말씀을 내려 주신다.

〈이전에 "모사라"로 있을 때에 나라를 잘 다스렸고, 이제는 도통까지 했으니 잘 할 것이다.〉

하늘에서는, 성운율사의 과거 또 다른 전생이 배달국의 4대 환웅천황이셨던 "**모사라 환웅천황**"이었음을 밝혀주시고, 그때 나라를 잘 다스렸다고 말씀을 주신다. 이제 도통까지 하였으니 잘 할 것이라고 축복을 주신다. 이런 깊은 인연으로 후천 세상을 열어나가는 짐을 지고 나아가는 것이다. 하늘의 말씀을 통해 우리 과거의 환국, 배달국, 고조선의 역사가 현실의 역사였음을 깊이 깨우치게 되며, 그런 깊은 인연들로 후천의 인류문명도 이루어진다는 것을 깨닫게 된다. 이제 한민족의 참다운 뿌리 역사와 더불어, 현 인류의 시작부터 있었던 하늘님의 역사도 바르게 찾아야 한다.

칠성여래 부처님께서는, **"영공을 받칩니다."**를 붙여서, 나의 모든 노력과 정성을 다 바쳐 반드시 이루리라는 굳은 의지를 담아 기도하라고 하신다. 이런 가운데 칠성여래 부처님께서는 아주 재미있는 말씀을 주신다. 음률을 울리고 노랫소리는 사람을 미소 짓게 한다고 하신다. 어려움이 있으면 음률로, 노랫소리로 마음을 편안하게 하여 흔들림 없이 후천 세상을 열어나가라고 하신다.

〈인삼을 꼭꼭 씹어 먹어라, 신명나는 일이 많이 일어난다.
이런 말들을 부처가 아니면 어떻게 알아듣겠느냐. 부처들만 알아듣는다. 세명 보살이란 분이 계신다. 그분이 잘 되게 해주신다.
앞으로 나라 운이 전체적으로 좋아지려 하는구나, 새로운 너희들이 다스리면.
처음으로 다 열어놓고 얘기하는 것이다. 내가 어찌 허튼 말을 하겠느냐. 무궁화 삼천리가 다 너희 것인데 무엇을 걱정하겠느냐.
부국 신장을 데리고 가라. 어디에 갇힌 놈도 다 풀어 주시는 힘을 가지고 계신다. 누구든 꼭꼭 묶어 놓는다 하면 된다.
기도할 때 "영공을 받칩니다." 하면 된다.

너희는 우주 대한의 아들이다. 그만치 너희는 보탬이 되는 사람들이다. 음률을 울리고 노랫소리는 사람을 미소 짓게 한다. 그렇게 하여야 보살도를 지키며 살 수 있다.〉

(3) 한 마음으로 한 하늘님을 섬기라 하시는 부처님들

하늘님 대행자인 성운율사는 하늘님으로부터 직접 가르침을 받은 이후 계룡산 도적골을 떠나, 전국 명산, 바닷가, 사찰로 다니시며 그곳에 계시는 천지의 대신명, 천지신명, 산왕대신, 산신령, 용왕님, 부처님들을 만나 뵙고 인사드리게 된다. 때로는 부처님들께서 부르셔서 찾아가기도 하고, 하늘과 신명들께서 권하셔서 산천에 계시는 천지의 대신명, 부처님을 찾아뵙기도 했다. 주위의 사람들 추천으로 사찰과 기도터를 찾아서 인사하기도 한다. 이 책에서는 부처님들께서 성운율사에게 내려주신 말씀들을 중심으로 일부를 발췌하여 전하고자 한다.

1) 너만치 기도한 자가 없다 하시는 미륵 부처님(경주 남산)

성운율사가 경주 남산(금오산) 정상에 계시는 미륵 부처님을 찾아 뵙고 기도드리는데, 말씀을 주신다. "**너만치 기도하는 자가 없다. 들로 나가든 바깥으로 나가든 언제나 환한 세상을 걷는 아이다. 네가 하늘 아이다.**"고 하신다. "**여러 군상을 돌아보고 있구나. 임금이 너와 같이 하는데 뭐가 걱정이냐. 지상에서 어르신이 너 만한 이가 없다고 하신다.**"는 말씀을 내려주신다. 하늘님이 함께 하신다는 말씀이다. 그리고 지상에서는 가장 큰 어른이 성운율사라고 알려주신다.

그러나 지금 현재로는 아직, "**이렇다 하는 것은 없다. 진흙에서 옥**

이 나오듯이 곧 그날이 온다. 그날 피는 꽃은 참으로 아름다울 것이니라, 영롱한 것이니라."고 하신다.

〈여러 군상을 돌아보고 있구나. 임금이 너와 같이 하는데 뭐가 걱정이냐. 지상에서 어르신이 너 만한 이가 없다고 하신다.
부귀 부귀하면서 한평생 잘 살겠구나. 주척 주척하지 말고 언제나 밝은 빛으로 나가거라. 너만치 기도하는 자가 없다. 들로 나가든 바깥으로 나가든 언제나 환한 세상을 걷는 아이다. 네가 하늘 아이다.
하지만 아직은 이렇다 하는 것은 없다. 진흙에서 옥이 나오듯이 곧 그날이 온다. 양지바른 곳에서 음욕이 나오듯이, 그날 피는 꽃은 참으로 아름다울 것이니라, 영롱한 것이니라. 혐오진 일없이 참으로 편안하게 살 것이다. 용포를 입고 편안한 세상을 살 것이다. 용포를 입은 너만 한 자가 어디 있겠느냐.
네가 용단을 내리면 이태 안에 너희는 큰 하늘이 될 것이다. 위로나 아래로나 안 보는 이가 없겠구나. 삼보가 너희에게 있다.〉

2) 힘들여 절만 하는 불자를 일깨우시는 아미타 부처님(해인사)

성운율사는 합천에 있는 해인사 백련암을 찾아서 적광전에 계시는 아미타 부처님께 예를 드리고 있었는데, 마침 땀을 뻘뻘 흘리며 삼천배를 올린다는 신도를 보고 아미타 부처님께 여쭈어 본다. "저 사람은 무엇을 잘못해서 저렇게 땀을 흘리며 삼천 배를 올리는지요?"

아미타 부처님께서는 "**나도 모르겠다.**"고 하시고, "**쉬운 일을 두고, 벙어리처럼 힘들여 절만 하고 돌아간다.**"고 지적하신다. 불자들의 기도에 대해 통렬한 깨달음의 말씀을 내려 주신다.

아미타 부처님께서는, "**무엇 때문에 이렇게 절을 하오니, 이루어지게 도와주세요.**"라고 염원을 소리 내어 기도해야 내가 알아듣는다고 하신다. 벙어리 마냥 절만 하지 말고, 아미타 부처님께서 전해 주시는 말씀대로 기도드리기 바란다.

〈나도 모르겠다. 오며는 염원을 말하고 마음을 두고 가면 되는 것이다. "무엇 때문에 이렇게 절을 하오니, 이루어지게 도와주세요." 그래야 알아듣는다. 쉬운 걸 벙어리처럼 힘들여 절만 하고 돌아간다.〉

성운율사가 제자 스님과 함께 부산 기장에 있는 오랑대에서 해동의 용왕님께 기도드리는데, 해동의 용왕님께서 나오셔서, 머뭇거리는 제자 스님에게 말씀을 주신다. 묵언은 필요 없다고 하시고, 말을 해야 혁명을 일으킨다고 가르쳐 주신다. 말을 해야 혁명을 일으킨다.

〈말을 해야지. 묵언은 필요 없다. 말을 해야 혁명을 일으킨다.〉

계룡산 도적골 산신령께서는, "여수스럽지 않게만 하면 된다."고 하신다. 천지의 대신명들과 부처님들께 기도할 때, 예를 갖추어 절을 드리고, 여수스럽지 않게, 밝고 맑은 소리로 크게 기도해야 함을 알려주시는 것이다.

3) 성운도감을 쓰라고 하시는 비로자나 부처님(통도사)

양산 통도사 비로자나 부처님을 찾아뵙고, 예를 드린 다음 말씀을 받든다. 비로자나 부처님께서, **"동양 땅 어느 군소를 다녀도, 대화되는 자는 보지를 못했다."**고 하시며, 수만 가지를 알현하고 또 알현해도 누가 그런 소리를 알아듣겠느냐고 하신다. 그리고 비로자나 부처님께서 **"이 땅에 내려온 지 3만 년 되도록 그런 일은 처음으로 이루어지고 있다."**고 하신다. 이불통신을 이룬 성운율사를 보시고, 3만년이 되도록 처음 본다고 말씀하시는 것이다.

"나중에 '성운도감'을 하나 쓰도록 하라."고 비로자나 부처님께서 말씀을 주신다. 저자의 이러한 작업들이 비로자나 부처님께서 말씀하시는 "성운도감"의 초석이 될 것이다. 추후에 성운율사에 대한 모든 기록들이 정리되어, 후천 세상 사람들이 찬탄하며 모든 기도의 바탕이 되는 성운도감이 세상에 나오리라 생각한다.

〈하늘이 높으면 마음도 끝없이 펼쳐지는 것이다. 어느 곳에 내 마음을 둘 것인가 생각하라. 현재는 어느 틈바귀에 있는 것이다. 너는 모든 것이 열려 있다. 한다고만 하면 된다. 동양 땅 어느 군소를 다녀봐도 나와 대화가 되는 자는 보지를 못했다. 아니 듣는 놈은 없었다. 수만 가지를 알현하고 또 알현해도 누가 그런 소리를 알아듣겠느냐. 내가 이 땅에 내려온 지 3만 년 되도록 그런 일은 처음이다.

(중략) **눈과 마음은 황하의 요강**(머무르지 않고 항상 흐르는 것, 온 세상을 편하게 만드는 사람)**처럼 되었으면 좋겠다. 나중에 성운도감을 하나 쓰도록 하여라. 항상 희망을 가지고**

모든 것을 보필하면 좋다. 모든 게 다 열려 있으니 바른 세상을 일으켜 세워라.〉

4) 한 마음으로 한 하늘님만 섬기라하시는 아미타 부처님 (통도사)

성운율사는 양산 통도사 극락전에서 아미타 부처님께 인사드리고 말씀을 받는다. 어둠이 없는 맑고 똑바른 세상, 모순이 없고 편안한 세상은 항상 한 마음에서 나온다고 하신다. 그래서 "**하늘은 항상 하나만 있다.**"고 하시고, "**모두가 이 말 저 말 해도 헛소리다. 모두가 한 가지로 가면 좋겠다.**"고 하신다. 그러시면서, "**항상 한 하늘님만 섬겨야 한다. 그게 맑고 똑바른 세상이다.**"고 말씀 주신다. "**하늘은 똑바로 가길 원하니, 나도 똑바로 가길 원한다.**"고 하신다.

〈하늘은 항상 하나만 있는 것이다. 모두가 이 말 저 말 해도 헛소리다. 모두가 한 가지로 가면 좋겠다. 어둠이 없는 세상은 항상 한마음에서 나온다. 두 마음 세 마음으로 가면 흐트러진다. 곧고 편한 마음은 한 마음으로 가야 이루어진다. 그것이 모순이 없고, 편한 세상이다. 둘로 나눠지는 순간부터 힘들어진다. 여러 사람의 생각을 멀리서 관망해야 한다. 나는 너희와 같이 있는 것이니, 어떻게 잡고 안 잡고를 떠나서 음으로 양으로 도와줄 것인가 생각한다. 하늘은 똑바로 가길 원하니 나 또한 똑바로 가길 원한다.

누구는 그렇고 누구는 아니고 그러는데 그런 건 다 소용없는 이야기다. 언제나 나 혼자만 보고 간다면 틀림이 없다.

그래서 하늘은 둘이 아니고 하나로만 간다. 그것이 똑바로 사는 걸 말하는 것이다. 그래서 나는 언제나 부족함이 없고 편안한 세상을 산다.
그러므로 항상 한 임금[하늘님]만 섬겨야 한다. 그게 맑고 똑바른 세상이다. 나무 보살 마하살이라는 것은 내가 다른 부처들보다 편안해서 나무 보살이라 한다.
네가 미륵이구나, 앞으로 편한 세상은 삼 년은 걸리겠구나.
긴 장대에 닭이 앉아 있는데, 우는 날 새로운 세상이 시작된다. 통도사도 물바다로 변해. 너는 네 분 아미타불, 비로자나불, 약사여래불, 미륵존불, 같이 해서 좋다.〉

5) 아들로, 우주의 대황제로 밝혀 주시는 미륵 부처님(통도사)

성운율사는 양산 통도사 용화전으로 가서 미륵 부처님께 인사드리니, 18번 절을 하라고 하신다. 마치고 나니, 미륵 부처님께서는, "**아들**"이라고 부르시고는 "**우주의 대황제가 너희들**"이라 하신다. 그리고 나보다 나은 사람이라 하신다. "**조만간에 만백성이 구름 때처럼 모여들고, 우리 어른들이 축복하면서 만세, 만세, 또 만세 둘 다 만만세라고 환호한다.**"고 말씀해 주신다. 그리고 "**해동의 대왕으로써 의젓함을 만세에 떨치라.**"고 하신다.

〈너는 몸도 마음도 편한 아이다. 만해를 다 지배하거라.
나는 여나무 개를 한다면, 너는 스무 개를 하겠구나.
아들아 너무너무 빛난다. 우주의 대황제가 너희니, 모두가 선망하는 그 일을 하겠구나. 천상에서 해후 한 일들이 이

루어지겠구나. 2년 이쪽저쪽에, 그런 일들이, 만백성이 구름 때처럼 모여들어 우리 어른들이 축복하면서 만세, 만세, 또 만세 둘 다 만만세다.

앞에 장미꽃 같은 목단 꽃이 보인다.

하늘에서 명명백백하게 말씀했으니, 그에 등한 애들은 이미 어르신께서 알현하셨고, 북천까지 다 알아서 이렇게 해동의 대왕으로써 의젓함을 만세에 떨치리라.〉

성운율사가 경주 남산 대미륵 부처님을 알현한다. 대미륵 부처님께서 "**아율타**"라고 부르시며, 말씀을 내려주시고 원력을 크게 내려 주신다.

〈처세를 잘 하면서 우주의 황상을 잘 돌보면서, 전생에 말을 타고 다니는 아이들이구나. 무엇을 무력으로 진압하는 이들이구나.

아율타[인류의 대왕]! **앞으로는 무력이 아니고 지혜로 살아가는 세상이다. 그래서 똘똘 뭉쳐야 하는 것이다. 수단 방법을 가리지 말고 그르치는 일 없이 이루어지게, 행한다면 온 세상이 편안하겠다.〉**

6) 부탄의 신들을 모두 모셔오라는 아미타 부처님(표충사)

밀양 표충사를 찾은 성운율사는 아미타 부처님을 찾아뵙고 말씀을 받드는데, 아미타 부처님께서 "부족함이 없고, 깨끗한 아이"라고 하신다.

아미타 부처님께서는, "**지금의 중국에서는 부처님과 신들이 떠나**

버렸는데, 그 분들이 부탄에 가 있다."고 한다. 훗날 대륙을 횡단할 때, "**부탄의 용을 부셔서, 신들과 부처들을 모두 모셔오라.**"고 하신다. 그렇게 하고 해동의 부처님을 모셔야 부처님들의 세상이 바로 잡히고 나라가 끝없이 편안하다고 말씀을 주신다. 대마한의 무궁한 번영을 이루는 중요한 바탕이 되시는 해동의 부처님을 모시고, 지금의 공산주의 중국에서 떠나 부탄에 가 있는 모든 신명과 부처를 다시 모셔 오라고 하시는 것이다.

> **〈삶을 윤택하게 하는데 최선을 다해라. 그래야 어둠이 없고 밝은 세상이 된다. 대번에는 안 되지만 차근차근히 해결해나가면 된다.**
> **어둠이 없고 밝은 세상은 그렇게 해나가야 된다. 사업은 동쪽이면 동쪽, 서쪽이면 서쪽 어느 쪽이든 다 잘 된다.**
> **부탄의 용을 부셔라 했지. 뾰쪽한 거다. 그렇게 하고 해동의 부처님을 모셔야 된다. 그렇게 하면 끝없이 나라가 편안하다. 오늘날처럼 편안한 세상이 된다. 넋을 넣어서 무엇을 한다 하면 다 잘 되는 것이다. 영물을 먹었으니 행운을 다 가지고 있는 것이다. 부족함이 없고 깨끗한 아이들이다.〉**

밀양 표충사의 아미타 부처님뿐만 아니라, 포항 내연산 보경사 적광전에 계시는 문수보살님께서도, "**부탄이란 나라에 가서, 그걸 부셔라 그래야 이쪽 땅을 크게 부활시킬 수 있다.**"고 말씀을 주셨다.

그리고 부산 용궁사의 해수관음보살님께서는, "**부탄이라는 나라가 있다. 그곳을 때려 부수고 가지고 오너라. 아니다 기다 하지 말고**

다 끝장을 내 버려라. 그 뾰족한 게 있어 그걸 부셔야, 그래야 환한 세상, 좋은 세상이 된다."고 말씀을 주신다.

7) 한국 사회의 세태를 걱정하시는 아미타 부처님(부석사)

영주 부석사 무량수전에서 아미타 부처님께 아홉 번의 예를 드린다. 아미타 부처님께서 아홉 번 절을 하라 하신 것이다. "**처음 마음먹은 걸 오래오래 가는 걸 장지**"라 하시고, 장지가 되어야, 안절부절하지 않고 편안하게 산다고 하신다. 그리고 "**대기업 회장은 재상이다.**"고 하시고, "**그들을 잘 감싸야지 헐뜯으면 안 된다.**"고 하시며, 한국 사회의 세태를 걱정하신다.

〈처음 마음먹은 걸 오래오래 가는 걸 장지라고 한다. 이 마음 저 마음 다 버리고, 처음 마음먹은 거 그 마음으로 가야 오감이 발동할 때까지 가야 한다. 그래야 안절부절하지 않고 편하게 산다. 나도 너도 모두가 정을 주면 끝까지 정을 줘라. 그만치 중요한 게 없다. 속을 다 내보이지 말고, 어디 만 치만 하고 그다음부터는 속을 내 보이지 마라. 그래야 내가 뭘 할지 아무도 모른다.

망설이고 또 망설여도 어떤 마음으로 갈지 알지 못한다. 부처는 여기도 저기도 마음속에 있는 것이다. 어느 한 곳에다 한을 두지 말고 항상 나무아미타불 관세음보살을 찾으면 된다. 미륵도 마찬가지다. 그렇게 해야 편안하고 모순이 없는 세상을 갈 수가 있다. 음욕은 숟가락으로 밥 먹는 거와

같다. 용서하고 용서하며 감싸 안아야 한다. 대기업 회장은 재상이다. 그들을 잘 감싸야지 헐뜯으면 안 된다.〉

8) 대마한을 건립하라 하시는 비로자나 부처님(통도사)

양산 통도사 비로전을 찾아 비로자나 부처님을 뵙고, 예를 드린 다음 말씀을 받든다.

비로자나 부처님께서 스스로 부국의 대천왕이라고 하시며, 성운율사에게, "**큰 나라를 건립할 것이다. 저 내몽골까지 밑으로 베트남 위까지 우리의 정토를 만들 것이다. 대마한을 건립**"하라고 하신다. 하늘님의 천명이 모든 신들에게 전해져, 이렇게 비로자나 부처님께서 대마한을 건립하라고 하시며, 원력과 지혜를 내려 주신다.

〈**부국의 대천왕 엮어지는 진언을 함부로 말하지 마라. 어떤 아픔은 어디나 있는 것이다. 부처는 여벌이 아니고 꼭 꼭 할 말만 한다.** 비로자나 부처님이 부국의 대천왕이라고 하신다. **내가 건립하는 나라가 네가 건립하는 나라와 같은 것이다. 담으로 큰 나라를 건립할 것이다. 저 내몽골까지 밑으로 베트남 위까지 우리의 정토를 만들 것이다. 대마한을 건립하거라.** (후략)〉

경주 골굴사를 찾아 마애여래 부처님 앞에서 기도를 드리는데, 부처님께서 말씀을 내리신다. 마애여래 부처님께서도 후천의 광명 제국을 염원하시며, 성운율사에게 축복을 주신다.

〈대 역사를 다 이루거라. 영검한 일을 다 해라. 대마한 제국을 세워라. 넓은 땅을 다스려라. 하늘은 대 재앙을 휩쓰는 자다.

아율타는 모든 일을 다 하는 자다. 늪도 휩쓸고 나가라. 무자비하게 모든 문을 열고 나가면 안 되는 게 없다.〉

성운율사가 천상 기도를 하는 중에, 우주의 대황제되시는 대번께서 오셔서, 성운율사에게 하늘이라고 칭하시고, **"너는 대마한의 대칸이고, 대우주의 황제"**라고 알려 주신다. "무궁한 새 하늘을 우러러보려 한다." 하시며, "나라를 세우는데 여러 신명들의 도움을 받아 일을 진행하도록 하고, 누구나 공평하게 사는 세상을 만들어라."고, 한없는 원력을 내려주신다.

〈하늘은 항상 마음에 들건 안 들 건, 생각했으면 그르치지 않게 일으켜 세우면 된다. 남들이 뭐라 하든, 그들은 그들이고 너와 나는 대마한의 대칸이고, 대우주의 황제다. 내가 마음먹은 대로 휩쓸고 나가면 된다. 무엇이나 다 얻을 수가 있다. 내가 대마한의 대칸이고, 매차루니의 어버이로, 무슬탈타 매차하타 마야마용타 대변화의 무스타한으로, 우주의 대융으로, 무엇이나 꺾임 없고 잡음이 없이 매캐한으로 일으켜 세워, 무궁한 새 하늘을 우러러볼 것이요. 나는 우주의 하늘로 이 말을 전하고 싶어 왔다.

"누구신지요?" **나는 우주의 대황제인 대번이다. 너는 나라를 세우는데 여러 신명들의 도움을 받아 일을 진행하도록 하고, 누구나 공평하게 사는 세상을 만들어라.〉**

9) 지구 정화를 말씀 하시는 약사여래 부처님(통도사)

양산 통도사 본당 약사전을 찾아 약사여래부처님을 뵙고, 예를 드린 다음 말씀을 받든다.

약사여래부처님께서는, “**지진이나 해일은 지구가 더러워져서, 깨끗이 청소하기 위해서 일어나는 것이다.**”고 하시며 향후 나타날 대환난의 지진, 해일이 지구 대정화 차원에서 일어나는 일임을 밝혀 주신다.

그리고 이제 너희들이 맞이할 세상은, “**미륵 세상이다. 모두 편안해진다. 단명도 끝났고. 부귀와 영화가 네 손에서 시작된다. 깨끗하고 밝은 세상이다.**”고 하시며 성운율사의 손에서 시작됨을 알려주신다.

〈누구나 하는 것이 하늘에서 정해준 사람만 하는 것이다. 한 사람을 띄워 놓는 것도 하늘 일을 할 수 있기에 띄워 놓은 것이다. 그자만이 하해와 같은 일을 할 수가 있는 것이다. 하나하나 하늘에서 보고하는 것이다. 너희가 둘레를 둘러볼 때 그만한 일을 하는 게 누구더나? (중략)
약사여래불 앞에서 치료를 하면 만천하에 떨칠 수가 있다. 모든 병이 낫는다고 봐야 한다.
병이 바로 낫는 것은 하늘의 힘이다. 약사여래불의 힘이 아니고, 부처님 둘레를 둘러볼 때 그러했다. 병이란 무엇을 탐하지 않으면 옮아오지 않는다. 새벽에 닭이 꼭그댁 하고 우는 순간이 밝고 깨끗한 순간이다.
그때는 모든 병이 없다. (중략)
지진이나 해일은 지구가 더러워져서, 깨끗이 청소하기 위

해서 일어나는 것이다. 이 마음도 너와 같은 마음이다. 이제 미륵 세상이다 모두 편안해진다. 단명도 끝났고. 부귀와 영화가 네 손에서 시작된다. 깨끗하고 밝은 세상이다.〉

10) 만백성의 어버이로 말씀해 주시는 관세음보살님 (신안금산사)

신안 금산사 원통전 관세음보살님을 찾아뵙고, 예를 올리고 염원하며 말씀을 받든다. 관세음보살님께서는, "**남북통일하고서 위쪽으로 밀어 붙여라. 신욕이 고되어도 멀리를 보고서 하면은 다 이룩할 수 있다.**"고 축복을 주신다. 그러시면서, "**난 여기서 안팎으로 훤히 다 들여다보고 있다. 인연 되는 것들은 다 같이 가거라. 그래야 시방세계가 다 잘 된다.**"고 하신다. "**너희들은 큰 하늘이고, 만백성의 어버이**"라고 알려 주신다.

〈얼굴이 누런 황금 그릇에 다이아몬드가 가득하다. 너희들은 하늘의 임금이다. 그만치 떵떵 거리고 살 수 있는 세상이 오겠구나. 남북통일하고서 위쪽으로 밀어 붙여라. 신욕이 고되어도 멀리를 보고서 하면은 다 이룩할 수 있다. 저 높은 곳의 큰 땅이 다 너희들의 땅이다. 그만치 너희는 큰 하늘이다. 만백성의 어버이다. 어디를 가든 다 알아준다. 이른 새벽부터 꽁양꽁양 하면 다 얻을 수 있다. 하늘, 땅, 바다, 다 너희들 것이다. 우주의 대황제다. 그만치 너울너울 춤추며 지내겠다. 너희를 보니 부지런하고 또 부지런하다. 부처를 찾아 저 멀리서 오지 않았느냐. 그만치 내가 볼

때는 부지런한 거다. 낮과 밤이 부족함이 없다. 나라를 세워 큰 꿈을 펼쳐 봐라.
(중략) **난 여기서 안팎으로 훤히 다 들여다보고 있다. 매정하지 않게 해야 편안히 갈수 있다. 인연 되는 것들은 다 같이 가거라. 그래야 시방세계가 다 잘 된다. 맺히는 게 없고 편안하다. 염원할 때 손을 비비며 말하면 되겠다.〉**

11) 우주 대한 큰 어른이라 하시는 무지개약사여래 부처님 (홍국사)

경기도 흥국사 약사전에 이르러, 인사만 드리고 나오려는데, 무지개 약사여래 부처님께서 나오셔서 축복의 말씀을 내려 주신다.

"너는 우주 대한의 아들이다. 앞으로 요술 공자와 같다."고 하시고, "무엇이든지 해오하는 날까지 열성조님께 빌고 또 빌면 모든 능력"을 얻게 된다고 하신다. 그러시고, 대한의 아들로, "먼 훗날 맑은 세상 꽃 피는 우주 대한의 큰 어른이 되겠구나." 하시며 축복을 내려주신다.

〈무궁화 삼천리강산에 배꽃이 피겠구나. 너는 우주 대한의 아들이다. 앞으로 요술 공자와 같다. 무엇이든지 해오하는 날까지 마음 가득가득 열성조님께 빌고 또 빌면 모든 능력이 다 있다.
대한의 아들이다. 큰 뜻을 품고 여러 군상들을 모아서, 없는 거 있는 거 다 갖추어 간다면, 여나문 날 복천지 세상에 천하의 어른이 무엇이드냐. 이 하늘의 어른이지 말로는 이러쿵저러쿵 하지만 입으로 마음으로 행한다면 열성조님

의 힘을 다 얻어서 무궁화 삼천리강산에 어른 꽃을 환하게 피여. 매우 진짜, 진짜 마상에 큰 꽃이 우주 대한에 만세 부르며 꽃이 피어나, 먼 훗날 맑은 세상 꽃 피는 우주 대한의 큰 어른이 되겠구나.〉

12) 그걸 어떻게 잡아 먹냐?(하늘에서 주시는 말씀)

성운율사가 처음 계룡산 도적골에 들어 기도를 시작하였을 때, 병든 몸을 낫기 위해 최종으로 선택하였던 것이 산중 기도 생활이었다. 그러나 주야로 계속 산중 기도를 강행해 나가니 주변의 걱정이 이만저만 아니었다. 실비회관이라는 보신탕집을 운영하던 고모 되시는 분은, 몸에 깊은 병이 있는 조카가 산 중에서 기도한다며 잘 못 먹고 다니는 것을 항상 안타까워하였다. 그러던 중에 고모가 조카의 몸보신을 위하는 마음으로 식당에서 장만한 개고기를 가져왔었기에 그 당시 성운율사는 고모에게 감사하다며 개고기를 먹었다.

그리고 산에 올라가서 기도를 드리는데, 갑자기 옆에 없던 나무가 생겨났다. 눈을 떠보니 나무가 없는데, 눈을 감으니 다시 나무 형상이 보이는 것이다. 그리고 영안으로 이상한 형상을 보게 된다.

〈갑자기 생겨난 그 나무에 개를 매달아 놓은 거야. 개가 살려고 몸부림치다가 결국에 개가 죽어. 개가 왜 그기에 있어? 기도 중에 생각이 드는데, "**네가 그걸 먹어서 그렇다.**"고 칠성여래부처님 말씀이 들리고는, 갑자기 내 손으로 내 빰을 세게 치기 시작하였다. 몸이 통제가 안 되는 가운데, 오른손으로 왼쪽 빰을, 왼손으로는 오른쪽 빰을 눈물이

핑 돌 정도로 계속 때리는 것이었다. 한참을 그러고 있는데, 옆에서 기도하던 사람이 안타까운지 말로 알려준다.
"잘못했다고 빌어요, 그렇게 있지 말고.">

그 말을 알아듣고 그제야 비로소 잘못했다고 비니까, 서서히 뺨 때리던 것이 멈춰지게 되었다. 칠성여래 부처님께서 개고기를 먹은 것에 벌을 주시는 것이었다. 그 당시에는 왜 개고기를 먹으면 벌을 주는지 몰랐다. 그냥 그대로 따랐다. 그런데 칠성여래 부처님께서 주시는 벌을 받고 난 이후로는 개고기를 일체 먹지 않았다. 신명께서 벌을 주시니 신명의 말씀을 그대로 따르며 개고기를 먹지 않은 것이었다.

그렇게 개고기를 먹지 않게 되었지만, 많은 세월이 지난 후 하늘에 개고기를 먹으면 안되는 것에 대해 여쭈어 본다. 하늘에서 내려주시는 말씀이다.

〈여러 날 동안 너희 사람들과 지냈지 않았냐.
그걸 어떻게 잡아 먹냐? 망하지 않으려면 안 먹는 것이 좋다.
한이 많지 않으면 그렇게 안 하는 것이 좋다. 지척에 두고 있는 걸 어떻게 잡아먹을 수 있냐?〉

세상 사람들이 말하는 복잡한 이유가 아니다. "여러 날 동안 너희 사람들과 지냈지 않았냐. 그걸 어떻게 잡아 먹냐?"라고 하신다. "지척에 두고 있는 걸 어떻게 잡아먹을 수 있냐?"라고 하신다.

"망하지 않으려면 안 먹는 것이 좋다. 한이 많지 않으면 그렇게 안 하는 것이 좋다."고 하신다. 부드럽게 내려주시는 말씀이지만, 매우 중요한 경계의 말씀을 내려 주신다. 망하지 않으려면 먹지 않는 것이 좋다는 말씀이다. 전생에 깊은 한이 서려 있지 않는다면 그렇게 하지 말라는 하늘의 경계 말씀이다. 하늘의 기운이 세상에 뻗어나간다.

(4) 신인류 문명으로 가는 새로운 여정

현재의 인류 문명이 무너지고 새로운 신인류 문명이 들어서려는 우주 차원의 대정화 시간대에, 하늘님의 대행자인 성운율사가 전해주시는 하늘님의 말씀을 받들어, 후천의 신인류 문명을 향해 나가는 여정의 출발점에 서서 이 책을 저술하였다.

새로운 여정의 최초 출발점에는 온 인류가 그토록 찾아왔던 하늘님이 계신다. 성운율사는 무수한 절을 올리며 하늘님을 영접하였다.

〈그러던 어느 날 하늘에 흰 옷을 입고, 키는 63빌딩처럼 크고 얼굴은 눈이 부셔서 쳐다 볼 수 없었다. 그 후부터 여러 가지 일이 벌어졌다.〉

하늘에서 흰 옷을 입으시고, 키는 63빌딩처럼 크시며 얼굴은 눈이 부셔서 쳐다 볼 수 없었던 환한 빛으로 성신을 보여주신 하늘님께서 11번째로 인류 역사를 직접 주재하시며, 하늘님의 역사를 다시 선포하심으로부터 신인류 문명의 여정이 시작된 것이다.

하늘님께서 열어주신 출발은 너무나도 아득한 날에 일어난 인간 창조의 이야기로부터 시작되었다. 아득한 어느 날, 하늘님께서 대자연의 섭리를 바탕으로 하여 이 세상에 남자와 여자를 창조하시고, 하늘님 임의대로 선한 사람과 선하지 못한 사람, 홀로 가는 사람과 홀로 가지 못하는 사람 두 종류씩 사람을 만들어 놓았다. 그리고 신명을 아는 자는 악에서 선으로 갈 수 있는 길도 열어주셨다.

무엇보다도 가장 기본이 되는 것이 있다. 바로 사람의 형상이다. 하늘님께서 이 지상에 최초의 인간인 남자와 여자를 만드실 때, 신의 형상으로 인간을 만드셨다는 사실을 간과해서는 안 된다. 그리고 천상의 문명을 받아내려 지상의 인류 문명을 만들어 가도록 하셨다. 그리고 인간들에게 자유의지를 주어 스스로 삶의 향방을 결정하고 나아가게 하셨다.

이후로 인류 문명은 주기적인 대자연 정화 과정에서 파멸지경에 빠지게 되고, 그때 마다 인간을 창조해 주신 하늘님이시기에 직접 인류 역사를 주재하시어 파멸 지경에 빠진 인류를 건져내어 새로운 세상을 열어나가게 하셨다. 하늘님께서는 대자연의 정화가 이루어지는 시간대가 되면, 인류 역사를 주재하시어 대환난을 맞이하는 인류를 구원하여 새 세상을 열도록 한없는 은총을 주신다.

하늘님께서는 그때마다 하늘님의 대행자를 내시고 천명으로 내려주신 하늘님의 언약과 계율이 담긴 천부경을 알려주시며, 천상의 문명을 본받아 지상에 어둠이 없고 밝은 새로운 문명을 열어가도록 하셨다.

하늘님께서 지구가 생긴 이래로 11번째 천부경을 알려주셨다. 하늘님께서 11번째로 천부경을 알려주심으로써, 우리 인류는 비로소 천부경의 진정한 의미를 알게 되었다.

하늘님께서, "**대환난이 끝나고 새로운 세상이 시작될 때, 사람들을 먹여 살리고 새 나라를 세우는 과정 하나하나의 핵심을 하늘님께서 말씀으로 내려주신 글**"이라고 천부경의 진정한 의미를 처음으로 밝혀 주신 것이다.

〈천부경은 환난이 끝나고 새로운 세상이 시작될 때, 세상을 어떻게 만들어서, 백성을 먹여 살리고 새로운 나라를 형성하는 과정을, 하나하나 핵심을 천상천주님께서 후세에 남긴 글입니다.〉

그리고 하늘님께서 내려주신 11번째 천부경을 통하여, 하늘님께서는 "인류 종말"의 진실한 실체와 함께, 하늘님께서 인류를 구원하시는 우주 역사의 대비밀을 처음으로 밝혀주셨다. 하늘님께서 알려주시지 않으면 아무도 알 수 없었던 우주의 대비밀을 11번째 천부경으로 알려 주신 것이다.

지구가 생긴 이래로 11번째 천부경을 내려주신 것에서 알 수 있듯이, 현재 열 번째의 인류 문명을 문 닫고, 11번째 신인류 문명을 열려는 시간대에 와 있다.

우리 인류는 36,000년에 한 번씩 다가오는 우주차원의 대정화 시간대에 살고 있다. 기존 종교들이 전하는 말로 표현하자면, 지금의 인류 문명이 문을 닫는 종말의 시간대에 살고 있다.

불원간 이 지구에 말할 수 없는 지진, 화산과 해일 등이 몰아닥치면서 수많은 인류는 사라지고, 지금의 인류 문명 전체가 뒤집어지는 대환난을 맞이하게 된다. 이 과정에서 인간들이 종교, 정치, 이념들로 만들어온 모든 불의와 부패뿐만 아니라, 생태계 오염 등의 정화 문제와, 신명계의 정화 등 우주 차원의 대정화가 이루어진다.

이 대정화 과정의 극점에 지축이 반듯하게 서게 되면서, 그 충격으로 인류는 모든 기억을 잊어버리고 원시인의 상태가 되며, 인류 문명은 석기 문명으로 확 뒤돌아 가버리게 된다. 반면에 지구는 360도의 정원 운동을 하는 최적의 생존 환경으로 변모하게 된다. 인간도 그 영향을 받아, 인체에 변화가 오고, 살아남은 자는 수명이 연장되는 새로운 경계로 들어서게 된다.

대자연의 정화 과정에서 인류에게 닥치는 엄청난 대환난의 문제와, 이후 정화된 지구 환경에서 새로 시작하는 후천 세계의 신인류 문명 개창 등의 문제들은 어느 누구도 해결할 수 없는 지경에 이르게 된다.

이는 오로지 인간을 이 땅에 낳아주시고, 성숙시켜 오신 하늘님만이 해결하실 수 있기에, 하늘님께서 인류 역사를 직접 주재하시며, 인류 문명을 새로 낳아주시게 된다. 그렇다고 해서 인간의 몸으로 오시는 것이 아니다. 하늘을 덮으며 정한 천지의 법도로 하늘님께서 하늘의 대행자를 내시어 하늘님의 권능을 붙여주시며, 인간을 구원하고 후천의 새 세상을 열도록 하신 것이다.

하늘님이신 천상천주님께서, 세상을 두루 살펴보시다가 계룡산 도적골에서 처절한 기도를 하는 구도자의 삼생과 정성을 꿰뚫어보시고, 인류 구원의 사명을 내려 주시게 된다. 그전에 천지의 대신명들과 부처들을 계룡산 도적골로 보내시어 가르치게 하셨다. 그리고 신들조차 경외하는 천상의 어르신이시자 전대의 하늘님이셨던 천주대왕님, 천상천황님, 억조창생만조대왕님께서도 왕래하시어 성운율사에게 가르침을 내려주셨다. 그리고 인간으로써는 처음으로 도통군자를 만드셨다. 이러한 신명계의 역사를 지니고 있는 곳이기에, 도적골 미륵부처님께서 계룡산 도적골의 미래 모습에 대해 이렇게 말씀해 주신다.

〈여기를 부두가로 생각하라. 누구나 오고 나가고 하는 부두가로 생각하라. (중략) **여기는 큰 성지다. 5~6년 내에 큰 성지가 된다.〉**

도통군자로 선포된 이후, 하늘님께서 직접 구도자를 천마산으로 부르시어, 천상조회를 참관하게 하시고, 신명계에 선포하신다.

〈하늘님께서 순수하게 조용히 인자한 할아버지처럼 은은하고 청량한 음성으로 말씀하십니다. 그러나 수많은 천신(天神)과 지신(地神)들은 벌벌 떨면서, 우왕좌왕 왜 이렇게 야단들인가?〉

하늘님께서 환한 광명이 비치는 가운데 계시며 말씀을 내리시는데, 모든 천신과 지신들이 벌벌 떨면서 하늘님의 말씀을 받드는 모습을 보게 된다. 하늘님이신 천상천주님께서 천상의 조회를 통하여, 성운율사를 인류의 새로운 구원자로 내세우시며, 너는 만백성의 어버이이며, 천상천주님의 아들이라고 천신과 지신들에게 천명을 내리시고, 온 인류에게 선포하시는 것이다.

영안이 열린 한 사람이 하늘님을 뵙는 인류 초유의 사건과 하늘님께서 천상과 지상의 대신명들과 불보살들을 모아서 천상조회를 하는 광경을 보여주시며, 직접 천명을 내려주시게 된다. 지금의 인류 세상에서는 최초로 한 사람이 하늘님으로부터 천명을 받드는 순간이다.

하늘님이신 천상천주님께서, 그 구도자에게 "성운율사"의 명호를 내리셨다. 하늘님께서는 성운율사에게 가장 먼저 하늘님을 인류 모두에게 바르게 깨우쳐 주라고 하시고 명명백백하게 알려주시며, 온 인류에게 선포하라고 하신 것이다.

나는 하나님도 아니요, 하느님도 아니다.
하늘님이라 하라. 나는 천상천주이니라.

이제껏 사람들이 알아온 참 하늘님의 존칭이 잘못되었다고 하시고, "**하늘님으로 기도하라.**" 하시며, "**나는 천상천주**"라고 세상에 선포하게 하셨다. 이를 통해, 우주의 모든 거짓이 정리되고, 하늘님의 세상을 온 인류에게 바르게 선포하는 것이며, 참 하늘님께 드리는 진정한 보은의 시작임을 깨우쳐 주는 것이다.

하늘님의 선포가 기존의 종교와 이념에 물든 지금의 사람들에게 크게 울려 퍼져, 하늘님의 말씀에 귀를 기울이고, 신인류 문명의 태동에 관심을 집중해 주기는 바라는 마음이다.

하늘님이신 천상천주님께서, 성운율사를 하늘님의 대행자로 내세워, 인류 구원의 사명을 내려주시고, 원시인이 된 그들을 하늘님의 권능인 청음으로 깨어나게 하여, 그들을 이끌고 "**어둠이 없고 밝은 세상**"인 반야바라밀의 후천 세상을 새롭게 열어 가도록 천명을 내려 주신다.

그 말씀들이 11번째 천부경에 담겨 있다.

하늘님께서, 지구가 생긴 이래로 11번째 천부경을 하늘님의 대행자인 성운율사에게 인류 구원과 함께 후천세상을 여는 언약과 계율을 담아 알려주신 것이다. 이 천부경이야말로, "여든 한(81)자라는 뼈대만 남은 천부경이 아니라, 한 자 한 자 마다 하늘님의 말씀으로 가득 채워진 천부경이다. 하늘님께서 인류에게 11번째로 알려주신 인류 구원서이며, 인류 문명과 우주 대비밀을 밝혀주신 천부경"인 것이다.

성운율사는 이것을 처음으로 세상에 인터넷을 통해 공개하였으며, 저자는 그 내용을 바탕으로 출간하게 된 것이다.

천부경 출간이 가능하였던 것은, 말씀의 주인공인 성운율사가 하늘님의 말씀, 천신의 말씀, 부처님의 말씀을 일점일획도 더하거나 덜하지 않고 말씀 그대로를 전해 주었기 때문이다.

〈나는 아무 것도 모른다. 다만 신께서 전하시는 말씀만 그대로 전할 뿐이다. 내 눈에 보이고, 내 귀에 들리는 신의 말씀만 그대로 전할 뿐이다.〉

더군다나 하늘님의 말씀은 아무리 조그맣게 말씀하셔도, 그 자체가 법이라고 세상에 알려주며, 경외하는 자세로 하늘님의 말씀을 그대로 따르는 삶을 살아가고 있다.

〈하늘님께서 조그맣게 얘기하셔도, 하늘님 말씀은 법이시다.〉

인류 구원과 후천세계의 창조는 하늘님이신 천상천주님의 염원이 담겨 있는 일이기에, 하늘님께서 직접 가르침을 내려주시고, 성운율사를 하늘님의 아들이자, 인류구원의 대행자이며, 후천 세계의 개창자로 천지에 선포하셨다. 하늘님의 염원이 담긴 일이라, 하늘님께서 네 분의 신명을 보내시어 지척에서 성운율사를 엄중하게 보호하도록 하셨다.

계룡산 도적골에서의 가르침이 다 끝난 후, 산신령님께서 산을 내려가라 하심에도 몇 년을 더 머물러 있다가 내려오게 된다. 모든 기도생활을 마치고 계룡산을 내려올 때, 계룡산 산왕대신께서 주신 말씀이다.

〈네가 계룡의 왕이다. 계룡산에서 더 배울 게 없다.〉

산을 내려가지 않고 계속 기도 생활을 하려 하니, 갑자기 마음 전체로 커다란 두려움이 몰려오면서 자연스럽게 산을 내려오게 되었다. 하산한 이후 몇 년이 지난 뒤, 그 곳은 산림 휴식기로 지정하여 입산이 금지되었다.

성운율사는 전국 각지의 명산, 바닷가 기도터, 사찰을 찾아, 산왕대신, 산신령, 용왕대신 등의 대신명께, 그리고 부처님들을 만나 뵙고, 원력과 말씀을 받았다. 그러던 중, 최초의 부처이신 하나로 부처님으로부터 천 분의 부처를 받으시고, 미륵 부처님이 몸으로 들어오시게 되었다. 성운율사가 포항에 있는 내연산의 보경사 적광전을 방문하여, 문수보살님께 예를 드리니, 문수보살님께서 성운율사에게, "**대미륵인데 뭘 걱정을 하느냐!**"고 하신다. 이후 부처님들은 성운율사를 대미륵으로 부르시게 된다.

그리고 한 마음으로 한 하늘님을 섬기라고 하시는 통도사의 아미타부처님, 대마한 건립을 말씀하시는 통도사 비로자나부처님, 만백성의 어버이로 말씀해 주시는 신안의 금산사 관세음보살님 등 수많은 부처님들께서 크고 크신 원력과 지혜를 내려주셨다.

천부경의 일석(一析)에서, 가장 으뜸에 대한 말씀을 주시는데, 인간사회의 으뜸이 되는 황제와 황후를 말씀하시고, 이어서 내려주신 것이 천하 으뜸의 기도문에 대한 말씀이다.

* **반야바라밀의 으뜸을 하나와 같이 하듯이, 형형색색이 오묘함을 뜻하듯, 획을 그으며 천하 으뜸을 표함이다.**

황제와 황후는 비녀로 으뜸이 되는 일(一)을 표시하는데, 천하의 으뜸 기도문인 반야바라밀에는 밑줄을 쫘악 그어서 으뜸이 되는 일(一)을 표시한다고 하신다. 하늘님의 이 말씀으로, 어둠이 없고 밝은 세상을 가도록 도력을 길러주는 천하 으뜸의 기도경문이 반야바라밀타심경임을 깨닫게 된 것이다.

어둠이 없고, 밝은 세상이 반야바라밀이라는 것이며, 어둠이 없고 밝은 세상을 열어 나가는 이들을 반야바라밀타라 알려주신다. 그리고 그런 어둠이 없고 밝은 세상을 가도록 도력을 길러주는 으뜸의 기도 경문이 반야바라밀다심경이라는 것이다.

이 책에서는, 성운율사가 아미타 부처님과 문수보살님께서 설법해 주신 내용으로 반야바라밀다심경을 세상에 공개하게 되었다. 전체 내용 중 한자부분과 한글 부분은 부록에서 정리하여 제시하였다.

동시에 다수의 다라니를 해석하여 실었다. 다라니의 해석은 아미타 부처님을 위시한 많은 부처님들의 설법 말씀으로 정리하였다.

특히, 부처님들께서는 통렬하게 작금의 모습을 지적하시고 다라니의 참 모습을 밝혀주신다. 다라니에 대한 부처님의 설법 말씀 그 자체가 인류 역사상 처음 있는 일이다.

〈작금의 학자나 불자들이, "**뿌리나 근본을 밝힌다고 말들을 하지만, 그것은 자기들 임의대로 엉터리로 써 놓았다.**" 고 하시고, "**다라니는 모든 이들에게 어둠이 없고 밝은 세상을 말하는 것, 그리고 밝은 세상으로 가는 길**"이라고 알려주신다.〉

하늘님께서는, 대환난이 일어나기 전에 성운율사에게 하늘님의 축복을 주신다. "대쪽 같으니 나라 안이 곧 편안해지겠다." 하시고, "너희들 세상이 이미 시작이 된 것이다. 곧 너희들이 앞에서 밝히게 될 것이다."고 하신다. 그러나 그렇게 되기까지, "인의를 직시하고 행하라, 참고 또 참으며 행하라. 그렇게 하여야 새 나라를 세우는데 그르치는 일이 없다."고 경계하여 주신다.

하늘님께서는, 지축이 반듯하게 서고 난 이후, 대륙으로 진출하기 전에, 청음으로 깨어난 사람들을 이끌고 마식령 고개로 모이라 하시고, 그 마식령 산에서 모든 인류에게 하늘님의 징표로 성운율사를 천황으로 선포하시게 된다. 하늘님께서는, 성운율사의 몸에서 흰색과 붉은색이 나오게 하여, 그 징표를 모든 사람들이 다 보게 하시고, 인간 사회에 선포하시는 것이다.

후천 세계에서 성운율사를 천황으로, 그리고 함께하는 황상을 내세워, "**환함과 이로움**"을 같이하여 천세에 길이 후손을 일으킬 나라를 세우고 나아가도록 하셨다.

이때, 그 모든 것은 새로운 인류문명을 있게 해 주신 참 하늘님에 대한 보은의 경배 가운데 이루어지게 될 것이다. 후천 세상에 나타나는 인류 문명의 시작은 만유의 하늘님에 대한 보은의 경배로부터 시작된다. 그 보은의 경배가 이루어지는 최고 성소이자, 성역이 창조당이다.

하늘님 권능의 대도로 사람들에게 선포하면 많은 이들이 굴복하고, 만백성은 처음으로 알게 되면서, 자신들의 황제로, 자신들의 하늘이라고 칭하게 된다고 말씀하신다. 하늘님 권능의 대도가 성운율사를 통해 행사되고, 하늘님의 천명을 받드는 천상과 지상의 신명들이 함께 하게 된다. 하늘님께서는 천상과 지상의 신명들이 함께하는, 살아있는 모든 사람들의 새로운 후천 세상을 역술신전이라고 하신다.

한민족을 거느리고 인류의 새 문명을 열어 나가는 과정에, 후천세상의 새로운 광명제국을 "**대마한**"이라고 하셨다. 오로지 하늘님의 천명을 받들어, 온 누리를 밝혀 나가는 대마한의 황제이기에, 하늘님께서는 무극이라 하신다. 무극인 대마한의 황제가, 삼족오를 앞세운 한민족을 데리고 세상의 땅을 넓혀 만들어낸 대마한의 백성과 영토를 태극이라 말씀하신다. 그래서 무극은 태극의 중심체가 되는 것이다.

무극이 태극을 만들어 나갈 때, 앞날을 훤히 꿰뚫어 보고, 오락가락 하지 않고 지체 없이 뚫고 나가는 것을 황극이라 하셨으니, 황극의 주체가 무극이 되는 것이다. 이렇게 무극, 태극과 황극은 무너지지 않게 곁들어 가면서, 반란이 없고 편안하게 조화를 이루어 나아간다고 말씀을 내려 주신다.

후천 세상 대마한의 황제가 되는 무극은, 모든 것에 앞서서 하늘님 천명을 받들고, 지극 정성으로 항상 하늘님을 보은하며 경배하고 나아갈 때, 황극의 지혜가 깃들고, 태극을 더욱 견고하게 만들어 나가게 된다.

부산 기장군 오랑대에서 해동의 용왕께서는, 광명의 나라로 자유를 신봉하는 대마한은, 항상 웃음꽃이 피어나고, 온 누리에 빛나는 꽃다운 환한 세상이 열리는 부국강산의 태극 나라라고 하신다. 앞으로 이 땅에 이루어질 새로운 나라는, 하늘님의 깊고 깊은 은총에 보은하며 경배하고, 무극의 대황제들과 천상의 화랑들, 하늘의 자식인 온 인류가 함께 만들어가는 대화합의 환한 나라이자, 진솔한 빛이 은은한 향기로운 그 곳에서 자유가 마음껏 피어나는 나라라고 하신다.

하늘님이신 천상천주님께서는, 천부경의 삼극무(三極無)의 삼(三)을 말씀해 주시며, "**환난으로부터 맑은 세상을 찾게 하기위하여, 모든 사람을 다 갖추어 봄날에 눈 녹듯이 환난을 벗겨서 꽃다운 환한 세상을 온 누리에 빛나게 하니라.**"고 하시고, "**세속을 벗겨 환함과 이로움을 같이 하여 혼란과 비경으로 행복을 찾아 홀연히 행함은 만조에 길이길이 빛날 것이다.**"고 약속을 해 주신다.

그리고 "**환난과 겁난, 핍박과 혼동, 악귀로부터 성공치 못할까? 두려워 말라, 하늘은 항상 둘을 잘 지키고 있으니, 비탈길을 가도**

몸을 들어 반듯하게 가게 하려니 몸 져 행하라."고 하신다.

* 복이 하늘에 있으니 하늘에 항상 경배 하라, 지극정성으로
* 환난으로부터 맑은 세상을 찾게 하기위하여, 모든 사람을 다 갖추어 봄날에 눈 녹듯이 환난을 벗겨서 꽃다운 환한 세상을 온 누리에 빛나게 하니라. 그렇다 하늘은, 온 인류를 하늘의 자식으로, 만백성의 어버이로 진솔한 빛이 은은한 향기로운 곳에서 마음껏 피어나야 하느니. 세속을 벗겨 환함과 이로움을 같이 하여 혼란과 비경으로 행복을 찾아 홀연히 행함은 만조에 길이길이 빛날 것이다. 하얀 비둘기처럼.
* 겁난, 이로부터 편안하게 지낼 수 있느니라. 환난과 겁난, 핍박과 혼동, 악귀로부터 성공치 못할까? 두려워 말라, 하늘은 항상 둘을 잘 지키고 있으니, 비탈길을 가도 몸을 들어 반듯하게 가게 하려니 몸 져 행하라.

하늘님이신 천상천주님께서는, 천상화랑들이 많고 많은 하늘님의 일을 다 이루어낸다고 말씀해 주신다. 칠성여래 부처님께서는, "다 엮이는 인원을 끌고 가라. 천상에서 온 화랑들이 있다. 그들을 다 끌고 가면 좋다."고 하시고, 북한산 원효봉에 계시는 단군 천황께서는, "아들아! 네가 맘에 드는 아이들로 써 보거라. 천상에서 온 화랑들이면 좋겠다."고 하신다.

해동의 부처님께서는, 순수한 마음을 가졌기에 믿을 수 있다는 미륵의 종자를 찾아서 함께 가도록 하신다. 천상의 화랑과 미륵의 종자들을 엮어서 함께 가라고 하시는 것이다.

하늘님께서는, 하늘님의 대행자인 성운율사가 천상의 화랑들, 삼족오 무리들, 미륵의 종자들과 함께, 어느 누구도 "똑같이 일률적으로

한 치도 삐뚤어지지 않게 염을 담아 곧고 바르게 행"하라고 하신다. 또한, "아주 공들여 파행으로 치닫지 못하게 일관성 있게, 하나부터 끝까지, 한 점 틀어지지 않게 일사 분란하게 이미 가던 길을 곧고 바르게 서로 양분하지 않게, 일사 분란하게 집행해야 끝이 야무지게 된다."고 말씀해 주신다.

그리고 전체 조직의 틀이 안정되어가면, "똘똘 뭉쳐서 가야 으뜸이 된다."고 하신다. 그렇게 모두가 똘똘 뭉쳐 일사분란하게 나가면 천명을 이루어내고, "**엄청 큰 하늘의 땅이 되도록 넓혀서, 우주 한 가운데 모든 이목을 받고 천천세 우주**"를 이룬다고 은총을 내려 주신다.

우주 한 가운데 모든 이목을 받고 천천세 우주를 만들어 나갈 천상의 화랑들, 미륵의 종자들을 어떻게 알 수 있으랴?

인간의 눈으로는 알 수 없지만, 천지 염원을 담고 계시는 천지의 대신명들과 부처님들은 알고 계시다. 마음을 활짝 열고, 그 분들에게 기도 드려보기 바란다.

우주 차원의 대정화 과정에서, 세상의 온갖 종교, 정치, 사회 판에 끼어든 잡신들 역시 정화되어 가는 과정에 있다.

그래서 이성 줄을 놓은 듯 거짓과 가짜가 더욱 시끄러운 소리로 세상 곳곳에 울리겠지만, 점차 자리를 바로 잡아가게 될 것이다. 그리고 가을 찬바람에 정신 차리듯, 사람들은 비뚤어지고 편협된 모든 종교, 정치, 이념, 사회의 각종 미몽에서 점점 깨어나게 될 것이다. 특히나 사회주의나 공산주의 이념에 경도된 사람들과 나라들은 점차 뽑혀나가게 될 것이다. 입으로는 인간을 들먹이지만, 이념이 먼저이고 인간을 경시하는 자들이기 때문이다.

반듯하고 의로운 마음을 가진 사람이라면, 참 하늘님이신 천상천주님의 염원을 가슴에 새기며, 지금과 다른 신인류 문명인 후천 세상을 여는 일에 함께 하기를 바라면서 이 책을 출간하는 것이다.

지금의 인류가 태어나서 걸어 온 1만년의 긴 이야기이지만, 이제 우주의 대정화가 시작된다. 인류의 현재 문명을 문 닫고, 천상의 문명을 받아 전혀 새로운 어둠이 없고 밝은 세상인 신인류 문명을 열어 가려 한다.

신인류 문명의 여정이 11번째 천부경에 새겨져 있다. 하늘님께서 크고 크신 은총으로 열어 놓으신 후천세계를, 하늘님의 대행자이자 아들을 선봉으로 하여 천상의 화랑들과 미륵의 종자들이 아무 것도 없는 무(無)의 상황에서 하나하나 이루어가며 수많은 일을 이룩하여 후천 세상의 새로운 길을 열어 나갈 것이다. 이로써 우리 인류에게 앞으로 36,000년간 지속되는 전혀 새로운 신인류의 여정이 시작되는 것이다.

천부경에는 4 개의 무(無)가 나온다. 4번째 무(無)에 대해 하늘님께서 말씀을 주신다.

* 현실도 아니고 나중도 아니다. 하루에 지금이 중요하다.
* 일을 일으켜 나가야 한다. 나중은 없고 오직 오늘만 있다.
* 한마디로 감이 있는가, 없는가.
* 이만치 하늘은 누구에게나 안 준다. 마음 두둑하게 이루고 싶어 하는 자, 그에게 일구어 가라고 명한다.

4번째 무(無) 역시 무극이 아니다. "한 마디로 감이 있는가, 없는가."로 무(無)를 말씀하신다. 하늘 일을 일으켜 나가야 하는데, 아직도 감이 없느냐고 우리 모두에게 물으시는 것이다. 앞으로 다가오는 일에 감도 없고, 생각도 지혜도 없는 문무맹이 되지 말고, 세상의 변화를 제대로 깨치고 나아가라고 하신다. 나중은 없고 오늘이 있으며, 지금이 중요하다고 말씀하신다.

하늘은 누구에게나 주지 않는다고 하신다. 높은 하늘의 뜻을 깊이 새기고 명심하여 "**감**"으로 알아내고, 마음 두둑하게 이루고 싶은 자에게 일구어 가라고 천명을 내리신다고 하신다.

참 하늘님의 천명을 받들어 높은 하늘의 뜻을 피력하며, 신인류를 향한 새로운 여정에 함께하는 주인공이 되기를 기원하면서 성운율사의 감수를 받아 이 책을 세상에 전한다.

부록 1

기도문 예제

참 하늘님이신 천상천주님께 처음 기도드리는 분들을 위해 예시로 기도문을 첨부하니 참고하기 바란다.

하늘님이신 천상천주님께 올리는 기도문 예

삼라만상의 하늘이시며,
신과 인간의 으뜸 되시는 참 하늘님이신
천상천주님!

○○○(예시:예순한) 살 ○월 ○일 ○시 ○○○

대미륵을 표상으로 삼아,
천상천주님의 명을 받들어,
모순됨이 없이 한 마음으로 나아가,
믿음과 인의를 바로 세우며,
하늘의 뜻을 이 땅에 펼치는데,
영공을 다 바쳐 이루겠나이다.

부록 2
천하의 으뜸, 반야바라밀다심경 설법

摩訶般若波羅蜜多心經(마하반야바라밀다심경) 전문

觀自在菩薩 行深般若波羅密多時 照見五蘊皆空度 一切苦厄 舍利子
관자재보살 /행심반야바라밀다시 /조견오온개공도 /일체고액/사리자

色不異空 空不異色 色卽是空 空卽是色 受想行識 亦復如是 舍利子
색불이공/공불이색 /색즉시공/공즉시색 /수상행식 /역부여시/사리자

是諸法空相 不生不滅 不垢不淨 不增不減 是故 空中無色 無受想行識
시제법공상/불생불멸 /불구부정 /부증불감/시고 /공중무색/무수상행식

無眼耳鼻舌身意 無色聲香味觸法 無眼界 乃至 無意識界 無無明
무안이비설신의 /무색성향미촉법/무안계 /내지 /무의식계/무무명

亦無無明盡 乃至 無老死 亦無老死盡 無苦集滅道 無智亦無得
역무무명진 /내지/무노사/역무노사진 /무고집멸도 /무지역무득

以無所得故 菩提薩唾 依般若波羅密多故 心無罫碍 無罫碍故
이무소득고/보리살타 /의반야바라밀다고 /심무가애 /무가애고

無有恐怖 遠離顚倒夢想 究竟涅槃 三世諸佛 依般若波羅密多

무유공포 /원리전도몽상/구경열반 /삼세제불 /의반야바라밀다

故得阿耨多羅三邈三菩提 故知般若波羅密多 是大神呪 是大明呪 是無上呪

고득아뇩다라삼막삼보리/고지반야바라밀다 /시대신주/시대명주/시무상주

是無等等呪 能除一切苦 眞實不虛 故說 般若波羅密多呪 卽說呪曰

시무등등주/능제일체고 /진실불허 /고설/반야바라밀다주 /즉설주왈

揭諦揭諦 波羅揭諦, 波羅僧揭諦, 菩提 娑婆訶

아제아제 바라아제 /바라승아제 /모지 사바하

揭諦揭諦 波羅揭諦, 波羅僧揭諦, 菩提 娑婆訶

아제아제 바라아제 바라승아제 모지 사바하

摩訶般若波羅蜜多心經(마하반야바라밀다심경) 해석 설법문

모든 것에 지혜를 나누고, 이르러 양과 음으로
모두가 이롭게 해주어, 이로움을 알려주려 한다.

모든 보살께 물어서 알아야지/ 이런 속속들이 다 알았음을/

묻지 않고는 모르니[사람이 어찌 다 알겠느냐]/

어찌어찌하여 얻는다 해도/ 슬그머니 따르지 아니하고.

아주 이롭지 아니한가/ 엮임으로 시간시간 나누어 가면서/
아직 이르지 아니하고/ 서먹서먹하여 안절부절 하는 것/
여러 신[神]을 앞에다 두고/ 안부터 일으켜 세워 도우려 행하고/
이해하고 행하는 자.

알 수 없는 속을/ 어디까지 일으켜 세워/
이루고 이루어 한 가지 안에서/ 몹시 서러워 마음에 부딪치게/ 하고/
매정한 인연은/ 애초 마음하고

안 보고 안 듣고 안 맡고 안 먹고 안 입고 보지 않고 지치지 않게 행하면/ 안에 있지 않고 안 어울리며 희망이 여기서 이렇게 이렇게 이루어지는 것/ 안 주면 안 보이는 것이니 어느 것도 없는 것이다/ 있는 것도 없는 것도[어떠한 것도]/ 인식하지 못하고 없는 것/ 안에도 저쪽에도 없는 것.

이런 소소한 조금 아주 조금씩/ 있는 것도 없는 것도/ 애증에 있는 것/ 여럿이 함께라면 이렇게 이어간다./ 몹시 말로만 시시콜콜/ 세속은 안 보면 알 수 없듯이 속을 들여다 보아야 된다.

언제나 처음부터 다하면 아무것도 안 된다, 알고 해야 한다./
맞이하여 일으켜 보며 이문을 보려 한다./ 억지로 입는다고 의복이 마음에 드는 것은 아니다. 안중에 있는 것을 의복으로 하여야지./
이렇게 이제부터는/ 이렇게 어둡지 아니하고.

안중에 두고/ 누구나 안 아프고 일으켜 가는 것이며/ 이렇게 도움을 주어 오른손이 하는 걸 알고 있다/ 몹시 어울리지 못하시는 분/
해후하고 이룩하여 안 보고도 알 수 있다.

아직 이런 것에서 물러서지 못하고 베풀어 주리다/ 얼른 안 주면 이것도 저것도 안 되니/ 구맥을 짚고 엎어지지 않게 하는 이/ 자신이 안 보면 안 되니, 눈으로 앞에 두고 인연으로 가는 이/ 안쪽부터 오로지 어디 어디까지,

이루어보고 또박또박 가는 것이어야 하고/ 낮추어 보아도 안 되고 업신여기지 말며/ 응당해야 하는 일이며/ 약하게 이르러/ 안쪽[마음]부터 일으켜 세워서 흐름을 바르게 함구하고 더 쉽게 물음을 이야기했다/옳고 바르게 좋게 말하려 함이다.

홀로가 아니 되면 아니 되니/ 날마다 이렇게 다 같이 기도하면/ 아낌없이 주리라.

홀로 날마다 기도하면 기도하는 모두에게 아낌없이 주리라.

별책 :

하늘님께서 내려주신

11번째 천부경

지구가 생긴 이래 내가 11번째로 천부경을 (알려주며),
성운율사가 해석한다! (하늘님이신 천상천주님 말씀)

천부경 해석 : 성운율사

천부경:

오묘한 하늘의 비밀을 역으로 피력한 핵심을 이치에 맞게 경으로 인간에게 이름이다.

천부경은 환난이 끝나고 새로운 세상이 시작될 때, 세상을 어떻게 만들어서, 백성을 먹여 살리고 새로운 나라를 형성하는 과정을 하나하나 핵심을 천상천주님께서 글로써 후세에 남긴 글입니다.

이것은 아무나 해석하는 것이 아니라, 도통을 하고 청음을 하늘로부터 받은 사람만 해석할 수 있는 것입니다. 그러니 학자, 교수, 전문가 그 누구도 아니며, 지구상에는 성운 율사이외는 없다고 봅니다.

후천 세계를 여는 방법인 것 같습니다. 이제 때가 되어, 우리 민족 모두에게 천부경을 공개합니다.

(81자는 이 세상에 드러난 모습 그대로 제시하였으며,
다만 가로 읽기가 편한 지금의 세대에 맞추어 배치하였다.)

一始無始一析三極無	일 시 무 시 일 석 삼 극 무
盡本天一 一地一二人	진 본 천 일 일 지 일 이 인
一三一積十鉅無匱化	일 삼 일 적 십 거 무 궤 화
三天二三地二三人二	삼 천 이 삼 지 이 삼 인 이
三大三合六生七八九	삼 대 삼 합 육 생 칠 팔 구
運三四成環五七一妙	운 삼 사 성 환 오 칠 일 묘
衍萬往萬來用變不動	연 만 왕 만 래 용 변 부 동
本本心本太陽昻明人	본 본 심 본 태 양 앙 명 인
中天地一 一終無終一	중 천 지 일 일 종 무 종 일

一:

* 그 사람을 하늘이 알고 있다. 11번째 이르러 이 글을 알려준다.
* 71개의 획을 가지고 있어 편함을 이야기하며, 소 우(牛)를 바탕으로 하고 있다. 획 하나에 힘이 있어 편안을 알며 쑥 나감을 안다.
* 사물을 바탕으로 하니, 색경[환함과 어둠]을 긍지로 한다. 판판함을 함께하며 피력해야 한다.
* 나른함을 알려면 피나는 노력이 있어야 한다.
* 솟구침을 알려면 펴짐도 생각해야 된다.
* 속과 겉을 안정하라.
* 함구하고 1인이 진행하라.

始:

* 무엇 하나 같은 것은 없으니 파헤쳐 나가라.
* 색경은 나태하게 한다.
* 마른 풀은 푸른 풀이 되지 않는다.
* 빛깔은 색의 변화를 얘기한다. 확고한 신념이다.
* 미물은 파경을 맞는다.
* 화는 많은 이를 괴롭힌다.
* 가엾은 것은 반역의 무리다. 속이 얇으면 피가 튄다. 바로 가라. 역사는 하늘에서 겸양해 준다. 바깥보다 안을 견고히 하라.
* 못한다 하지 말고 행하라. 어부지리가 얻는 게 있다.
* 하늘은 함구하고 있는 듯하나, 하늘이 알고 있다. 비껴가지 못한다. 비약하면 아니 되니, 갖출 것은 갖추어야 견고하다.

無:

* 휙휙 지나가는 것은 낯판 보기 어렵다, 반듯이 갈 것.
* 하늘은 하얗지만 마음은 어둠이다. 낮과 밤을 분별하라.
* 곱디고운 것은 하늘이 주는 것. 함부로 행하려 하지 마라.
* 반사 힘은 무지하게 힘을 크게 한다. 바깥출입을 금지 하라.
* 곧은 일을 행하려거든 바른 길을 택하라. 명심하라, 명은 하늘이 주는 것, 확고한 신념을 가지고 살며 혁신하라.
* 밤은 낮보다 어두우니, 결명처럼 나가라. 매우 진지하게.
* 고난이 난무하니 갈 곳이 어디인가, 한발 앞을 예측하지 못한다. 함부로 가지 마라.
* 곽 속에 갇히면 암흑인 걸, 천장의 대들보를 보고 가라, 색경을 잡아라. 그래야 환한 곳을 볼 수 있다.
* 그러나 남문을 피해라. 곽 속은 불빛이 없어 파란을 맞는다. 좌측 위로 올라 나가라. 행운이 있다.
* 편안함을 알려면 전심전력을 다하여 피어나야 하느니라.
* 하늘은 높고, 가엾은 님은 어디 갔나? 빛과 소금이라, 밝은 것 낮은 것은 배우며 터득하라.
* 음정은 광영이요, 광영은 밝은 빛이라, 깨끗해야 된다.
* 미동에 귀를 기울여라, 환난을 피할 수가 있다. 항상 견제하라.
* 한 솥은 중앙을 잘 지키거라. 한가운데서 역모가 일어난다.
* 남편과 너희 둘만 믿어라, 딴에는 한다 하나 안 본 만 못하다. 관을 엄습하려 하는구나. 괜찮다, 진흙이 아무리 애써도 관은 너희 것이다. 율사, 잘 봐라 해코지하는 자는 먹물을 칠해라, 피물로 물들여라. 각성하여 편애하지 마라, 가엾은 것들.
* 한량은 배포가 있어 가로지르려 하는구나. 망할 자 인간 통제.
* 비탈길을 가야 하므로, 바로 질러가거라. 비탈길을 엄습하지 마

라, 가신들의 방탕이 있다.

* 혁명은 하늘이 맡긴 것, 갖은 고난 벗어던져라. 해탈해야 하느니.
* 일어나라 동쪽의 해를 보고 관음이 기다린다. 펼 신이 반듯하구나.

始:

* 망자는 헛것을 피력하지 못한다.
* 마음은 지안을 밝히지 못하니, 참고 또 참아라.
* 참을 인은 나만으로 족하니, 마음 편히 해라.
* 봉이, 삼마, 마귀, 천지연, 잡귀, 몽당 귀신 잡념은 흙탕물 백가를 떠서 갈아붙여라, 그래야 깨끗하다.
* 엷다고 바보로 보느냐. 앙칼지고 미력하지만 참아야 하느니, 백개 안에 천만 개가 더 있다.
* 그만두면 안전하지만, 비틀면 안 좋은 것을 벽 쪽에 고개 숙인 나인을 봐라, 무엇에 희망을 걸겠느냐.
* 한은 다 같이 가는 것, 무릇 다 같이 핍박을 받느니라.
* 천념은 가신으로부터 떵떵거릴 수 있으며, 반은 이긴 셈이다.
* 갑 속에 지략이 있듯 팔괘가 있다. 뜻을 펴라, 봉은 하늘이 온주 하니 밝은 빛을 내린다.
* 환한 것은 깨끗함을 말한다.

一:

* 하늘은 나를 보고 안달한다 하지만, 바로 가지 않으면 무엇 하나 가진 게 없다.
* 빛 좋은 개살구, 허물만 있지 가진 게 없다.
* 이윤을 반으로만 알지, 몸 전체는 아니 된다.

* 비단 가졌다 하나 안 보면 없는 거와 같다.
* 빛은 차가운 것 바로 보고 바로 가야 행함이 있다.
* 빗대어 가면 망하니, 가심이 없어야 된다. 비앙거림은 바로 탈이 나 허탈에 이른다.
* 밤이슬에 젖는구나, 바깥은 안 돼, 우는구나. 비 온 뒤에 땅이 굳듯, 찬 것을 피해라. 비 오면 젖지만, 나가면 얻음이 있다. 빌거라, 찬 서리와 비는 피하게 해달라고.
* 봉황이 있으면 깨끗함이 있다. 봄날에 아지랑이 너울거리듯 울타리를 일으켜 세워야, 바람도 막고 병도 막고 가사도 돌본다.
* 복은 항상 있는데, 가진 자와 갖지 못한 자 천차만별이네. 밥을 먹어도, 못 먹은 자, 가진 자, 똑같이 음식을 못 먹는구나.
* 마음을 비워라, 처음과 같이. 빈곤을 탈피하려면 비울 것은 비우고, 마른 것은 마르게 하면, 떨어질 낙과들은 솎아내야 잘 익는다. 마르게 함이 아니니라.

析:

* 황후는 하나이니, 빛깔이 오색찬란하며, 획을 그으니 처음과 끝이 오묘함을 말한다.
* 반야바라밀의 으뜸을 하나와 같이 하듯이, 형형색색이 오묘함을 뜻하듯, 획을 그으며 천하 으뜸을 표함이다.
* 항만은 천의 하구와 같은 것. 밭이 논이 되듯, 하구를 막으면 별의별 것이 다 얻어지듯 갖은 오만가지를 다 갖추고서 이익을 사이좋게 갖추고 가야 하느니. 항구가 갖추어지면 값진 오만 가지가 떡떡 들어오니 큰 파고[형형색색을 쌓는 창고]가 있어야 되고, 그러자면 힘과 기능 있어야 되고, 하루에 한 번은 돌봐야 시비를 가릴 수 있다.

* 두 육 칸은 비워두되 칸칸이 비워 차근차근 들어오는 데로 꼭꼭 잘 간수해야 얻어 가고 나가는 것들을 기록에 옮길 수 있느니. 항구는 잘 간수하면 되고 확실한 것은 운다가 해야 된다[운다: 처음부터 끝까지 가는 사람]. 문을 닫으면 꼭 확인하고 항구에 어떤 것도 드나듦을 막아 편안하다.
* 한집은 각시가 앉아 빗질을 하게하고 집안은 남편이 우선이니 내조를 잘해 그릇의 크기에 맞추어 이부자리를 채녀야 그것이 도리이니라.
* 밤은 하녀 한 사람만 데리고, 다 물려야 되느니 아픈 마음 달래 가며 우선 행위를 하되 조화 있게 하고 파행을 막아야 되니, 참으며 베고 자야 하느니, 오른 일은 이치에 맞게 행하고 잠은 평소와 같이 하면 되느니라.
* 다 갖추면 할 것이며 자고, 지고, 팔난이 우선해진다.
* 각시가 가엾으면 달려가 다분히 가지런히 잘 받들어 행하매 피력해야 되느니 달갑게 모셔야 되느니라.
* 의류는 복을 담는 것이니 곱고 찬란한 것으로 하되, 좋게 의젓하게, 밝은 색으로 화려하게 으뜸으로 해야 되느니라. 하늘은 하얀 것을 화려하다 하니, 하얗고 부드러운 것으로 해서 뭇사람으로부터 선망이 되게 해야 하느니.
* 갓은 깃이 있고 팔경이 환하고 빗질이 편하게 제작하되, 참하고 편안하게 의젓하게 피력해야 되느니라.
* 황상은 해후 후, 밖에 나올 때 의관정재하고, 하루도 빠짐없이 항상 귀모를 밝게 하고, 환한 모습을 비추어야 하느니 그것이 귀감이다. 끝말은 해후하고 정들어 망령이 날 때까지 변치 말고 편안하게 오손도손 잘 지낼지니라.

三:

* 해코지는 마음에서 이탈되는 것이다.
* 삼을 획으로 그어도 처음과 끝이 다르듯이 함부로 이야기할 수 없으며 잠정적으로 이어져 가는 것이니 착석한 후 옮게 가름해야 되느니.
* 잦은 것은 화를 부르니, 참고 또 참으며 겸허히 파란으로부터 탈피해야 되겠느니라. 밤은 이슬과 같이 오는 것이니, 참으로 온 나라가 편안해지는 시각이니라. 참으로 조용하구나, 엎드려 지나건대 참 아름다운 꽃이니라.
* 정열과 사랑으로 몸과 마음으로 온몸과 정성으로 지극해야 하므로 마음을 편히 해야 가정이 항상 편안하다. 곁들여 편애하지 말며 속과 겉을 정열로써 애써 힘이 되게 하여야 되느니라.
* 하나를 알면 모든 것의 시발점이네, 천천히 사물을 보고 형색과 만물의 근원을 찾아 그 끝이 어디인지 찾아가서 참회하고 서로 의견을 참고하며, 서론과 결론을 지어야 하느니라.
* 혹자는 사물의 끝은 보지도 않고 퍽도 알려고도 않고, 생각하려 하지도 않고, 비껴 나가려 하니, 그 어찌 반듯한 걸 안다 할쏘냐.
* 함부로 말하지 말 것이며, 함구하고 지켜보며, 지략을 펴 맞게 행하여야 편애하지 않으니, 밤은 낮보다 즐거움이 많다 아니 할쏘냐.
* 정말 이치에 그르치지 않게 협조 당부하며 서로의 의견이 차질 없게 함은, 서로를 당신께 팔베개를 주는 것이니, 마음을 곱게 편하게 일으켜 세워 줌이니, 편안한 마음은 황상과 천황의 몫이니, 천세에 길이 후손에 일으켜 줌이니 마음을 정립하여 편안케 행하라. 하늘은 아느니, 바로 임함을, 빛과 선이 그러하듯 안다. 서로 함께 같이 가야 하느니.

* 복이 하늘에 있으니 하늘에 항상 경배하라, 지극정성으로
* 환난으로부터 맑은 세상을 찾게 하기위하여, 모든 사람을 다 갖추어 봄날에 눈 녹듯이 환난을 벗겨서 꽃다운 환한 세상을 온 누리에 빛나게 하니라. 그렇다 하늘은, 온 인류를 하늘의 자식으로, 만백성의 어버이로 진솔한 빛이 은은한 향기로운 곳에서 마음껏 피어나야 하느니. 세속을 벗겨 환함과 이로움을 같이 하여 혼란과 비경으로 행복을 찾아 홀연히 행함은 만조에 길이길이 빛날 것이다. 하얀 비둘기처럼.
* 겁난, 이로부터 편안하게 지낼 수 있느니라. 환난과 겁난, 핍박과 혼동, 악귀로부터 성공치 못할까? 두려워 말라, 하늘은 항상 둘을 잘 지키고 있으니, 비탈길을 가도 몸을 들어 반듯하게 가게 하려니 몸 져 행하라.
* 혹자는, 하늘이 우리를 안 본다 하여 한숨지으며, 한탄해 하지만, 하늘은 모든 일을 환하게 알고 있으니, 핍박 받지 말며 한숨 쉬지 마라. 행하면 얻을 것이다.
* 먼 훗날 나는 아들에게 말하노라. 삼문에 이르러 팔을 걷고, "팔난을 막게 해주세요."라고 만 번 해라. 끝남과 동시에 막아주리라. 아들아 믿거라.

極:

* 혹자는 너를 바보라 한다.
* 만인의 어버이로, 파경에 들지 못하게 하며 확고한 이념을 갖추고 변고에 들지 않게 하여야 하느니라. 핍박은 한을 낳으니 결국 한을 만든다.
* 혹자는 말하기를 좋아하며 남을 이렇고 저렇고 하지만 새겨들어야 하며, 소리 없이 행하여야 하며, 세력과 과욕은 마음을 편

하게 하지 못하니 비껴가야 한다. 배고픔을 알면, 먼 훗날 핍박으로부터 굶은 자를 배불리 먹게 할 것이며, 마음을 밝게 하여 처소에서 밝은 세상을 보고, 세상의 이치를 알고 파악하고, 아랫것들을 보살필 줄 아는 지혜를 발휘하여야 하느니라.

* 파행으로 들지 않게 하여야 하며 먹고 입고 사는 것을 잘 보살펴야 하느니.
* 온 만물의 것들은 다 온순하며 파벌로 나누어 가려 하니, 다 갖추어 주는 사람이 필요하다. 또한 황상으로써 귀품이 있어 온 백성의 삶을 펴나감을 위로부터 밑으로까지 흠모할 수 있게 함이로다.
* 천하를 얻었다 하여 마음을 두지 않으면, 무엇 하나 제대로 흘러가지 못하니, 밤낮으로 몸소 챙기며 속속들이 만지고 발로 밟으며 행하여야 그 아래의 빛이 어디까지인지 알 수 있다.
* 본인의 눈으로 본다고 하여 애태우지 말며 한 사람씩 불러 누구는 무엇을 하고 무엇을 하는지 뜻만 확인하면서 넘어가면 실타래처럼 슬슬 풀려 갈 테니 확인하면서 챙겨라.

無:

* 세력을 말함이다.
* 어느새 낯이 익으면, 인연을 끈으로 하여 서로 높은 곳에 직위를 주면 갖은 방편을 쓴다.
* 하늘은 옆에도 뒤에도 두루 둘러보면서 말씽 없게, 그 누구의 성품과 도는 많이 닦았는지, 수양 정도 그곳을 보며 살피면서, 어른께 물어서 밝혀서 편애하지 않게 하여라. 그네들 속에 파묻혀 들지 않느니라.
* 설령 부단히 끌려 다녀도, 도만 부리면 이 한 손에 많은 이가

굴복한다. 처음으로 만백성이 알게 될 것이다. 너만, 만천세 천세 하늘이다.

* 청음은 이 세상에 너 하나만 되니, 우레 같고 천둥이 우르릉 쾅쾅 지축이 흔들며 오만 가지가 바로 이치가 시작되니, 청음에 많은 백성이 황제를 하늘이라 하니, 너희를 황제 폐하라 할지니라. 우륵 신명과 쇠함을 잊게 하라.
* 시작은 경천지국이니 서로가 역사하려 하니, 말로만 하는 자, 생각으로 움직이는 자, 떡만 보는 자, 이것저것 챙기는 자, 가지각색이네, 그래서 이쁜 세상은 도력이 필요하네. 온 백성이 손벽치며 환호하네.
* 이 산에서 뻐꾹 저 산에서 뻐꾹 절을 하네, 역술 신전이네.
  청음으로 말만 하면 야단이네. 만천세 천세 만백성이 야단이네.
* 청음은 소두 망녀, 새야 새야 날개를 펴라 이쪽 바다 저쪽 바다 임금 바다 어디든 다 간다. 넓지감치 다 날아간다. 청음이 하늘이다. 천신, 천신, 너는 삼신이다. 고요한 발길 담기면서 쑥쑥 길을 잘도 간다. 청청 걷고 싶어, 누구와 같이. 어이 어이 밟고 가보세, 청음 신사 참배하면서 곱게 곱게 나간다.

盡:

* 설혹 이룩하여 별을 얻는다면 무엇 하나 가지런히 이룩해, 세월을 천도 밝고 만인의 어두운 반면을 보는 것보다, 내면의 속을 보는 것은 안쪽을 보는 것을 말함이다.
* 사명이 있다면 다른 일을 맡을 때까지 일흔일곱 들을 때까지, 미력하지만 몸과 마음을 바쳐 전력을 다하여 그 뜻을 다 얻어 그렇게 하여 더욱 좋은 것을 알아야 된다.
* 속자는 셈을 한다, 멸을 본다, 헷갈리게 하나, 헛말은 묘한 기운

을 가지고 있으니. 그렇게 해서는 아니 되니, 문제 삼지 않게 미묘하게 벗겨 빼내어, 갖추어진 옳은 길로 반듯이 가야 하느니라.

* 혹 마음에 들거들랑 밝은 광영으로 모진 곳으로부터 광활한 곳으로 밝은 생활 깨끗한 빛을 보게 빌거라.
* 하늘은 꼭 갈망하지만 않는다. 매우 이상적인 것, 밝고 환한 것, 실험을 싫어하고 밝고 환한 것을 좋아하니 바로 이것이 만반의 준비된 마음이다.
* 네 곱은 싫어, 엷고 어두운 발아래 있는 것은 싫어, 높고 아득한 곳, 밝고 환한 곳, 또 발아래 무수한 것들이 바로 이렇게 저렇게 만방에 환하게 펼쳐지는 곳, 어둠은 걷고 밝은 광영이 있는 곳, 바로 황상이 있는 곳이다.
* 생을 마감한 이도 있다. 희망은 꼭 마음의 등불이다. 밝고 명랑한 것이니라.
* 진(盡)은 힘 이야기, 희망이 있는 이야기였느니라.

本:

* 이미 안다 하여도, 어떻게 하늘을 안다 하겠느냐?
* 하얀 집이 어떻게 하고 있는지를 알아야 하고, 임금은 그렇게 아주 먼 곳 하늘에 있느니라. 설혹 임금을 알아도 서로가 안다 하지 못하고 어떻게 안다 하겠느냐. 이놈아, 안 보면 어떻게 안다 하겠느냐. 성운아 이놈아, 낯판이 있어 임금이 하늘에 있어 아침에 공경하지 않느냐? 하얀 운대로가 어찌 입으로 말로만 표현하겠느냐.
* 너는 마음으로 몸으로 역성을 들지 않고, 헛말하지 말며, 속으로나 겉으로나 아는 거나 모르는 거나 확실하지 않으면 말하지 말며, 혹 이간질하는 자 있다면 헛말을 못하게 꼭 묶어, 저 밑

에 미륵 앞에 앉혀 놓고 옴짝 달싹 못하게, 여럿이 뭉쳐 묵어놔야 되느니라.

* 마음이 이렇게 하나같아야 되며, 어리숙하다 말하지 말고 저대로 하는 일이 있구나, 그렇게 바라보고 있노라면, 남이 보지 못할 때 그때는 한 계단 한 계단 올라갈 수 있느니라.
* 모두 다 같은 마음 일진데 헛것은 없는 거와 같으니, 이미 마음에서 떠나면 없는 거와 같다.
* 육신이 이름값을 하고자 하면 몸과 마음 똑같이 성의와 열의를 다 하여 이렇게 해보고, 저렇게 해보면 한 올 한 올 떠올려 갈 수 있다.
* 나는 이렇게 하고 너는 이렇게 한다 하여 확실하지 않으면 헛걸음만 하니, 심혈을 기울여 일을 하나하나 분 닦기는 것 없게 반듯하게 가야, 힘이 나고 보람을 찾을 수 있느니라.
* 혹자는 나쁜 일만 시킨다 하지만 어디서 나는 무엇을 하는지 보아라. 나도 너희들 못지않게 어지러운 세상, 안팎으로 험난한 세상 두루 밝혀가려면 혼이 나갈 지경이다. 율사는 (내가) 하는 일 보았으니 알겠구나.
* 무릎 소망이 있어 하고자 했으면 미륵 한번 비춰보고 소리 한번 질러보고 어찌하면 좋을까. 불편하지 않게 편안하게 해줄 것이니, 입으로 마음으로 표현해야 웃음 꽃, 밝은 꽃 피어나도록 쓱싹, 남의 이목 보지 말고 내 입으로 내 몸으로 밝히거라.
* 처음 마음으로 했으면 모름지기 아는 만큼 조금씩 조금씩 더하지.
* 속마음 아예 잊게 하고 처음 마음 (끝)까지 가게 비재비일한 것까지 생각 말고 속속들이 까뒤집으면 무엇 하니.
* 인연이 아닌 것은 찾으려 하지 마라. 색경에 비친 것만으로도 족하니라. 처음 이 마음 변치 말고 오로지 하늘에 몸과 마음을

맡기고 오늘 알고 내일을 알면 되느니라.

* 짐이 하늘에 모든 걸 탓하랴, 하지 않았으니, 밑에 있을 때 성운 율사 말 듣고 떠서 올라오면 천상의 문을 잡을 수 있느니라.

天:

* 우주의 한가운데 서서 처음 웃음의 마음을 걸 다르지 않게 하며 오로지 사는 것에 열중할 때 일이 있어 그 일을 성취해야 하느니라.

* 숨 막히는 어리석은 것의 결정체이니라. 아니 그렇지 않다고 볼 수 있느냐. 웃음은 한으로 족하지, 때도 시도 없이 웃음을 지으면 몸만 축나지 마음이 안정이 안 되니, 숯타래[속빈 껍데기]와 같이 되느니라.

* 움켜지려면 안정이 안 되니 확실하게 움켜잡아야, 이리도 못 가고 저리도 못 간다.

* 사물을 볼 때다. 이 말은 설혹 하늘이 입으로 말씀을 하였을 때도 안정이 안 되면 안 들은 거와 같으니, 몸과 마음을 편안하게 하고 짙은 마음 모진 마음 피하지 말고, 오직 하늘에 모자란 것 다 편안히 말씀 드리거라.

* 우주를 셋으로 나눠 놓고 어디서부터 차지하겠니? 이 땅과 편안한 저 하늘과 숨 쉬는 맑은 공기 어떻게 하면 좋겠니? 나는 조건 없이 물과 생기를 찾겠다. 그래야 마음 편하게 먹고 생기를 찾을 수 있으니까. 대명분을 잘 따져 보아야 된다고 생각이 든다. 어떤 곳에 가서 살던 입 막고 코 막고 모질게 숨 막혀 꺾기지 못하고 파르르 파르르 꺽꺽 소리를 내며 서서히 바로 땅바닥에 꺼풀어질 것이다. 이리하여 온 나한들은 누구나 물소리를 지를 것이다. 피 한 방울과 물 한 방울과 바꿀 수 있는 것이다.

* 신이 인간을 안 본다하면, 성인이 납작과 같은 것이니, 납작은 밤이슬을 먹고사는 저 우수리[힘이 없이 겨우 연명해 가는 연체동물]와 같은 것이니라.
* 천성은 도를 넘어서야 안에 무엇이 있는지 양면성을 가지고 있으니 그것을 따져 보면서, 가득 날부터 오늘까지 천천 남보다 천미륵을 찾아서 솔직히 반경[모두 안정 되게 가는 것]을 가야지.
* 하늘은 이번 있은 일을 안으로 있다 하고, 무엇하나 거침없이 반듯하게 알려 주마. 너무나 아득한 날에 일어났느니라.
* 고추잠자리는 남자가 되었고, 벌거지는 여자가 되었다. 그러면 하늘은 이런 인간이 어디서 왔는가? 아득한 날에 어두운 곳에 잎이 있는데 나뭇잎에 발그레한 고추잠자리와 솜털이 나지막하게 난 검으스레한 버러지가 있는데, 이 둘을 하늘님께서 만약에 선악을 만들어 놓을까 하여 임의대로 선한 사람과 선하지 못한 사람, 홀로 가는 사람과 홀로 가지 못하는 사람 두 종류씩 사람을 만들어 놓았다.
* 신명을 아는 자는 악이 선으로 갈 수 있게 하였고, 또 아집과 고집이 있는 자는 홀로 가게 하였다. 또한 속으로 이쁜 척하는 자는 악의 근성을 갖게 하였고, 참으로 마음 심(心)을 심은 자는 천하를 웃으며 살 수 있게 하였다.
* 우륵[무릇] 사람은 내 명칭을 알아야 되느니라. 아무튼 엎어갈 것인가. 묻어갈 것인가. 또 갖추고 갈 것인가. 일을 하면서 갈 것인가.
* 입이 하나면 몸만 가야지. 떠서 가려면 속을 알아야지 이런 거야, 서서 높이를 알아야지. 하늘 잎은 밤나무 뜰에 몸소 파랗게 붉스레 꽃 필 때 진 잎이다.
* 너희가 다음 세상을 만들어 가야 하니, 서로의 의견과 앞으로를

보면서 멸의전에[차분하게] 이렇게 저렇게 하여 시작을 해야 되니, 다 같은 마음으로 서로 의사를 소통하면 그렇게 하면 되느니라. 서로 헐뜯지 말고, 속을 하나로 만들어 나쁜 기운 다 멀리 보내고 확실하게 행동으로 옮겨야, 표시가 나고 서로 의견이 조율되는 것이다.

* 이 말은 서로 이것만, 이것만 하지만서도 하늘은 똑바로 가는 걸 원하니 바른 기운으로 서서히 바르게 등꺼풀을 배겨가듯이 올망졸망하게 다 걷어 내야 한다.
* 사나[몸과 마음에 있는 것]는 지척에도 없고 날 적[태어날 때]에도 없다. 나는 이른 새벽에도 마음에 드는 것을 해야 되고 이렇게 처음을 알아야 되니 다른 것보다도 어느 누구나 마음에 드는 것을 걷고 가야 된다.
* 서로 다른 마음 없이 밝은 마음 성실한 생각을 단단히 하고 하늘 일을 하란 얘기다.
* 선생이 앞에 두 분이 있다면 꼭 한 분을 따라가야 되며 이것은 이미 하늘의 도움을 받고 있음을 말함이다.
* 몸과 마음, 정신을 하늘에 맡기고 서로 위하며 세속을 멀리하고, 속가므니[마음을 정하여 뚫고 나가는 것] 환할 때까지 일을 정리하는 것이 좋다. 힘을 길러야 한다.

一:

* 이제 내면에 있는 걸 말함이다.
* 그렇다 내면은 바로 시작이다. 도력은 내면에서부터 펼쳐 나가는 것이다. 사흘 동안 힘을 길러 도력을 밝고 환하게 한 다음, 일을 처리한다.
* 선한 자와 악한 자는 밑바닥의 근원부터가 다르다.

* 아무튼 몸을 건강히 해야 된다.
* 무릎 선한 마음과 악한 마음은 같이 가야 한다. 이것은 누구나 같지만 이런 마음은 악의 구렁텅이로 처넣는다.
* 운명은 알지 못하니 너무 힘쓰지 마라. 그릇 가득 가져가면 끝이다.
* 일으켜라, 모두 다 같이 복을 다 주고 불평불만 하나도 없이 부려라. 내면 속은 다 못하면 끝이 아니고 무엇이냐
* 일체 안에서 너무 일찍 앞을 보지 말라, 후회가 꼭 따르니 말이다. 그러니 앞을 너무 안 보아도 그러고, 이따금씩 보면 좋은 걸[운명].

一:

* 우주야 그러면 삼족오를 모체로 하고 있다. 그래 삼족오는 누가 안 볼 때, 일을 확대명 솟구쳐 사심이 없게 한 가지에 집념을 다 받쳐, 똑바로 확실히 이룩하는 것이니, 그것이 삼족오 신이다.(확대명: 의리와 삶을 하늘에 맡기고 사선을 넘나드는 것.)
* 무슨 생각이 먼저냐? 학이 부르면 가고 운무 다 겉과 속을 비우고 운무가 안 챙겨도 되니, 어떻게든 하교는 부셔 도움이 안 돼, 필히 성취해야 하니 그래서 하교이니라. 운무 다 하교는 속끄다. 문제없이 편안히 죽이지 어찌 않겠느냐.
* 속사정 겉사정 모두 다 거칠 것 없이 높은 마음으로 속가다 신명께서 맡겨 주었으니 하고자 하면 꿈에 신출귀몰하게 서서 진행 하는 것이니라.
* 세계 운을 믿고서 나라 운을 세우려면 속한 사명을 꼭 깊이 성취해야 하므로 서서 운명 조갈 피지[속절없이 아무것도 없는 것], 하늘이지. 그래야 믿고서 성공을 하니 일사천리로 행함이 이루어지느니, 참으로 웃어른들 꼭 땀에 보은해야 하느니.

地:

* 앞만 보면 넘어가는 걸 모르니 등 뒤와 앞도 돌아보면서 열심히 잘 넘어가면 좋겠다.
* 두 번은 안 되니 한번 두리번 살펴보고 귀를 기울여 살펴 가야 하는데 설혹 한쪽만 보지 말고 사방팔방 우주와 땅 밑을 다 보면 좋은 걸.
* 인생이 어디 가면 좋아지겠느냐? 하늘과 들판 확고하냐? 그러면 앞으로 어떻게 할래? 시시껄렁하게 살아갈래? 임금 마음으로 살아갈래? 기왕이면 임금이 더 좋지 않겠느냐? 임금은 많은 것을 가지고 지내지만, 임금 마음은 각 처에 많은 걸 두어야, 사귀고 싶을 때 사귀며, 숨고 싶을 때 숨으며, 새로운 걸 또 만들고 속속 진행해야지, 여러 우마들이 마음 곱게 편안하게, 집에서 임금 품에 마음 두고 살아가네.
* 우마가 속으로나 밖이나 서로 웃는 일이 있어도 반은 임금 반은 저 그렇게 살펴 가며 가야지. 그래야 삶이 윤택하지 피[살 속에 있는 마음]는 얼마나 꽃 피겠니. 이 말은 봄이나 겨울이 와도 같이 잊으면 아니 되느니라.
* 청운선사, 남들은 없다 하지만, 임금은 어디에 있다고 하겠느냐? 사실은 임금은 올라가지 못하게 하고 있으니 누구 앞에도 없는 임금일세. 난 믿지만 어리석은 후무안들은 헛소리라 하느니. 감이 오지 않아 문무맹[글을 읽지 못하는 사람]이니 그러니 삭히고 또 삭히면 되느니라.
* 앞으로는 도 단면[어디가 맞고 안 맞는 것]을 보면 아느니 이제 높은 곳에 단정히 있네, 바로 임의로 말하면 속이 아둔함을 다 깨우쳐 주려니 하늘에 한을 말하면 된다.
* 어찌 하늘이 모른다 하겠느냐. 알면 아는 것 만치 편안하느니

라. 무슨 캐든지 살피고 또 살펴서, 사실 운다에게 알려서 용머리부터 용 끝까지를 알현께 하려니 아무튼 알고 보면 복이오, 모르면 흠이니, 진상을 살펴야 되느니.

* 선사가 높다 하나 어찌 하늘만 하겠느냐. 알현하고 또 알현하여 실망함이 없게, 학[배움]을 이미 다 안다 해도 옴[무한함]은 무[마음의 크기]가 있으니, 착착 진행하여 선사의 으뜸 됨을 속속들이 알고, 성운의 많은 밥그릇처럼 큰 그릇 다 채우고서, 얕은 그릇도 채워야지 큰일을 다 할 수 있어. 가는 길이 험해도 웃으며 밝게 환하게 이쁘게 가는 너라. 이상은 우주의 많은 일을 걱정하시는 운무[우주의 많은 일을 걱정하시는 분]가 말했느니라.

一:

* 그렇다. 나쁜 일은 조금 멀리 두고, 곁에 있는 저 웃는 아이에게 소상히 알려 주면 되느니. 서로 이쪽과 저쪽이 삭운[이미 안으로 깊이 파고든]을 전하면 속히 알 수 있는 이, 웃는 다른 아이도 운무 모르게 이제 확고하고서, 운무가 보통 사람이 아님을 확고히 하면 훌륭히 선택되면 모두가 알게 되느니.
* 모든 삼족오는 신명과 사기 없이 마음 일체 동심 불욕 신명을 받쳐 획획 지평으로 화려하게 부활하여, 우수 갑부에 선명이시며 삭공이라 명하면 되느니.
* 어떻게 하면 되느냐 조금씩 다자하게 사귀 임명을 적어놓고서 서로 이름과 속사로 정하면 되느니.

二:

* 무슨 지략이든 해야 하는 것이다. 그러자면 운명은 사손에 있는

것이니, 사고지[기문의 피해가는 방법]는 확실히 지물과 지표를 완전히 격파하여 우리 손에 들게 하고, 그의 종족들이 거침없이 피하게 하여 우선 이기고서 석으로 이쪽에서 우면을 찍혀 방위를 보고 올가미를 만들어 움쩍 달싹 못하게 화고[방비책으로 파놓은 구덩이]를 함이로다. 이제 다음은 화고를 한쪽을 열어서 운무 하나씩 돌아 누어 뒤로 기어 앞으로 오게 하여 살펴보아야, 그렇지 않으면 앞으로 대들지. 확[금이나 구역] 보고서 가정, 많은 물과 곡식을 주어 우수하게 가르쳐 주면 이쪽을 떠받들어 확실히 하면 된다.

* 그렇게 사람을 우선 모으고 살림을 키우며 소, 말을 주면 그렇다. 서로 웃고, 좋아서 웃고, 살며 집이 있어, 포근히 잠들 수 있어, 웃고 좋아지면 더 좋아지니 큰 꿈은 다음이다.

* 누구나 이상은, 꿈 못지않게 모두 다 알고서 사는 인연을 확[금이나 구역]으로부터 일로 하여 온 인류가 신념을 바쳐서 솔직히 이루는 마음으로 모두 다 같이 열심히 확을 벗어나 편안하게 슬픔을 잊고 밝고 명랑한 것을 우리 다 같이 누리면서 지내야 하는 것이니라.

* 세모나도 이상은 없는 것이니 아무튼 네가 일으켜 세워야 하는데, 시간이 걸려도 다 같이 가야 하니, 신욕이 고되어도 몸이 많이 곤해도 신념으로 밟고 일어서야 하느니.

그렇다, 큰 임금이다, 다해야지. 성운율사는 다할 수 있느니라.

* 남녘이다. 신들이 가면 모두 가라. 이렇게 멀리 저 멀리 지켜보면서 넓게 많은 것을 다 보고 있으니, 시작은 미미해도, 끝내는 조선이 성운의 힘으로 엄청 큰 하늘의 땅이 되려니, 그렇게 넓혀서 우주 한 가운데 모든 이목을 받고서, 천천세 우주네. 모두 나고 서네.

人:

* 모두 갖추고 가야 하느니[인성],

* 음식을 담아 어디 있는지 없는지 알아야 하며 자꾸 세월만 가면 먼 훗날 인생무상을 얘기한다.

* 인성을 얘기했다. 자꾸 문제를 야기하지 말고, 있는 것을 안정된 마음으로 가야 된다

* 실한 것만 찾는데 음식이 맛있는 것만 있겠니. 참으로 입에 있는 것도 있고, 입맛이 없는 것도 있는 것이다.

* 이쪽도 아니고 저쪽도 아니다. 나의 진면목을 보일까 무력하지 못하게 해서 일을 잘 처리해야 되는 것이다.

* 무엇인가 안과 뒤를 면밀하게 파헤쳐 이문이 되는지, 아무 필요 없는지 마음에 두고, 어느 것이 더 유익한지 가늠하여 옳고 바름을 판단하여, 엮이지 않게 바로 감을 말함이다. 이렇게 인성이란? 참고, 올바르게, 실수 없이, 인간의 참됨을 몸과 마음으로 삶을 살아가는 것이다.

一:

* 있는 것과 없는 것이 있는데, 모형은 안정이 우선이고 안 보고 있는 것보다 무엇이나 눈으로 보고 심한지 안정된 것인지 똑똑히 보고 감을 잡아야 일을 간결하게 갈 수 있는 것이다.

* 무엇이든지 안정이다. 힘을 안들이든 들이든 마음에 맞게 흔들림 없이 똑바로 이동 없게 눈꼽만큼도 편하게 지략을 펴 이룩해, 쉽고 빠르게 도움을 줘야 된다.

三:

* 무엇이나 한쪽으로 치우치면 안 된다. 당연히 안 본 것만 못하니 아무도 똑같이 일률적으로 한 치도 삐뚤어지지 않게 염을 담아 곧고 바르게 행함을 말한다.
* 힘을 아주 공들여 파행으로 치닫지 못하게 일관성 있게, 하나부터 끝까지, 한 점 틀어지지 않게 일사 분란하게 이미 가던 길을 곧고 바르게 서로 양분하지 않게, 일사 분란하게 집행해야 끝이 야무지게 된다.
* 모양을 이 사람이 하던 것도 저 사람이 행하여도 변화 없게 가지런히 행해야, 보는 품이나 열이 한마와 같다.[한마: 힘들여 쌓은 것]
* 지적은 더 힘들지만 일은 감을 감미하면 더 우수하게 진척이 따른다. 싫은 내색은 몸과 마음 길이를 무디게 한다.
* 모양이 이루어지면 똘똘 뭉쳐서 가야 으뜸이 된다.

一:

* 이놈도 저놈도 마음 불편하지 않게 해. 노임은 일한 날부터 다음이 오지 않게 보답하고, 싫어도 안 본 척 일을 질끈 눈 감아야, 힘이 되도록 구시렁구시렁 소리 내며 힘을 낸다.
* 힘껏 일을 한다. 일감을 찾아서 질적이지 않게 모여 앉아 일이 행함을 둘로 나눠지지 않게, 힘과 마음을 똘똘 뭉쳐 비난을 임의로 모양 틀을 갖추고 가야됨을 양분한다.
* 너무 한쪽에 힘이 모이는 것을 막아야 된다.
* 우로 좌로 일률적으로 다양해야 힘이 골고루 파선한다.

積:

* 무애 지는가?
* 모든 일은 안 보고 얕은 것만 보니, [눈에 보이는 것] 어디서 시작되어 어디서 맥이 끊기는지 알 수 있겠는가. 무너지고 안 무너지고는 파헤쳐 보아야 되느니라.
* 많은 잭경[잭경: 일을 안팎으로 파악하는 것]을 재야 일의 질을 쉽게 알 수 있다. 무너지지 않고 항구[오래도록 튼튼하게] 일을 끝낼 수 있게 함이다.
* 안으로 모두가 하나도 미루지 않고 열심히 힘을 기울여야 함이다. 무엇에 지치지 않고 일과 열을 다해서 희망이 생성된다.
* 닮고, 쓰고, 보다는 무너지지 않게 힘을 합해 이룩한다면 열심히 해서, 일은 또한 힘이 있게 희애로 항상 밝게 될 것이다.
* 힘들여 나누는 것보다 이루고 또 이루면서 희열을 느끼게 되느니라. 또박 또박 일으켜 세워 시비를 가려 희망을 세울 것이다.
* 무엇이나 동등해야 되느니라.
* 기쁨과 희망이 함께 하게 되느니
* 또박또박 힘을 실어야 되느니, 살림이 우선이 된다.

十:

* 누구나 마음을 놓고 돌아갈 수 있게 방으로 인도하여 일을 가르쳐 힘겨울 때 나르고, 힘을 보태 희망을 준다면 좋겠다.
* 속은 나만 알지 모두가 알면 속이 알려져서 꼬리가 없는 거와 같이 틈이 벌려 마음에 안 드는 일이 있다.
* 똑똑 두드리면 인재인가 아닌가, 어둠에서 알아보고 희망을 속에서 이리저리 찾아야 힘이 솟는다.

* 속마음을 하늘에 맞기고 은연을 두고 시시방갈[얼음같이 차가운 마음]하면서 이룩하면 똑같이 갈수 있겠다.
* 인연 되면 똑같이 가면 좋겠다.
* 운은 다음이니 인연의 마음만 일로 간다면 무애지[안 풀리는 것 없이 다 잘 풀린다.]

鉅:

* 요놈, 요놈, 음으로 양으로 살펴야 된다. 안 보면 안 되니 똑바로 보아야 된다. 울며 나의 마음을 동요 하려는 자도 있다.
* 웃음이 난무하는 자도 믿지 못할 자, 또한 잊을만하면 나타나는 이들도 믿으면 안 되느니라.
* 욕심을 다 버리고 흥하든 망하든 어떻게든 일구어서 힘을 똑바로 가게 지탱하여야 하느니, 희망은 꼭 감으로 일을 세며 가야 하느니.
* 이리로 또 한 번 보고, 저리로 또 한 번 보면 하야와 같은 마음으로 보듬어 가면서 편하게 가면 알 수 있다

無:

* 있으나 마나는 소용이 없다. 다 쓸모가 있어야 힘이 된다.
* 오른 말만 하면 희망 보다 계산을 하게 된다. 안 주면 안 되니 꼭꼭 주어야 한다.
* 희소식인 듯하나, 해가 된다.
* 똑똑 떨어지는 것보다는, 함구하고 끌어가는데, 희망을 불어 넣어, 행복 되게 하는 것이 필요하다.
* 엄청 남으면 똑같이 나눠져야 한다.

匱:

* 촉촉한 음지는 자리를 잡을 때, 열을 가해도 바로 일어나지 않는다.
* 흥청흥청한다고 이렇게 해보고 안 좋으면 옮기면 되지 해도, 나무 밑에 씨름을 해도 어금니와 같아, 이문이 없고 딸려만 들어간다.
* 이렇게 동이 밝고 또 안 무서우니 마음의 이쪽을 밝히는 게 전부다. 이렇게 반듯하게 밝히는 곳은 딴 곳에 비하면 모두 난무하는 거 온화하다.
* 씀씀이도 마음에 드는 것에 이쪽저쪽 살펴보고 흥하면 웃으며 만져보고 희망은 마음에 복을 준다.
* 이름하여 딴에는 이무렵고 이쁜게 실하게 이렇게 저렇게 해보지만, 싫은 건, 흥으로 다져지지 않는다.
* 하늘과 땅의 밝은 곳에 두어라.

化:

* 섭섭하면 잊게 되니 모두 하늘을 이치의 윗분으로 해, 시방하면 어떻고 아무 탈 없이 훗날 하면 어떻고 일의 순서를 상의하면 힘들지 않게 이룩해 희망이 솟게 될 것이다
* 똑똑 안달한다고 확 풀어지는 건 아니다.
* 좁은 마음 이룩하고자 선행하는 마음으로 접지점을 꽂고 희망을 가지면 실타래 풀리듯 희망을 가질 수 있다.

三:

* 마음을 실컷 두고 모두 다 안주고 따로 꽁꽁 싸두면 실망을 한

다. 그러므로 나는 인간미가 있는 걸 원한다.

* 모순도 똑같이, 반대하지 않게 이문을 나눠 간다면 얼굴 안에 희망을 서로 보지 않겠느냐

* 아무튼 똑똑한 이들은 탐하지 않고, 옳고 바르게 희망이 싹트게 이문을 따지면서 쉽게 다스려 가보자구나.

* 복을 하나로 하지만, 그 끝에는 애로가 있는 것으로 모두 똑같이 반듯하게 해주면 좋겠다.

* 난 마음 불편한 것보다, 이무롭고 흥겨우며 밝게 살펴간다면, 이보다 더 나은 게 무엇이더냐.

天:

* 참으로 얻는 게 많다. 두 분 하늘이 이쁘고 고와서 조금 더 이무로우면 밖에서 환한 빛이 안으로 비출거니. 소문 소문 해도 나툴 때마다 인산인해로 발치에 어른들이 휘휘들어 희망을 얘기해도 마음은 불편한 걸 힘으로 밀고, 깨끗하게 어진 이로 희망을 준다면 실수 없이 힘이 샘솟는 걸 다 본다.

* 이 마음은 속속 정감 있게 힘으로 마음으로 힘겹게 온돌방처럼 온화하게 입에서 입으로 속을 이야기 하니. 수저를 들고 놓고 할 적마다 이눅 들지 않고, 안쪽에서 이쁜 마음 밝혀서 희망을 주니, 하늘은 부지런 했으면 좋겠다.

二:

* 아리아리하지만 이건 되고, 이건 아니고, 불편하지 않게 일을 피하지 말고, 이쪽저쪽 바깥쪽 이렇게 안팎으로 훑어보고 꼭꼭 맞게, 싫은 건 싫고, 반듯한 것도 알현하여 이룩하고 희망을 가

지면, 힘이 생긴다.

* 꼭꼭 일이 되게 하여 시시비비를 가려 힘들지 않게 지치지 않게 나는 더불어 일으켜 세워 가면 좋겠다.

三:

* 모든 일에는 위아래가 있는데, 위는 어디서부터 어디까지 일의 흐름을 파악하고, 막힘이 없고 훑어보아 시원하게 이리 저리 잘 정리 된 것처럼 일률적으로 돼야지, 지치지 않고 안보면 아니 되니 일은 여럿이 힘닿는 데까지 시시비비를 가리게 하면서 진행하여야 된다.
* 마음에 들거들랑 다독거려 주고 힘을 주어야 하느니라. 그래야 희망이 샘솟는다. 싫은 건 안 하고, 똑 같이 편한 건 하려 하니, 힘이나 안배하여 골고루 배치하여야 한다.
* 하루 종일 5줄 하는 이, 또한 7줄을 하는 이와 차이가 있을 줄 안다. 그래서 힘을 분배해야 된다.
* 요땅해서 한쪽은 먼저하고 한쪽은 늦게 하면 아니 되니, 희망을 가지고 똑같이 가면 이만치 희망을 골고루 분배함을 얘기했다.

地:

* 요것이 심하면 이것도 힘나게 일을 해야 한다.
* 나중에 어디에서 끝이 나고 어디서 마무리 하는지 보아야 한다.
* 일이 닥치면 어디서든 희망을 가지고 무서움 없이 달려들어 헤쳐 나갈 힘을 써야지.
* 처음부터 두 번이 아니고 일률적으로 표시 나게 끝까지 안정되게 잘 치워 간다면 좋겠다.

* 시작과 끝이 모나지 않게 실컷 했는데, 아구가 안 맞으면 힘이 빠지니, 힘을 다해 헤쳐 나가면 좋겠다.
* 마음에 들면 밥 많이 먹고 힘써서 마침을 이쁘게 말로 알려 줘야 힘이 난다. 말을 하고 또 하면 힘들어 한다. 일을 마무리 할 수 있게 해야 된다. 반듯하게 해야 희망이 샘솟는다. 지쳐도 나중에 빛이 된다.

二:

* 힘을 골고루 쓰게 해야 된다. 희망을 골고루 갖게 해야 된다.
* 획획 날렵하게 지나가면, 얻는 것보다 나중에 시시비비가 많이 생긴다.
* 모두가 안정되게 획을 그어, 힘을 양분해서 일을 이렇게 하라고 차비 한대로 희망을 주어 해결해 가야된다.
* 솔솔 해나가도 나중에 차질이 생겨 날수 있으니 희망을 가지고 힘이 들어도 헤쳐 나가야 목전에 이룰 수 있다.
* 난해한 일이 목전에 이루면 둘로 나누지 말고, 획을 그어 일구어 나간다면 어렵지 않게 일구어 나갈 수 있다.
* 힘들어도 남이 두 번 지면 나도 두 번 짊어져야지 희망이 있고, 희망찬 일을 멋으로 알고 해낼 수 있다.

三:

* 마음에 금을 그어야 된다, 그만치 힘들다.
* 마음에 들거들랑 희망을 가지고 행하라.
* 10명이 할까. 20명이 할까 생각 해둔다. 일하기 전 맞은 인원을 책정하라. 일을 해보고 하는 것 보다는 알아서 편성해야 골고루

배치하고 지치지 않게 잘 배치해야 된다.

* 똑똑해도 한 두 번은 실수를 하게 되니 희망을 갖고 일을 나열해야 된다. 모두가 날 보고하니 같이 따라한다. 희망이 없는 자도 용서하고 따르도록 훈련해야 된다.

人:

* 잘 사귀어야 한다.
* 잘잘못을 따져서 힘을 골고루 배치해야 된다.
* 일은 다 갖추고 가야 하니 한조씩 줄을 짜야 한다.
* 힘 있는 청춘, 고만고만한 이, 고루 배치해서 한쪽으로 딸리지 않게 해야 희망이 있다.
* 도발하는 이 없게 희망을 주고 똑같이 일률적으로 분배해서 배치한다. 또한 같은 마음에 드는 사람과 일을 하게 배치하면 힘이 덜 든다.
* 똑 같이 양분하여 일이 진행되면 어려움 없이 진행 된다.
* 일이 끝난 후 마음에 들면 착하군, 하고 희망을 주면 똘똘 뭉친다.
* 똘똘 뭉치면 일끝이 깨끗하다.
* 많은 일을 혁혁하게 하면 웃음으로 답해준다.

二:

* 잘 살고, 못 살고 이다.
* 말로만 하지 말고 행동으로 옮겨야 한다.
* 잊어버리는 말보다 행동으로 해라. 나중엔 하나씩 똑똑 떨어져 희망 살려간다. 흙도 나누어야 한다.
* 내 것보다 네 것이 더 커 보인다.

* 염원을 담아 힘 있게 파헤쳐 나가라.
* 소유하는 땅에 쓸 만치 내 정성을 담아야 희망이 싹튼다. 날마다 희망을 쏟으면 쏠쏠하게 소출이 생긴다.
* 마음에 들어 바깥출입할 때 어깨에 힘이 생긴다.
* 똑똑 떨어져 남보다, 많이 소출이 생겨야 흐뭇하다.
* 똑바로 살면 무엇이든지 다 만지며 살 수 있다.

三:

* 얼룩이 없고 풍성하여, 남보다 더 낫다.
* 다 잘 살아야 되지만 힘이 더 있으면 좋다.
* 포만감 있게 여럿이 다 갖추고 가면 좋다.
* 올라가면 나가는 것보다 쌓인 것이 많다.
* 일을 희망차게 해나간다.
* 마음에 찰 때까지 하늘 끝까지 쌓고 싶다.
* 나중엔 손발 쭉 뻗고 쉬고 쉽다.
* 요리가도 대문 저리 가도 대문 큰 저택에 살고 싶다.
* 오른쪽 아래쪽 여기서 다 보이게 살려놓고 희망차게 잘 살아보고 싶다.
* 이런 가문 오래오래 지탱하고 싶다.

大:

* 착하게 우러러 오르고 올라 보고 싶다.[옳고 바르게 오르고 싶다]
* 하늘 뜻을 피우고 희망차게 새롭게 힘으로 다 지키고 싶다.
* 끝없이 여기서 나는 잘하고 싶다.
* 어디나 나열해서 힘을 많이 쌓아 두고 형제지간에 살고 싶다.

* 마음 곱고 편하게 모두가 나누면서 희망찬 삶을 생각하며 살아야 한다.
* 날마다 힘이 생겨 온고신이 편하게 바라보면 좋겠다.
* 확 내지르지 말고 내 모습부터 더 나은 걸 추구하면 좋다.
* 꾸준히 날마다 생각하고 조금 더 조금 더 희망을 갖는다.
* 많은 독은 살림에 밑천이 된다.

三:

* 위로나 아래로나 반듯해야 된다. 올라갈 수 있는 데까지 가라.
* 이틀이든 삼일이든 끝까지 가라. 위로 다 몰려 들 때까지 가라.
* 위에 모이면 인원 파악을 해라. 인솔자를 정하고 일할 사람과 몸이 아픈 자 뽑아 나눈다.
* 여럿이 힘차게 힘을 모아서 확고하게 기반 틀어, 성을 쌓아라.
* 망대를 만들어 어디서 어떻게 움직이나. 밖을 보아라. 지리를 안전하게 익혀라. 5~6명씩 짝을 지어 울타리를 지켜라.
* 위로나 아래로도 안정하게 된다.

合:

* 꼭꼭 묶임으로 나들이할 때 빈틈이 없다.
* 마을로 들어가 힘을 함께 쓸 때도, 또 하고자 하는 일도 마무리할 수 있다.
* 옹기종기 마을 입구에서 여기서 일어나는 일을 여러 명을 연결할 수 있다. 한 번에 아래부터 위까지 연락 할 수 있다.
* 이치에 맞게 위아래로 연결이 된다. 소식이 통하면 무슨 일이 있나 알 수가 있다.

六:

* 모두가 굶지 않게 어떤 일이나 나누어 하고
* 또 마른입에 풀칠하게 일찍부터 이것도 해보고, 힘이 되는 일을 향해 엄동설한도 지치지 않게 지낼 수 있다.
* 어떻게든지 나누어 먹게 미리 미리 살피고 생명을 잇는 일을 해야 한다. 씨 한 톨도 나누어 심고 열심히 씨앗을 뿌려 이른 새벽부터 양지 바른 곳에 뿌려 야무지게 알곡을 거두어 들려야 희망이 있다.
* 마을에 씨앗을 나누어 주어 씨를 골고루 배분하여 얼어 죽지 않게 하고 열심히 길러서 여러 명이 걱정 없이 마음 편하게 힘을 기르는데 모두가 같이 하면 좋다.

生:

* 혼자는 안 되니 집단으로 힘을 써서, 이놈 저놈 행복 찾아 희망을 갖고, 시련을 이겨야 한다.
* 찬 이슬 피하게 몸과 마음이 기댈 수 있는 작은 집을 내분 없게 알현해야 이집 저집 지어 줄 것이다.
* 홀로가 아니고 모두가 같이 가야 하니, 이렇게 또아리를 틀듯 우리를 집 한가운데 두고 안정 찾아 행복해야 된다.
* 안사람[여자]을 주고 지지 않게 정해 준다.
* 모든 인연이, 예감을 주어 다정다감해야 한다.
* 시련이 다 걷어지고 희망이 샘솟는다.
* 부모 자식이 있어 안정을 되찾는다.

七: 나중에 저절로 힘이 모인다.

* 홀로가 아니므로 힘이 솟는다. 힘을 쏙쏙 뽑아 나누어 쓸 수 있다.
* 여러 명이 나눠 힘을 쓸 수 있다.
* 집에서 인원을 차출해야 힘이 된다. 봄부터 힘을 합쳐 가을까지 행할 수 있다. 혼자보다는 마을 전체에 힘이 많이 된다.
* 모든 일은 밤에 만나 하고자 하는 일을 상의한다. 다음날을 상의하니 모두 희망이 있다. 무엇이든 안 되는 일이 없다.

八: 여러 신나는 일을 마음에 두고 행하여야 한다.

* 공공연히 얘기를 나누어서 이렇게 저렇게 일의 선후를 이야기해야 한다.
* 일을 다 하면 곡물은 골고루 나눠먹고 안 받는 이 없게 나눠 주어야 한다. 공이 다 같이 돌아가게 해야 한다.
* 이젠 노력이다. 공을 많이 들인 자에게 마음을 더 주어야 한다.
* 곡식이 익으면 따서 더 주어야 한다.
* 더불어 힘이 배가 된다.

九: 많은 인연을 말함이다.

* 많은 일을 하면 가족이 먹고살게 국물이라도 더 주어 힘이 되게 하고, 농토를 더 경작하게 열심히 살게 해준다.
* 지치지 않게 열심히 경작하여, 가을에 추수를 많이 하여 결과를 나눠준다.
* 대지에서 이것저것 많이 거두어들인다. 소추가 많이 되면 가정이 안정된다. 무조건 집안이 안정이 되어야 한다.

* 즐거움은 날마다 열성으로 일을 하게 한다.
* 이문이 따르면 집집마다, 도란도란 흥겨워 한다,
* 모순은 안 통한다. 가실에 각자 집으로 거두어 들여가는 걸 보면 알 수 있다. 이만치 밥을 먹을 수 있다.

運: 무엇이 있나 둘러 봐야 한다.

* 동에서 서쪽으로 북에서 남쪽으로 파악해 보고, 시방해야 할 일이 무엇인지 즉시 할 일인지 아닌지, 회의를 통하여 심도 있게 알려야 한다.
* 곧 나르고 심고 가을 추수까지 일을 해야 희망이 되면, 힘들어도 행한다.
* 나는 두 배로 일을 해서 남보다 많이 받는다.
* 일을 더하고자 하는 자, 힘이 남는 자에게 텃밭을 주어[봄에 나눠 주는 게 좋다], 부지런한 자 덕으로 알고 덤으로 비답을 더 주어서 희망을 줘야 한다.
* 일한 것 만치 더 주니 편안하다. 더욱 일을 많이 하니 소추가 일어난다.

三:

* 그냥 두면 높은 놈, 낮은 놈이 있다.
* 일을 나눠 주고 일 잘 하는 자에게 조금 더 땅을 줘야 한다, 행복을 줘야 한다. 야무진 이들은 더욱 일을 잘 해나간다.
* 모두가 안정 되게 헤쳐 나간다. 풀로 연명하는 때가 지나간다.
* 몸에 힘이 생기고 이빨이 야물어진다. 남보다 내 힘을 더 믿는다. 일을 하면 날마다 힘이 솟아 희망이 생긴다.

* 나중에 똑똑히 소신을 밝힌다.
* 일 부리기 힘들므로 안하무인은 토지를 거두어 걱정 없이 살게 한다.
* 이쪽 마음을 따르게 해야 좋다.

四: 오르나 내리나 안정이다.

* 인연을 떼 내지 말라. 힘이 좋으면 힘닿는 대로, 이것이 참 인연이다.
* 육식은 힘이 되니 한 번씩 때에 줘라. 그러면 모두가 힘든 걸 말없이 행동으로 옮긴다.
* 힘이 마을 구석구석까지 스며든다. 나중에 힘겨운 것도 다 곁들여 해낸다. 단단한 힘을 모두에게 심어 줘야 한다.
* 참으로 인간들은 다독여 주어야 한다.
* 힘이 센 사람이 나 좀 써 줘요 하는 사람이 나온다.
* 우물가에 이 이야기 저 이야기로 웃어 피운다.
* 인간들의 마음의 등불이다.

成: 육식은 간을 빼주게 한다.

* 오로지 실한 것만 찾게 한다.
* 밤에 나와 힘닿는 대로 이놈 저놈 찾으러 다닌다.
* 낮에 보아 두었다가 나 몰라라 홱 힘으로 치부하려 행한다.
* 위로 양 많은 걸 찾아 항의를 하려 한다.
* 울안에 힘이 되는 집은 힘센 소를 풀 먹이고 물 먹여 이집 저집 기르려 한다. 힘이 날로 번성하려 한다.
* 약한 자도 희망을 줘야 힘을 쏟는다.

* 초지에서 많이 먹고, 돼지, 소를 힘이 들어도 살을 찌우도록 장려 한다. 확실히 희망이 생긴다.
* 모두들 날마다 힘이 샘솟는다. 야물고 지치지 않게 희망을 준다. 다른 곳에서도 업으로 하게 한다.

環: 어디가 안 좋은지 시치미 떼고 살펴야 한다.

* 이렇게 했을 때 어떠하고, 안 했을 때는 어떠한지 살펴야 현실을 극복할 수 있다.
* 둘을 놓고 이렇게 해보고 저렇게 해보라 하여, 희망이 작은 것하고 힘이 되는 것하고 둘 중에 하나를 선택한다.
* 남은 것은 더불어 먹게 한다.
* 남지 않은 것에는 일을 연결시켜야 한다.
* 싫어해도 반듯이 먹고살게 해야 한다.
* 시련을 다 걷고 나면 환한 웃음이 희망이 되어 밝히게 되려니.

五:

* 두 마음은 항상, 항상 한마음으로 해야 하느니.
* 힘이 나뉘지 않게 해야 하느니, 마음을 똑 같이 가야 하느니.
* 왕창 신고 들어오게 하고, 그르치지 않게 열성으로 가르쳐야 하느니
* 무너지지 않고 다 같이 힘이 뭉쳐야 하느니.
* 투정 부리는 자 마음을 긁어주어 희망을 주란 말이다.
* 그늘에 있는 자 희망을 주어 열심히 행복하게 기쁨을 줘야지.
* 부지런하면 얻는 게 많은 걸 알려 줘야 한다.
* 남보다 힘이 들어도 안정이 빨리 된다. 힘으로 일을 많이 해라.

七: 이렇게 저렇게 일을 해봐서 힘이 골고루 안쪽 까지 퍼지게 한다.

* 여러 명이 일을 하면 힘이 들던 것처럼 나머지 일까지 처리를 깨끗이, 희망 있어 행복해한다. 일을 서로 알고 분배하면 힘이 덜 든다.
* 맛을 이렇게 들이면 시답 일을 해치우고 하루 일을 더할 수 있는 행동을 하는데, 따로 뽑아 형용할 수 있게 웃게 해준다.
* 마음에 질척임이 없게 해준다. 어떻게든 일에 도움이 되게 하라.
* 숱한 일 해보고 좋은 점을 모두에게, 기를 쓰고 알려 생활에 보탬이 되게 희망을 줘야 한다.

一: 순서를 정하고 행하라.

* 숫제 이놈 저놈 다 알려 줘라. 모두가 알게 해야 어둠이 없다.
* 쏙쏙 알게 되면서 희망이 생긴다. 마음에 짐을 던져 희망이 생긴다.
* 힘든 일이 날마다 있는 것이 아니다. 모두가 지치지 않게 해야 한다. 이틀이 아니고 하루 일만 줘라. 일이 끝나면 마음에 짐을 지우지 마라.
* 항상 희망을 줘야 한다.

妙: 안쓰러워하면 안 된다.

* 숨은 마음, 밖으로 표출하지 마라. 표시하면 파행을 겪을 수 있다.
* 순전히 나에게 있다. 속마음을 알리려 하지 마라.
* 팔난이 시작되면 동 크게 뜨고 서로 망을 보아야 한다.
* 어떻게든지 날 보고 살게 해야 한다. 서로의 답은 오로지 하늘에 있다.

* 안 죽어도 마음이 밝히 못하니, 시끄러운 것, 그르치는 것도 딱 끊어서 이렇게 저렇게 획을 그어 형성한다. 흉한 것은 발꿈치에 두고 어떻게 하나 두고 보고, 이득이 되게 하면 된다.

衍: 오로지 안 찾은 것 없이 모두 찾는다.

* 이렇게 생각하고 저렇게 생각하며 뚱딴지같이 있지 말고 희망을 가지고, 무게 있게 이쪽저쪽 하늘땅 모두 다 대동하여 방편을 생각한다.
* 모두가 안정을 생각하면 희망이 있나 타진하여 생각하고 행동하여 선행의 결과를 보고, 모두 함께 신명들과 힘을 내 일찍 얇은 생각을 행동으로 옮겨 환한 결과를 얻게 희망을 걸어라.
* 모습을 보고 실랑이를 찾아 해와 달[어둠과 밝음]빗대요, 이런 것 저런 것 해보면 많은 건 아니어도 혹 가다가 횡재할 수 있게 되지.
* 밝은 데서 할 때 일을 극대화하는 방법을 생각하고 염원을 담아 만들고 써보면서 확실히 안정되고 편안하게 도구를 만들 수 있느니라.
* 남은 것보다 더 높은 곳을 향하여 이치에 맞게 힘차게 만들어 간다면 궁도 착착 진행하면 나무만 있으면 뭐가 안 되겠는가. 아무튼 희망을 가지고 열의를 보이면 꼭 좋은 성과를 얻느니라.
* 그동안 빼 버린 것도 찬찬히 생각하며 어둠은 없나, 혁신을 돌이켜 보는데 의외로 나오는 것이 있느니라.

萬:

* 모든 것 다 이루고 쓰고 남게, 없어지지 않게 시작했으면 끝까

지 해보고 야무지게 쓰게 관리를 잘해야 한다.

* 쓰는 동안 힘들게 했든 부분을 생각하고 다 같이 쓰게 연구하고 수정해야 한다.
* 항상 맥을 잘 짚어 형편에 따라 행동할 때, 일의 흐름을 끊어지지 않게 요소요소에 적응하여 후딱 해 보이면, 모두가 영접하여 업적내서 도움 됨을 우러러본다.
* 고이 넘어서 정하려면 끝을 봐야 또 좋은 의견과 생각이 나와 마음에 드는 기구를 만들 수 있다.
* 복은 남의 복보다 내 복이 그중 큰 것이다.
* 나를 위해 깊이 생각해야 된다.
* 된다하면 끝에 가서 되는 것이다.

往: 인격을 존중해 줘라.

* 셈을 했으면 왜 이런 내용이 나왔는지 듣고 흔쾌히 인정해 줘라.
* 싫어하기 전에 속을 다 알아내서 이놈이 왜 이렇게 싫어하는지 속을 알아야 힘 안 들이고 파악할 수 있다.
* 집을 생각하게 해서 이쪽저쪽 선택하게 한다.
* 소리 소문 없이 움직임을 간파하여, 내 문안에 있게 한다.
* 안 들어도 들은 것처럼 얘기해서 모두가 같이 행동하게 한다.
* 속마음을 남에게 주지 않게 지목을 다하게 한다.
* 똑똑히 아래부터 알아듣게 지시한다.
* 신념을 가지면 가증스러운 일이 안 일어난다.
* 항상 가문, 가족을 잊지 않게 한다. 또 하늘이 다 받쳐줌을 얘기한다.
* 똑똑함 놈을 밑에 두어 일의 선봉에 세운다.

萬: 여럿이 싫은 것은 너도 나도 안 하려 한다.

* 실적이 저조해도 격려를 아끼지 마라. 일을 서둘러 망치게 한다.
* 이렇게 하면 된다, 얘기해 줘라. 원만하게 뜻을 이룰 수 있다.
* 마음에 흡족하지 않아도 임의로 바짝 조이게 같이 움직이면 희망이 있다.
* 돈독한 사이는 내 주머니 것도 내주게 한다.
* 자지라지 않게 한다.

來: 지적한 것은 언제나 안정되게

* 설혹 이거 다 해도 일이 되게 해야 된다. 실실 안 하는 것 같아도 아래에서 위까지 이루어지게 획을 그어 생각하고 실천한다.
* 그러면 나는 어떻게 하고 너는 어떻게 해라 그렇게 의견 조율을 하여 일이 되게 한다. 차질이 있으면 안 되니 모든 걸 집중해야 한다.
* 착착 일이 진행되게 금을 그어서 요기서 어디까지 정해놓고 하면 열심히 한다. 없는 것과 있는 것은 차이가 있다.
* 어울려서 횡과 종을 그어서 이렇게 하고 저렇게 하면 안 되는 것이 없다. 무엇이나 정해 놓고 하면 진행이 홀가분하다.

用: 한곳에 집중하여 힘을 키워 이룩하는 것을 말한다.

* 쏙 나타나면 좋지만 어느 누가 내가 한다 하겠는가, 나 몰라라 하지. 똘똘한 자 불러서, 이것을 할 것을 말하고, 인원을 한 명씩 붙여서 지형 상황을 보고 추가 인원을 결정하여 희망이 싹트게 하여 완성하게 한다.
* 무리하게 진행하면 염려하는 일이 발생하여 진행에 차질이 생

기면 힘이 빠지고 늦어지니, 비위를 맞춰주고 요것까지 하고, 육류를 먹고 일을 하자고 챙겨 주면 힘을 낸다.

變: 나는 된다.

* 이런 모든 것 흘러가도 안정되고, 또 이루고 남아 마음먹으면, 높은 마당에 힘닿는 데까지 높이 올려 못 움직이게 희망을 쌓아 두고 바라보련다.
* 소리 소문내지 말고 우리 안 먹을 것은 안정된 곳 이첩하여 보관한다. 날마다 두지[쌀 창고]에 힘을 받아야 희망이 샘솟는다.

不:

* 마[일을 허술하게 하는 사람]와 같이 의논 하면 일을 알게 했다가, 일을 그르쳐 희망이 없고 속마음에 큰 타격을 받는다.
* 있는 것처럼 했다가 없는 것이니, 끈기 있게 내주지 않아야 된다. 개죽음 당하여 끈을 놓을 수 있다. 서서히 끈을 놓아 식음 전폐하고 힘들어 꿈을 포기 하게 된다.

動:

* 말이 있지, 힘들어 일을 안 하면 먹지도 마라.
* 남들은 나가서 힘을 기울이는데 일 안하고 몸만 챙기며 쉬엄쉬엄 농땡이 치면 물이나 먹을까.
* 일해라. 농사짓는 걸, 하늘은 먹고 사는 거라고 했는데, 흉년에 일 안하면 어찌 살려 하느냐.
* 무너지지 않으려면 모질게 심혈을 기울려 내 집을 지켜 하루 이틀이 아니라 숱한 나날을 무너지지 않게 지켜야 하느니.

本:

* 걸 보다는 안을 튼튼히 하게 잘 싸두어야 한다.
* 지금은 아니어도 좀 더 두고 보면 무엇이 아닌지 긴지 알 수가 있다. 무너지지 않으려면 안착이 잘 되여야 한다.
* 기본이 잘 되려면 많은 힘을 드려야 한다.
* 이쪽저쪽 연줄이 이어져야 한다.

本: 무너지지 않아야 된다.

* 물러남이 없어야 한다. 모두 안중에 두고 흐름을 파악한다.
* 막힘이 없게 바르게 세운다. 4명씩 짝을 지어 바르게 지키게 한다.
* 시시각각으로 흐름을 알아야 한다. 잠을 자지 않고 멀리 움직임까지 알아야 한다. 마음 놓고 쉴 수가 있다.

心:

* 소용돌이가 어떤 마음에서 일어나는가를 보아야 한다.
* 지조가 있네, 없네 하여도 까탈을 부리면 응어리가 생기는데, 하고픈 말만 하면 좋겠다.
* 무너지지 않은 마음으로 하나를 알고 가는 것이다.
* 웅크리는 것은 안 좋은 것이니 편안한 마음이 중요한 것이다.

本:

* 나열하여 보는 것이다. 또박 또박 나열하여 보는 것이다.
* 여력이 되면 한눈에 볼 수 있게 하여야 된다.
* 양을 다 갖추고 가야 한다.

太:

* 마음에 들거들랑 모두 가져라.
* 높은 곳에 안정 되게 앉아 이문이 있나 없나 확실히 보고 파악한다.
* 관음이 높은 곳에 앉아서 이곳의 이문이 있나 손에 쥐는 것을 보고 있다.

陽:

* 거두어 들어오는 걸 말하는 것이다. 오만 가지를 비축하는 것이다.
* 겉으로는 없는 것 같으나 안으로는 누구보다 더 많이 쌓아야 된다. 누구보다 나아야, 있는 거 없는 거 갖추고 간다.
* 인연 따라 다 거두어들여 같이 가야 한다.
* 한 가지씩 한 가지씩 해나가야 한다.
* 나랏일을 해야 하니 다 같이 해야 한다.

昂:

* 무너지지 않아야 된다.
* 망하지 않아야 되며, 두 번이 아니라, 한 번도 소홀히 하면 안 된다. 두리 뭉실은 안 되고 한 번에 바르게 가야 된다.
* 마음에 들게 거짓이면 안 묻는 게 낫다. 감으로 처리하려면 어른께 말씀드리고 바로 집행하는 게 낫다.

明:

* 옳고 그름을 가름하여야 한다. 과찬이 있어도 안 된다.
* 무너지지 않게 안으로 보고 잘 흘러가게 한다. 보기 싫어도 끝

까지 보아야 한다.

* 살피는 것이 일이므로 참으로 잘 자리 잡게 해야 한다.
* 요런 건 이렇게 보이고 조런 것은 저렇게 보이는 것이니 흐트러지면 큰일이다. 안정되도록 싫은 건 더 잘 보아야 된다.

人:

* 두지 안쪽을 잘 지켜라.
* 다 같이 자리 잡게 하여 바르게 보고 지키게 한다.
* 똑똑히 보고 제자리를 지킨다.
* 내지르라고 할 때까지 함구하고 있어야 한다.
* 한 모습이 돼요 똑같이 움직여야 한다.
* 한마디로 무너지지 않게 하여야 한다.

中:

* 무한정 있는 것이 아니다. 하늘아 있는 그대로 받아들여야.
* 무한정 일으켜 세워야 하느니라. 꽂고 또 꽂고 뒤지지 않게 세워라. 끝만 아니면 계속 진행하여라.
* 앞으로 있는 일은 모두 받아 들여라. 안개 피는 곳까지 계속 가야 한다. 목까지 차도록 해라.

天:

* 으뜸을 말함이다.
* 많은 것 중에 그중이니 보면 남이 부러워한다.
* 우주를 다해도 어디에도 비길 때 없는 것, 바르고 섬세함이 으뜸이다. 한마디로 모순이 없고 편안하다.
* 하늘에 있다.

地:

* 어떻게 하여 갖추고 가는가, 겉모양으로 안 되는 것이다.
* 속도 검고, 겉도 검으면 안 되는 것이다. 한마디로 묶어놓으면 안 편하다. 내가 원하면 네가 원하는 거와 같아야 한다.
* 누구나 머무르는 곳에서 편하게 가길 원한다.
* 없는 인연도 다 함께 가야 한다.
* 마음 구석구석 꽃이 피어야 된다.

一:

* 어흠이다. 목숨과 맞바꿀 수가 있어야 한다.
* 있으면 있고 없으면 없다. 목숨이 촌각에 달려도, 있음을 지켜라. 무엇이 이득 인가 알고 지켜라.
* 목적을 이룰 때까지 끝까지 지켜라. 하나 둘 아니니 다 지켜라.
* 아들은 아내 보다 나으니 끝물이려니 그보다 나은 건 없다.
* 한 솥의 아래를 잘 지켜야 하느니.

一:

* 막힘없이 뚫고 나가라.
* 무너짐이 없게 하라. 아무도 안 할 때 일을 해내게나.
* 실컷 해 보고 나면, 또 시작하는 이가 있느니라. 그렇게 되면 나는 해를 보게 된다.
* 마음은 없는 것보다 있는 것이 낫지만 이쪽도 안 보게 해라. 마음을 들키지 않게 해라.

終:

* 낮추고 보자. 무너지지 않은가 보아야 된다.
* 일을 해 두고 나중까지 가는지 두고 봐야 한다. 일의 뜻을 항시 놔둬야 된다. 내가 파묻혀도 나중까지 가게 두어야 한다. 두고 두고 흘러가야 한다.
* 또박 또박 글로 남기면 좋다.
* 흘러 흘러 새로운 것이 나온다.

無:

* 현실도 아니고 나중도 아니다. 하루에 지금이 중요하다.
* 일을 일으켜 나가야 한다. 나중은 없고 오직 오늘만 있다.
* 한마디로 감이 있는가, 없는가.
* 이만치 하늘은 누구에게나 안 준다. 마음 두둑하게 이루고 싶어 하는 자, 그에게 일구어 가라고 명한다.

終:

* 있으나 마나다. 가벼운 것, 떠도는 무리는 안 된다.
* 마음에 들면 이렇게도 저렇게도 다해 보아라. 이 세상은 여기서 다 끝나는 게 아니다.
* 가끔씩 있다가도 없다가도 하니 없어지지 않게 모두 잘 가게 하여라. 가슴에 있는 것만 보지 말고 다른 것도 보아라.

一:

* 차근차근히 하나하나 챙겨 보아라. 보면 아기자기한 면이 있다.
* 안타까워 잘 보호하려 한다.

* 마음을 두고 양면을 보면 숨은 복이 있다.

* 똑똑한 면, 바른 면, 의미로 만든 면, 잘 생기고, 못생기고 있다. 반반하면 더 좋다.

[저자 약력]

雲山 이 대 진(구: 홍배)

1956년, 부산에서 태어나, 부산고등학교, 부산대학교에서 수학하였다. 1991년 3월부터 경일대학교 경영학부 교수로 시작하여 32년간 재직하다 2022년 8월 31일 퇴직하였다. 지금은 경영컨설팅과 집필에 매진하고 있다.
경일대학교에서 대학원 박사과정과 최고경영자 과정 등을 개설하여 많은 제자를 배출하였고, 대학교육개발원장, 평생교육원장, 평생교육체제지원 사업단 단장, 미래융합대학장을 역임하였다. 평생교육 진흥에 대한 공로로 교육부장관상을 받았다.
재직 중에 수십 편의 논문을 학회지에 발표하였다. 저서로는 엑셀 경영과학(3판, 2015), 현대경영통계(5판, 2017), 세상을 보는 눈: 통계(2022), 조직 효율성 진단과 평가-DEA & AHP(2022, 2023년 세종도서 학술부문 우수도서 선정), 온 인류에게 천부경의 비밀을 처음으로 공개한다(2022) 등이 있다.
어려서 불교, 기독교와 함께 하였으며, 한때 증산도에 적을 둔 적이 있었으나 그만두고, 다시 불교와 연을 맺어 기도하면서, 스님의 인도로 성운율사를 만나 깊은 인연을 맺었다. 이후 성운율사로부터 천부경 말씀을 전해 듣고, 천부경 관련 책을 집필하였다.
雲山은 크게 움직이는 사람이라는 뜻을 담고 있으며, 천상천주님께서 내려주신 명호이다. 그 뒤 "부양타"라는 명호를 내려주셨다.
저자와 성운율사의 연락과 책 구매 관련 연락은 성운율사의 제자 스님인 보타사 주지 대공스님에게 하시면 된다(연락처: 010-7254-2358, 계좌번호: 농협 355-0032-550883 보타사).
대공 스님은 천상천주님으로부터 대공 명호를 받았고, 이후에 온미륵 명호를 받았다.

우주와 인류문명의 대비밀을 밝히는 11번째 천부경

초판 발행 2023년 11월 30일

지은이 이대진
펴낸이 박노일

총괄기획 최준규
편 집 이상민

펴낸곳 pnc publishing and culture 피앤씨미디어
경기도 고양시 일산동구 강송로 153 310-1501
등록 제396-2012-000203호
전 화 070)7550-3758 팩 스 02)718-8554
홈페이지 www.pncmedia.co.kr 이메일 pnc@pncmedia.co.kr
ISBN 979-11-5730-903-0 03150

정 가 25,000원